# QUAND LE CAPITALISME
## PERD LA TÊTE

*La Grande Désillusion*, Fayard, 2002 ; Le Livre de Poche, 2003.

*Principes d'économie moderne*, De Boeck, 1999.

Joseph E. Stiglitz

Prix Nobel d'économie

# QUAND LE CAPITALISME PERD LA TÊTE

Traduit de l'anglais (américain)
par Paul Chemla

Fayard

Titre original :
*The Roaring Nineties*
Édité par W.W. Norton, New York.

*Pour Anya,*
*encore une fois.*

# Préface

Il y a tout juste dix ans, j'ai quitté Stanford pour Washington, et ma vie tranquille de professeur d'économie pour le Council of Economic Advisers (CEA) du président Clinton, dont j'ai d'abord été membre, puis président. Cela faisait un quart de siècle que je me consacrais à la recherche théorique en économie, fondamentale et appliquée. J'ai voulu voir ce qui se passait *vraiment*, jouer à la mouche sur le mur. Mais je souhaitais, bien sûr, être davantage qu'une mouche. J'étais « entré en économie » dans les années 1960, celles des grandes mobilisations pour les droits civiques et la paix. Je voulais, je suppose, changer le monde. Mais je ne savais pas trop comment. En tant que chercheur, il me fallait d'abord mieux le comprendre.

Je n'imaginais pas à quel point l'expérience serait instructive. Quand je suis reparti de Washington après avoir servi dans la première administration Clinton, puis trois ans comme vice-président et économiste en chef de la Banque mondiale, d'immenses changements s'étaient produits. Il y avait eu ces fantastiques, ces folles années 1990, cette décennie d'affaires en or et de croissance gigantesque. Cela, tout le monde le sait. Lorsque j'ai eu l'idée d'écrire ce livre, c'était pour expliquer des réalités moins connues, ou moins bien comprises. La reprise qui nous avait sortis de la récession de 1991 semblait contredire l'enseignement des cours d'économie du monde entier. Selon l'interprétation populaire, claironnée à l'envi par certains membres de l'administration, elle était le résultat de la réduction du déficit budgétaire (l'écart entre les dépenses de l'État et ses recettes fiscales). Or, en bonne théorie économique, réduire le déficit aggrave les récessions. Autre exemple : ayant pris part à bien des controverses sur la déréglementation, je me disais que nous étions vraiment allés trop loin, notamment pour les banques. Nous avions aussi laissé passer plusieurs occasions d'améliorer les méthodes comptables des entreprises. Plus largement, la décennie avait vu naître la « nouvelle économie », et les taux de croissance de la productivité avaient doublé, voire triplé, par rapport aux deux décennies précédentes. Or, l'économie de l'innovation étant l'un de mes principaux champs de recherche, il me paraissait important de mieux comprendre les causes du grand ralentissement de la productivité au cours des années 1970 et 1980, et de sa vive résurgence dans les années 1990.

Mais avant que j'aie eu le temps d'écrire *ce livre-là*, les événements m'ont rattrapé. L'économie est entrée en récession, prouvant ainsi en un clin d'œil que c'était encore possible, que les récessions n'appartenaient pas à un passé à jamais révolu. Des scandales ont éclaté dans des firmes géantes, et éjecté de leur trône les grands prêtres du capitalisme américain ; il est apparu que les PDG de certaines grandes sociétés s'étaient enrichis personnellement, aux dépens des actionnaires et des salariés. La mondialisation (l'intégration plus étroite des pays de la planète qu'ont rendue possible la baisse des coûts de transport et de communication et la suppression des barrières douanières), que l'on saluait encore si récemment comme l'aurore d'un monde nouveau, était visiblement mal ressentie dans de nombreux pays. Il était prévu que la réunion de l'Organisation mondiale du commerce à Seattle, en 1999, donne le coup d'envoi d'un nouveau cycle de libéralisation planétaire sous direction américaine. Ce cycle, en portant le nom de la ville où il avait commencé, devait être un rappel permanent de l'éminente contribution du président Clinton à la mondialisation. Et voici que l'événement avait viré à l'émeute : les écologistes, les protectionnistes, tous ceux qu'indignaient les ravages de la mondialisation sur les pauvres et qu'inquiétait la nature antidémocratique des institutions économiques internationales, avaient fait bloc pour manifester ensemble. Le 11 septembre 2001 a révélé une face encore plus sombre de la mondialisation : le terrorisme aussi franchit aisément les frontières.

Ses racines sont complexes, mais le désespoir et le chômage massif qui règnent dans tant de pays du monde lui offrent un terreau fertile.

La désagrégation des fantastiques années 1990 est vite arrivée : elle a commencé avant même la fin de l'administration Clinton. Elle jette une tout autre lumière sur les événements de cette décennie et rend d'autant plus urgente la tâche de la réinterpréter.

C'est ainsi que mon premier projet de livre s'est imbriqué dans un autre. Définir le juste rôle de l'État dans notre société, et notamment dans notre économie, a toujours été l'un de mes grands soucis. Quelques années avant mon arrivée à Washington, j'avais écrit un petit livre, *Le Rôle économique de l'État*, qui tentait de déterminer les fonctions les plus adaptées à l'État et aux marchés sur la base de leurs forces et de leurs faiblesses respectives : j'y cherchais à dégager quelques principes généraux sur ce que l'État devait faire ou non. Mais depuis je l'avais vu fonctionner de près pendant huit ans. Je souhaitais donc reprendre le sujet. Une analyse des années 1990 me le permettait : l'administration Clinton doit en partie ses succès à ses efforts pour trouver le juste équilibre entre l'État et le marché, équilibre perdu pendant la décennie Reagan-Thatcher ; et ses échecs, dont certains ne sont devenus évidents qu'après la fin de la décennie, sont en partie liés à des domaines où elle ne l'a pas trouvé.

Un combat d'idées est en cours : les uns veulent réduire l'État à la portion congrue, les autres lui reconnaissent un rôle important, même s'il a ses limites, pour corriger les insuffisances du marché mais aussi faire progresser la justice sociale. Je me range parmi les seconds, et je me propose ici de prouver que les marchés, s'ils sont au cœur de notre succès économique, ne fonctionnent pas toujours correctement tout seuls, qu'ils ne résolvent pas tous les problèmes et que l'État sera toujours pour eux un partenaire important.

Ce livre ne se contente donc pas de réexaminer l'histoire économique des années 1990 (ce qu'il fait aussi). Il porte sur l'avenir autant que sur le passé. Sa véritable ambition est de dire où en sont aujourd'hui les États-Unis et les autres pays développés, et dans quel sens ils devraient s'orienter. Un grand nombre d'institutions centrales de notre société ont perdu de leur crédibilité, parfois irrémédiablement – de l'Église au patronat, des tribunaux aux experts-comptables et aux banques. Je ne traiterai ici que de nos institutions économiques, mais je ne peux m'empêcher de penser que ce qui s'y passe reflète et influence ce qui se passe ailleurs.

La gauche et la droite sont déboussolées. Le fondement intellectuel du laisser-faire a été pulvérisé par les faits : non, les marchés ne conduisent pas automatiquement à l'efficacité – sans parler de la justice. Quand le monde est entré en crise, après le 11 septembre, nous avons compris la nécessité d'une action collective. Et lorsque le secteur privé, en Amérique et dans une moindre mesure en Europe, a été secoué par les scandales, même les conservateurs ont reconnu à l'État quelque utilité. Quant à la gauche, l'Union soviétique a emporté dans sa chute son programme économique fondamental : le soutien au socialisme, du moins de type ancien, s'est évanoui même dans les pays où il s'était révélé jusque-là extrêmement puissant.

Aujourd'hui, le défi consiste à trouver le juste équilibre entre l'État et le marché, entre l'action collective locale, nationale et mondiale, entre le gouvernemental et le non-gouvernemental. Quand les conditions économiques évoluent, il faut repenser ces répartitions : l'État doit abandonner d'anciennes tâches et en assumer de nouvelles. Nous sommes entrés dans une ère de mondialisation : les pays et les peuples du monde sont plus étroitement intégrés que jamais. Mais la mondialisation nous impose aussi un rééquilibrage : il nous faut à présent davantage d'actions collectives internationales, et les problèmes de la démocratie et de la justice sociale au niveau mondial sont devenus incontournables.

Les mutations remarquables que connaissent depuis quinze ans nos économies et nos sociétés ont fragilisé à l'extrême l'équilibre entre l'État et le marché. Nous n'avons pas répondu correctement à ce défi. Les problèmes de ces dernières années reflètent en partie cet échec. Ce livre voudrait proposer un cadre de pensée qui nous aide à équilibrer la balance.

Il aborde aussi un autre thème. Les années 1990 ont été marquées par le règne sans partage de la finance. Wall Street a gagné des millions, parfois des milliards, à monter les transactions ou à lever de l'argent pour les « jeunes pousses » – les start-up. Au sein de la jeunesse américaine, les meilleurs et les plus intelligents brûlaient d'entrer dans la danse. Les États-Unis acceptent le principe de base de la théorie du marché : la rémunération reflète la productivité. Si certains sont mieux payés, c'est donc qu'ils apportent davantage à la société. Il est naturel que les jeunes aient été séduits par cette frénésie : ils pouvaient servir la collectivité en se servant fort bien eux-mêmes.

La même déférence à l'égard du point de vue de la finance régnait chez les décideurs politiques. Il fallait laisser les banques centrales, essentiellement composées d'experts issus de la communauté financière, gérer seules la politique monétaire, car elles assuraient d'une main ferme une croissance stable sans inflation. Le livre de Bob Woodward *The Agenda* (1994) montre à merveille comment la réduction du déficit est devenue la priorité absolue du président Clinton. Ce n'était pas le programme sur lequel on l'avait élu, mais il s'était laissé persuader que, s'il ne réduisait pas le déficit, les marchés financiers allaient le punir, et que sans leur soutien il ne pourrait concrétiser les autres points de sa plate-forme. C'est ainsi que tout le reste fut mis sous le boisseau – et, pour l'essentiel, n'en sortit jamais.

Soyons clair : je suis bien conscient de l'importance de la finance. Mes propres recherches sur la théorie économique de l'information ont d'ailleurs aidé à clarifier la relation qu'elle entretient avec l'économie. Jusque-là, les prix Nobel Franco Modigliani du MIT (Massachusetts Institute of Technology) et Merton Miller de l'université de Chicago, par exemple, soutenaient qu'en dehors des considérations fiscales la façon dont les entreprises se financent ne fait strictement aucune différence. Mon travail sur l'information asymétrique a contribué à expliquer le rôle central de la finance dans une économie moderne. Mais il a aussi montré pourquoi, souvent, des marchés financiers non réglementés ne fonctionnent pas bien, pourquoi nous avons besoin de l'État, et pourquoi ce qui est bon pour Wall Street risque de ne pas l'être, et souvent ne l'est pas, pour l'ensemble du pays ou pour telle ou telle de ses composantes.

Au cours des folles années 1990, un dispositif bien rodé de contrepoids et d'équilibres – entre Wall Street, Main Street* (High Street, disent les Britanniques) et le monde du travail, entre les industries anciennes et les technologies nouvelles, entre l'État et le marché – a été bouleversé sur des points essentiels par la montée en puissance de la finance. Chacun s'en est remis à son jugement.

---

* L'Amérique profonde. Cette expression, entrée dans le langage courant, vient du titre d'un roman de Sinclair Lewis. *(NdT.)*

Tous les pays, États-Unis compris, ont été sommés de se plier à la discipline du marché. Le fait qu'il existe plusieurs politiques, que des politiques différentes ont des effets différents sur des catégories sociales différentes, que des arbitrages sont possibles, que le processus politique est le cadre naturel pour les évaluer et les effectuer – toutes ces idées si longtemps jugées comme relevant du bon sens ont été balayées.

Dans l'administration Clinton, nous savions que le nouveau mode de pensée était fallacieux. Si le règne de la finance était réellement absolu, s'il n'y avait qu'une seule politique possible et si tous pouvaient y souscrire, seule notre plus grande compétence nous aurait distingués des républicains. Mais une sorte de schizophrénie s'est installée. Nous étions persuadés de faire des choix politiques différents, d'être plus favorables aux pauvres et aux classes moyennes que les républicains, nous savions bien qu'il fallait arbitrer entre les divers intérêts – et, malgré tout, trop de membres de l'administration semblaient admettre l'idée que le marché obligataire ou les marchés financiers en général savaient quelle était la meilleure façon d'avancer. Comme si ces marchés incarnaient l'intérêt supérieur de l'Amérique en même temps que le leur ! Cela me paraissait parfaitement absurde. Nous devions absolument comprendre, me disais-je, que si nous prenions une initiative qui leur déplaisait et devions en payer le prix, ce prix valait peut-être la peine d'être payé. Si importante que soit la finance, Wall Street est un groupe de pression comme beaucoup d'autres, au service d'intérêts particuliers.

À ce sujet, j'ouvre une courte parenthèse. La réduction du déficit n'a pas été la seule manifestation de cet alignement sur les marchés financiers. En politique commerciale, par exemple, nous nous sommes préoccupés de l'évolution future du taux de change. Or, même dans notre réflexion à ce sujet, le point de vue de la finance l'a emporté. Une baisse du taux de change (moins de yens pour un dollar) donne aux entreprises américaines la possibilité d'exporter davantage, allège la pression de la concurrence étrangère sur les producteurs américains, accélère la croissance aux États-Unis et permet de créer des emplois – ou du moins de ne pas en perdre. Mais elle inflige des pertes aux spéculateurs de Wall Street qui ont parié sur le « dollar fort », et, puisqu'elle renchérit les produits importés, peut entraîner une légère hausse de l'inflation. Comme pour tout, il y a des arbitrages à opérer, mais le débat a été dominé par la finance, qui ne voyait que le négatif – à tel point qu'un jour, un journaliste lui ayant demandé ce qu'il pensait des inquiétudes de Detroit sur la hausse du dollar qui allait rendre toujours plus difficile pour l'industrie automobile de vendre à l'étranger et de tenir tête aux importations japonaises, un responsable du Trésor a répondu que le dollar fort, au contraire, allait inciter ces firmes à affronter leurs concurrents plus énergiquement et à vendre encore plus : si l'on prenait cet argument au sérieux, il faudrait « abroger » la loi des courbes de demande décroissantes.

J'écris ce livre en tant qu'Américain engagé dans le débat politique aux États-Unis, et très inquiet de la voie que ce pays a prise. Je l'écris aussi en tant que participant actif à des discussions parallèles dans le monde entier, et au débat général sur la mondialisation, qui est devenue l'un des problèmes du jour. Les échecs de l'Amérique – le cycle expansion-récession, la mauvaise politique macroéconomique, les excès de la déréglementation et les scandales auxquels ils ont contribué – n'ont pas d'intérêt, à mon sens, seulement pour les Américains. L'histoire que l'on va suivre ici concerne tout le monde, sur l'ensemble de la planète, pour plusieurs raisons.

Avec la mondialisation, nous sommes tous interdépendants. On disait autrefois : lorsque les États-Unis éternuent, le Mexique s'enrhume. Aujourd'hui, lorsque les États-Unis éternuent, une grande partie du monde attrape la grippe, et les problèmes actuels de l'Amérique sont bien plus graves que de simples reniflements. Toute analyse économique des difficultés de l'heure, et de la dernière décennie, dans l'économie mondiale doit commencer par un examen des États-Unis.

La mondialisation ne se limite pas à la libre circulation transfrontière des biens, des services et des capitaux. Elle accélère la circulation des idées. Dans les années 1990, je l'ai dit, les États-Unis se sont autoconféré le rôle de modèle pour le reste du monde. Et l'on s'est, effectivement, tourné vers eux pour s'inspirer de leur conception du juste équilibre entre l'État et le marché, pour connaître le type d'institutions politiques nécessaire au bon fonctionnement d'une économie de marché. Les méthodes des entreprises américaines ont été reprises dans le monde entier, et les États-Unis ont propagé leurs normes comptables partout où ils l'ont pu. Quant aux pays qui ne se sont pas faits d'eux-mêmes les imitateurs zélés de l'Amérique dans l'espoir de connaître comme elle une forte expansion économique – dont ceux qui estimaient que les États-Unis n'avaient pas trouvé le juste équilibre –, ils ont été amenés par la séduction, par le harcèlement et, s'ils étaient des pays en développement dépendants de l'aide du Fonds monétaire international, par la contrainte à se plier à ce qu'on leur disait être le cours de l'histoire.

Comment s'étonner alors que les problèmes analysés dans ce livre aient eu des parallèles dans de nombreux pays du monde ? Les scandales financiers ont touché des firmes européennes, abattu les PDG de géants comme Vivendi Universal et laissé leurs marques sur des compagnies apparemment aussi sages que le groupe néerlandais d'articles d'épicerie Ahold. Peut-être ces PDG n'ont-ils pas poussé la malfaisance aussi loin qu'aux États-Unis, mais le sens dans lequel évoluaient les choses était extrêmement inquiétant.

D'autres questions qui sont au cœur du drame américain sont apparues à l'identique sur d'autres scènes. La déférence témoignée à la finance et à sa puissance y a souvent été encore plus prononcée qu'aux États-Unis. Les points de vue des marchés financiers dictent des politiques, voire déterminent l'issue des élections. Le thème de la réduction du déficit, associé à une ardeur irrépressible pour combattre les problèmes d'inflation d'il y a vingt ans, a lié les mains de l'Europe face au retournement de conjoncture de 2001. À l'heure où ce livre est mis sous presse, les économies européennes vivent dans la peur de la déflation et de la montée du chômage, alors qu'en agissant tôt les pouvoirs publics auraient pu les empêcher de glisser dans la récession. Avec le Japon également en stagnation, ou pis encore, voici le monde confronté à la première crise planétaire de l'ère de la mondialisation.

Plus fondamentalement, le combat d'idées sur l'État – entre ceux qui souhaitent le réduire à un rôle minimal et ceux qui pensent que nous avons besoin de lui pour parvenir au type de société que nous voulons – est en cours dans tous les pays, qu'ils soient en développement ou développés, sur les deux rives de l'Atlantique et du Pacifique. L'expérience américaine récente est instructive pour tous, et j'espère que les leçons que j'en tire dans les derniers chapitres et le programme d'action que j'esquisse sont aussi pertinents pour d'autres pays que pour les États-Unis.

Ce livre ne relève pas du journalisme d'investigation. Les scandales et autres problèmes que j'évoque sont bien documentés par ailleurs[1]. Mon objectif ici est l'*interprétation*, pour nous aider à comprendre ce qui ne va pas et comment le faire aller. En tant que chercheur en sciences humaines, je ne pense pas que des problèmes de cette ampleur surviennent par accident, qu'ils résultent de comportements individuels aberrants. Je cherche des vices systémiques, et il y en a à foison. Je constate avec intérêt que beaucoup sont étroitement liés au programme de recherche que je poursuis depuis trente ans. Ils concernent des situations d'information imparfaite, et en particulier asymétrique – c'est-à-dire des situations dans lesquelles certains disposent d'informations que les autres n'ont pas. Les progrès théoriques réalisés dans ces champs nous aident à comprendre ce qui a dérapé et quelles en sont les raisons. Ils expliquent aussi pourquoi, plusieurs années avant l'apparition des difficultés, je me suis battu au sein de l'administration Clinton contre un grand nombre des mesures qui leur ont donné naissance. Lorsque ces risques ont été évoqués, il y a dix ans, ils restaient pour l'essentiel théoriques. Aujourd'hui, les preuves sont là. Pourtant, dans

---

1. Pour un exposé particulièrement intelligent, voir le livre d'Arthur Levitt (ex-président de la Securities and Exchange Commission – la Commission des opérations de Bourse des États-Unis) et Paula Dwyer, *Take On the Street : What Wall Street and Corporate America Don't Want You to Know. What You Can Do to Fight Back*, New York, Pantheon Books, 2002. Plusieurs ouvrages ont déjà été entièrement consacrés au scandale Enron. Ils sont cités à la note 1 de la page 301. Ariana Huffington, dans son livre *Pigs at the Trough : How Corporate Greed and Political Corruption are Undermining America* (Crown, 2003), mène une charge particulièrement cinglante et drôle contre l'Amérique des firmes géantes. Même la presse d'affaires s'est jointe à l'assaut : voir par exemple Jerry Useem, « Have they no shame ? », *Fortune*, 14 avril 2003, p. 56-64, et Janice Revell, « CEO pensions : The latest way to hide millions », *Fortune*, 14 avril 2003, p. 68.

certains milieux, la résistance au changement, le refus de se confronter à ces problèmes persistent.

En écrivant cet ouvrage, comme pour mon livre précédent, je ressens une profonde gratitude envers le président William Jefferson Clinton, qui m'a donné l'occasion de servir mon pays, mais aussi de voir de mes yeux comment fonctionne l'État américain. Pour un chercheur en sciences sociales, ce fut une chance incomparable.

Je suis aussi très reconnaissant au président de son respect pour le rôle particulier du Council of Economic Advisers dans le système de gouvernement. Notre luxe, c'est de n'avoir aucun mandant – sauf le peuple américain, qui ne prête pas grande attention à ce que nous disons ou faisons. Cela nous donne une liberté inconnue des autres institutions de l'État, constamment soumises aux pressions d'intérêts organisés. Les gens sont sensibles aux incitations, et ce sera l'un des grands thèmes de ce livre : si certains se sont mal conduits dans le monde de l'industrie et de la finance, ce n'est pas nécessairement parce qu'ils étaient particulièrement vénaux, ou qu'ils l'étaient davantage que leurs prédécesseurs ; disons plutôt qu'ils ont été confrontés à des incitations différentes et qu'ils y ont répondu de cette façon. Au CEA, notre formation nous rendait plus aptes à repérer les incitations perverses, mais il faut dire que c'était notre travail, et qu'en un sens nous étions nous-mêmes incités à détecter les problèmes d'incitations – nous savions que nous n'en serions que plus estimés dans notre profession. De même, nous avions des incitations fortes à ne pas céder aux pressions des intérêts particuliers – si nous l'avions fait, nous nous serions déconsidérés. Les membres du Council of Economic Advisers étaient pour la plupart issus du monde académique et allaient y retourner : c'était leur image dans ces milieux qui comptait le plus à leurs yeux.

La présidence du CEA ne m'a pas seulement permis d'être aux premières loges pour assister aux prises de décision du gouvernement ; elle m'a également donné un poste d'observation unique sur l'économie américaine. Cela faisait partie de mes responsabilités quotidiennes – suivre ce qui se passait, mais aussi réfléchir à ce qui pouvait mal tourner et réparer avant même qu'on eût remarqué le problème. J'ai pu voir l'économie américaine sous les angles les plus divers et les moins aisément accessibles. Nous discutions avec tous les économistes chevronnés en poste dans les entreprises, les administrations et le monde académique, auxquels nous demandions leurs interprétations – variées – des événements en cours, mais j'ai eu aussi l'occasion de m'entretenir avec les dirigeants syndicaux et les PDG, les apporteurs de capital-risque et les financiers de Wall Street. Le président faisait de gros efforts pour ne pas perdre de vue l'impact des mutations économiques sur le citoyen ordinaire. Il a tenu des sommets économiques régionaux à Atlanta, Portland et Columbus, entre autres. Une partie de mon travail consistait à prendre note des préoccupations des participants et à leur expliquer ce que nous faisions. Ces fréquents voyages m'ont familiarisé avec les réalités du terrain comme rarement les universitaires en ont l'occasion.

L'un des grands changements des années 1990 a été celui de la position économique mondiale des États-Unis, et mes deux postes successifs – président du Council of Economic Advisers, puis économiste en chef et vice-président de la Banque mondiale – m'ont permis de l'appréhender sous deux angles entièrement différents. J'ai pu voir l'impact de ces folles années tant aux États-Unis qu'à l'étranger, remarquer l'incohérence entre ce que nous voulions chez nous et ce que nous prêchions ailleurs, et constater que ceux qui défendent dans notre pays la justice sociale et les idéaux démocratiques par sympathie pour les pauvres semblent souvent beaucoup moins sensibles à ces valeurs hors de nos frontières.

Ces deux fonctions m'ont aussi mieux permis de nous voir – nous, les États-Unis (et les autres pays développés) – comme nous voient les populations du reste du monde. La communauté scientifique n'a jamais connu de frontières ni reconnu d'autorité. Mes étudiants et mes collègues viennent du monde entier, et j'ai moi-même passé un quart de ma vie professionnelle à l'étranger. Grâce aux liens forts que j'entretenais à ce titre, j'avais mes « entrées », ce qui n'arrive pas souvent aux dirigeants d'une administration. Et ce que j'ai vu et ressenti m'a attristé : même ceux qui avaient été formés aux États-Unis, qui aimaient l'Amérique et les Américains, étaient profondément déçus par ce que faisait notre gouvernement. Nos actes *collectifs*, en tant que nation, étaient si éloignés, souvent, de nos positions en tant qu'individus ! Dans les chapitres qui suivent, je m'efforcerai de montrer qu'il y a du vrai, beaucoup de vrai dans ce point de vue, d'expliquer comment cet état de choses s'est instauré et pourquoi la façon dont nous avons conçu notre nouveau rôle dans l'économie mondiale après la fin de la guerre froide ne sert pas nos intérêts à long terme.

Pas plus que *La Grande Désillusion* ce livre ne prétend porter un regard sans passion sur ce qui s'est passé dans les folles années 1990 et après. Comment le pourrait-il alors que j'y ai participé si étroitement ? Je me suis efforcé, toutefois, d'être précis, de faire le lien entre ce que je sais des événements et ce que je comprends des processus économiques et politiques, d'interpréter à la fois le passé et ce qu'il signifie pour l'avenir. Avec le temps, je crois de plus en plus à la démocratie, mais je crois aussi que, pour qu'elle fonctionne, il faut que les citoyens comprennent les questions fondamentales auxquelles nos sociétés sont confrontées et les réalités du travail gouvernemental. Or les problèmes qui ont le plus d'impact sur la grande majorité de la population concernent l'économie et les rapports entre le marché et l'État.

Je suis enseignant, et j'ai passé le dernier quart de siècle à enseigner. N'importe quel professeur sait que, dans tous ses cours, il simplifie. Impossible de faire autrement. Cependant, je me suis efforcé de ne pas *trop* simplifier. Lorsque je retrace l'histoire de la dernière décennie, je fonde mes simplifications sur quelques idées assez compliquées que j'ai développées en détail dans plusieurs livres et dans des dizaines d'articles. J'aime à croire qu'il est plus convaincant d'exposer simplement des idées complexes que de présenter des idées ultrasimples, comme d'autres l'ont fait pour certaines approches, notamment l'idéologie simpliste du libre marché. Et, en bon enseignant, je ne raconte pas les événements des années 1990 au seul motif qu'ils sont intéressants – ils le sont davantage, c'est évident, pour ceux qui y ont participé directement que pour les autres –, mais parce qu'il y a des leçons générales à en tirer.

Ces leçons, importantes pour les États-Unis, ne le sont pas moins pour les autres régions du monde. On imite beaucoup les États-Unis, puisqu'ils ont l'économie la plus vigoureuse et la plus prospère. Et eux-mêmes, en leur qualité de première puissance mondiale, propagent activement une conception particulière du rôle de l'État dans l'économie, notamment par l'intermédiaire des institutions économiques internationales, l'Organisation mondiale du commerce (OMC), le FMI et la Banque mondiale. Or les idées prêchées par l'Amérique à l'étranger se distinguent nettement de sa pratique chez elle – ce sera l'un des thèmes centraux de ce livre. La façon dont nos succès (et nos échecs) sont interprétés, chez nous et ailleurs, a de très lourdes conséquences sur les choix politiques, programmatiques et institutionnels des autres. D'où l'importance de tirer les bonnes leçons.

Voyant que je critique l'administration Clinton, certains vont formuler des conclusions hâtives, à l'instar de quelques lecteurs d'un article sur le même thème que j'ai publié dans l'*Atlantic Monthly*. Si je donne l'impression de noter sévèrement l'administration, c'est en partie à l'aune des grands espoirs que nous nourrissions à notre arrivée au début de 1993, espoirs qui ont été à tant d'égards déçus. Mais je dois dire que si je suis toujours dur dans mes notes, je finis en général par les remonter. Quand je regarde ce qui a précédé l'administration Clinton, et plus encore ce qui l'a suivie, la note devient presque excellente. D'ailleurs, le but ici n'est pas de noter, mais de comprendre où nous avons échoué et réussi, pourquoi – et surtout comment construire un avenir où la politique économique sera mieux gérée.

En réalité, je suis très fier de ce que le président Clinton et son administration ont accompli. Oui, nous aurions peut-être pu faire davantage, notamment pour remodeler le paysage mondial après la guerre froide et faire fonctionner la mondialisation pour tous plutôt que pour nous seuls. Oui, le pays s'en serait mieux trouvé si nous avions moins écouté les sirènes de la déréglementation. Mais nous avons reçu un héritage – avec, entre autres composantes, des déficits colossaux, une inégalité massive et en plein essor, une économie qui ne se relevait pas vraiment d'une récession – que nous avons considérablement amélioré : élimination du déficit budgétaire, reprise économique très vigoureuse, baisse de la pauvreté, coup d'arrêt à la montée des inégalités, avec de nouveaux progrès à venir sur ce dernier front grâce au succès de programmes comme Head Start\*. La politique du moment rendait difficile – impossible, peut-être – de faire beaucoup plus. Quiconque doute de ma position sur cette question peut commencer ce livre par l'épilogue, où je compare la période Clinton à ce qui l'a suivie. Pour tous ceux qui proclamaient : « La politique, ça ne veut plus rien dire ! » ou : « Tous les mêmes ! », le réveil, depuis deux ans, a été rude.

Ce dont je suis peut-être le plus fier dans l'administration Clinton, c'est l'attachement résolu de la quasi-totalité de ses membres aux valeurs démocratiques et à la justice sociale. Rarement équipe aussi intelligente et dévouée a été réunie. Seuls quelques-uns – très peu nombreux – ont parfois laissé leur ego interférer avec leur sens du devoir ; mais, chez des personnes qui avaient dû surmonter tant d'obstacles pour parvenir aux postes qu'ils occupaient, on pouvait s'attendre à trouver un ego bien affirmé. Des amis ayant servi dans des administrations précédentes m'avaient vivement conseillé de ne jamais tourner le dos si je ne voulais pas être vite poignardé. Or je dois dire que, si l'administration Clinton a connu comme les autres de durs affrontements internes, les coups de poignard ont été fort rares. Clinton avait fixé un ton, celui du respect mutuel. La démocratie ne se réduit pas à l'organisation périodique d'élections. Elle exige aussi que toutes les voix soient entendues, et qu'il y ait délibération. Chacun d'entre nous amenait au gouvernement un point de vue particulier, nécessairement limité par son expérience. Nos débats commençaient tôt le matin et finissaient tard dans la nuit.

J'écris ce livre parce que les combats que j'ai livrés reviendront. Dans une démocratie, ces problèmes ne sont jamais réglés. Si nous avons commis des erreurs, nous pouvons les corriger –

---

\* Head Start est une association fondée en 1965 à l'initiative du gouvernement fédéral. Elle mène une action multiforme en faveur de la petite enfance, notamment dans les familles pauvres. Toutes ses opérations sont gérées au niveau local par des institutions publiques ou à but non lucratif, avec une forte participation des parents. Le président Clinton a étendu et renforcé ses activités à plusieurs reprises, notamment par le *Head Start Reauthorization Act* d'octobre 1998. Il en a fait le premier programme d'éducation préscolaire pour les enfants des milieux défavorisés. *(NdT.)*

mais seulement si nous comprenons pourquoi les événements n'ont pas tourné comme nous l'avions prévu, si nous voyons où nous nous sommes trompés. Ce livre donne mon interprétation. J'espère qu'il contribuera aux débats de futures administrations qui partageront nos valeurs.

J'ai regagné le monde universitaire d'où j'étais venu. À quatorze ans, dans la ville sidérurgique de Gary (Indiana) où j'ai grandi, sur la rive sud du lac Michigan, j'avais décidé qu'à l'âge adulte je serais professeur, choix que je voulais associer à une forme de service public. Quelques années plus tard, étudiant à Amherst College, je suis tombé amoureux de l'économie, et mes ambitions se sont précisées. J'ai voulu comprendre les causes de la pauvreté, du chômage, de la discrimination que je voyais monter autour de moi, et agir contre elles. Peut-être ai-je réussi à apporter une petite contribution à la solution de ces redoutables problèmes. Une autre génération devra continuer la lutte. Mes étudiants, avec leur idéalisme, leur énergie, leur engagement, me donnent espoir.

## Précisions bibliographiques

En écrivant ce livre, j'ai eu la chance de bénéficier des nombreux ouvrages publiés par d'anciens membres de l'administration Clinton relatant leur expérience, et de quelques excellentes chroniques de journalistes. Ils m'ont permis de comparer mes souvenirs et mes interprétations à ceux d'autres personnes impliquées dans les événements. Ils se recouvrent largement, mais il y a aussi – nul n'en sera surpris – quelques différences, notamment d'interprétation. Je dois mentionner en particulier l'excellent livre *The Fabulous Decade* (Century Foundation Press, 2001), d'Alan Blinder, mon collègue au CEA, et Janet Yellen, qui m'a succédé à sa présidence : ils privilégient davantage l'interprétation classique du rôle de la réduction du déficit dans la reprise. Pour des études un peu plus techniques, voir Jeffrey A. Frankel et Peter R. Orszag (éd.), *American Economic Policy in the 1990s* (MIT, 2002). Parmi les Mémoires qui m'ont été le plus utiles, je citerai *Take On the Street*, d'Arthur Levitt (avec la collaboration de Paula Dwyer), *You Say You Want a Revolution : A Story of Information Age Politics*, de Reed Hundt (Yale University Press, 2000), l'ex-président de la Federal Communications Commission, ainsi que *Locked in the Cabinet*, de Robert Reich (Knopf, 1997), et *All Too Human : A Political Education*, de George Stephanopoulos (Little, Brown, 1999). Parmi les ouvrages traitant de la présidence Clinton, *The Agenda*, de Bob Woodward, donne une analyse détaillée des batailles budgétaires, et son livre *Maestro : Greenspan's Fed and the American Boom* (Simon & Schuster, 2000) offre une interprétation de l'expansion entièrement différente de la mienne. Elizabeth Drew se livre à une analyse globale des premières années dans *On the Edge* (Simon & Schuster, 1994) et *Showdown : The Struggle Between the Gingrich Congress and the Clinton White House* (Simon & Schuster, 1995). Parmi les autres ouvrages, citons Joel Klein *et al.*, *A Day with the Department of Justice : Leading Business Issues* (Washington DC, National Legal Center for the Public Interest, 1997), et Steven E. Schier (éd.), *The Postmodern Presidency : Bill Clinton's Legacy in US Politics* (Pittsburgh University Press, 2000).

# Remerciements

En écrivant un livre comme celui-ci, on accumule une longue liste de dettes. Je dois beaucoup à mes collègues des universités pour m'avoir aidé à comprendre certaines réalités économiques fondamentales qui sous-tendent les problèmes analysés ici ; à toutes les personnes avec qui j'ai travaillé à Washington et dans le monde, et grâce à qui j'ai pu voir l'expérience américaine d'un œil différent ; à ceux, enfin, qui m'ont accompagné dans la rédaction et la publication. Si j'ai omis quelqu'un par inadvertance, je le prie de m'en excuser. Quant à ceux que je cite, beaucoup seront peut-être en désaccord avec mon interprétation des événements, certains avec les conclusions politiques que j'en tire, et tous ne partageront pas le projet que j'expose dans les derniers chapitres. Mais, qu'il en ait ou non conscience, chacun a contribué aux analyses que je développe ici.

Mon regard sur les événements des années 1990 et suivantes a été influencé par mes quarante ans de recherche sur l'économie de l'information, l'économie du secteur public, la macro-économie et la finance. J'ai eu la chance d'avoir certains des meilleurs enseignants du monde à Amherst, au MIT et à Cambridge : Arnold Collery (qui devint plus tard doyen de l'université Columbia), Jim Nelson, Ralph Beals, Paul Samuelson, Robert Solow, Franco Modigliani, Charles Kindleberger[1], Nicholas Kaldor, Joan Robinson et Frank Hahn. Le champ de l'économie de l'information a été, à bien des égards, ouvert par Kenneth Arrow, mon professeur au MIT et mon collègue à Stanford. Mes premiers articles ont été écrits avec mon camarade de promotion du MIT George Akerlof, avec qui j'ai partagé le prix Nobel en 2001. Je me souviens encore de nos premières conversations sur les limites des marchés et les problèmes de l'information imparfaite, il y a près de quarante ans. J'ai eu également l'occasion de travailler avec A. Michael Spence (qui lui aussi a partagé le prix) dans les années 1970 lorsque, frais émoulu de l'université, il est arrivé à Stanford où j'étais professeur. L'incitation et le risque, l'information et la prise de décision, la gouvernance d'entreprise et la finance, les introductions en Bourse et les liens entre le comportement global de l'économie et ce qui se passe *à l'intérieur* des firmes : tous ces problèmes ont été au centre de projets de recherche que j'ai menés avec Michael Rothschild, Peter Diamond, Richard Arnott, Barry Nalebuff, Sanford Grossman, Carl Shapiro, Ian Gale, Alex Dyck, Thomas Helmann, Peter Neary, Steve Salop, Kevin Murdoch, Andrew Weiss et Bruce Greenwald. Bruce, bien qu'il ne soit pas d'accord avec tout ce que j'écris ici, a été particulièrement clairvoyant : il m'a aidé à repérer les liens entre la microéconomie de l'entreprise et les évolutions macroéconomiques, et à discerner le vrai

---

1. La dernière édition de son livre *Manias, Panics, and Crashes : A History of Financial Crises* (4e éd., New York, John Wiley & Sons, 2000) a été publiée avant que le cycle évoqué ici arrive à son terme, mais tous ses lecteurs verront à quel point les derniers événements s'inscrivent dans un modèle presque classique. « Fondamentalement, écrit-il, voici ce qui se passe : un fait quelconque change la perspective économique, de nouvelles occasions de profits sont saisies et surexploitées sur un mode si proche de l'irrationalité qu'il en devient une forme de folie. Une fois qu'on a compris que la hausse a été tout à fait excessive, le système financier connaît une sorte d'"état de choc", au cours duquel la ruée pour inverser le processus d'expansion peut s'accélérer au point de prendre l'allure d'une panique » (p. 2). Si sa liste des secteurs d'activité qui ont, dans l'histoire, déclenché un accès de folie ne comprend évidemment pas les télécommunications, il souligne ensuite l'existence d'« une forme très récente de dislocation qui traumatise le système : la déréglementation financière, ou libéralisation » (p. 5).

du faux dans l'analyse de l'administration Clinton qui fait de la réduction du déficit le moteur de la reprise de 1993.

Je dois aussi mentionner Michael Boskin, mon collègue à Stanford, qui a présidé le Council of Economic Advisers de George H.W. Bush ; David Mullins, qui a enseigné à la Harvard Business School et a été nommé vice-président de la Federal Reserve (Fed) par le président Bush ; Marc Wolfson, professeur de comptabilité à Stanford, qui a joué un rôle important en repensant la comptabilité à la lumière de l'économie de l'information[1].

L'université Columbia m'a offert un environnement de travail particulièrement agréable. Je tiens à remercier Myer Feldberg, doyen de la Graduate School of Business, Lisa Anderson, doyenne de la School of International and Public Affairs, et le nouveau président de Columbia, Lee Bollinger, pour leur soutien enthousiaste. Le large éventail de points de vue qui s'exprime à Columbia, sur la mondialisation mais aussi sur le capitalisme en général, et le débat ouvert avec des économistes tels que Ned Phelps, Robert Mundell, Jagdish Bhagwati, Glenn Hubbard, Frank Edwards, Frederic Mishkin et Charles Calomiris ont encouragé le type de recherche qui sous-tend ce livre.

Certains de mes collègues auraient peut-être préféré un ouvrage théorique, riche en équations et en régressions, avec preuves irrécusables et démonstrations rigoureuses à l'appui des hypothèses que j'énonce. J'ai publié ces preuves et ces démonstrations ailleurs. Ce livre a un objectif différent. Il s'adresse aux lecteurs non initiés qui souhaitent en savoir plus sur les problèmes économiques cruciaux nous touchant tous dans notre quotidien. La condition fondamentale d'une démocratie qui fonctionne est un public informé. Le présent ouvrage repose sur une conviction inébranlable et raisonnée : la politique économique est primordiale, et une *bonne* politique économique ne doit pas

---

1. Et avec lequel j'ai écrit une contribution pour l'assemblée générale 1987 de l'American Accounting Association, sur certains problèmes analysés plus bas. Elle a ensuite été publiée sous le titre « Taxation, information, and economic organization » dans le *Journal of the American Taxation Association*, vol. 9, n° 2, printemps 1988, p. 7-18.

seulement privilégier la croissance et la stabilité, mais aussi faire en sorte que les fruits de la prospérité soient largement partagés.

La *mondialisation* est un élément important de l'histoire que je retrace ici. Entre ses dérapages au niveau global et ceux des années 1990 aux États-Unis, les parallèles sont évidents. Cet ouvrage s'inscrit tout naturellement dans la continuité du précédent, *La Grande Désillusion*. De nombreux lecteurs du premier livre, conscients de ce rapprochement, m'ont d'ailleurs incité à écrire le second. Je voudrais reconnaître ma dette envers ceux qui l'ont fait, directement ou indirectement, par les points de vue qu'ils m'ont communiqués ou les occasions qu'ils m'ont données de voir par moi-même ce qui se passait dans le cadre de la mondialisation. James Wolfensohn, le président de la Banque mondiale, m'a permis de servir cette institution en qualité de vice-président et économiste en chef, et un grand nombre d'experts de la Banque, dévoués et travailleurs, ont partagé avec moi leur savoir et leurs analyses[1]. Depuis que j'ai quitté la Banque mondiale et écrit *La Grande Désillusion*, j'ai continué à observer la façon dont la mondialisation affecte toutes les régions du monde et dont les idées adoptées par les États-Unis au cours des folles années 1990 informent ou déforment les politiques des autres pays. Mes récentes visites en Bolivie, en Équateur, au Venezuela, au Chili, au Brésil, en Bulgarie, en Moldavie et en Argentine ont été particulièrement instructives. Outre ceux que j'ai cités individuellement dans mon livre précédent, je voudrais remercier Suppachai Panitchpakdi, président de l'Organisation mondiale du commerce, pour ses idées intéressantes sur certains défis auxquels l'OMC est confrontée, ainsi que Ricardo Lagos, président du Chili, et Fernando Henrique Cardoso, alors président du Brésil, pour les débats qu'ils ont organisés dans leurs pays sur le rôle de l'État et les idéaux sociaux-démocrates.

Avant d'entrer à la Banque mondiale, j'ai présidé le Comité de politique économique de l'Organisation pour la coopération et le développement économiques (OCDE), le club des pays industriels avancés, où j'ai pu considérer la politique économique des

---

1. Le lecteur trouvera dans *La Grande Désillusion* la liste de ceux à l'égard desquels j'éprouve une gratitude particulière.

États-Unis d'un point de vue tout à fait différent – et, par la même occasion, mesurer l'influence des idées américaines sur la stratégie d'autres pays. Je dois beaucoup aux membres de ce comité, au personnel de l'OCDE, à son directeur, Donald Johnston, et aux ambassadeurs des États-Unis auprès de cette organisation, David Aaron et Alan Larsen (aujourd'hui sous-secrétaire aux Affaires économiques au département d'État), qui m'ont souvent aidé à comprendre ce qui se cachait derrière les mots.

Pendant les années 1990, j'ai eu la chance de travailler sous l'égide du président Clinton, qui a réuni dans son administration une équipe remarquable. Beaucoup, comme moi, venaient de l'université et cherchaient à fonder l'action politique sur une analyse juste. Ceux à qui je dois le plus sont mes collègues du Council of Economic Advisers : Laura Tyson, Alan Blinder, Alicia Munnell et Martin Bailey. Nous avons été soutenus par un collectif d'économistes de premier ordre, essentiellement des universitaires ou des fonctionnaires citoyens qui ont pris un an ou deux sur leurs obligations professionnelles pour servir au gouvernement. J'éprouve une gratitude particulière envers deux jeunes économistes qui alliaient des connaissances scientifiques exceptionnelles à un sens prononcé de la chose publique, tous deux promus ensuite à des postes de conseillers de haut niveau au sein du National Economic Council (NEC) : Peter Orszag, aujourd'hui partenaire à la Brookings Institution, et Jason Furman, qui termine son doctorat à Harvard. Mes secrétaires généraux Tom O'Donnell et Michele Jolin, outre qu'ils ont permis au CEA de fonctionner, m'ont fait bénéficier de leurs connaissances inappréciables sur le processus politique. Nos macroéconomistes Robert Wescott, Michael Donihue et Steven Braun ont établi des prévisions très fiables, mais aussi fait preuve d'une compréhension en profondeur de la macroéconomie et des mutations en cours. Kevin Murdock, qui, à l'époque, terminait ses études supérieures à Stanford, a vite saisi l'importance et les subtilités du problème des options sur titre. Mark Mazur m'a aidé à analyser les effets de la réforme de la fiscalité des plus-values, et nous avons collaboré à la mise au point de versions différentes de cette réduction d'impôt qui auraient été tout aussi efficaces, plus égalitaires et moins graves pour le déficit à long terme. Au fil des années, nous avons été entourés d'une équipe impressionnante d'experts en économie mondiale : Robert Cumby, Marcus Noland, Robert Dohner, Lael Brainard, Ellen Meade et John Montgomery ; de macroéconomistes, dont Matthew Shapiro, David Wilcox, Eileen Mauskopf, William English et Chad Stone ; et d'économistes de la réglementation et de l'organisation industrielle, dont Jonathan Baker, Marius Schwartz et Tim Brennan, qui ont tous contribué aux analyses, et à la définition des politiques, sur les questions évoquées dans ce livre[1]. Robert Cumby s'est particulièrement investi dans la tentative pour lancer des bons d'État indexés sur l'inflation, susceptibles de protéger du risque inflationniste ceux qui épargnent pour leur retraite tout en réduisant le déficit budgétaire. Notre analyse du rôle de l'État dans la promotion de la technologie a bénéficié de l'apport essentiel de Jay Stowsky et Scott Walsten. Quant à celle des marchés du travail, elle doit beaucoup à David Levine et William Dickens[2] – notamment concernant certaines conséquences de la conception des rapports sociaux dans l'entreprise fondée sur les seuls « critères de rentabilité », en vogue au cours des années 1990.

Le Trésor est, avec l'Office of Management and Budget (OMB) et le CEA, l'une des trois instances déterminantes pour la prise de décision économique, et c'est avec ses membres que nous avons eu le plus de relations, en particulier Lloyd Bentsen, Robert Rubin, Frank Newman, Larry Summers, Les Samuels, Jeff Schaeffer, Josh Gotbaum, Brad DeLong, David Wilcox, Roger Altman, Karl Scholz et Len Burman. S'il nous est souvent

---

1. En citant ces membres du personnel du CEA, je n'entends pas dévaloriser les autres, qui ont beaucoup travaillé dans d'autres domaines, tels l'environnement, les politiques du marché du travail, la santé, l'agriculture, les ressources naturelles. Le travail du Council of Economic Advisers reposait sur la coopération de tous, et les divers aspects de l'économie ne sauraient être cloisonnés. L'un de mes grands plaisirs était de voir s'affirmer de jeunes économistes – certains des meilleurs étudiants en économie de tout le pays – pendant leur année au CEA : à la fin, ils n'étaient plus de simples assistants de recherche mais apportaient d'importantes contributions à l'analyse politique. Le manque de place m'interdit de les nommer tous ici, mais je le fais dans le rapport annuel *Economic Report of the President*.

2. L'importante recherche sur l'inflation menée par Dickens avec George Akerlof et Janet Yellen sera citée plus loin.

arrivé de ne pas voir les choses du même œil qu'eux, ils ont fréquemment avancé à l'appui de leurs opinions des arguments forts qui nous ont forcés à réfléchir davantage aux fondements de nos convictions. Plus important encore, je crois, ils ont respecté nos points de vue différents dans plusieurs débats très conflictuels. À l'OMB, Sally Katzen, chargée des questions de réglementation, et Robert Litan (aujourd'hui chef de la section économique de la Brookings Institution) ont été particulièrement opérants pour produire des idées sur la politique réglementaire. Je suis aussi redevable à Alice Rivlin, vice-directrice puis directrice de l'OMB, qui devint ensuite vice-présidente de la Fed.

Je dois beaucoup à Robert Reich et aux deux principaux spécialistes de l'emploi au département du Travail qui ont été mes interlocuteurs privilégiés, Larry Katz et Alan Krueger : ils m'ont éclairé sur les mutations structurelles du marché du travail, mais aussi sur les failles des modèles simplistes utilisés jusqu'alors pour l'interpréter[1]. Reich, en particulier, doutait fort que tous les changements en cours dans l'économie se révèlent positifs pour le travailleur américain moyen, et il m'a fait part de ses vives inquiétudes sur les folles années 1990 et la politique économique que nous avions contribué à mettre en place.

Le National Economic Council coiffait l'ensemble du système de prise de décision en matière de politique économique – une innovation de Clinton, bien que des modes de fonctionnement comparables aient existé dans d'autres administrations[2]. Il a d'abord été dirigé par Robert Rubin, puis par Laura Tyson, enfin par Gene Sperling ; tous ont tenté d'ajuster les intérêts et points de vue différents et de résoudre les conflits entre économie et politique, élargissant ainsi mon champ de réflexion. Outre Dan

---

1. Alan Krueger, avec son collègue de Princeton David Card, a formulé ses idées dans *Myths and Measurement : The New Economics of the Minimum Wage*, Princeton, Princeton University Press, 1995. Plus récemment, il a codirigé avec Robert Solow, du MIT, l'ouvrage collectif *The Roaring Nineties : Can Full Employment Be Sustained ?*, New York, Russell Sage Foundation, 2002.

2. On trouvera une vue d'ensemble intéressante du fonctionnement du National Economic Council dans Kenneth I. Juster et Simon Lazarus, *Making Economic Policy Work : An Assessment of the National Economic Council*, Washington DC, Brookings Institution Press, 1996.

Tarullo, Jon Orszag, Tom Kalil et Kathy Wallman, j'ai une dette spéciale envers Bowman Cutter, le directeur adjoint du NEC dans la première période, si déterminante, de l'administration : il a créé alors un groupe de réflexion sur l'évolution probable de l'économie au cours des vingt-cinq années suivantes et sur ce qu'il convenait de faire pour bien l'orienter. Quand je pense à ce qui s'est passé par la suite, une période si souvent dominée par l'immédiat et les considérations politiques, j'aime à me souvenir de ces tentatives initiales pour élaborer une perspective globale. Je m'efforcerai à la fin de cet ouvrage d'avancer une nouvelle vision pour l'avenir, en partie nourrie par les événements survenus depuis.

J'ai aussi partagé sur de nombreux points les préoccupations de l'Office of Science and Technology Policy (OSTP) – sa réflexion sur le juste rôle de l'État dans la promotion de la technologie, son inquiétude à propos des pratiques anticoncurrentielles nuisibles au progrès technologique (par exemple en matière de systèmes d'exploitation des ordinateurs personnels) et son souci d'amener les États-Unis à adopter une position équilibrée aux négociations commerciales de Genève sur la propriété intellectuelle, en 1993, afin que le nouveau régime stimule la croissance économique et la recherche, et pas seulement les profits des compagnies pharmaceutiques. Je voudrais citer, parmi les membres de l'OSTP, Jack Gibbons, son chef d'alors, Jane Wales, Skip Johns et Robert Watson.

Le large éventail de responsabilités du Council of Economic Advisers nous a fréquemment mis en contact avec des membres d'autres départements et agences de l'État, et ces discussions, tant avec les politiques nommés à leur tête qu'avec leurs économistes, ont élargi notre vision de l'évolution des événements. Nos relations avec la Securities and Exchange Commission (SEC), dont le président, Arthur Levitt, a mené une véritable croisade, ont été particulièrement fructueuses pour les analyses de ce livre. J'ai aussi tiré un bénéfice considérable d'innombrables conversations, à cette époque comme après, avec Steve Wallman, alors membre de la SEC. Les télécommunications ont été l'une des grandes arènes de la déréglementation, et j'ai beaucoup appris de mes discussions, tant pendant les épisodes étudiés ici que par la suite, avec le président de la Federal Communication Commission (FCC) Reed Hundt et les principaux économistes de cette institution, Joseph Farrell et Michael Katz (qui ont tous deux été mes étudiants). Sur les problèmes généraux de politique de la concurrence, je dois remercier pour leur précieux concours les attorneys généraux adjoints aux affaires antitrust Ann Bingaman et Joel Klein, et leurs économistes en chef successifs, Rich Gilbert, qui a été mon étudiant à Stanford, Carl Shapiro, mon ancien collègue et coauteur à Princeton, et Tim Breshnahan, mon ex-collègue à Stanford. Les questions de politique économique internationale (ALENA\*, OMC, négociations de l'Uruguay Round, ZLEA\*\*, APEC\*\*\*, relations avec le Japon et la Chine, dumping, restrictions au commerce, etc.) ont occupé une bonne partie de notre temps, et, outre mes discussions avec les membres du CEA et du NEC, j'ai été en contact étroit avec les responsables de la politique économique au département d'État, au département du Commerce et au National Security Council (NSC). J'éprouve une reconnaissance particulière envers Jeff Garten, aujourd'hui directeur de l'école de management de Yale, et Joan Spero, qui dirige la Duke Foundation, pour leurs idées et leur amitié.

Sur les problèmes de politique macroéconomique que je traite particulièrement aux chapitres 2 et 3, nos échanges réguliers avec la Fed — son président, Alan Greenspan, les membres du Federal Reserve Board et leur équipe – ont été inappréciables. Janet Yellen (qui avait été mon étudiante à Yale et m'a succédé comme présidente du CEA) et Alan Blinder (d'abord mon collègue et coauteur à Princeton, puis l'un des membres du CEA, avant d'être nommé par Bill Clinton vice-président du Federal Reserve Board) m'ont donné leur interprétation de la reprise, qui diffère sur plusieurs points importants de celle que je présente ici[1].

---

\* Accord de libre-échange nord-américain. *(NdT.)*
\*\* Zone de libre-échange des Amériques. *(NdT.)*
\*\*\* Coopération économique Asie-Pacifique : c'est l'organisation des pays riverains du Pacifique. *(NdT.)*
1. Alan S. Blinder et Janet L. Yellen, *The Fabulous Decade, op. cit.*

Je dois un mot de remerciements particulier au vice-président Al Gore, parce qu'il m'a fait participer à deux de ses plus importantes initiatives, la réforme des télécommunications et la « réinvention de l'État », mais aussi pour l'ouverture d'esprit et l'humour merveilleux avec lesquels il a conduit ces délibérations complexes et souvent conflictuelles. Il a régulièrement fait passer les principes avant la politique, a constamment exigé des autres qu'ils en fassent autant et les a soutenus quand ils l'ont fait[1]. Je suis aussi très reconnaissant envers les membres de son cabinet, en particulier Greg Simon, pour nos discussions sur la politique des télécommunications. Je veux également saluer le rôle des chefs de cabinet du président, Mac MacLarty, Leon Panetta et Erskine Bowles, qui ont contribué à faire de la Maison-Blanche un lieu de travail si intéressant et si hospitalier.

J'ai eu l'occasion, ces dernières années, de discuter du « programme social-démocrate » avec beaucoup de dirigeants et chercheurs européens. Le chapitre qui conclut ce livre reflète certaines de leurs idées. Ils m'ont incité à entreprendre cet effort, et j'espère avoir été à la hauteur de leurs attentes. S'ils sont trop nombreux pour être énumérés, je serais impardonnable de ne pas citer Georges Papandreou, ministre grec des Affaires étrangères, qui organise chaque année un colloque d'une semaine, le symposium Simi, lors duquel de nombreux problèmes majeurs sont discutés, souvent passionnément ; Laura Pennachi, parlementaire italienne, qui a tenu à plusieurs occasions des débats dans son pays ; Leif Pagrotsky, ministre du Commerce de Suède et partisan convaincu du système économique suédois ; Gregory Kolodko, vice-Premier ministre et ministre des Finances de Pologne, qui a joué un rôle crucial dans le succès de la transition du communisme à l'économie de marché ; et Kermal Dervis, que j'ai d'abord connu à la Banque mondiale, où il était vice-

---

1. Bien que cet aspect ne soit pas essentiel à l'analyse de ce livre, j'ai été touché par son engagement profond pour l'environnement et sa détermination à fonder la politique sur des bases scientifiques rigoureuses. Il a introduit à la Maison-Blanche des savants de tout premier ordre pour discuter de la politique environnementale. Voilà pourquoi les premières années de l'administration Clinton ressemblaient souvent à un séminaire universitaire passionnant, à ceci près qu'on ne se contentait pas de discuter de la politique mais qu'on la faisait.

président pour le Moyen-Orient, et qui est ensuite devenu ministre des Finances de Turquie.

Merci aussi à Robin Blackburn, notamment pour m'avoir fait part de ses idées sur les retraites ; à Michael Cragg et George Fenn pour leurs commentaires détaillés sur plusieurs chapitres ; à Sheridan Prasso et Gretchen Morgenson ; à Jim Ledbetter, qui a partagé avec moi ses réflexions sur les entreprises européennes ; à Kira Brunner et James Lardner, qui ont aidé à la mise en forme du manuscrit ; à Anton Korinek, qui a effectué des recherches ; à Francesco Brindisi, Anupama Chandrasekaran, Hamid Rashd et Jayant Ray pour avoir vérifié et cherché des informations ; et à Ann Adelman, qui a préparé le manuscrit pour l'imprimeur. Dans une phase antérieure, Andre Schiffrin, l'un des grands éditeurs américains, m'a prodigué ses encouragements et ses conseils pour faire passer mon message plus efficacement. Chez Norton, Drake McFeely, mon éditeur de longue date, a pris du temps sur ses responsabilités de président pour corriger le manuscrit, et l'assistante d'édition Eve Lazovitz a supervisé les dernières versions et la fabrication. Chez Penguin (Royaume-Uni), Stuart Proffitt porte une part de responsabilité certaine dans la forme actuelle du livre – qui réunit une réévaluation de l'histoire économique des années 1990 et une vision de l'avenir. Son travail d'édition a également contribué à donner à ce livre une perspective mondiale, et pas trop étroitement américaine.

Par-dessus tout, merci à Anya Schiffrin, qui, pendant des mois, a vécu ce livre avec moi, en a discuté toutes les idées. Une fois de plus, elle m'a aidé à donner forme à l'ensemble de l'ouvrage – sa structure générale, chaque chapitre, les paragraphes, les phrases. Si ce livre est davantage qu'un aride traité scientifique sur l'apport des acquis de l'économie moderne à la compréhension de faits majeurs de notre époque, c'est grâce à elle. S'il évite l'emphase – et les clichés – qu'appellent naturellement ces événements dramatiques, c'est aussi grâce à elle. Elle a compris ce que je voulais dire et a senti comme moi l'importance de communiquer largement ces idées, au-delà du milieu restreint de spécialistes qui, avant *La Grande Désillusion*, était mon public. J'espère que le produit de notre effort transmet un peu de la passion que nous inspirent ces questions.

# Chapitre 1

# Expansion-récession :
# le ver dans le fruit

Au cours des folles années 1990, la croissance atteignit des taux qu'on n'avait jamais vus en une génération. Experts et journalistes proclamèrent l'avènement d'une « nouvelle économie » : les récessions appartenaient à un passé révolu, la mondialisation allait apporter la prospérité à toute la planète. Puis, à la fin de la décennie, ce que l'on avait pris pour l'aube d'une ère nouvelle se mit à ressembler de plus en plus à l'une de ces brèves poussées d'activité, ou d'hyperactivité, inévitablement suivies par une chute brutale, qui caractérisent le capitalisme depuis deux cents ans. À ceci près que, cette fois, la bulle avait été plus grosse, tant dans l'économie qu'à la Bourse, et que ses conséquences l'étaient aussi : puisque l'« ère nouvelle » n'avait pas été un phénomène uniquement américain mais planétaire, la récession qui la suivait touchait non seulement les États-Unis mais aussi bien d'autres régions du monde.

Ce n'est pas ainsi que les choses étaient censées se passer. Avec la fin de la guerre froide, les États-Unis étaient devenus la seule superpuissance et l'économie de marché avait vaincu le socialisme. Le monde n'était plus divisé sur des bases idéologiques. C'était, sinon la fin de l'histoire, du moins le début d'une nouvelle époque. Chacun en était bien persuadé. Et, pendant quelques années, on put en avoir l'impression.

Le capitalisme avait triomphé du communisme, mais il y avait plus. Sa version américaine, fondée sur l'individualisme pur et

dur, l'avait apparemment emporté sur d'autres conceptions plus
édulcorées, moins tranchées, de ce système économique. Dans
les sommets internationaux – ceux du G7, par exemple, qui
réunissaient les dirigeants des pays avancés –, nous nous
vantions de nos succès et prêchions la bonne parole aux ministres
de l'Économie des autres États, qui parfois nous regardaient avec
envie : il leur suffisait de nous imiter, et eux aussi jouiraient
d'une prospérité comme la nôtre ! Nous disions aux Asiatiques
d'oublier le modèle qui leur réussissait si bien depuis vingt ans,
et qui comportait la sécurité de l'emploi à vie. Ce système avait
créé de nouvelles méthodes de production que nous avions
reprises, comme le juste-à-temps, mais désormais il vacillait.
Quant à la Suède et aux autres adeptes de l'« État social », eux
aussi paraissaient abandonner leur méthode : ils réduisaient les
prestations, baissaient les taux d'imposition. Partout, le mot
d'ordre était : moins d'État. Et nous proclamions le triomphe de
la mondialisation. Avec elle, le capitalisme à l'américaine allait
s'étendre au monde entier.

Chacun semblait bénéficier de ce nouvel ordre mondial, de
cette *economia americana* où tout était sans précédent : les flux
de capitaux du monde développé vers le monde en développement (ils ont sextuplé en six ans), les échanges commerciaux
(ils ont augmenté de plus de 90 % au cours de la décennie), la
croissance. On espérait bien que ce commerce, ces capitaux
allaient créer des emplois et stimuler le développement.

Au cœur du capitalisme américain moderne, il y avait ce
qu'on avait baptisé la « nouvelle économie », symbolisée par ces
sociétés point-com qui révolutionnaient la façon dont l'Amérique
et le monde faisaient des affaires. Le rythme du progrès technologique lui-même en était modifié, et le taux de croissance de la
productivité, propulsé à des niveaux jamais atteints depuis un
quart de siècle ou davantage. Deux siècles plus tôt, le monde
avait connu une révolution économique, la révolution industrielle, au cours de laquelle l'économie avait changé de base : elle
était passée de l'agriculture à l'industrie. La nouvelle économie
représentait un bouleversement tout aussi colossal : de la production des biens, on passait à celle des idées, qui reposait sur le traitement d'informations et non sur la gestion d'une main-d'œuvre

ou de stocks. Effectivement, l'industrie, au milieu des années 1990, avait régressé à 14 % seulement du produit total, et sa part de l'emploi total était encore plus réduite. La nouvelle économie promettait aussi de mettre un point final au cycle des affaires, cette alternance d'expansions et de crises qui avait toujours été l'un des traits du capitalisme. Avec les nouvelles technologies de l'information, les entreprises pouvaient mieux contrôler leurs stocks. (Or le surinvestissement dans les stocks, qu'il fallait ensuite désengorger, avait été, durant toute la période d'après guerre, l'une des causes principales des récessions.)

C'est à l'étranger, en Asie, que sont apparus les premiers signaux d'alarme – les crises coréenne, indonésienne et thaïlandaise en 1997. Puis il y eut la russe en 1998, et la brésilienne en 1999. Mais c'est aux États-Unis, à Seattle, en décembre 1999, que la protestation contre la mondialisation a éclaté dans toute sa force. La mondialisation profitait à tous, améliorait la vie de tous ? Il est clair que beaucoup de gens ne s'en étaient pas aperçus ! Et Seattle ne fut qu'un début : on allait manifester à Washington, à Prague, à Gênes – lors de toutes les grandes réunions de leaders mondiaux. Ce mouvement de protestation était si puissant, si intense, que, lorsqu'ils se rencontraient, les dirigeants des pays industriels avancés devaient choisir des régions reculées comme le nord du Québec. Il y avait vraiment un problème.

Le nouveau millénaire n'avait que quatre mois quand on vit apparaître le premier symptôme d'un dysfonctionnement aux États-Unis mêmes : l'effondrement des actions technologiques. Le millénaire s'était ouvert tout autrement : la Bourse, thermomètre ultime de l'économie, battait alors tous ses records ; l'indice composite du NASDAQ, qui regroupe la plupart des valeurs technologiques, avait grimpé de 500 en avril 1991 à 1 000 en juillet 1995, et franchi le cap des 2 000 en juillet 1998 pour plafonner à 5 132 en mars 2000 ! Le boom de la Bourse renforçait la confiance des consommateurs. Elle aussi avait atteint de nouveaux sommets et stimulait puissamment l'investissement, en particulier dans deux secteurs en plein essor : les télécommunications et les technologies de pointe.

On se doutait un peu que ces chiffres étaient trop beaux pour être vrais. Les années suivantes le confirmèrent : la Bourse battit de nouveaux records – à la baisse. En deux ans, sur la valeur des seules entreprises cotées aux États-Unis, 8 500 milliards de dollars s'évaporèrent : plus que le revenu annuel de n'importe quel pays, les États-Unis eux-mêmes exceptés. Une compagnie, AOL-Time Warner, passa par pertes et profits 100 milliards de dollars, admettant ainsi que les investissements qu'elle avait faits s'étaient énormément dévalorisés. Au début des années 1990, aucune firme ne valait 100 milliards de dollars. Sans parler de pouvoir les perdre en continuant à exister !

Après l'éclatement de la bulle des actions technologiques, la dynamique de l'économie réelle ne tarda pas à s'inverser, et les États-Unis connurent leur première récession depuis dix ans. On vit bien que la nouvelle économie n'avait pas mis fin au cycle des affaires. Si l'expansion avait été plus magnifique que la plupart de celles de l'après-guerre, la récession fut plus terrible. Pendant l'expansion, nous, responsables de l'administration Clinton, avions été très fiers de tous ces records qui se succédaient : les emplois, qui se créaient à un rythme sans précédent (10 millions de 1993 à 1997, plus 8 millions de 1997 à 2000) ; le chômage, tombé en 1994 sous la barre des 6 % pour la première fois depuis quatre ans, et en avril 2000 sous celle des 4 % pour la première fois depuis trente ans. Certes, les bénéfices allaient essentiellement aux riches, mais tout le monde gagnait. Pour la première fois en un quart de siècle, les revenus des plus mal lotis commençaient à augmenter, accompagnés de la plus énorme chute de tous les temps dans le nombre d'assistés (plus de 50 % en six ans) et du plus important recul de la pauvreté depuis que les statistiques existent.

Dans les deux premières années du nouveau millénaire, d'autres records ont été battus. Mais, pour ceux-là, il n'y a pas de quoi pavoiser. Enron a été la plus grande faillite de tous les temps – jusqu'à celle de WorldCom en juillet 2002. Les cours de la Bourse sont tombés plus bas et plus vite qu'ils ne l'avaient fait depuis longtemps : le Standard & Poor's 500, qui constitue leur meilleure mesure générale, a connu sa pire année depuis un quart de siècle. Tout au long des années 1990, les Américains, confiants, avaient placé leur épargne dans les titres des entreprises ; et voici qu'avec leur dévalorisation de 8 500 milliards de dollars à la Bourse un tiers de la valeur des comptes de retraite individuels des États-Unis, IRA et 401(k)*, s'était volatilisée aussi. Malgré la flambée des prix de l'immobilier – boom précaire, qui n'est pas nécessairement de bon augure pour l'avenir –, le troisième trimestre 2002, à lui seul, a vu plus de 1 600 milliards de dollars disparaître des bilans financiers des ménages. Des gens qui ont travaillé toute leur vie se sont réveillés un matin en découvrant que les calculs qu'ils avaient faits pour leur retraite ne tenaient plus.

La Bourse ne reflète pas toujours la situation réelle de l'économie. Mais cette fois elle le faisait, malheureusement. De juillet 2000 à décembre 2001, le pays a enregistré la plus longue période de baisse de la production industrielle depuis le premier choc pétrolier. En douze mois, 2 millions d'emplois ont été perdus. Le nombre de chômeurs de longue durée a plus que doublé. Le taux de chômage a bondi de 3,8 à 6 % ; 1,3 million d'Américains sont passés au-dessous du seuil de pauvreté et 1,4 million ont rejoint les rangs de ceux qui n'ont aucune assurance-maladie.

Avant que l'économie américaine parvienne à se relever de la récession, le pays a été secoué par les pires scandales qu'il ait jamais connus depuis plus de soixante-dix ans. Ils ont abattu des firmes puissantes, comme Enron et Arthur Andersen, et touché la quasi-totalité des grandes institutions financières. Il est apparu peu à peu que ces problèmes ne se limitaient pas aux télé-communications, ni à la technologie de pointe ; ils se manifestaient aussi dans la santé, et même dans un secteur apparemment aussi terne que les produits d'épicerie.

---

* L'IRA (Individual Retirement Account) est le compte de retraite personnel classique, exempt d'impôt sur le revenu. Les 401(k), ainsi nommés par référence à un article du code des impôts américain, sont des plans de retraite offerts par certaines firmes : le salarié peut déduire jusqu'à 9 000 dollars par an de son revenu avant impôt et les mettre sur son 401(k), ce qui lui permet de bénéficier d'un versement complémentaire de l'entreprise. Dans les deux cas, l'argent est placé dans un fond d'investissement (mutual fund), donc exposé aux aléas de la Bourse. (NdT.)

Comment tout avait-il pu changer si vite ? Comment était-on passé en un clin d'œil du capitalisme américain qui triomphe sur l'ensemble de la planète à celui qui incarne tous les vices de l'économie de marché ? De la mondialisation qui prodigue à tous ses immenses bienfaits à celle qui, au cours de cette première récession de l'ère nouvelle, induit une dynamique où les crises en Europe, aux États-Unis et au Japon s'entre-alimentent, où chaque région entraîne les deux autres dans sa chute ? De la nouvelle économie qui abolit le cycle des affaires à celle qui cause des pertes encore plus désastreuses ?

Ce retournement de situation posait encore d'autres questions. Pendant l'expansion, le Federal Reserve Board, depuis long-temps présidé par Alan Greenspan, et l'administration avaient partagé les vivats. Hors des milieux politiques, et en particulier à Wall Street, on en attribuait d'abord le mérite à Greenspan. Or voici qu'il affichait son impuissance – non seulement à empêcher le retournement de tendance, mais aussi, la crise traînant en longueur, à impulser une reprise. Greenspan avait-il perdu son pouvoir magique, ou lui avait-on porté plus d'estime qu'il n'en méritait ?

Le moment où le basculement s'est produit, juste après le changement d'administration, suggère une réponse trop facile à l'énigme de la métamorphose soudaine : Clinton et son équipe savaient gérer l'économie, George W. Bush et ses collaborateurs ne le savent pas. Mais le retournement est survenu trop vite après le transfert du pouvoir pour que cette explication soit valable.

Certes, nous pourrions nous en tenir à une idée rassurante : il y a toujours eu des hauts et des bas en économie de marché. Toute bulle a une fin. En général, elle s'autodétruit par le jeu de sa dynamique interne. Pour les bulles de l'immobilier, la hausse des prix entraîne un afflux toujours plus massif d'investissements dans le secteur, ce qui finit par créer une discordance inévitable entre l'offre, qui augmente, et la demande, qui diminue sous l'effet de la montée continue des prix. Lorsque les bulles de l'immobilier du début des années 1980 ont éclaté, les taux d'appartements vides à Houston frisaient les 30 %. Plus les prix montent, plus le maintien du taux de croissance devient impro-bable. Il en va de même dans la bulle qui nous intéresse. La hausse des cours a suscité davantage de sociétés point-com, davantage d'investissements dans les télécommunications. Quand la bulle a éclaté, 97 % peut-être de toutes ces fibres optiques n'avaient jamais vu la lumière : on ne s'en était jamais servi. Nous pourrions même souligner fièrement que si, dans le demi-siècle écoulé depuis la fin de la Seconde Guerre mondiale, le boom moyen a duré moins de cinq ans, *notre* expansion a été plus longue, bien plus longue.

Mais mieux vaut regarder la vérité en face : des germes de destruction ont été semés pendant l'expansion elle-même et n'ont donné leurs fruits vénéneux qu'au bout de plusieurs années. Ces germes, nous n'avions pas eu l'intention de les semer. Nous n'avions même pas compris que nous le faisions. Nous pensions planter tout autre chose : la prospérité à long terme. Et nous avons d'ailleurs semé aussi beaucoup de bonnes graines. Certaines sont des arbres à croissance lente – les investissements dans l'éducation préscolaire pour les milieux défavorisés ou dans la science fondamentale : ils ne porteront leurs fruits que dans une génération. D'autres, comme les excédents budgétaires de plusieurs milliers de milliards de dollars que nous avons obtenus en inversant les déficits croissants des années Reagan et Bush I, se sont révélées plus fragiles que nous ne le pensions : George W. a réussi à convertir ces énormes excédents renouvelables à perte de vue en déficits toujours plus importants. Mais il est clair aujourd'hui que nous avons aussi planté des germes destructeurs, qui sont à la base de la récession survenue en mars 2001. Si l'économie avait été bien gérée, celle-ci aurait pu être brève et peu prononcée. Mais le président George W. Bush avait un autre programme ; les conséquences pour les États-Unis, et pour le monde, ont été graves.

## LES GERMES DE DESTRUCTION

Quels étaient ces germes de destruction ? Le premier était le boom lui-même. C'était une *bulle* classique, où les prix des actifs n'ont plus aucun rapport avec leur valeur réelle, phénomène familier au capitalisme depuis des siècles. Dans la bulle des oignons de tulipe en Hollande au début du XVIIe siècle, le prix d'un seul oignon était monté jusqu'à l'équivalent de plusieurs milliers de dollars ; tout investisseur était prêt à payer cette somme, puisqu'il était persuadé de pouvoir revendre l'oignon à quelqu'un d'autre encore plus cher[1]. Les bulles sont fondées sur une certaine *exubérance irrationnelle*[2], et jamais peut-être depuis l'époque de la grande folie des tulipes l'irrationalité du marché n'a été plus évidente : les investisseurs ont versé des milliards de dollars pour des entreprises qui n'avaient jamais réalisé le moindre profit, et très probablement ne le feraient jamais.

Cette exubérance irrationnelle, nul ne peut en être tenu pour responsable – ni le président, ni le secrétaire au Trésor, ni le président de la Federal Reserve. Mais on peut leur reprocher de ne pas avoir fait face aux conséquences et, dans certains cas, d'avoir alimenté la frénésie. Au chapitre 3, je dirai quelles mesures la Fed aurait pu et dû prendre. Après une vague tentative pour dégonfler la bulle, elle n'a fait, en réalité, que jeter de l'huile sur le feu.

Une mauvaise comptabilité a donné de mauvaises informations, et l'exubérance irrationnelle a été en partie fondée sur ces informations défectueuses. Nous savions bien que les systèmes de comptabilité comportaient un vice majeur, et que le mode de rémunération des PDG incitait à tirer profit de leurs limites. Nous savions bien que, dans l'exercice de leur mission – fournir une information exacte et fiable –, les cabinets d'experts-comptables chargés de tenir les comptes étaient confrontés à des conflits d'intérêts. Il y a eu des batailles pour améliorer l'information. Elles ont été menées par Arthur Levitt Jr., le président de la Securities and Exchange Commission, chargée de réglementer les

---

1. Voir Charles P. Kindleberger, *Manias, Panics, and Crashes : A History of Financial Crises*, New York, John Wiley & Sons, 1978 ; trad. fr. de Pierre Antoine Ullmo, *Histoire mondiale de la spéculation financière, de 1700 à nos jours*, Paris, PAU, 1994.

2. Pour emprunter à Alan Greenspan la célèbre expression de son discours du 6 décembre 1996. On trouvera une analyse de l'exubérance irrationnelle à la Bourse dans Robert J. Shiller, *Irrational Exuberance*, Princeton, Princeton University Press, 2000 ; trad. fr. d'Antoine Dublanc, *Exubérance irrationnelle*, Biarritz, Valor, 2000.

opérations de Bourse ; par le Council of Economic Advisers, institution du niveau du cabinet du président à la Maison-Blanche, chargée de donner des points de vue impartiaux sur l'économie ; et par l'organisme indépendant des normes de comptabilité, le Financial Accounting Standards Board. Mais, en face, il y avait des forces puissantes – les cabinets d'experts-comptables et les sociétés financières –, et elles ont cherché des alliés au département du Trésor, comme Lloyd Bentsen ; au département du Commerce et auprès de son secrétaire, Ron Brown ; au National Economic Council, alors dirigé par Robert Rubin ; et au Congrès des États-Unis, où elles ont reçu l'appui de parlementaires des deux partis, dont Joe Lieberman, démocrate du Connecticut, et Connie Mack, républicain de Floride. Les intérêts spéciaux et immédiats l'ont emporté sur l'intérêt général et durable, et pas seulement en bloquant toute tentative pour améliorer les choses : les lois fiscales et la législation limitant les plaintes en matière financière les ont aggravées.

Dans plusieurs secteurs, le système réglementaire des États-Unis était dépassé : il n'avait pas tenu le rythme des changements technologiques qui transformaient l'économie. Mais nous nous sommes aussi laissé piéger par le discours idéologique de la déréglementation : nous avons sabré sans réfléchir dans les règles existantes. Ce n'est pas par hasard que tant de problèmes des folles années 1990 proviennent des secteurs fraîchement déréglementés : l'électricité, les télécommunications et les activités financières. La conjonction d'incitations perverses et de l'exubérance irrationnelle a poussé les nouveaux mammouths financiers américains à procurer les fonds qui ont alimenté la bulle. Avec les introductions en Bourse et la promotion mensongère de leurs actions favorites, ils ont gagné des milliards, aux dépens d'autrui – les actionnaires ordinaires, dans la plupart des cas. Au sein de l'administration, il y a eu débat sur certaines prétendues « réformes » qui risquaient d'intensifier les conflits d'intérêts. Mais le Trésor a pris fait et cause pour les sociétés financières. « Faites-nous confiance », disaient-elles. Elles ont gagné, et le pays a perdu (voir chapitre 6).

Avec ces ingrédients, le breuvage de la frénésie était déjà assez fort. On l'a fait mousser encore davantage en réduisant la fiscalité sur les plus-values (les impôts sur la prise de valeur d'actifs, comme les actions, entre l'achat et la revente). Ceux qui s'enrichissaient par la spéculation et les coups de Bourse étant les héros du jour, il convenait de les imposer plus légèrement que ceux qui gagnaient leur pain à la sueur de leur front. La spéculation ayant été ainsi spécialement bénie, des sommes supérieures s'y sont engouffrées, ce qui a encore grossi la bulle.

POURQUOI CES ÉCHECS ?

Quand, avec ce que nous savons aujourd'hui, je me retourne sur les années 1990, je me demande : Où nous sommes-nous trompés ? Il y a eu, je crois, deux raisons fondamentales à nos erreurs.

*Nous avons perdu de vue le juste rôle de l'État*

Pendant douze ans, sous les administrations Reagan et Bush I, la politique économique nationale avait été orientée par des idéologues du libre marché qui idéalisaient le secteur privé et diabolisaient les programmes et les réglementations de l'État. Bill Clinton, lui, comme de nombreux membres de son administration, sympathisait avec les « nouveaux démocrates », rassemblement assez lâche d'élus, d'universitaires et d'experts qui estimaient que le Parti démocrate avait trop privilégié les solutions bureaucratiques et négligé l'impact de sa politique sur les milieux d'affaires et le marché.

On sait aussi depuis longtemps que les marchés ne fonctionnent pas toujours très bien. Qu'ils peuvent produire trop (de pollution atmosphérique, par exemple) ou trop peu (d'investissements dans l'éducation, la santé et la recherche). Ils ne sont pas non plus capables de s'autoréguler : il y a de très fortes fluctuations dans le niveau de l'activité économique, avec de longues périodes de chômage massif pendant lesquelles des millions de personnes qui veulent et peuvent travailler ne parviennent pas à trouver d'emploi.

Les coûts économiques et sociaux de ces épisodes sont parfois énormes.

Après la Seconde Guerre mondiale, le gouvernement fédéral a reconnu qu'il lui incombait de maintenir l'économie au niveau du plein emploi – par la même loi qui a créé le Council of Economic Advisers –, et il est désormais admis que l'État a un rôle important et légitime à jouer dans d'autres domaines, comme la lutte contre la pollution.

Mais les conservateurs souhaitent limiter le rôle de l'État (sauf lorsqu'il subventionne et protège des entreprises privées, comme dans l'acier, l'aluminium, l'agroalimentaire et le transport aérien). Ils veulent même parfois le faire régresser, par exemple en privatisant la caisse publique de retraite, la Social Security.

Ce qui fonde cette attitude, c'est la foi dans la liberté totale des marchés, idée souvent attribuée à Adam Smith, père de la science économique moderne (bien qu'il ait été lui-même plus prudent sur le sujet). Il soutient en effet dans son traité de 1776, *La Richesse des nations*, que le marché mène à l'efficacité économique comme si une main invisible le guidait. L'un des grands acquis intellectuels du milieu du XX$^e$ siècle (dû à Gérard Debreu, de l'université de Californie-Berkeley, et à Kenneth Arrow, de Stanford, tous deux lauréats du prix Nobel pour ce succès) a été de déterminer à quelles conditions la main invisible d'Adam Smith fonctionne. Beaucoup d'entre elles sont irréalistes : l'information doit être parfaite, ou du moins rien de ce qui se passe dans l'économie ne doit l'altérer ; si quelqu'un dispose d'une information, tous les autres doivent disposer de la même ; la concurrence doit être parfaite ; on doit pouvoir s'assurer contre tous les risques possibles. Nul ne conteste l'irréalisme de ces postulats, mais certains espèrent que, si le monde réel ne s'en écarte pas trop – si l'information n'est pas trop imparfaite, si une entreprise ne domine pas exagérément un marché –, le théorème de la main invisible d'Adam Smith restera vrai. Espoir qui relève davantage de la foi – notamment chez ceux qui ont un intérêt à y croire – que de la science.

Mes travaux et ceux d'autres chercheurs sur les conséquences de l'information imparfaite et asymétrique (le fait que les différents acteurs savent des choses différentes) ont montré, au cours du dernier quart de siècle, que l'une des raisons pour lesquelles la main invisible est invisible, c'est peut-être qu'elle n'existe pas. Même dans les pays très développés, le fonctionnement des marchés s'écarte clairement de celui que postulent les théories du « marché parfait ». Les marchés font incontestablement beaucoup de bien, ils sont largement responsables de la grande amélioration des niveaux de vie depuis un siècle, mais ils ont aussi leurs limites, qui parfois ne peuvent être ignorées. Les vagues massives de chômage qui apparaissent périodiquement – preuve flagrante que les marchés n'utilisent pas bien les ressources – ne sont que la partie émergée d'un iceberg d'une tout autre envergure : celui des échecs du marché. Avec les changements structurels de l'économie, qui d'agricole est devenue industrielle, puis informationnelle, ces défaillances ont pris encore plus d'importance, et tout particulièrement celles qui sont liées à l'information imparfaite et asymétrique.

Le théorème de la main invisible a été un vrai soulagement pour les chefs d'entreprise. Il leur disait qu'en accumulant du bien ils faisaient le bien, qu'en se servant ils servaient la société. Ils n'avaient pas à se sentir coupables de leur cupidité, loin de là : ils pouvaient en être fiers. Mais, si séduisante qu'elle paraisse aux patrons, cette théorie est parfaitement extravagante aux yeux de la grande majorité des autres, notamment après les scandales qui ont secoué le monde au tournant du siècle et que nous examinerons de plus près dans d'autres chapitres – les agissements des PDG en cause ne semblent pas avoir servi l'intérêt général ! Les esprits critiques ont raison, et les théories de l'« échec du marché » ont contribué à expliquer pourquoi. Parmi les insuffisances soulignées par nos recherches, certaines sont liées à la position de l'agent – les situations où une personne doit agir au nom d'une autre. Avec l'information imparfaite, il est difficile d'être sûr que l'agent fait ce qu'il est censé faire, et, avec l'incapacité du marché à bien orienter les incitations, il arrive souvent qu'il ne le fasse pas. Les situations où il y a conflit d'intérêts sont particulièrement problématiques, et elles ont joué un rôle essentiel dans les scandales de ces dernières années. Le PDG et les autres dirigeants d'une entreprise sont *censés* agir dans le meilleur intérêt de celle-ci, de ses actionnaires et de son personnel. Mais, dans les années 1990, les incitations ont divergé : en agissant dans leur propre intérêt, ces dirigeants servaient rarement ceux pour lesquels ils étaient supposés travailler. Et dire que, pour justifier les changements dans la façon de les payer – le cœur du problème –, on avait parlé de « rémunération d'incitation » !

Après les scandales financiers, les investissements gaspillés pendant l'expansion, les ressources inutilisées pendant la récession, qui peut encore croire sincèrement que le marché aboutit automatiquement à des résultats efficients ? De nombreux épisodes historiques ont déjà attiré l'attention de l'opinion sur ses limites, et, dans leur sillage, des réglementations publiques ont souvent été promulguées pour résoudre les difficultés. Quand, il y a un siècle, Upton Sinclair a publié son célèbre roman *La Jungle*, où il expliquait ce qui se passait dans les parcs à bestiaux pendant le trajet de la viande de bœuf jusqu'à la table familiale, la révulsion du consommateur américain a été vive. L'industrie de la viande s'est alors tournée vers l'État pour qu'il veille à la sécurité alimentaire : c'était le meilleur moyen de rétablir la confiance. De même, au lendemain des scandales boursiers des années 1920, la réglementation de l'État a été jugée nécessaire pour restaurer la confiance des investisseurs, qui hésitaient à placer leur argent : ils voulaient être sûrs qu'il y aurait une certaine surveillance, exercée par un agent aux incitations proches des leurs.

Les partisans du marché ont tenté de démontrer que plusieurs de ces expériences historiques désastreuses étaient dues à une intervention excessive ou malencontreuse de l'État. À en croire certains d'entre eux, c'est la Federal Reserve qui a provoqué la Grande Dépression. Pour ma part, je ne crois pas que l'État ait causé cette catastrophe économique, mais sa culpabilité est avérée : il n'a pas fait ce qu'il aurait pu pour l'arrêter et limiter les dégâts. Quoi qu'on pense de la Grande Dépression, c'est bien la carence de l'État, le manque et non l'excès de réglementation, qui a été à la source du problème des folles années 1990 et de leurs suites.

La réglementation publique peut souvent aider les marchés à mieux fonctionner, par exemple en limitant le champ des conflits d'intérêts, qui n'ont cessé de se manifester dans les cabinets d'experts-comptables, les entreprises et les institutions financières. Quand une compagnie d'assurance-incendie demande à une entreprise cliente d'installer des extincteurs, personne n'y trouve rien à redire. C'est une décision judicieuse pour ses affaires puisque, avec l'assurance, l'entreprise ne supporte plus le coût total d'un éventuel incendie et qu'elle est donc moins incitée à prévoir des extincteurs. Or, dans la vie économique, c'est toujours l'État qui finit par ramasser les morceaux en cas de gros problème. Lorsque la déréglementation bancaire a provoqué la crise des caisses d'épargne dans les années 1980, le contribuable américain a payé la facture. Beaucoup de réglementations visent à protéger de ces risques l'État et les contribuables.

Certes, l'État n'échappe pas non plus aux problèmes d'information, mais les contraintes et incitations qui s'exercent sur lui sont différentes : il est incité à tenir ses promesses, à faire en sorte que l'alimentation soit saine et que les banques ne prennent pas trop de risques. La puissance publique, comme les marchés, souffre de toute une série d'imperfections, et elles conduisent à des « échecs de l'État », aussi problématiques que ceux du marché. C'est bien pourquoi État et marchés doivent coopérer, se compléter, chacun compensant les faiblesses de l'autre et prenant appui sur ses forces.

Il existe des activités où l'État peut faire mieux que le secteur privé. Le système public de sécurité dans les aéroports était visiblement meilleur que celui qui l'a remplacé. Les retraites publiques de la Social Security ont des coûts de transaction bien inférieurs aux retraites privées et protègent en outre de l'inflation, garantie que n'offre aucune compagnie d'assurances privée.

Quand Clinton a accédé au pouvoir, j'espérais, avec beaucoup d'autres dans son entourage, qu'il allait rétablir l'équilibre en renforçant le rôle de l'État. Jimmy Carter avait donné le coup d'envoi de la déréglementation dans des secteurs aussi cruciaux que les compagnies aériennes et le transport routier. Ronald Reagan et George Bush père l'avaient poussée beaucoup trop loin. Nous nous proposions de trouver la voie moyenne appropriée et d'adapter les réglementations aux mutations en cours dans le pays. Nous aurions d'ailleurs dû parler non de déréglementation, mais de recherche du *bon* encadrement réglementaire. Nous l'avons fait dans certains domaines ; dans d'autres, nous nous sommes laissé emporter par le discours dérégulateur favorable aux milieux d'affaires. Les « nouveaux démocrates » avaient raison de souligner que les marchés sont au centre de toute économie prospère, mais cela laisse à l'État un rôle déterminant. Une déréglementation mal conçue et de mauvaises mesures fiscales ont été au cœur de la récession de 1991, et une déréglementation, une fiscalité et une comptabilité aberrantes sont au cœur de la récession actuelle. Les investisseurs américains faisaient confiance aux cabinets d'audit, qui les ont trahis ; tout comme ils faisaient confiance, pour composer leur portefeuille, aux analystes de Wall Street, lesquels les ont trahis aussi.

L'idéologie du libre marché a inspiré les politiques à l'origine de la bulle, qui a fini par éclater ; elle a par ailleurs interdit les solutions aux problèmes de fond dont est née la bulle, puis les mesures qui auraient pu l'atténuer, la dégonfler progressivement.

## Croissance à l'économie

Notre nouvelle vision des années 1990 nous impose de le reconnaître, pour les États-Unis et pour le monde : nous étions engagés dans un effort mal conçu pour avoir la croissance sans en payer le prix. Ce n'était plus par l'« économie vaudoue » de Reagan, qui croyait qu'en réduisant les impôts on pouvait augmenter les recettes de l'État, mais par la mousse de l'économie-bulle. Au lieu de prélever sur la consommation de quoi financer l'expansion, les États-Unis ont emprunté massivement à l'étranger, année après année, au rythme de plus d'un milliard de dollars par jour. Il fallait bien combler l'écart toujours plus important entre notre épargne et nos investissements, écart devenu sérieux sous Ronald Reagan, plus grand encore sous George H.W. Bush et Bill Clinton, avant de prendre des dimensions inégalées sous l'actuel président Bush[1].

---

1. Pendant la période Clinton, l'emprunt, du moins, a financé l'investissement, et non – comme du temps de Reagan et de Bush I – une flambée nationale de consommation. Emprunter à taux faible pour des investissements rapportant gros n'est pas absurde, si tout se passe bien. Les retours seront plus que suffisants pour rembourser la dette, intérêts et capital.

Il y a eu de bons investissements à long terme dans le privé comme dans le public, mais, dans le secteur privé, trop de capitaux ont été gaspillés en sociétés point-com avortées et en fibre optique inutile. Autant d'épisodes de la « ruée vers les télécoms » pour les dominer et jouir du pouvoir de monopole que l'hégémonie était censée donner. On ne sait toujours pas jusqu'à quel point l'investissement privé des années 1990 a été du pur gaspillage, mais même en considérant que l'érosion des valeurs boursières n'est due qu'en partie à de mauvais investissements, le chiffre doit se situer dans les centaines de milliards de dollars.

Nous avons trop peu investi, en revanche, dans des besoins publics vitaux : l'éducation, les infrastructures, la recherche. Nous avons instauré des crédits d'impôts et des déductions fiscales pour l'enseignement supérieur, mais la plupart des jeunes des classes moyennes qui en ont bénéficié allaient déjà à l'université. Les mesures ont facilité la vie de leurs parents, mais n'ont probablement pas eu grand effet sur le nombre d'inscrits[1]. Ces sommes auraient été mieux dépensées si l'on avait ciblé les très pauvres : pour eux, l'argent est un obstacle réel ; mais leurs parents ne paient pas d'impôt.

Fort paradoxalement, à l'âge de la nouvelle économie, nous avons aussi sous-investi dans la recherche, notamment fondamentale, sur laquelle elle repose. Nous vivions en partie sur des idées anciennes, les percées d'une époque antérieure, comme les transistors et les lasers, et comptions beaucoup sur les étudiants étrangers qui affluaient dans les universités pour faire fonctionner nos instituts de recherche, tandis que les meilleurs étudiants américains se préparaient à monter les transactions financières. Au Council of Economic Advisers, nous avons réalisé une étude qui montrait combien les retours sur investissement dans la recherche-développement étaient élevés. En vain.

Beaucoup de ces erreurs s'expliquent par notre excès de zèle pour atteindre l'équilibre budgétaire. Reagan et Bush avaient

---

1. On craignait même un peu un effet négatif : certains États risquaient de réagir en augmentant les frais de scolarité ; dans ce cas, les parents ne bénéficiant pas du crédit d'impôt auraient eu encore plus de mal à offrir à leurs enfants l'entrée à l'université.

laissé filer le déficit, compromettant la croissance à long terme de l'économie, et il fallait faire quelque chose. Mais, comme pour la déréglementation, nous sommes allés trop loin. Les normes de comptabilité du secteur public n'étaient pas moins problématiques que celles du secteur privé, mais elles déformaient les réalités dans le sens diamétralement opposé, traitant les dépenses publiques – qu'il s'agisse de routes, d'infrastructures ou de recherche scientifique – comme s'il s'agissait de consommations ordinaires. Si nous empruntions pour financer ces investissements, les comptes de l'État enregistraient la dette mais pas l'actif correspondant. C'était un cadre conçu pour mettre l'État sous pression et inhiber ses investissements à long terme. Et c'est bien ce qui se passait.

Les conservateurs préconisaient sans cesse de « rétrécir » l'État : moins de dépenses, moins de fonctionnaires, moins de réglementations. L'État était, selon eux, *inévitablement* inefficace. Même s'il y avait des problèmes, une réglementation d'État les aggraverait *inévitablement*. Le mieux était donc de laisser faire les marchés. La question se posait alors en ces termes : ce gâchis, cette incompétence de l'État sont-ils vraiment inévitables ?

L'administration Clinton ne supportait pas le gaspillage qu'entraînaient de nombreux programmes fédéraux, l'inefficacité de nombreuses réglementations – et nous avons effectivement essayé d'y mettre un terme. En partie pour la raison suivante : si nous ne parvenions pas à convaincre les électeurs que l'État faisait bon usage de l'argent de leurs impôts et que les réglementations étaient bien conçues, nous étions sûrs de perdre leur soutien. Reagan et Bush avaient rassemblé contre l'État, mais l'emploi public avait augmenté sous leurs présidences. Sous Clinton, le pourcentage de la population active nationale employée par l'État fédéral est tombé à des niveaux inconnus depuis le New Deal – réussite remarquable si l'on pense à la quantité de missions nouvelles que l'État s'est données au cours de ces soixante-dix ans (dont la Social Security, Medicare et d'autres programmes qui ont touché toutes les familles américaines). Cependant, nous avons commencé à réduire les effectifs, pas pour rétrécir l'État mais pour revaloriser son rôle – en matière non seulement de défense nationale et de sécurité intérieure, mais aussi de technologie et d'éducation, d'infrastructures et de toutes sortes d'autres formes de sécurité, y compris sanitaire et économique. En montrant que l'État savait être efficace et innovant, nous espérions réconcilier l'opinion avec lui et avec les missions dont il a la charge.

## LES ÉCHECS AMÉRICAINS À L'ÉTRANGER

Au niveau international, la séquence expansion-récession a peut-être été encore plus prononcée qu'aux États-Unis, les deux étant inextricablement liées. La fin de la guerre froide et l'avènement de la mondialisation nous donnaient l'occasion de créer un nouvel ordre international fondé sur les valeurs américaines, reflétant notre position sur l'équilibre État/marché, soucieux de promouvoir la justice sociale et la démocratie à l'échelle planétaire. L'administration Clinton a remporté quelques succès marquants dans ses efforts pour instaurer un ordre économique nouveau – dont l'Accord de libre-échange nord-américain (ALENA), qui a réuni le Mexique, les États-Unis et le Canada dans la plus vaste zone de libre-échange du monde, et la conclusion des négociations commerciales internationales de l'Uruguay Round, avec la création de l'Organisation mondiale du commerce pour aider à réglementer les échanges internationaux. Ces accords étaient porteurs de merveilleuses promesses pour notre économie : baisse du coût de la vie, stimulation de la croissance, création d'emplois par l'accès à de nouveaux marchés. D'autres semblables étaient en gestation entre les pays de l'Amérique du Sud et du Nord, et entre ceux de l'Asie et du Pacifique.

Mais lorsque nous repensons à ces succès avec le recul, tandis que l'on observe des manifestations dans le monde entier et que l'on sent battre le pouls de l'antiaméricanisme, nous voyons bien qu'il y a eu dérapage[1]. Les manifestations sont le signe extérieur d'une réalité profonde : la mondialisation n'a pas apporté les bienfaits promis. Sauf en Asie – qui pour l'essentiel n'a pas suivi

---

1. Ces questions font l'objet d'une analyse détaillée dans *La Grande Désillusion*.

l'ordonnance des États-Unis en matière de croissance et de développement –, la pauvreté a augmenté, parfois dans des proportions spectaculaires. Comment s'étonner du mécontentement en Amérique latine, où le taux de croissance des années 1990, la décennie de la réforme et de la mondialisation, a été inférieur de moitié, ou presque, à celui des années 1950-1960 et 1970 ? L'écart entre possédants et déshérités s'est accru – tant entre les États-Unis et le monde en développement qu'entre les riches et les pauvres au sein des pays en développement. Même ceux qui ont amélioré leur situation matérielle se sentent plus vulnérables. On avait tant parlé de l'Argentine, « première de la classe » de la réforme ! En voyant le désastre qui s'est abattu sur elle, les autres pays se disent : si c'est cela le résultat, qu'est-ce qui nous attend ? Avec la montée du chômage et de la peur du lendemain, tandis que les fruits de la médiocre croissance vont essentiellement aux riches, le sentiment d'injustice sociale s'accroît aussi.

Cette décennie d'influence américaine inégalée sur l'économie mondiale a été celle des crises économiques en cascade : une chaque année. Nous y avons survécu. Nous en avons même bénéficié, peut-être, puisqu'elles ont fait baisser les prix de certains produits que nous importons. Et nos banques d'affaires aussi en ont sans doute profité. Mais, dans les pays qu'elles ont frappés, ces crises ont infligé d'effroyables souffrances. La transition tant vantée des ex-pays communistes à l'économie de marché, censée apporter à leurs peuples une prospérité sans précédent, les a plongés dans une pauvreté sans précédent. Désastre si gigantesque qu'à l'été 1999 le *New York Times* demandait : « Qui a perdu la Russie[1] ? » Nous ne pouvions pas perdre la Russie, puisqu'elle n'était pas à nous, mais les chiffres étaient vraiment atterrants. En remplaçant un communisme moribond et décadent par l'efficacité capitaliste, on prévoyait une énorme croissance de la production. Résultat : le PIB a baissé de 40 % et la pauvreté a été multipliée par 10. Dans les autres économies en transition qui ont suivi les conseils du département du Trésor et du Fonds monétaire international, le bilan a été du même ordre. Pendant ce

---

1. John Lloyd, « Who lost Russia ? », *New York Times Magazine*, 15 août 1999.

temps, la Chine, en suivant sa propre voie, montrait qu'une autre conception de la transition était possible, et qu'elle parvenait à la fois à apporter la croissance promise par les marchés et à réduire très sensiblement la pauvreté.

Manifestement, la méthode américaine pour guider le monde vers le nouvel ordre international a déraillé. Le moins qu'on puisse dire, c'est qu'elle n'a pas éliminé les facteurs fondamentaux d'instabilité. On a beaucoup parlé de réforme de l'architecture financière mondiale, mais concrètement rien n'a été fait. Et quantité de gens, probablement la grande majorité dans les pays en développement, ne sont pas du tout convaincus que l'ordre économique international que les États-Unis cherchent à créer sera bon pour eux.

Nous devons nous demander, là encore, quelles erreurs nous avons commises et pourquoi. Elles se trouvent dans ce que nous avons fait et dans ce que nous n'avons pas fait. Et aussi dans la façon dont nous avons fait ce que nous avons fait.

Les accords internationaux, par exemple. Ils reflètent nos préoccupations, nos intérêts. Nous avons forcé les pays étrangers à ouvrir leurs marchés financiers à nos produits dérivés et à nos flux de capitaux spéculatifs, alors que nous savions à quel point ils pouvaient être déstabilisants. Mais Wall Street le voulait, et ce que veut Wall Street, il a de très fortes chances de l'obtenir.

Nous avons dit aux pays en développement d'ouvrir leurs marchés à toutes les importations imaginables, dont celles que dominent de puissantes compagnies américaines, comme les services financiers et les logiciels. Mais, en même temps, nous avons maintenu des barrières douanières rigides de notre cru ainsi que de très fortes subventions pour défendre nos agriculteurs et notre secteur agroalimentaire, refusant ainsi aux agriculteurs du Tiers Monde l'accès au marché américain. Aux pays en proie à de graves difficultés et confrontés à une récession, nous avons toujours conseillé de réduire leurs dépenses ; mais, pour sortir de nos propres récessions, nous creusons nos déficits et dépensons davantage.

Ce ne sont pas les seuls exemples de ce qui apparaît aux observateurs étrangers comme de l'hypocrisie flagrante. Même dans les années 1990, où nous avons éliminé notre déficit budgétaire, nous avons conservé un déficit commercial colossal tout en faisant la leçon aux autres pour qu'ils maintiennent leur balance commerciale à peu près en équilibre. Bref, si les riches vivent au-dessus de leurs moyens et n'arrivent pas à faire autrement, on peut être compréhensif. Mais que les pauvres en fassent autant, ça, c'est impardonnable[1].

Nous avons reproché aux pays en développement de ne pas respecter les droits de propriété intellectuelle que nous avions nous-mêmes bafoués lorsque nous nous développions (les États-Unis ne se sont décidés à protéger les droits des auteurs étrangers qu'en 1891).

Le contraste entre les médications de l'administration Clinton à l'étranger et les combats qu'elle livrait aux États-Unis est particulièrement curieux. Chez nous, nous défendions notre caisse publique de retraite contre la privatisation en soulignant ses faibles coûts de transaction et la sécurité financière qu'elle offrait, en rappelant qu'elle avait pratiquement éliminé la pauvreté chez les personnes âgées ; à l'étranger, nous faisions pression en faveur de la privatisation. Chez nous, nous soutenions énergiquement que la Federal Reserve devait penser à la croissance et à l'emploi autant qu'à la lutte contre l'inflation (un président élu sur le programme « Des emplois !* » ne pouvait faire moins) ; à l'étranger, nous insistions pour que les banques centrales se concentrent exclusivement sur l'inflation.

La montée de leurs classes moyennes a été l'une des grandes réussites des États-Unis. Mais lorsque nous recommandions énergiquement une mesure à un pays, nous nous désintéressions presque entièrement de son impact sur la justice sociale – et d'une réalité devenue incontournable : la mondialisation telle qu'elle était pratiquée ne réduisait pas mais aggravait les inégalités dans les sociétés pauvres.

---

1. Si nous avons pu faire preuve d'une telle désinvolture, c'est parce que le dollar est *de facto* la devise mondiale. La question du système de réserve mondial est l'un des problèmes fondamentaux que nous n'avons pas même débattu, et encore moins tenté de résoudre.

\* En anglais : « *Jobs ! Jobs ! Jobs !* » *(NdT.)*

Certains de nos problèmes à l'étranger sont venus de notre façon d'agir à l'égard des autres, en particulier des plus faibles, les pays en développement. Nous nous sommes comportés comme si nous avions trouvé la recette unique et garantie de la prospérité, et avons intimidé ces pays – parfois secondés par d'autres puissances industrielles avancées – pour les amener à agir de la même façon. Tant dans notre diplomatie économique que par le biais du Fonds monétaire international dominé par les États-Unis, l'Oncle Sam est devenu le Docteur Sam, et il s'est mis à délivrer ses ordonnances au reste du monde : *Réduisez ce budget. Baissez ces droits de douane. Privatisez cette centrale électrique.* Comme certains médecins, nous étions trop débordés – et sûrs de nous – pour prendre le temps d'écouter les patients. Et même, parfois, pour formuler un diagnostic individuel sur chaque pays en examinant les situations particulières. Les économistes et experts en développement du Tiers Monde, souvent brillants et d'un très haut niveau théorique, ont à l'occasion été traités comme des enfants. Notre conduite au chevet du malade a été épouvantable, et, sur des points importants – aucun patient n'a manqué de le remarquer –, la potion administrée à l'étranger n'était pas vraiment la même que celle que nous buvions chez nous.

Ces échecs s'expliquent en partie par notre intérêt naturel pour la politique intérieure. Le leadership mondial nous était tombé sur les bras. L'administration Clinton n'avait aucun projet de nouvel ordre international pour l'après-guerre froide, mais les milieux d'affaires et la communauté financière en avaient un : ce qu'ils voyaient, c'étaient de nouvelles possibilités de profit. De leur point de vue, l'État avait un rôle tout trouvé : les aider à accéder aux marchés. Le cadre politique dont nous nous sommes faits les avocats à l'étranger était celui qui pouvait aider nos entreprises à réussir dans ces pays. Chez nous, il y avait un garde-fou contre ce type de mesures : notre souci des consommateurs et des salariés. À l'étranger, il n'y en avait pas. Chez nous, nous avons résisté aux pressions qui visaient à modifier la législation des faillites dans un sens indûment défavorable aux débiteurs. À l'étranger, notre première préoccupation dans toutes les crises a été le remboursement le plus rapide et le plus complet possible des sommes dues aux banques américaines et aux autres banques occidentales, au point de fournir des milliards de dollars pour l'assurer. Quant à la déréglementation, que nous avons poussée trop loin aux États-Unis, nous l'avons poussée encore plus loin ailleurs.

Ne soyons donc pas surpris si les politiques que nous avons préconisées et la façon dont nous les avons imposées ont fait naître une immense rancœur, dont il est aujourd'hui très difficile d'évaluer pleinement l'impact. Parmi les effets déjà visibles, il y a la montée de l'antiaméricanisme en Asie et en Amérique latine. Certaines de ses manifestations sautent aux yeux : boycott des produits américains, multiplication des actes de protestation contre les McDonald's. Aujourd'hui, dans de nombreux pays, un projet de loi soutenu publiquement par le gouvernement des États-Unis est presque sûrement voué à l'échec. D'autres, que nous avons jusque-là contraints à se ranger en tout à notre avis, qu'il leur plaise ou non, pourraient commencer à l'ignorer en tout, prenant prétexte de nos échecs pour ne pas résoudre leurs problèmes. Ce n'est pas parce que nous avons connu une situation de fraude comptable qu'il ne faut pas améliorer les normes de comptabilité dans le monde – mais nos Enron et Arthur Andersen ont compromis la crédibilité américaine sur ces questions. Notre hypocrisie commerciale sert aujourd'hui à justifier le maintien de régimes protectionnistes à l'étranger, même dans des pays qui bénéficieraient vraiment d'une réduction des droits de douane.

## LES RAISONS POLITIQUES DE L'ÉCHEC

À notre arrivée à Washington, nous, conseillers économiques du président Clinton, étions bien positionnés pour régler bon nombre des problèmes qui ont provoqué la bulle et son éclatement, restaurer l'équilibre entre l'action collective et l'initiative privée, entre l'État et le marché, et poser les bases d'une croissance forte et durable. Clinton avait été élu sur le programme : « Priorité aux gens », pas à l'argent. Nous savions qu'il y avait des conflits d'intérêts ; que, souvent, les marchés livrés à eux-mêmes fonctionnent mal ; que la réglementation publique avait un rôle à jouer. Et puisque, dans notre écrasante majorité, nous étions là pour servir l'intérêt général, nous n'aurions pas dû nous laisser séduire par les arguments *pro domo* des adeptes du libre marché. Les démocrates bataillaient depuis longtemps contre l'idée d'un traitement fiscal de faveur pour les plus-values, et voici que, quelques années après notre accession au pouvoir, nous nous en faisions les avocats !

Les pires erreurs que nous avons commises pendant les folles années 1990 ont la même source : manque de fermeté sur nos principes et défaillance dans la vision à long terme. Des principes, nous en avions. À notre arrivée au pouvoir, nous savions bien, pour la plupart, *contre* quoi nous étions : contre le conservatisme à la Reagan. Nous savions que l'État devait jouer un rôle plus étendu et différent : faire davantage pour les pauvres, garantir à tous l'éducation et la protection sociale, et protéger l'environnement. Notre concentration à courte vue sur les finances, sur le déficit, nous a conduits à mettre ce programme de côté.

Nous étions aussi pour les droits civiques et humains, pour un nouvel internationalisme, pour la démocratie. Pendant la guerre froide, nous avions fraternisé avec des dictateurs impitoyables sans prêter grande attention à leurs valeurs ni à leurs actes, simplement parce qu'ils étaient avec nous dans la lutte contre le communisme. Désormais, nous étions plus libres de défendre les valeurs traditionnelles de l'Amérique – et nous l'avons fait. Nous avons poussé à l'instauration de régimes démocratiques. L'AID, l'agence américaine d'aide internationale, a dépensé davantage pour soutenir la démocratie. Mais, toujours sous l'influence de la communauté financière, nous nous sommes faits aussi les promoteurs mondiaux d'un système de réformes inspirées par le fanatisme du marché, et cela par tous les moyens, sans hésiter à saboter les processus démocratiques[1].

---

1. En Russie, où le Parlement élu résistait à ce que nous pensions être de bonnes réformes, nous avons encouragé Boris Eltsine à gouverner par décrets en contournant la représentation nationale. Et lorsque, sur le point de perdre les élections, il a bradé les abondantes ressources naturelles du pays aux oligarques, qui ont remboursé leur dette en faisant en sorte qu'il soit réélu, nous avons fermé les yeux. De même, s'il est clair que la concentration privée des médias peut aboutir à une uniformité de pensée qui ne vaut guère mieux que celle des médias d'État, ce problème nous a fort peu préoccupés. Nous avons parfois donné l'impression que seule nous intéressait la rapidité de la privatisation.

Pourquoi ne sommes-nous pas restés fidèles à nos principes ? Il est facile de blâmer les autres : le déficit dont nous avons hérité a effectivement limité nos possibilités, de même que le Congrès conservateur élu en 1994. Mais nous avons aussi été en partie victimes de notre succès apparent. Au départ, mettant en attente l'audacieux programme que nous avions élaboré pour régler les problèmes des États-Unis, nous nous sommes concentrés jusqu'à l'obsession sur le déficit budgétaire. L'économie s'est rétablie, ce qui a été mis au compte de la réduction du déficit, et la crédibilité de ceux qui l'avaient préconisée est montée en flèche. S'ils conseillaient à présent de déréglementer, nous devions les écouter dans leur sagesse. S'ils recommandaient de déréglementer leur propre branche, nous devions être particulièrement attentifs – car qui connaît mieux la finance que les financiers ? Dans l'ivresse de notre apparent triomphe, nous avons oublié deux siècles d'expérience sur les conflits d'intérêts – sans parler des apports récents de la science économique sur les asymétries de l'information.

Politiquement, la nouvelle orientation semblait bien servir le Parti démocrate. La vieille coalition des conservateurs du Sud et des libéraux du Nord s'était défaite. On ne pouvait pas gagner une élection en se posant en simple défenseur des pauvres. Aux États-Unis, aujourd'hui, tout le monde croit appartenir à la classe moyenne. En préconisant la déréglementation, les « nouveaux démocrates » marquaient clairement leurs distances avec le New Deal des anciens.

De plus, quand les républicains prirent le contrôle du Congrès, la déréglementation et la réduction de l'impôt sur les plus-values balisèrent un *terrain d'entente*. Un président activiste et désirant repositionner le Parti démocrate au centre voulait trouver une base d'action commune avec les républicains conservateurs.

## LES LEÇONS

Un grand enseignement ressort de ce rappel de la séquence expansion-récession : il faut bien répartir les rôles entre l'État et les marchés. Cette leçon, le monde n'a jamais cessé de l'apprendre.

Lorsque les pays ont réalisé ce juste équilibre, ils ont connu une croissance forte – les États-Unis pendant une bonne partie de leur histoire, l'Extrême-Orient dans les années 1960, 1970 et 1980. Quand ils l'ont rompu, allant soit vers le trop, soit vers le trop peu d'État, ils ont couru au désastre. Si les échecs du trop d'État sont les plus spectaculaires – l'effondrement du système communiste en témoigne –, ils existent aussi de l'autre côté.

C'est par manque et non par excès de réglementation que la crise asiatique a éclaté en 1997. C'est l'insuffisance de la réglementation qui a provoqué la débâcle des caisses d'épargne en 1989, et le renflouement de cette importante composante de notre système financier a coûté aux contribuables américains plus de 100 milliards de dollars (seul argument recevable en faveur de cette opération : les conséquences du « trop de déréglementation » étaient telles qu'il eût été encore plus onéreux de ne pas renflouer).

Si, sous Clinton, il nous est arrivé de perdre le juste équilibre entre l'État et le marché, les choses se sont encore aggravées sous l'administration suivante, et – conséquence prévisible – la situation économique des États-Unis s'est dégradée. Le défi consiste aujourd'hui à rétablir cet équilibre, en retenant les leçons d'une décennie tumultueuse et des années qui l'ont suivie.

Ce livre porte en grande partie sur la politique intérieure et sur l'économie nationale des États-Unis. Mais – les événements de ces dernières années l'ont montré – ces problèmes, et notre bien-être même, ne peuvent être séparés de ce qui se passe hors de nos frontières. La mondialisation était peut-être inévitable, mais nous avons tenté de l'organiser à notre profit, ce qui n'était pas conforme à nos valeurs et, finalement, n'a pas servi nos intérêts. L'expansion de la mondialisation, comme celle de la Bourse et de l'économie américaine, a été suivie par une récession, en partie parce qu'elle aussi portait les germes de son autodestruction.

Quand bien même notre économie ne se serait pas effondrée, notre stratégie mondiale était vouée à l'échec. Quels étaient ses fondements réels ? La *pression* sur les pays du Tiers Monde pour les amener à suivre des politiques très différentes de celles que nous avions adoptées – les prescriptions du fanatisme du marché, qui incarnaient tout ce que l'administration Clinton combattait chez nous. Et l'oubli de tous les principes que nous exaltions aux États-Unis – justice sociale, équité, loyauté – afin d'obtenir les meilleures conditions d'affaires possibles pour les intérêts privés américains.

Dans la mise en œuvre de ces mesures, la première de la classe a été l'Amérique latine. Elle a « réformé » avec ardeur et conviction, et en paie aujourd'hui le prix : une demi-décennie de stagnation, un pourcentage plus élevé de la population dans la pauvreté[1], au chômage ou sans protection de l'emploi qu'au début des années 1990. C'est peut-être le pays phare de la réforme, la « mention très bien », l'Argentine, qui a le plus souffert, avant comme après sa crise.

L'enchaînement des événements en Amérique latine est à bien des égards le même qu'aux États-Unis, mais sous une forme grossie qu'il vaut la peine d'esquisser. Les excès de la déréglementation – en particulier la libéralisation des marchés des capitaux – ont déclenché un boom insoutenable. Comme aux États-Unis, les partisans de la réforme ont vu dans celui-ci la preuve du bien-fondé de leur politique. Comme aux États-Unis, ils n'ont pas compris qu'il portait en lui les germes de son auto-destruction. Les capitaux à court terme qui avaient afflué dans ces pays, avec la même exubérance irrationnelle que pour la bulle aux États-Unis, ont soudain fait volte-face et pris la fuite. Après l'exubérance, le pessimisme, tout aussi irrationnel. Certaines macropolitiques malvenues ont peut-être nourri le boom, mais il est hors de doute que les macrostratégies malavisées imposées par le FMI et le Trésor ont aggravé la contraction qui a suivi. Lorsque l'Argentine et beaucoup d'autres pays du continent ont vu leur économie fléchir, voire entrer en récession, les déficits ont augmenté – tout en restant très inférieurs à ce qu'ils étaient aux États-Unis en 1992, pendant leur propre récession, bien plus douce. Comme on avait tiré la mauvaise leçon de la reprise américaine, l'antienne de la réduction du déficit l'a emporté. Le

---

1. Avec le seuil de pauvreté de la Banque mondiale à 2 dollars par jour.

FMI et le Trésor ont fait pression pour que l'Amérique latine suive cette voie, ce qui a transformé, comme c'était prévisible, la récession en dépression. La récession des États-Unis, inutilement prolongée par une mauvaise politique économique, a coûté cher aussi à l'Amérique latine. Quand les États-Unis éternuent, le Mexique s'enrhume ! Et voici qu'ils étaient malades… Avec la mondialisation, toute l'Amérique latine a souffert : déjà affaiblie par la fuite des capitaux, elle a vu également ses marchés d'exportation aux États-Unis se contracter.

Le monde est devenu économiquement interdépendant. Ce n'est que par des accords internationaux équitables que nous parviendrons à stabiliser les marchés mondiaux. Il y faudra un esprit de coopération qui ne se gagne pas par la force, ne s'obtient pas en dictant des conditions inadaptées au beau milieu d'une crise, en intimidant, en imposant par diverses pressions des traités inégaux, en pratiquant une politique commerciale hypocrite – autant de traits de l'attitude hégémonique déjà adoptée par les États-Unis dans les années 1990, mais qui s'est manifestement aggravée sous la nouvelle administration.

La politique économique internationale des États-Unis dans les années 1990 a préfiguré la ferveur idéologique et l'unilatéralisme du pouvoir actuel. Les conséquences feront partie de l'héritage de l'administration suivante. Ses membres auront, heureusement, appris les leçons de la dernière décennie.

Nous étudierons l'essor et la crise de la mondialisation au chapitre 9. Mais commençons par le commencement : la reprise économique de 1993 et l'expansion économique qui l'a suivie.

# Chapitre 2

# Coup de génie ou coup de chance ?

Depuis la naissance du capitalisme, l'économie connaît des expansions et des récessions – le siècle dernier a vu l'une des plus grandes expansions de tous les temps dans ce qu'on a appelé les Années folles (1920), suivie par la pire récession qu'on ait jamais connue, la Grande Dépression : un actif américain sur quatre s'est alors retrouvé sans travail, et pratiquement autant dans les autres pays industrialisés. Depuis la Seconde Guerre mondiale, les fluctuations ont été plus modérées, les expansions plus longues, les récessions plus courtes et moins profondes. Mais, comme nous l'avons vu au chapitre précédent, nous avons vécu à la fin du XX$^e$ siècle la plus grande expansion depuis plus de trente ans – les folles années 1990, où les taux de croissance ont grimpé jusqu'à 4,4 %[1] –, puis l'une des récessions les plus longues.

Ce qui arrive à l'économie ne dépend que très particllement du gouvernement, mais quand vous entrez dans une nouvelle administration vous savez que, selon toute probabilité, votre réputation et votre longévité dans le poste (de même que celles du président) vont être liées à l'économie. Et, si vous êtes économiste, vous connaissez la volatilité, voire la cruauté, de ce type de jugement. Ainsi, en dépit de ses records d'opinions favorables après sa victoire dans la guerre du Golfe, George H.W. Bush n'a pas été réélu en 1992. La plupart

---

1. Comme nous aurons souvent l'occasion de le répéter, il faut prendre les chiffres avec prudence. Les taux de croissance publiés à l'époque ont été, depuis, substantiellement révisés à la baisse.

des commentateurs autorisés ont expliqué son échec par l'anémie désespérante de l'économie. Bush lui-même en a accusé Alan Greenspan, le président du Federal Reserve Board, et ses propres conseillers économiques. Greenspan avait été lent à baisser les taux d'intérêt, apparemment persuadé que l'économie allait vite se relever de la récession de 1990-1991 et qu'une baisse des taux risquait de susciter de nouveau l'inflation. Comme l'a dit Bush quelques années plus tard : « Je l'ai reconduit et il m'a éconduit*[1]. »

Michael Boskin, qui a été mon collègue à Stanford, dirigeait son Council of Economic Advisers et a senti tout le poids de sa colère. Lorsque sa campagne a commencé à battre de l'aile, Bush a promis de changer d'équipe de conseillers économiques. Ce qui était d'ailleurs assez paradoxal, puisque Boskin était de ceux qui avaient préconisé des initiatives fortes et partageait la déception de ses patrons à l'égard de Greenspan.

Bush n'était pas le premier président à tomber sur l'économie. Gerald R. Ford (dont le CEA était présidé par Greenspan) et Jimmy Carter ont également été battus, au moins en partie, en raison d'une récession au moment crucial des élections.

Le lien entre politique et économie n'est pas purement anecdotique, comme l'ont montré les spécialistes des deux disciplines. La corrélation statistique est si claire que la situation économique permet de prévoir les résultats des élections aussi sûrement que la plupart des sondages. Pour la présidentielle de 1996, le Council of Economic Advisers avait remis à Clinton des prévisions du résultat électoral qui se sont révélées aussi exactes que les enquêtes auxquelles il se fiait (nous disions par plaisanterie que, si Clinton s'en était remis à nous plutôt qu'aux instituts de sondage, il aurait peut-être pu s'épargner l'embarras de ses célèbres initiatives de collecte de fonds, des « goûters » de la Maison-Blanche à la chambre à coucher de Lincoln). Cela dit, ces modèles statistiques sont loin d'être infaillibles : à la présidentielle de 2000, ils donnaient Al Gore gagnant par un raz de marée.

---

* Ou, plus exactement : « Je l'ai renommé et il m'a déçu [*I reappointed him, and he disappointed me*]. » *(NdT.)*

1. Bob Woodward, *Maestro : Greenspan's Fed and the American Boom*, *op. cit.*, p. 196.

Tout cela est un peu injuste. Beaucoup d'événements économiques majeurs n'ont rien à voir avec l'action du président, et l'un des principaux instruments d'intervention sur l'économie – la politique monétaire, qui comprend la fixation des taux d'intérêt et le contrôle de la masse monétaire – est délégué à la Federal Reserve, indépendante. Sous le président Gerald Ford, l'économie a été ravagée par l'embargo de 1973 sur le pétrole, qui a suscité une hausse considérable du chômage, même si, au moment du vote, elle avait déjà amorcé sa reprise. La récession de 1979 qui a contribué à détrôner Jimmy Carter a été la résultante d'un choc pétrolier et d'une augmentation considérable des taux d'intérêt décidée par la Fed.

## LA SCIENCE ÉCONOMIQUE EN VEDETTE

Réfléchir sur l'économie n'avait jamais été l'activité favorite de George Bush père. Comme beaucoup de présidents avant lui, il était attiré par la politique étrangère, domaine dans lequel les pouvoirs de la fonction sont plus tranchés. Bill Clinton, en revanche, avait affirmé dès le début que sa grande préoccupation serait la politique intérieure. Le slogan officieux de sa campagne électorale – « C'est l'économie, idiot ! » – invitait les Américains à juger le président sur la situation économique (ce qu'ils auraient fait de toute façon). Quant à son mot d'ordre « Des emplois ! », il indiquait clairement que sa priorité n'était pas l'inflation. Il avait fixé concrètement un étalon de mesure du succès en s'engageant à créer 8 millions d'emplois en quatre ans. Son plan de réduction du déficit (auquel le Parti républicain s'est opposé presque comme un seul homme) ne manquait pas d'audace. Il est donc bien naturel que, lorsque l'économie a effectivement commencé à se redresser, les Américains se soient montrés plus généreux qu'à l'ordinaire pour en attribuer le mérite au président et à son équipe. De fait, malgré l'extrême dureté des propos que ses adversaires tiendraient sur Clinton au cours de ses deux mandats, l'économie resterait l'imprenable redoute de ses taux d'approbation dans les sondages. La Bourse parut lui rendre un ultime hommage en culminant pendant la dernière année de sa présidence.

La croissance accrut l'intérêt du pays pour l'économie. Les affaires, la technologie, la finance, commencèrent à retenir l'attention des médias sur un mode jusque-là réservé au sport et au show-business. Des PDG du secteur privé, mais aussi de hauts responsables d'institutions publiques traditionnellement fort discrets (le secrétaire au Trésor et le président du Federal Reserve Board, pour en citer deux) devinrent des célébrités. On sait combien les médias aiment les personnalités et préfèrent, en général, faire court et indolore dans leurs analyses politiques. Dans les journaux et les revues, les éditoriaux et les colonnes d'opinions, sans oublier les chaînes d'information en continu comme CNN ou MSNBC, les journalistes économiques multiplièrent les variations sur la virtuosité de l'équipe Clinton. L'hagiographie atteignit de nouveaux sommets avec le best-seller de Bob Woodward, *Maestro : Greenspan's Fed and the American Boom*, publié quelques mois seulement avant la grande dégringolade. Dès la préface, le ton était donné : « La situation économique dont tout le monde, du prochain président au simple citoyen, va hériter [et notamment l'excédent budgétaire prévu de plusieurs milliers de milliards de dollars au moins] est, à bien des égards, le "dividende Greenspan"[1]. » La prise de décision économique était presque traitée en événement sportif : le résultat dépendait de l'agilité et des prouesses d'une poignée de super-stars, dont les efforts désintéressés et la parfaite harmonie n'avaient pour but, disait-on, que la prospérité du pays.

La vérité était autrement chaotique. Nous, qui participions à la détermination de la politique économique à cette époque, revendiquions avidement, bien sûr, tout le mérite possible, mais certains articles sur notre prescience et notre aimable esprit d'équipe nous laissaient sans voix. De temps à autre, peut-être, nous avions frisé le niveau qu'on nous prêtait, mais combien de fois nous étions-nous affrontés dans d'interminables débats sur telle ou telle composante de ce qu'on allait baptiser, comme s'il s'agissait d'un tout homogène et sans coutures, le « programme économique » de l'administration Clinton ! Celui-ci était au contraire un vrai

---

1. *Ibid.*, p. 13.

patchwork. Certaines décisions étaient courageuses, d'autres, lâches ; certaines, consensuelles, d'autres, imposées par une petite faction qui avait temporairement gagné la confiance du président ; certaines, inspirées par les meilleures raisons (nous étions sûrs que le pays allait en bénéficier), quelques-unes au moins, par les pires (un intérêt particulier avait été mieux représenté que l'intérêt général). Nous n'étions sûrement pas des dieux. Nous avons commis notre part d'erreurs. Si ce qui a été perçu comme notre succès politique majeur – la réduction du déficit – a aussi brillamment réussi, c'est pour des motifs tout à fait différents de ceux qu'avaient donnés beaucoup de ses champions. En dernière analyse, le bilan de tout gouvernement dépend essentiellement des cartes que l'histoire lui a mises en main, et aussi d'événements échappant à son contrôle, comme les attaques terroristes du 11 septembre 2001. Il en a été de même pour nous. Malgré tout, des choix sont faits, des décisions sont prises, qui contribuent tôt ou tard à déterminer l'héritage que laisse l'administration.

## L'HÉRITAGE : JOUER AVEC LE JEU QU'ON A

À notre arrivée, en 1993, nous avons hérité de problèmes effroyables. Nous avons trouvé l'économie dans une phase anémique de « reprise sans emploi » après la récession de 1990-1991, dont elle avait pourtant commencé à sortir bien avant que Clinton n'accède au pouvoir – il n'y avait pas eu un seul trimestre de contraction de l'activité en 1992, et le quatrième trimestre, celui des élections, avait connu une robuste croissance de 4,3 %. Néanmoins, l'emploi était resté cette année-là au-dessous de son niveau de 1990. On nous laissait sur les bras un déficit budgétaire de premier ordre, qui n'avait cessé de croître depuis la folie des réductions d'impôt Reagan. Celui-ci avait prévu que ces réductions s'autofinanceraient, en vertu d'une théorie griffonnée au dos d'une serviette en papier*, la courbe de Laffer (du nom d'Arthur Laffer, alors à l'université de Chicago) : elle prétendait

---

* Selon la petite histoire, Laffer a tracé pour la première fois sa courbe sur une serviette en papier au cours d'un dîner dans un restaurant de Washington. (*NdT.*)

que, plus les impôts montaient, moins les gens avaient de cœur à l'ouvrage et moins ils épargnaient, si bien qu'en réalité les rentrées fiscales baissaient ! (Cette idée vient de l'économie de l'offre, qui insiste sur les limites qu'impose à l'économie la volonté des individus de travailler et d'épargner ; l'économie de la demande, elle, souligne les limites fixées par l'état de la demande : sans acheteurs pour leurs produits, les firmes ne produiront pas. Tout indique que cette seconde interprétation était la bonne, puisque les taux d'imposition étaient fort loin du niveau auquel leur réduction aurait fait augmenter les recettes.) En 1992, le déficit représentait près de 5 % du produit intérieur brut des États-Unis. Et, si on le calculait sans tenir compte des rentrées fiscales censées alimenter le fonds d'investissement de la Social Security, il était encore plus élevé. C'est le type de statistiques qu'on associe généralement aux États très pauvres de la planète, et non au plus riche de tous.

Le déséquilibre du budget n'était que le signe le plus visible des problèmes du pays. L'Amérique s'était longtemps enorgueillie de sa supériorité technologique, et pourtant, aux tests de sciences et de mathématiques, les étudiants américains se classaient derrière ceux d'économies asiatiques émergentes comme Singapour, Taïwan ou la Corée du Sud. Nous nous tournions de plus en plus vers d'autres pays pour trouver nos étudiants de cycle supérieur en sciences et en ingénierie, et, en tant qu'enseignant à Stanford et à Princeton, j'ai pu constater que ces étudiants étrangers n'arrivaient pas seulement avec des notes supérieures aux tests, mais se montraient effectivement plus performants que leurs condisciples américains. Même notre suprématie technologique reposait donc sur l'aspiration des cerveaux : l'Amérique prélevait les meilleurs et les plus brillants dans le monde entier.

Le taux de criminalité et le pourcentage de population carcérale, qui comptaient parmi les plus élevés du monde, suggéraient aussi que quelque chose ne tournait vraiment pas rond. Certains États dépensaient davantage pour les prisons que pour les universités. Les inégalités étaient moindres qu'en Amérique latine, mais plus importantes que dans les pays émergents d'Extrême-Orient, qui avaient montré qu'on pouvait associer croissance forte et équité. Elles s'aggravaient depuis deux décennies. Peut-être les reaganiens avaient-ils cru à l'« économie du ruissellement » – théorie selon laquelle la croissance profite à tous (ou, comme on le disait parfois, la marée montante soulève tous les bateaux) –, mais le fait était que les pauvres n'avaient pas bénéficié de la croissance des années 1980. D'ailleurs, depuis 1973, les Américains les plus pauvres s'étaient appauvris en termes absolus.

Pourtant, sur d'autres plans, nous avons été chanceux. Bien que nous n'ayons perdu aucune occasion de proclamer que nous étions à l'origine de la reprise – il nous est même arrivé de le croire –, une bonne partie de ce qui s'est passé pendant les années 1990 peut être mis au compte de forces entrées en action bien avant la mise en place de l'administration Clinton. Les investissements dans la technologie de pointe, par exemple, avaient commencé à payer, en rapportant des gains de productivité. Dans beaucoup de grandes villes des États-Unis, la criminalité était en passe de commencer à chuter, pour des raisons démographiques et parce que la terrible épidémie crack-cocaïne des années 1980 était retombée.

Ceux d'entre nous qui avaient reçu mission d'aider l'administration Clinton à définir sa politique économique se trouvaient au bon endroit au bon moment. Les stratégies économiques des douze années précédentes avaient fait de gros dégâts, mais leurs effets n'étaient pas encore irrémédiables, et certaines forces travaillaient en notre faveur. Même le déficit, en un sens, était pour nous un atout : il nous donnait l'occasion de prendre des mesures radicales, et le levier politique pour le faire. Si, avec la fin de la guerre froide, nous ramenions les dépenses militaires à un niveau plus raisonnable – des 6,2 % du PIB qu'elles avaient atteints au plus fort de l'ère Reagan à, disons, 3 % –, nous aurions déjà réduit le déficit de plus de moitié. Cela dit, aucun de nous n'était entré dans l'administration Clinton pour un besoin intérieur profond d'équilibrer le budget. Du président jusqu'au plus modeste de ses collaborateurs, nous étions tous venus à Washington avec des espoirs bien différents, ceux qui s'expriment dans le document de campagne *Putting People First* [Priorité aux gens]. Nous voulions rétablir l'équilibre qui avait été perdu.

Mais nous avons joué avec les cartes qu'on nous avait mises en main. Le président était persuadé qu'un problème était à régler en priorité, et cette mission allait l'emporter sur une grande partie de notre programme au cours des huit années suivantes : il fallait maîtriser le déficit.

Incontestablement, la situation était insoutenable à long terme. Avec des déficits annuels de l'ordre de 5 % du produit intérieur brut, la dette nationale augmentait même en pourcentage du PIB (puisque celui-ci ne s'accroissait qu'à un taux d'environ 2,5 %). Et avec une dette en augmentation, l'État fédéral était contraint de payer des taux d'intérêt de plus en plus élevés. Si les taux montaient et l'endettement aussi, de plus en plus d'argent allait passer dans le service de la dette nationale, ce qui finirait par rendre impossibles d'autres dépenses. Il faudrait donc, en définitive, augmenter les impôts ou réduire les dépenses. De sorte qu'il n'était pas absurde d'affronter rapidement la réalité au lieu d'attendre les effets débilitants d'un endettement toujours plus haut.

Le problème, c'est que nous étions au pire moment possible pour affronter la réalité. L'économie n'était pas encore sortie de la récession de 1991, et la théorie économique standard, celle qu'on enseignait partout dans le pays depuis plus de cinquante ans, disait qu'augmenter les impôts ou diminuer les dépenses pour tenter de réduire le déficit risquait de ralentir l'activité. Avec un fléchissement de la croissance et une hausse du chômage, le nombre d'ayants droit aux prestations sociales et aux indemnités de chômage allait monter, et les rentrées fiscales seraient décevantes : les dépenses de l'État s'accroîtraient et ses recettes diminueraient, ou augmenteraient moins qu'elles ne l'auraient fait avec une économie dynamique. Vouloir réduire le déficit se révélerait alors bien utopique.

En fin de compte, la stratégie Clinton de retour à l'équilibre budgétaire a réussi. En quelques années, les déficits hérités de Bush se sont mués en excédents énormes et l'économie s'est redressée, mais pour des raisons particulières aux années 1990. Il est important de comprendre pourquoi la réduction du déficit a fonctionné *à ce moment-là* – pourquoi c'est l'exception qui confirme la règle.

## QUESTIONS D'HISTOIRE

Pour saisir le rôle joué par la réduction du déficit dans la reprise des années 1990, il faut revenir à la fin des années 1970 et au début des années 1980, quand le Federal Reserve Board, dirigé à l'époque par Paul Volcker, s'alarma de l'inflation et monta les taux d'intérêt à des niveaux sans précédent afin de ralentir une économie qu'il jugeait en surchauffe : le *corporate bond rate* (le taux d'intérêt que paient les entreprises pour leurs emprunts à long terme) dépassa 15 % dans les derniers mois de 1981 et au début de 1982. La Fed fut fière de son succès : elle avait ramené l'inflation de 13,5 % en 1980 à 3,2 % seulement en 1983. Quant aux coûts de l'opération, si certains furent immédiats – le chômage monta en flèche jusqu'à 9,7 %, niveau inconnu aux États-Unis depuis la Grande Dépression –, il faudrait plus de dix ans pour que tous se fassent sentir, tant aux États-Unis qu'à l'étranger.

Sur le territoire américain, les taux d'intérêt astronomiques n'avaient pas seulement tué l'inflation ; ils avaient aussi ravagé le système bancaire, et en particulier les caisses d'épargne spécialisées dans les prêts immobiliers – les *savings and loan* (S&L). Les taux d'intérêt qu'elles recevaient sur les contrats de prêt déjà conclus étaient fixes, ceux qu'elles payaient aux déposants avaient énormément augmenté : elles étaient donc, de fait, en situation de faillite. Cela se voyait clairement en 1985. Le problème aurait d'ailleurs pu être admis et résolu à cette date si l'État fédéral n'avait pas recouru à une petite astuce comptable pour déguiser la réalité. L'administration Reagan décida, pour sauver les banques, de les aider à « découvrir » des milliards de dollars d'actifs jusque-là insoupçonnés. Comment ? En les autorisant à évaluer très haut, sur leur bilan de l'année en cours, leur « survaleur* » – l'anticipation de leurs futurs profits. Mais les jeux d'écritures ne changent évidemment rien aux réalités. Les banques étaient toujours obligées de payer davantage à leurs

---

* En anglais, *goodwill*. Il s'agit de l'ensemble des éléments non matériels qui contribuent à la valeur d'une firme bien assise et laissent présager qu'elle continuera à faire des profits. *(NdT.)*

déposants qu'elles ne recevaient de leurs emprunteurs. Il fallait un ingrédient supplémentaire, qui lui aussi releva de la comptabilité douteuse. Reagan s'était fait le promoteur de la déréglementation ; si l'on permettait aux banques d'investir dans de nouveaux domaines à risque – voire d'acheter des obligations pourries –, on pouvait espérer que des profits plus élevés les sortiraient du piège où la Federal Reserve les avait enfermées. Ainsi, elles s'écarteraient de l'abîme de l'insolvabilité par leurs propres moyens, sans aucun coût visible pour quiconque. Certes, en bonne pratique comptable, les banques auraient dû mettre de côté des réserves proportionnées aux nouveaux risques qu'elles prenaient, puisque la probabilité de défaut de paiement était plus forte. Mais l'objectif n'était pas de faire de la bonne économie, de la bonne comptabilité ou de la bonne pratique bancaire : il s'agissait de retarder le moment de vérité pour que quelqu'un d'autre ait à s'en occuper. En faisant le « pari de la résurrection[1] », en consentant des prêts à haut risque et à haut rendement, les banques se donnaient une chance de survivre.

Le dos au mur, les caisses d'épargne commencèrent à bombarder de prêts le secteur de l'immobilier. La « réforme » fiscale Reagan de 1981 aggrava les choses en octroyant un régime d'amortissement rapide et d'autres possibilités d'évasion fiscale massive aux investisseurs de l'immobilier. Ceux-ci, estimant fort judicieusement les nouvelles règles trop belles pour durer, décidèrent d'en profiter à fond tout de suite. Les « paradis fiscaux immobiliers » proliférèrent et des tours de bureaux inutiles furent construites dans de nombreuses villes. Au milieu des années 1980, le taux de bureaux vides dans certaines aires métropolitaines dépassait les 30 %. C'est alors que, voyant ses largesses fiscales de plus en plus critiquées, l'administration Reagan changea de cap avec la réforme de 1986 : non seulement elle supprima ces énormes avantages, mais elle imposa de sévères restrictions aux dispositifs d'évasion fiscale.

Tout comme la loi fiscale de 1981 avait alimenté l'ascension, celle de 1986 accéléra la chute inévitable. Sans les avantages

---

1. Pour citer l'expression mémorable de E. Kane. Voir *The S&L Insurance Crisis : How Did It Happen ?*, Washington DC, Urban Institute Press, 1989.

fiscaux, la bulle de l'immobilier éclata. Les prix fléchirent, les prêts ne furent plus remboursés et les spéculateurs de haut vol s'écrasèrent. En 1988, les caisses d'épargne n'étaient plus seulement malades, il leur fallait des soins intensifs. Et elles les ont reçus : l'État les a renflouées massivement. Mais Reagan avait atteint ce qui était peut-être son but de départ. Il avait fallu près d'une décennie pour que les erreurs du début des années 1980 – taux d'intérêt exorbitants, déréglementation irréfléchie, fantaisies comptables – produisent pleinement leurs effets et qu'il devienne nécessaire d'y réagir. Ce fut l'une des composantes du legs de Reagan à son ex-vice-président George H.W. Bush, qui eut à organiser le sauvetage des banques à un coût fort élevé pour le budget fédéral (plus d'une centaine de milliards de dollars) et pour l'économie nationale. Au terme d'une lente évolution, ces événements plantèrent le décor de la récession qui devait suivre deux ans plus tard.

## Les effets mondiaux de la politique monétaire des États-Unis

La hausse extravagante des taux d'intérêt décidée par la Federal Reserve dans sa lutte contre l'inflation n'eut pas pour seules victimes les caisses d'épargne américaines : elle détruisit aussi une grande partie de l'Amérique latine. Tout au long des années 1970, les pays latino-américains avaient été vivement incités à emprunter les pétrodollars que les États pétroliers laissaient dans les banques des États-Unis et de l'Europe – ils avaient ainsi emprunté des milliards. La dette de l'Amérique du Sud à l'égard des banques de dépôts avait augmenté à un taux annuel cumulé de 20 %, bien plus vite que son PIB, si bien qu'en 1981 son endettement extérieur global atteignait presque 40 % du PIB[1].

Lorsque la Federal Reserve porta les taux d'intérêt à un niveau record, en 1981, les pays latino-américains – comment s'en étonner ? – eurent le plus grand mal à tenir leurs engagements. De

---

1. Voir l'article inédit d'Alexander Theberge, « The Latin American debt crisis of the 1980s and its historical precursors », 8 avril 1999, sur le site www.columbia.edu/~ad245/theberge.pdf.

1981 à 1983, ils furent nombreux à se déclarer en défaut de paiement. L'un des gouverneurs de la Fed à l'époque me confia son désarroi face à l'indifférence de cette institution pour les conséquences mondiales de ses actes. Pour se justifier, elle arguait de son mandat, qui lui faisait obligation de se concentrer sur leurs retombées aux États-Unis.

Nous avons peut-être bien servi nos propres intérêts économiques à court terme, mais, en ignorant allégrement l'impact de nos mesures sur l'Amérique latine, nous avons compromis la prétention de notre pays au leadership mondial. Et les défauts de paiement en Amérique latine ont aussi fragilisé le système bancaire des États-Unis, donc l'économie américaine.

## La récession de 1991

Ce fut néanmoins la crise des caisses d'épargne de 1988-1989 qui eut sur notre économie l'impact le plus profond. Au lendemain de cette crise, l'administration Bush imposa de nouvelles réglementations bancaires restrictives qui décourageaient les investissements risqués et, dans ce domaine au moins, renversaient partiellement la tendance à la déréglementation de l'ère Reagan. Le résultat recherché fut atteint : rendre aux banques des bases financières saines, et réduire le risque d'avoir à mener une nouvelle opération de sauvetage. Mais il y eut aussi un effet négatif, que peu de gens avaient prévu. Dans le cadre de leurs efforts pour remettre de l'ordre dans leur bilan et se conformer aux nouvelles réglementations, les banques réduisirent leurs prêts. Le flux de capitaux se tarit – et, peu à peu, l'économie américaine s'assécha aussi. Ne comprenant pas la source cachée du problème, la Federal Reserve l'aggrava. Une petite erreur dans les réglementations bancaires – la décision de traiter les bons d'État à long terme, qui sont extrêmement sensibles aux changements de taux d'intérêt, comme s'ils étaient parfaitement sûrs – incitait les banques à placer leur argent en bons d'État au lieu de s'acquitter de leur mission : mettre des fonds à la disposition des entreprises pour qu'elles se développent et créent des emplois.

*La Federal Reserve ne parvient pas à empêcher
la récession de 1991*

Tandis que l'économie sombrait dans la récession, la Federal Reserve finit par baisser ses taux d'intérêt – mais en 1991, c'est-à-dire pas assez vite. La récession fut en un sens le dernier acte d'une tragédie inaugurée par la hausse des taux d'intérêt du début des années 1980, les largesses fiscales de 1981 et la déréglementation mal pensée du secteur financier mise en œuvre sous Ronald Reagan. Elle fut courte et de faible intensité, dit-on souvent. Ce n'est pas ce qu'en ont pensé les 3,5 millions de personnes qui sont venues grossir les rangs des chômeurs de 1990 à 1992, ni les millions de salariés qui, ayant perdu leur emploi, en ont retrouvé un autre mais moins bien payé. En fait, si l'on examine les chiffres de près, on s'aperçoit que cette récession a été sérieuse. Si on la mesure à l'écart entre le potentiel de l'économie et sa performance réelle, elle se situe dans la moyenne des récessions d'après guerre.

Les difficultés économiques et l'incapacité de la Federal Reserve à y faire face en temps voulu ont joué un rôle essentiel dans l'élection de Bill Clinton. Quand il entra en fonction, en janvier 1993, le chômage se situait à 7,3 % et le PIB de ce premier trimestre était en régression (– 0,1 %). Aggravé par la récession, le déficit budgétaire avait gonflé jusqu'à représenter 4,7 % du PIB en 1992, contre 2,8 % en 1989. De toute évidence, l'économie n'avait pas été bien gérée.

## LA LUTTE POUR LA RÉDUCTION DU DÉFICIT

Le président Clinton se laissa persuader de faire de la réduction du déficit sa priorité absolue, ce qui signifiait laisser de côté une grande partie du programme social qui le motivait, lui et la plupart de ses partisans. Il tut même ses vives appréhensions quant à la viabilité de cette stratégie. Selon la théorie économique standard, je l'ai dit, la réduction du déficit allait ralentir la reprise et faire monter le chômage. Nous, les conseillers de Clinton, étions parfaitement conscients des conséquences prévues par l'analyse traditionnelle : l'initiative du président risquait d'aggraver la situation économique, et, si c'était bien ce qui se passait, toute la stratégie se retournerait contre l'objectif, car le ralentissement de la croissance se traduirait par une augmentation du déficit. C'est pourquoi nous nous sommes efforcés, dans la mesure du possible, d'« assurer les arrières » de la réduction du déficit – de faire en sorte qu'elle soit encore plus forte dans les années à venir. Nous espérions qu'à ce moment-là l'économie serait en assez bonne forme pour le supporter.

C'était une démarche risquée, en particulier pour un président élu sur le programme « Des emplois ! ». Apparemment, sous la pression de la politique et de l'époque, son équipe d'économistes avait balayé un demi-siècle de recherches en économie. Cela faisait des décennies que les conservateurs essayaient de tuer Keynes et son appel à l'intervention de l'État en temps de récession économique, et voici qu'en un clin d'œil notre petite bande de conseillers de Clinton, de « nouveaux démocrates », avait accompli ce que la droite, depuis si longtemps, n'arrivait pas à faire ! Car l'économie a bel et bien connu une reprise, et c'est à la réduction du déficit qu'on en a attribué le mérite.

Keynes était-il vraiment mort ? Fallait-il récrire les manuels ? La réduction de l'État et des déficits était-elle effectivement la clef du succès économique ? Si l'interprétation classique de l'histoire l'emporte, la réponse paraît être oui.

Les partisans de la réduction du déficit avaient avancé une théorie nouvelle : elle allait entraîner une baisse des taux d'intérêt à long terme, cette baisse provoquerait une hausse de l'investissement, laquelle relancerait l'économie. Nous espérions avoir assez soigneusement structuré la réduction du déficit pour que la croissance de l'investissement suscitée par la baisse des taux d'intérêt à long terme fasse plus que compenser l'effet négatif direct de l'augmentation des impôts et de la réduction des dépenses publiques.

Mais cette théorie posait bien des problèmes – outre le plus évident, que nous avons déjà relevé : sa contradiction totale avec la science économique, l'expérience historique et ce qu'on apprend dans tous les cours de macroéconomie du monde. Les taux d'intérêt ne baisseraient que *si* les marchés obligataires estimaient que les déficits allaient diminuer à l'avenir. Nous nous étions mis à la merci de la volatilité des marchés financiers, dont on sait qu'ils font montre tantôt d'une exubérance, tantôt d'un pessimisme irrationnels. Notre sort dépendrait désormais du jugement des courtiers en obligations sur notre détermination et notre capacité à maintenir le cap de la réduction du déficit. Or, dans leur écrasante majorité, ceux-ci étaient hostiles à Clinton et à ses augmentations d'impôt. Situation qui nous mettait tous plutôt mal à l'aise, le président compris. Et s'il avait eu connaissance des statistiques montrant que l'investissement, souvent, ne réagit guère à l'évolution des taux d'intérêt – nous venions de le voir en 1991, et nous l'avons constaté de nouveau en 2001, quand la Federal Reserve a baissé plusieurs fois ses taux –, il se serait senti encore plus nerveux, et il aurait eu raison.

### Pourquoi la réduction du déficit a réussi cette fois-ci

Si, selon la règle générale, la réduction du déficit aurait dû ralentir la reprise, à quoi pouvons-nous attribuer sa vigueur ? À un enchaînement d'événements que nous n'avons ni prévu, ni même pleinement compris quand il s'est déroulé. En réduisant le déficit, l'administration Clinton a enfin recapitalisé un grand nombre de banques américaines. Et c'est ce mécanisme-là, mis en œuvre par inadvertance, qui, plus que toute autre chose, a redynamisé l'économie.

Voici comment il a fonctionné. Après la débâcle des caisses d'épargne, de nouvelles réglementations avaient été adoptées, faisant obligation aux banques de conserver un capital suffisant pour y puiser si un problème survenait dans leur portefeuille de prêts. Le montant de ce capital dépendait évidemment de l'étendue du risque que les banques assumaient. Les économistes qui avaient réfléchi à la question, dont Michael Boskin, savaient bien que le risque encouru ne se limitait pas à une éventuelle faillite : l'autre menace était une dévalorisation des actifs. Les bons d'État à long terme sont risqués de ce point de vue – même si, avec eux, la probabilité d'un défaut de paiement est nulle – parce qu'ils peuvent perdre leur valeur en cas de hausse des taux d'intérêt.

Or, en 1989, au moment même où le gouvernement imposait aux banques des normes plus strictes, la Federal Reserve décida de les autoriser à considérer les bons d'État à long terme comme sans risque – initiative fort appréciée des banques, évidemment, car elle augmentait leur rentabilité immédiate, les bons d'État à long terme rapportant gros à ce moment-là. En utilisant leurs fonds de dépôts pour en acheter, elles pouvaient s'assurer de très jolis profits (en 1991, par exemple, les bons d'État à long terme rapportaient 8,14 %, les bons du Trésor, en moyenne 5,4 % seulement, et les certificats de dépôt, en général beaucoup moins). Mais c'était une stratégie fort dangereuse. Si les taux d'intérêt avaient augmenté – ce qui aurait bien pu arriver en cas de poursuite des déficits non maîtrisés –, le cours des bons d'État aurait pu s'effondrer, et le gouvernement fédéral aurait dû à nouveau « ramasser les morceaux ».

Voilà donc un nouvel exemple de pratique comptable archi-agressive ayant donné une information trompeuse dont ont découlé de mauvaises décisions et des conséquences graves pour l'économie américaine. Si les bons à long terme rapportent plus que les bons à court terme, c'est pour indemniser les investisseurs contre le risque d'une chute de leur valeur. Mais la Federal Reserve avait accepté un mode de comptabilité et un cadre réglementaire qui ne reflétaient pas du tout ce risque, et c'était justement cela qui rendait cette stratégie « rentable ». Les banques auraient dû être contraintes de conserver des réserves pour se protéger contre le risque d'une chute du cours des bons d'État à long terme. N'y ayant pas été obligées, elles ne l'ont pas fait.

Heureusement, en partie parce que Clinton a réussi à réduire le déficit, les taux d'intérêt à long terme ont chuté très vivement, passant de plus de 9 % en septembre 1990 à moins de 6 % en octobre 1994. Le cours des bons d'État à long terme est donc monté. En raison du jeu risqué qu'elles avaient joué, les banques ont alors vu leur bilan s'améliorer très nettement. En même temps, puisqu'il devenait moins intéressant de continuer à investir dans les bons d'État à long terme, les taux d'intérêt à long terme étant désormais bas, elles se sont mises à chercher ailleurs des occasions de profit, et sont ainsi revenues à leur vrai métier, qui est de prêter. C'est ce changement d'attitude des banques, désormais bien plus disposées à consentir des crédits, qui a fait la différence, et c'est bien le plan de réduction du déficit de l'administration Clinton, via son effet non voulu de recapitalisation des banques et des caisses d'épargne, qui a remis l'économie en selle.

On pourrait qualifier la réduction du déficit d'« erreur heureuse » : ce fut une bonne décision prise pour de mauvaises raisons. Et son succès reposa sur une autre erreur bénéfique : la Federal Reserve s'abstint de relever les taux d'intérêt aux premiers stades de la reprise, ce qu'elle aurait sûrement fait si elle n'avait pas sous-estimé la force de cette dernière, tout comme elle avait gravement sous-estimé l'ampleur de la chute qui l'avait précédée.

## Le jeu de la confiance : une autre explication

Ainsi, la réduction du déficit a fonctionné, par un mécanisme complexe et inattendu – qui plus est fâcheusement contraire aux idées et aux intérêts des personnes et institutions puissantes, dont le vrai programme était d'abattre la théorie keynésienne et/ou de rétrécir l'État. En réduisant le déficit, prétendaient-elles, l'administration avait rendu confiance aux banquiers et aux investisseurs – confiance qu'avait compromise la prodigalité de l'État. Ainsi rassurées, les entreprises s'étaient remises à investir pour se développer et innover, les consommateurs, à dépenser, et la reprise avait pu prendre son essor. Le programme des faucons antidéficit était clair : maintenez les déficits à bas niveau (même pendant les récessions) et écoutez les marchés financiers – si vous vous les mettez à dos, vous êtes perdus.

Il y a un fond de vérité dans cette analyse sans cesse répétée qui privilégie la confiance, mais la leçon à en tirer est sûrement plus prudente. Nous avons consacré beaucoup de temps à essayer d'alimenter la confiance, ou, en termes moins choisis, à faire mousser les statistiques pour souligner nos succès politiques. Mais ce n'étaient pas les miroirs aux alouettes des administrations précédentes, dont les réductions d'impôt étaient censées s'autofinancer, et au-delà, par l'explosion d'activité qu'elles allaient provoquer ! Nos projections étaient réalistes, même si nous travaillions dur pour que l'économie se comporte encore mieux que prévu. Prenons les 8 millions d'emplois nouveaux promis par Clinton, promesse qu'il a tenue et dépassée – il y en a eu 16 millions en huit ans. Ce n'est pas nous qui les avons créés, c'est l'économie américaine, et pratiquement toute reprise digne de ce nom aurait atteint cet objectif. Si l'économie n'était pas parvenue à créer au moins 8 millions d'emplois, le chômage aurait été si élevé que Bill Clinton n'aurait pratiquement eu aucune chance d'être réélu. Nous avions fixé la barre à un niveau que nous étions presque certains d'atteindre si nous gérions bien l'économie. Niveau important, néanmoins, notamment pour ceux qui ont bénéficié de ces emplois – ils ont été 5,5 millions pendant nos deux premières années seulement. Cela dépassait très largement notre objectif, et peut se comparer avantageusement à la perte de plus de 2 millions d'emplois au *début* de la seconde administration Bush.

Sur d'autres sujets aussi nous avons travaillé dur pour orienter l'opinion publique et le sentiment des marchés. Quand paraissaient les chiffres économiques mensuels, qui mettaient en valeur un bilan impressionnant en termes de baisse du chômage et de stabilité des prix, nous saisissions l'occasion pour aider les journalistes à comprendre pourquoi l'économie pouvait désormais supporter un recul du chômage sans déchaîner l'inflation. Nous faisions de notre mieux pour permettre à la presse d'interpréter les chiffres dans un sens compatible avec notre approche non alarmiste de la menace inflationniste. La fixation des taux d'intérêt était du ressort de la Federal Reserve indépendante, mais celle-ci, en réalité, était obsédée par l'inflation ; en coulisse, nous œuvrions à convaincre les marchés et l'opinion – et Alan Greenspan – que l'inflation était bien tenue en main. La vérité était de notre côté, ce qui nous facilitait beaucoup les choses.

Voilà le cœur de la question : nous n'aurions pas pu persuader longtemps la population et les marchés si la vérité avait été contre nous. La confiance compte, mais on ne peut la faire surgir de rien, la tirer d'un chapeau. C'était la reprise économique qui donnait confiance, pas l'inverse. La confiance peut être une source très utile de *feedback* positif, mais, s'il n'y avait pas eu de base solide pour la reprise – si par exemple les banques n'avaient pas été recapitalisées, si elles n'avaient eu ni moyens ni raisons de prêter davantage, et si l'impact direct négatif de la réduction du déficit n'avait donc pas été compensé par un effet indirect positif sur l'investissement –, aucun transport d'enthousiasme n'aurait pu changer cette réalité.

Au fil des ans, je me suis convaincu que l'argument de la confiance est le dernier refuge de ceux qui n'en ont pas d'autre. Rien ne prouve que la réduction des déficits déclenche la reprise, ou que les déficits eux-mêmes nuisent à la croissance ? C'est à cause de la confiance. Rien ne prouve que baisser les taux d'imposition stimule la croissance ? C'est à cause de la confiance. Si tant de gens trouvent tant d'attrait à cet argument, c'est parce qu'il est fort difficile à réfuter. On peut mesurer les déficits, puis évaluer leur impact sur la croissance. On peut mesurer les taux d'imposition, puis estimer leurs effets sur la croissance. Mais la confiance est trop insaisissable pour que l'on puisse la mesurer exactement[1]. Le chef d'entreprise devenu homme politique peut donc faire valoir sa connaissance de première main du mode de pensée des milieux d'affaires – sans craindre d'être contesté.

## LA RÉDUCTION DU DÉFICIT AVEC LE RECUL

Plusieurs ouvrages ont déjà décrit le courage et la discipline dont a fait preuve Clinton dans le combat pour la réduction du déficit. Il s'était présenté aux élections pour promouvoir des changements sociaux – réformer les prestations sociales et le système de santé, améliorer l'éducation et la formation professionnelle, faire progresser les droits civiques –, mais il les avait gagnées parce que la priorité qu'il donnait à l'économie avait trouvé un écho chez les électeurs. La réduction du déficit n'était que l'une des actions à mener pour revitaliser l'économie. En dépit des réformes tant vantées de l'ère Reagan, qui, inspirées par

---

1. Il y a des sondages, et ils ne prouvent guère que la confiance *mesurée* soit très affectée par les déficits. Elle est beaucoup plus sensible à des variables comme le chômage ou la croissance elle-même. Mais ceux qui évoquent la « confiance » voient peu d'intérêt à vérifier statistiquement leurs assertions.

l'« économie de l'offre », étaient censées accélérer la croissance, le taux de croissance à long terme n'était qu'à un peu plus de la moitié de son niveau des années 1950 et 1960. Et comme cette croissance réduite avait essentiellement profité aux Américains les plus riches, tandis que les plus mal lotis avaient vu leurs revenus réels baisser, les États-Unis connaissaient une aggravation des inégalités.

Les inégalités, la croissance, étaient *nos* préoccupations. La responsabilité budgétaire était censée être celle des républicains conservateurs. Mais, après douze ans de prodigalité fiscale (cette réduction d'impôt qui devait, selon Reagan, s'autofinancer en dynamisant l'économie et ne l'avait pas fait), Clinton n'avait plus qu'à se charger du sale travail – et sans l'aide des républicains, qui votèrent unanimement contre son plan de réduction du déficit. Leur opposition confirma l'interprétation machiavélique des réductions d'impôt de Reagan. Les républicains ne croyaient pas vraiment à l'économie de l'offre, à la théorie d'une baisse des impôts si stimulante pour l'économie que les rentrées fiscales allaient augmenter. Ils savaient très bien qu'il y aurait diminution des recettes, et ils espéraient que cela forcerait à réduire les dépenses publiques. Leur vrai programme consistait donc à imposer une forte contraction de l'État – et, comme Reagan avait augmenté massivement les dépenses militaires et n'avait pas fait grand-chose pour réduire les subventions aux entreprises, cela signifiait une énorme réduction des dépenses pour les autres services publics. Cependant, après avoir lancé le processus, les républicains ne purent jamais le poursuivre en sabrant dans les services, si bien qu'ils ne reprirent jamais le contrôle du déficit[1]. L'économie vaudoue n'avait pas fonctionné et le courage politique s'arrêtait là : il était plus facile de réduire les impôts que les dépenses. Lorsque Clinton entra en fonction, les républicains espéraient peut-être pouvoir assez vite mettre les déficits au compte des démocrates, auxquels ils avaient si souvent reproché d'avoir pour programme « On taxe et on dépense ». Mais Clinton

---

1. Reagan et les démocrates du Congrès étaient en désaccord sur la répartition (le premier voulant consacrer davantage de moyens à la défense et moins au social), mais préconisaient à peu près le même niveau de dépense.

les surprit : il proposa non seulement de réduire les dépenses, mais aussi d'augmenter les impôts. Le coût de l'ajustement serait partagé.

Théoriquement, il est aisé de réduire un déficit : on diminue les dépenses et on augmente les impôts. Mais, politiquement, les deux mesures sont difficiles à faire passer. Si la défaite de Bush en 1992 était essentiellement due à la mauvaise tenue de l'économie, ses augmentations d'impôt limitées (après qu'il eut promis de n'en faire aucune) avaient aussi été politiquement coûteuses. Clinton, bravement, décida non seulement de réduire les dépenses mais de relever les impôts – essentiellement les impôts sur les riches, qui avaient reçu la part du lion des gains économiques des deux décennies précédentes. Même après l'augmentation d'impôt, ils resteraient beaucoup mieux lotis que peu de temps auparavant – situation très éloignée de la baisse des revenus chez les pauvres. L'opposition fut acharnée, bien entendu. Les républicains s'écrièrent que ces impôts allaient entraver la croissance économique – ce qui ne s'est pas vérifié. Les riches continuèrent d'ailleurs à s'enrichir par rapport au reste de la population. Ce fut un acte de bravoure politique : un risque qui a payé, mais, nous l'avons vu, pour des raisons tout à fait différentes de celles que nous (et ceux qui l'avaient préconisé) avions en tête à l'époque.

Clinton avança même une nouvelle idée brillante : pourquoi ne pas taxer les « maux » – la pollution – plutôt que les « biens » – le travail et l'épargne ? Mais, on n'en sera pas surpris, les pollueurs – ceux qui émettaient les gaz à effet de serre à l'origine du réchauffement de la planète, source des perturbations climatiques qui ont fait tant de dégâts ces dernières années – ne voulaient pas en entendre parler. Les compagnies d'énergie firent bloc avec les constructeurs automobiles et les charbonnages – vaste éventail d'intérêts bien implantés – pour transformer ce qui aurait dû être un impôt de vaste envergure, propre à renforcer notre indépendance énergétique et notre efficacité économique en même temps qu'il aurait purifié l'atmosphère, en une minuscule taxe sur l'essence de 4,3 cents.

La réduction du déficit donna une dimension théâtrale aux premiers mois de l'administration Clinton. C'étaient les bons contre les méchants, les responsables contre les irresponsables.

En tant que « nouveaux démocrates », nous avions le sentiment qu'il en allait de notre avenir politique, qu'il fallait rompre une bonne fois avec l'image « On taxe et on dépense » de notre parti – même si notre action modifia moins que nous ne l'avions espéré notre profil aux yeux des électeurs, et fort peu la rhétorique des républicains.

### *Avons-nous poussé trop loin la réduction du déficit ?*

Au-delà de ces problèmes de politique politicienne, j'estime, avec le recul, que nous avons poussé trop loin la réduction du déficit et que, si nous ne parvenons pas à penser juste sur cette question, les politiques futures seront mal orientées et la prospérité menacée. Au fil du temps, même la pensée de l'administration Clinton, et en particulier du Trésor, s'est faite de plus en plus confuse sur le rôle de la réduction du déficit. Si c'était elle qui nous avait sortis de la récession, les autres pays confrontés à des récessions devaient aussi réduire leur déficit – et c'était bien la politique que le FMI, à notre demande, imposait aux pays en développement avec des effets si désastreux, en particulier en Asie et en Amérique latine. Mais, dès qu'il s'agissait de l'Europe et du Japon – dont la croissance avait un énorme impact sur nos exportations, donc sur notre propre croissance –, nous étions moins convaincus…

J'ai présidé le Comité de politique économique de l'OCDE, le club des pays industriels où ils partagent leurs expériences et font pression les uns sur les autres pour que chacun suive une « bonne » politique économique. Au milieu des années 1990, la croissance était robuste sur les marchés émergents mais pas dans les pays industriels avancés, et les États-Unis ont à maintes reprises exhorté ceux-ci à adopter une stratégie macroéconomique expansionniste. Ils avaient besoin de réformes structurelles – dans leurs codes du travail, par exemple –, mais nous leur disions que cela ne suffisait pas. Nous ne cessions d'appeler le Japon et l'Europe à stimuler leur économie. Un peu plus tard, je me souviens très bien du discours du président Clinton à l'assemblée annuelle 1998 de la Banque mondiale et du FMI. Comme à l'accoutumée, il vanta les succès des États-Unis, expliquant que la réduction du déficit avait provoqué la reprise ; après quoi, sans sourciller, il reprocha au Japon de ne pas en faire assez pour relancer son économie. Là encore, le point de vue américain était clair : le Japon devait dépenser davantage en creusant son déficit, il lui fallait une politique macroéconomique de stimulation.

Pour une économie confrontée à une récession économique, augmenter les dépenses a beaucoup plus d'avantages que d'inconvénients, même si celles-ci sont entièrement financées par un déficit budgétaire, et tout particulièrement quand elles sont des investissements dont les retours seront élevés. Lorsque l'économie opère au-dessous de sa capacité – dans une récession –, une augmentation des dépenses de 100 milliards de dollars entraîne en général une augmentation bien plus importante du PIB (c'est ce qu'on appelle le multiplicateur). Supposons, pour simplifier, que celle-ci soit de l'ordre de 200 milliards de dollars. L'une des grandes leçons de la science économique moderne, c'est que la croissance engendre la croissance : si l'économie a progressé cette année, il est probable qu'elle progressera encore plus l'an prochain et l'année d'après. Une croissance plus élevée est stimulante, elle entraîne davantage de recherches et d'investissements. Soyons très prudent dans nos prévisions et considérons que la moitié seulement de ce gain de 200 milliards sera permanent. Cela signifie que les 100 milliards de dollars investis aujourd'hui vont ajouter en permanence 100 milliards de dollars au PIB, en plus des 200 milliards qu'ils rapportent immédiatement. Certes, le pays a une dette plus élevée. Pour les États-Unis, cela signifie emprunter 100 milliards de dollars à l'étranger, disons à 6 %. Bref, nous enverrons 6 milliards de dollars à des étrangers chaque année – ce qui nous laissera 94 milliards de dollars de plus chez nous.

Procédons à une expérience de pensée : que se serait-il passé si nous avions réduit le déficit dans des proportions beaucoup plus modestes ? En économie, on ne peut recourir à des expériences au sens strict : impossible de refaire l'histoire ; donc on ne peut jamais être sûr de ses conclusions. Pourtant, lorsqu'on énonce une proposition comme : « La réduction du déficit a joué un rôle crucial », on veut bien dire, semble-t-il, que les choses auraient tourné différemment – et pour le pire – si nous avions agi autrement.

Commençons par une leçon très générale, souvent oubliée lorsqu'on se trouve en plein marasme : toute récession prend fin un jour. Certes, la politique économique a un impact : elle peut abréger ou prolonger la crise, l'adoucir ou l'aggraver. Elle peut faire durer davantage l'expansion. Mais ces fluctuations caractérisent le capitalisme depuis sa naissance : toute expansion se termine par une chute et toute récession est suivie d'une reprise.

Donc, si nous avions moins réduit le déficit, soyons sûrs que nous aurions tout de même fini par connaître une reprise. Nous ne pouvons pas, du simple constat que le déficit a été réduit et que l'économie s'est redressée, déduire que la réduction du déficit a été la *cause* de la reprise. Elle a accéléré la baisse des taux d'intérêt, qui a contribué à recapitaliser les banques. Mais ces taux seraient tombés de toute façon. Ils avaient commencé à le faire avant même que Clinton n'arrive au pouvoir. Les forces qui domptaient l'inflation – affaiblissement des syndicats, intensification de la concurrence internationale, hausse de la productivité – étaient déjà à l'œuvre, et, autant que la réduction du déficit, c'est la diminution de l'inflation qui a fait baisser les taux d'intérêt à long terme.

Ces mêmes forces auraient donc conduit à l'expansion qui a marqué les années 1990. Peut-être celle-ci aurait-elle commencé un peu plus tard (peut-être aussi un peu plus tôt). Mais, avec le recul encore, il apparaît qu'une expansion un peu plus modérée aurait pu mettre durablement l'économie en bonne position à long terme.

Le seul argument contraire est lié au terme mystique de « confiance », dont nous avons déjà parlé : sans réduction du déficit, on se serait inquiété de voir les États-Unis virer à la république bananière, avec dépenses et déficits incontrôlables. Quels hommes d'affaires sensés investiraient dans un pays pareil ? Ce type de raisonnement me paraît fort peu convaincant. L'Italie du Nord, l'une des régions les plus riches et les plus dynamiques du monde, se trouve dans un pays dont le ratio dettes-PIB est de plus de 100 %.

Une seule et même politique ne parviendra pas à rendre tout le monde « confiant » – certains craignent les déficits, d'autres, les augmentations d'impôt décidées pour les réduire, d'autres, les troubles sociaux qui apparaissent si souvent en cas de sous-investissement dans les dépenses sociales. Mais rien n'inspire davantage confiance que la croissance. Si, comme le dit la science économique traditionnelle, les déficits stimulent l'économie, il s'ensuit qu'ils sont le meilleur moyen de rétablir la confiance, pourvu qu'ils soient modérés et conçus pour disparaître dès que l'économie aura retrouvé la santé.

Les innovations technologiques – la révolution informationnelle – et la mondialisation, changements déjà en cours dans l'économie avant l'entrée en fonction de Clinton et sur lesquels la réduction du déficit n'avait pas d'impact sensible, étaient ce qui attirait les investissements aux États-Unis. C'étaient ces changements *réels* dans l'économie, associés au freinage de la croissance des salaires, qui faisaient monter les profits et la rentabilité, et non l'idée mystique de la « confiance ».

Si ce raisonnement est correct, si les vraies forces motrices de la reprise étaient les changements réels dans l'économie, les progrès technologiques, l'ouverture des marchés par la mondialisation, *le déficit aurait très sensiblement diminué même si Clinton avait un peu moins réduit les dépenses.*

Supposons que Clinton ait fait ce choix et utilisé les fonds supplémentaires pour investir davantage dans la recherche-développement, la technologie, les infrastructures et l'éducation. Avec les retours importants de ce type d'investissements, le PIB de l'an 2000 aurait été supérieur, et le potentiel de croissance de l'économie également.

Certes, notre dette nationale aurait été plus élevée, mais nos actifs nationaux aussi. Le problème, c'est que notre cadre comptable voit notre endettement, mais pas nos actifs. Si les retours sur ces investissements vitaux sont aussi élevés que le suggèrent les calculs, les restrictions qu'a imposées dans ces domaines la réduction du déficit ont appauvri notre pays. Si nous avions agi en investisseurs avisés, nous aurions compris que nous allions être bien obligés, *finalement*, de combler le déficit en matière d'infrastructures, tout comme il est nécessaire, *finalement*, de rembourser n'importe quelle dette. Et nous aurions compris que, dans les deux cas, quand arrive le moment de vérité, il faut augmenter les impôts. Mais si l'État fait des investissements qui rapportent davantage que le faible taux d'intérêt auquel il emprunte, et s'il s'approprie ces retours, l'augmentation d'impôt sur le reste de l'économie peut être en réalité moins lourde.

Il y avait dans le secteur public quantité d'occasions d'investissement économiquement et socialement très rentables, que nous avons dû laisser passer. J'ai signalé au chapitre précédent que nous vivions des fruits des investissements antérieurs dans la recherche fondamentale. Les États-Unis avaient tant sous-investi dans leurs infrastructures depuis deux décennies que des problèmes commençaient à se manifester dans le système de contrôle aérien, les ponts, les routes. Négliger à ce point les investissements du secteur public finirait par nuire aux profits du secteur privé. Nous avons aussi fort peu investi dans nos centres-villes. Quand le Council of Economic Advisers a proposé un modeste plan d'amélioration de certaines écoles de centre-ville, qui sont dans un état lamentable, le Trésor, obsédé par la réduction du déficit, s'est prononcé contre. La pauvreté de ces écoles contribuait à perpétuer les problèmes accablants de leurs quartiers, sources de la forte criminalité qui rend si peu attrayant d'y investir : c'est ce cercle vicieux qui vaut aux États-Unis tant de tristes records (pour un pays de notre niveau de revenu), comme celui de la population carcérale ou celui du taux de mortalité infantile (le plus élevé du monde occidental).

Nous avons été tentés de céder à la myopie des marchés financiers – et nous l'avons fait. Certaines de nos astuces budgétaires apparaîtront au grand jour dans quelques années. Notre décision de privatiser la US Enrichment Corporation (USEC), la société qui enrichit l'uranium (l'uranium faiblement enrichi sert aux réacteurs nucléaires, l'uranium très enrichi à la production de bombes atomiques), a peut-être compromis notre sécurité nationale, et ses coûts sont difficiles à évaluer. Mais, vue par le petit bout de la lorgnette, cette privatisation améliorait le budget fédéral à très court terme. Lorsque nous avons ajouté aux recettes le produit de cette vente, nous n'avons pas signalé que l'USEC réalisait un profit annuel d'environ 120 milliards de dollars, dividendes réguliers qui allaient disparaître une fois qu'elle serait privatisée. La position budgétaire à long terme des États-Unis s'en trouvait en réalité détériorée, mais les marchés financiers, qui ont la vue courte, n'ont évidemment pas fait le calcul. Ils ont pris les chiffres au premier degré et, obsédés par la réduction du déficit, ont été fort satisfaits de voir les résultats financiers *d'aujourd'hui* prendre toujours plus fière allure – sans penser le moins du monde à ce que cela impliquait pour demain[1].

Mais, même si les prétendus experts financiers ne parviennent apparemment pas à comprendre les failles du système de comptabilité, et s'ils sont assez myopes pour ne pas voir les problèmes criants de nos équipements d'éducation, de recherche ou de transport, rien ne nous oblige à avoir les idées ou la vue aussi courtes qu'eux. À long terme, la vérité éclatera. Les faiblesses dans les infrastructures, la recherche ou l'école ne pourront être indéfiniment ignorées.

De tout cela, on peut tirer trois leçons simples. Les deux premières font écho à des thèmes que nous n'allons cesser de retrouver : un mauvais système de comptabilité donne une mauvaise information qui conduit à de mauvaises décisions économiques ; les prétendus petits génies des marchés financiers sont d'une remarquable myopie et, si on leur fait confiance, c'est à ses risques et périls. La troisième est que, dans des conditions normales, réduire le déficit *n'est pas* une solution, à court terme, pour sortir d'une récession, et peut même nuire, à long terme, à la croissance économique. La situation de 1992 était hors norme. En règle générale, la réduction du déficit budgétaire ne conduira pas à la reprise.

Cette dernière leçon est d'une importance particulière pour l'Europe, dont la marge de manœuvre en matière de politique économique est restreinte par le pacte de stabilité, qui limite l'importance des déficits publics. Les faucons de la lutte antidéficit ont assuré que l'austérité budgétaire – la réduction des dépenses et

---

1. On trouvera un récit plus détaillé de cette affaire dans Nurith Aizenman, « National security for sale : How our obsession with privatizing government has left us vulnerable to nuclear terrorism », *Washington Monthly*, 17-23 décembre 1997, et dans *La Grande Désillusion*.

l'augmentation des impôts – allait restaurer la confiance, ce qui rendrait sa santé à l'économie. Récusant la masse écrasante de données qui prouvent que, lorsque l'économie fléchit, il faut une politique budgétaire expansionniste, ils se sont joints au chœur qui proclame : « Keynes est mort. » Mais quel est le résultat de leur doctrine ? Les difficultés économiques qui ont commencé en 2001 s'éternisent, et, au moment où ce livre est mis sous presse, il y a un risque assez sérieux de récession dans certains pays d'Europe au moins. Même la Banque centrale européenne a mis en garde contre un danger de déflation. La réduction du déficit n'a pas amené la reprise à l'Europe, et elle ne le fera pas.

Dans le monde en développement aussi, cette leçon a une résonance énorme. Car le fait est là : beaucoup de pays ont été contraints à prendre des mesures de réduction du déficit alors que leur économie entrait dans une phase descendante, que ces politiques, pour nombre d'entre eux, ont exacerbée – Corée, Thaïlande, Indonésie et Argentine, pour ne donner qu'un petit échantillon des derniers échecs. Parfois, c'est le FMI, devenu le champion des idées prékeynésiennes et conforté par la rhétorique de l'administration Clinton sur la réduction du déficit, qui les a forcés à faire le contraire de ce qu'ils savaient être bon pour eux. Parfois encore, ils n'ont tout simplement pas pu trouver les fonds pour financer le déficit. C'est pour cela, bien sûr, que le FMI a été fondé, sous l'égide intellectuelle de Keynes : il devait fournir aux pays l'argent nécessaire à une politique budgétaire expansionniste en cas de récession. Mais l'institution a oublié sa mission d'origine, et elle se soucie apparemment davantage d'assurer aux créanciers étrangers le remboursement de leurs prêts que d'aider les pays pauvres à maintenir leur économie à un niveau aussi proche que possible du plein emploi.

Nous vivons aujourd'hui dans un monde étrange où les républicains, que l'on croyait attachés à la discipline budgétaire, prétendent que les déficits n'ont aucune importance – ils sont devenus les keynésiens du moment –, tandis que les démocrates, fiers de leur victoire de 1992, prêchent la réduction du déficit même en temps de récession ! Des débats semblables ont lieu en Europe, où l'on voit la droite préconiser la rupture du pacte de stabilité tandis que beaucoup de sociaux-démocrates défendent les limites fixées au budget. Les démocrates ont raison de dire qu'à long terme les déficits entravent la croissance, qu'ils peuvent stimuler l'économie à court terme mais ne le font pas nécessairement. Les réductions d'impôt de Bush en 2001 ont créé des déficits à long terme, mais sans stimuler suffisamment l'économie à court terme pour lui rendre sa force – elles ont donc échoué sur les deux plans. En revanche, en finançant par un déficit budgétaire des dépenses soigneusement ciblées, on aurait pu stimuler l'économie à court terme et renforcer la croissance à long terme.

Chapitre 3

## La Fed toute-puissante, et comment elle a gonflé la bulle

« Exubérance irrationnelle ». C'est lors d'une petite cérémonie à Washington, en décembre 1996, qu'Alan Greenspan prononça pour la première fois ces deux mots qui ont marqué les esprits. Il s'exprimait devant une assemblée parrainée par un institut conservateur de Washington, l'American Enterprise Institute, avant de recevoir le prix prestigieux qu'il décerne, le Francis Boyer Award. Discours impressionnant, portant sur de vastes sujets, même si Greenspan s'entraînait avec tant d'assiduité à parler comme l'oracle de Delphes – dans ce qu'on pourrait appeler le *Fedspeak* – que ceux qui n'avaient pas l'habitude de déchiffrer ce qu'il voulait dire, ou aurait pu vouloir dire ouvrirent de grands yeux. L'un des thèmes abordés fut l'effondrement brutal des prix de l'immobilier au Japon, qui avait paralysé l'économie du pays. Il était fort difficile, observa Greenspan, de se faire une idée précise de la valeur de biens comme les immeubles, donc de savoir quand un marché spéculatif était à la veille d'une contraction brutale. Et tout aussi difficile, poursuivit-il, de déterminer quand cette contraction risquait de tourner au désastre pour toute une économie. Cette nuit-là, Greenspan n'avait pas de réponses. Seulement des questions. L'une d'elles resta gravée dans les mémoires : « Comment savons-nous, demanda-t-il, à quel moment l'exubérance irrationnelle a gonflé indûment les valeurs ? »

Depuis qu'il était président de la Fed, Greenspan cultivait son aptitude à « marmonner avec beaucoup d'incohérence », comme il l'a dit un jour. Il marmonnait parce que ses propos avaient un poids énorme, en particulier sur les marchés financiers. Effectivement, sa petite phrase sur l'« exubérance irrationnelle », si floue et timide qu'elle ait pu paraître au non-initié, déclencha un début de panique. Quand je m'approchai de lui après son discours pour discuter de certaines idées qu'il avait lancées, je vis bien qu'il ne pensait qu'à cette remarque. Il était conscient du fait que les spécialistes sauraient qu'elle visait les États-Unis et non le Japon. La Bourse le préoccupait, parce qu'elle venait de connaître une année exceptionnelle – du moins en avait-on l'impression à l'époque, puisque le Dow Jones avait grimpé de 5 000 à 6 500 (quand il atteignit 12 000 trois ans et quelques mois plus tard, sa hausse de 1996 ne parut plus, avec le recul, si impressionnante). Et si Greenspan était inquiet, le monde des affaires et de la finance pouvait l'être aussi. Le lendemain, les Bourses chancelèrent à Tokyo, Sydney, Hong Kong, Amsterdam et Londres autant qu'à New York. Les actions General Motors, IBM et Dupont chutèrent de 2 % ou plus : les investisseurs couraient se mettre à l'abri d'un possible relèvement des taux.

Et puis… rien n'arriva. Le département du Travail publia des statistiques qui n'indiquaient qu'une croissance lente de l'emploi ; on ne vit se matérialiser aucun signe d'inflation – et plus tard non plus, alors que le chômage continuait à baisser ; la Federal Reserve ne releva pas les taux d'intérêt ; et la Bourse continua à grimper de record en record avec une régularité presque ennuyeuse pendant quatre ans, jusqu'au jour où la bulle explosa.

Qu'avait voulu faire Greenspan, au juste ? S'il pensait que les cours de la Bourse étaient en passe de devenir incontrôlables – s'il craignait les effets généraux d'une bulle –, pourquoi n'est-il pas allé plus loin ? Pourquoi n'est-il pas *passé à l'acte* ? Un début de réponse s'est esquissé cinq ans plus tard avec la publication du compte rendu d'une réunion de la Fed de 1996[1]. Greenspan avait discuté avec les autres membres du Federal Reserve Board de ses

---

1. Pour les comptes rendus du Federal Open Market Committee, voir le site www.federalreserve.gov/FOMC/transcripts/1996/19960924Meeting.pdf.

inquiétudes, et de ses arguments en faveur de l'inaction. Les bulles, avait-il dit, sont incontestablement dangereuses car, quand elles éclatent – et elles le font *toujours* –, elles peuvent laisser le chaos dans leur sillage, comme le cas du Japon le montre si éloquemment. Se sentant appauvris, les ménages réduisent leur consommation. Il y a des faillites. Les sociétés qui comptent dans leur actif des investissements dans d'autres sociétés se découvrent soudain plus pauvres aussi, donc moins à même d'emprunter et d'investir, et moins disposées à le faire. La Federal Reserve avait pour mission de stabiliser l'économie. Si l'on ne parvenait pas à dégonfler lentement la bulle, il y avait un vrai risque de récession majeure. Mais comment la dégonfler sans dégâts collatéraux ? Tout le problème était là. Une hausse des taux d'intérêt, avait suggéré Greenspan, ne serait pas nécessairement efficace, et ses conséquences ne se limiteraient pas à la Bourse : elle risquait d'entraîner un ralentissement général de l'économie. Or c'était justement pour l'éviter que l'on voulait dégonfler la bulle.

Il y avait une autre solution, infiniment moins coûteuse. Peut-être que le simple fait d'évoquer publiquement le sujet susciterait une correction de marché suffisante pour qu'il ne soit pas nécessaire de faire plus. Bref, Greenspan espérait, semble-t-il, dompter la bulle, et sauver le pays de son éclatement, *avec des mots*.

Comme la suite des événements le montrerait très clairement, il avait surestimé son influence. Les mots ne pouvaient pas suffire. Mais, pour être juste envers lui, rappelons qu'à cette époque bien des gens semblaient prêter au président de la Federal Reserve des pouvoirs surnaturels. La campagne visant à faire de Greenspan un saint patron de l'économie politique a baissé d'un ton ces dernières années. Lorsque l'économie a été officiellement déclarée en récession, en mars 2001, on a bien vu que, finalement, le cycle des affaires n'avait pas disparu. La Federal Reserve n'était peut-être pas tout à fait aussi magistrale que l'avaient proclamé ses admirateurs. Après le boom des années 1990, la plupart des chauds partisans de Greenspan avaient oublié ses piètres résultats face à la récession de 1990-1991, mais à nouveau, au tournant du millénaire, on put constater que la Fed n'avait pas réussi à maintenir la croissance.

Ce livre n'a pas pour but de noter nos dirigeants économiques mais de comprendre comment les années 1990 ont planté le décor de la débâcle qui a suivi – et, ce faisant, d'expliquer un peu l'économie pour nous aider à en tirer certaines leçons, afin de ne pas être condamnés à répéter les échecs du passé. L'une de ces leçons, c'est que nous avons trop cru aux mots, à la notion mystique de confiance dans la prétendue sagesse des marchés financiers, et trop peu regardé l'économie *réelle*. Nous avons préféré la foi à la science économique, certes fort imparfaite. Et, par ce choix, nous avons fait passer certains intérêts avant d'autres.

## LES MOTS CONTRE LES FAITS

À propos de ce discours sur l'« exubérance irrationnelle » et de ses suites, il y a trois remarques importantes à faire. La première est évidente : les mots (comme on aurait pu le prévoir presque à coup sûr) n'ont pas réussi à dégonfler durablement la bulle, mais il n'y a pas eu de phase deux ; aucune autre initiative n'a été prise, et la bulle a continué de grossir sans entraves. C'est un problème sur lequel je reviendrai dans ce chapitre.

Deuxième remarque : si le discours avait atteint son objectif, qu'aurait-il fallu en conclure quant au mode de pensée des acteurs du marché financier ? On les croit fins analystes, adeptes des calculs subtils et raffinés, attentifs à l'arrière-plan des événements – du moins est-ce l'image qu'ils aimeraient donner. Mais Greenspan, en l'affaire, supposait qu'en leur rappelant simplement qu'il existe des bulles il les pousserait à refaire soudain tous leurs calculs, à réviser leurs jugements et à se dire qu'Enron, General Motors ou Amazon valaient moins qu'ils ne le croyaient jusque-là. Postulait-il que ces financiers postulaient que lui, Greenspan, en savait beaucoup plus qu'eux sur le monde, à tel point qu'un simple mot de lui, énoncé calmement, les conduirait à remettre en cause toutes leurs stratégies ? Cela paraît peu plausible. Ou – autre possibilité – que la communauté financière allait croire qu'il lui disait de façon encore plus voilée que d'habitude qu'il risquait d'être obligé de relever les taux d'intérêt ? Cela n'est pas plus vraisemblable, car chacun savait que la hausse des taux était un instrument bien trop grossier pour dégonfler lentement une bulle.

Enfin, Greenspan était un conservateur, et l'utilisation par une banque centrale de l'arme des taux d'intérêt pour contrôler la Bourse eût été vraiment révolutionnaire. En un sens, je faisais, pour ma part, un peu plus confiance aux marchés. Leur réaction à chaud ne m'avait pas surpris : ils sont ultrasensibles. Mais le fait est que, quelques jours plus tard, des *événements réels* – de nouvelles statistiques – sont repassés au premier plan. Les mots de Greenspan n'ont eu qu'un impact éphémère. Ceux qui sont immergés dans les marchés financiers vivent dans l'instant. Pour eux, une semaine, une journée, c'est long. Faire bouger le marché, même pour un jour, est une grosse affaire qui peut créer et détruire des fortunes. Mais, pour l'économiste, c'est secondaire (quoique pas entièrement). Peu de décisions réelles sont fondées sur ces remous à court terme. Donc, quelle importance si Greenspan avait fait bouger le marché, si l'indice Dow Jones avait eu une mauvaise journée ? Une semaine plus tard, qu'en restait-il ? Les mots. Une expression vraiment mémorable.

## EXUBÉRANCE IRRATIONNELLE ET EFFICACITÉ DU MARCHÉ

Greenspan, comme beaucoup de ses compatriotes à Wall Street, croit fermement au marché. Je me demande s'il a compris à quel point, en soulignant son exubérance irrationnelle (il aurait pu évoquer aussi ses fréquents accès de pessimisme irrationnel), il adoptait la position de certains des critiques les plus déclarés du marché.

Au sein d'une économie de marché, les prix jouent un rôle crucial dans la confiance. Ils font office de signaux guidant l'allocation des ressources. Si les prix sont fondés sur l'*information* – la connaissance de ce qu'on appelle parfois les « fondamentaux », c'est-à-dire les réalités de base d'un marché donné (la situation de ce secteur particulier de l'économie, la façon dont les firmes y sont gérées, la qualité de leur personnel, le climat social, etc.) –, les décisions prises sur la base de ces prix seront saines : les ressources seront bien allouées et l'économie connaîtra la croissance. Si les prix sont fondamentalement aléatoires, s'ils reposent sur les caprices irrationnels des spéculateurs que peut déclencher un mot lâché dans un sens ou dans l'autre par un haut responsable de l'État, l'investissement fera des bonds désordonnés. Et voici que Greenspan, l'un des plus éminents champions de l'économie de marché, tombait apparemment d'accord avec les adversaires de toujours de ce système pour dire que les prix (ceux du moment, en tout cas) étaient fondés en partie – en grande partie, peut-être – sur le caprice.

Les économistes débattent depuis fort longtemps de l'efficience des marchés des capitaux. Certains ont défini la Bourse comme le casino du riche. Pour John Maynard Keynes (à une époque où cette analogie n'était pas censurée par le « politiquement correct »), faire des affaires en Bourse revenait à prévoir qui serait la gagnante d'un concours de beauté. La question n'est pas de choisir la plus belle, mais de dire qui va probablement être déclarée telle par le jury[1].

Certes, la nature apparemment aléatoire de la Bourse est compatible soit avec des marchés très inefficaces, où les prix changent de façon incontrôlable – disons, en réaction à des événements extérieurs de tout acabit –, soit avec des marchés très efficaces, où les prix reflètent la totalité de l'information disponible sur les fondamentaux. Car si les prix de marché reflètent l'ensemble de l'information existante, ils ne changent qu'en réaction à l'inattendu, aux nouvelles « de dernière minute ». Et puisque nul ne peut anticiper ce que seront les nouvelles qui vont secouer les marchés, ceux-ci sont par nature imprévisibles.

L'une des implications couramment observées des marchés *efficients*, où les prix reflètent toute l'information pertinente, c'est qu'on ne peut pas être plus fort que le marché. Les fonds de placement consacrent des millions à la recherche, mais, comme de multiples études l'ont démontré, la plupart d'entre eux ne choisissent pas mieux leurs actions que s'ils jetaient des

---

1. John Maynard Keynes, *The General Theory of Employment, Interest and Money*, Londres, Macmillan, 1936 ; trad. fr. de Jean de Largentaye entièrement revue, *Théorie générale de l'emploi, de l'intérêt et de la monnaie*, Paris, Payot, coll. « Petite Bibliothèque Payot », 1982.

fléchettes sur une cible[1]. D'où deux énigmes : 1) on se demande bien pourquoi, dans ces conditions, les acteurs du marché gaspillent de l'argent à payer des gens pour sélectionner leurs actions ; 2) si toute l'information se reflète instantanément dans les prix, les investisseurs *rationnels* ne dépenseront jamais un centime pour collecter de l'information, et le prix ne reflétera donc que de l'information obtenue sans aucun coût[2].

Au fil des ans, on en voit s'accumuler les preuves : il est fréquent que les marchés, d'une façon ou d'une autre, ne fonctionnent pas bien. Même si, sur la durée, les cours des actions sont en relation raisonnable avec l'information – avec les fondamentaux –, leurs mouvements à la hausse ou à la baisse ne le sont pas.

Prenons un exemple : le 19 octobre 1987, la Bourse tombe de 23 %, ce qui veut dire que près d'un quart du capital des firmes américaines s'évanouit. Pourtant, comme l'a noté, entre autres auteurs, Robert Shiller, de l'université Yale, aucun événement, aucune nouvelle, n'est susceptible ce jour-là de rendre compte d'une chute aussi vertigineuse. Soit le marché avait été immensément surévalué le 18 octobre, soit il était immensément sous-évalué (ou – pourquoi pas ? – encore surévalué) le 19. Rien n'allait plus. Dans ce cas, au moins, la volatilité du marché a été fondamentalement *aléatoire*. Dans les deux prochains chapitres, je parlerai des forces *systémiques* – des décisions prises délibérément par des PDG et par l'État – qui, pendant les années 1990, ont propulsé les cours de plus en plus haut. Outre ce type de forces, il existe d'autres déviations systémiques qui écartent de la

---

1. Pour un excellent exposé de ces idées, voir Burton Malkiel, *A Random Walk Down Wall Street*, New York, W.W. Norton & Company, 1974, éd. revue, 2002 ; trad. fr. d'Éric Pichet, *Le Guide de l'investisseur. Une marche au hasard à travers la Bourse*, Boucherville (Canada), Publications financières internationales, 2001.

2. Les recherches que j'ai menées avec Sanford Grossman – qui serait ensuite professeur d'économie financière et directeur du Center for Quantitative Finance de la Wharton School, université de Pennsylvanie, et était alors l'un de mes collègues à Stanford – avaient montré qu'il existait, en un sens, une contradiction interne dans l'idée de marché parfaitement efficient. Comme nous le disions, il y avait une « quantité d'équilibre » de déséquilibre. Voir Stiglitz et Grossman, « On the impossibility of informationally efficient markets », *American Economic Review*, vol. 70, n° 3, juin 1980, p. 393-408.

rationalité, celles que l'on appelle parfois les « anomalies » du
marché, découvertes dans les deux dernières décennies par des
chercheurs travaillant aux confins de l'économie et de la
psychologie. On a constaté, par exemple, qu'en général un gros
pourcentage des gains annuels à la Bourse ont lieu en janvier
(effet naturellement baptisé « effet janvier ») – bien que, une fois
découvert, ce phénomène semble avoir vite disparu[1].

Certaines déviations par rapport aux fondamentaux peuvent
durer longtemps – les bulles de l'immobilier ou, plus récemment,
de la technologie. C'est à elles que pensait Greenspan quand il a
parlé d'« exubérance irrationnelle ». Les inefficacités aléatoires
du marché sont fort coûteuses : on investit trop dans une firme et
pas assez dans une autre. Mais les coûts d'une bulle sont d'un
autre ordre, très supérieur, pendant la bulle et plus encore dans
son sillage. Quand elle est en cours, toutes sortes de ressources
sont gâchées – dans des proportions souvent difficiles à imaginer,
au regard desquelles le gaspillage de l'État paraît tout à fait
limité. Prenons la bulle de l'immobilier des années 1980. Comme
nous l'avons vu au chapitre précédent, elle a en partie provoqué
l'effondrement des caisses d'épargne, qui a coûté à l'État – et au
contribuable américain – plus de 100 milliards de dollars.
D'autres coûts sont restés à la charge des banques lorsqu'elles
n'avaient pas fait faillite, ou des investisseurs lorsqu'elles avaient
sombré. Ajoutons à tout cela les *coûts macroéconomiques*, pour
l'ensemble de la société, des récessions qui suivent si souvent
l'éclatement d'une bulle. Supposons qu'après une bulle l'économie tourne à 2 % au-dessous de son potentiel pendant deux ans
(les pertes infligées par la récession des point-com s'annoncent
encore plus lourdes). Dans une économie pesant 10 000 milliards
de dollars, cela situe le coût total des *lendemains* de la bulle aux
alentours de 400 milliards de dollars. Même un pays riche peut
difficilement se permettre de jeter par la fenêtre de telles
sommes.

---

1. L'importance de cet axe de recherche a été reconnue par le prix Nobel
décerné à Danny Kahneman, de l'université de Princeton, en 2002. *The Journal
of Economic Perspectives* publie une chronique régulière de Richard H. Thaler
consacrée à la description de ces « anomalies » du marché.

Beaucoup pensaient que la Fed avait pour responsabilité non seulement de prévenir l'inflation mais aussi de stabiliser l'économie, et stabiliser l'économie signifiait prendre des mesures concernant la bulle. Manifestement, elle a manqué à sa mission. Défaillance qui laisse d'autant plus perplexe qu'en 1996 Greenspan avait perçu l'existence de la bulle et tenté de faire quelque chose, semble-t-il. Mais s'il y avait une bulle en 1996, l'escalade de la Bourse dans les dernières années du siècle aurait dû vraiment alarmer.

### Greenspan plaide en sa propre faveur

Comment s'étonner qu'en août 2002, alors que la crise économique était dans sa seconde année, Greenspan ait voulu justifier l'action de la Federal Reserve ? Il le fit devant un public habituellement amical : la réunion annuelle de personnalités politiques et d'experts tenue à Jackson Hole (Wyoming) sous les auspices de la Federal Reserve de Kansas City, l'une des composantes de la Fed. Il rappela qu'il avait étudié de près le problème et tranché en faveur de la non-intervention pour deux raisons principales. Premièrement, il n'était pas entièrement sûr de son diagnostic (« Il est très difficile d'identifier sans risque d'erreur une bulle, sauf *a posteriori* – c'est-à-dire quand elle a prouvé son existence en éclatant[1] »). Deuxièmement, il n'était pas certain non plus de disposer d'un remède efficace : augmenter les taux d'intérêt aurait peut-être fait éclater la bulle, mais à un coût énorme pour toute l'économie.

Les deux volets de ce raisonnement sont contestables, bien qu'ils n'aient pas été contestés. Certes, identifier une bulle avant qu'elle n'éclate est un exercice délicat. Si la productivité augmentait à un taux sans précédent (comme certains le soutenaient dans les années 1990), si sa croissance était accompagnée par une stabilité des salaires sans précédent et par une baisse sans précédent de la prime (le complément que les investisseurs

---

1. Voir Federal Reserve, « Remarks by Chairman Alan Greenspan, August 30, 2002 », sur le site www.federalreserve.gov/BoardDocs/Speeches/2002/20020830/default.htm.

exigent en compensation des risques du marché – dont celui d'une possible surévaluation), alors, oui, on pouvait considérer que les cours de la Bourse étaient « raisonnables », ou du moins pas trop surévalués. Mais plus le boom se prolongeait et plus les cours montaient, moins ce point de vue semblait convaincant. Et il est vraiment très difficile d'admettre que quelqu'un qui avait été si près (pour m'exprimer en greenspanais) de déclarer l'existence d'une bulle fin 1996, quand le Standard & Poor's était à 740, pût encore avoir des doutes en mars 2000 avec cet indice à 1 534. Quoi qu'il en soit, c'était le type de jugement délicat que l'on peut attendre d'un président du Federal Reserve Board.

Greenspan avait donc de solides raisons de croire à l'existence d'une bulle et de s'en inquiéter. Qui plus est, contrairement à ce qu'il a affirmé à Jackson Hole pendant l'été 2002, il y avait des mesures qu'il aurait pu prendre pour freiner le marché sans mettre en danger toute l'économie. Il a probablement eu raison d'exclure un relèvement des taux d'intérêt, mais cela n'était pas son seul moyen d'action. Il était possible, pour commencer, de faire pression en coulisse contre la très forte baisse de l'imposition des plus-values de 1997, qui a envoyé un torrent d'argent frais sur les marchés à un moment où il eût été plus opportun de prendre le virage en sens inverse.

En outre, de par son autorité de président de la Fed, Greenspan disposait encore d'un autre recours : il pouvait relever les marges, qui déterminent la hauteur à laquelle on a le droit d'acheter des titres avec de l'argent emprunté. Les normes actuelles, qui datent de 1974, les fixent à 50 % : un achat d'actions ne peut être financé que pour moitié par le crédit, l'autre moitié doit être réglée avec de l'argent personnel. Lorsqu'on relève les marges, les investisseurs ne peuvent plus acheter autant d'actions qu'avant. La demande baisse, ainsi, normalement, que les prix. C'est le type même de mesure susceptible d'atténuer une bulle. Mis en œuvre avec finesse, des relèvements des marges auraient pu laisser l'air s'échapper peu à peu de la bulle. Comme le révèlent les comptes rendus des réunions de la Fed, cette option avait été évoquée par Greenspan lui-même. « Je vous garantis, s'écriait-il six ans plus tôt, lors de la réunion du 24 septembre

1996 du Federal Reserve Board, que, si l'on veut se débarrasser de la bulle, quelle que soit sa nature [...] [l'augmentation des marges] le fera. Ce qui m'ennuie, c'est que je ne suis pas sûr des autres effets que cela aura[1]. »

Les économies sont complexes et, quoi qu'on fasse, on ne peut jamais être sûr des conséquences de ses actes dans toutes leurs ramifications. Mais, à Jackson Hole, Greenspan n'a ni expliqué en quoi il aurait eu tort dans son premier jugement – celui par lequel il soulignait l'efficacité d'un relèvement des marges –, ni précisé quels dégâts collatéraux plus coûteux que le libre développement de la bulle cette mesure aurait pu entraîner. Certains habitués de Wall Street, qui pariaient avec tout ce qu'ils avaient, auraient accusé le coup, et peut-être ne voulait-il pas leur faire de mal. Peut-être ne voulait-il pas être accusé d'avoir gâché la fête – le risque existait toujours, si l'on relevait trop les marges, de faire éclater la bulle au lieu de la dégonfler progressivement. Mais la fête devait bien finir un jour, et, plus la bulle gonflait, plus les victimes seraient nombreuses et plus elles souffriraient. (Cette réticence à recourir aux marges avait peut-être aussi une autre raison. Même si la plupart des conservateurs reconnaissent que, souvent, les marchés ne parviennent pas d'eux-mêmes à la macrostabilité et que la Federal Reserve doit intervenir dans l'économie pour l'assurer, l'extension de son champ d'intervention au-delà des instruments habituels leur déplaît. Cette position n'a aucun fondement théorique : rien ne justifie la limitation de ces interventions au secteur bancaire, et des arguments forts prouvent qu'en élargissant la gamme des instruments dont on dispose dans le secteur financier, et les interventions elles-mêmes, on réduirait les distorsions.)

Mais le rôle de Greenspan a peut-être été encore plus important. Non seulement il ne s'est pas élevé contre la réduction d'impôt qui a nourri la frénésie, non seulement il n'a pas fait ce qu'il aurait pu faire pour dompter le marché, mais, après avoir fait mine de préconiser la prudence, il s'est repositionné en

---

1. Comptes rendus des réunions du Federal Open Market Committee, « Meeting of the Federal Open Market Committee, September 24, 1996 », p. 31 ; www.federalreserve.gov/FOMC/transcripts/1996/19960924meeting.pdf.

supporter du boom boursier, et presque en incitateur, puisqu'il n'a cessé de soutenir que la nouvelle économie ouvrait une ère inédite de croissance de la productivité. Oui, la productivité augmentait, mais cela suffisait-il à justifier l'énormité de la hausse des cours ? Si Greenspan avait continué à recommander la prudence, je doute que cela eût changé grand-chose. Mais il est clair que son attitude de supporter enthousiaste n'a pas aidé.

## Réminiscences

En tant qu'économiste, je n'ai pas été surpris de constater que la Federal Reserve et son président étaient faillibles. La déférence témoignée aux responsables de la Fed pendant les années 1990 m'avait beaucoup plus étonné. Ce n'étaient que de simples mortels, appelés à prendre des décisions très difficiles et à interpréter en temps réel une économie en mutation rapide. Nous étions fiers, dans l'administration Clinton, d'avoir nommé dans cette institution de très brillants esprits : Janet Yellen (qui avait été mon étudiante à Yale), professeur d'économie de premier ordre à Berkeley ; Alan Blinder (qui avait été mon collègue et coauteur à Princeton, puis au Council of Economic Advisers), l'un des grands macroéconomistes du pays ; et Laurence Meyer, de Washington University, l'une des meilleures prévisionnistes des États-Unis. Cependant, même si tous les membres du Federal Reserve Board avaient été de ce niveau, il y aurait eu des erreurs. Et la plupart de ceux qui y siégeaient et prenaient les décisions cruciales sur la hausse ou la baisse des taux d'intérêt n'étaient pas formés à l'analyse des systèmes économiques complexes, ni à l'emploi des techniques statistiques sophistiquées d'aujourd'hui, qui permettent d'interpréter des données souvent difficiles à comprendre et de distinguer le bruit passager de ce qui va probablement durer – même si, parmi ces non-initiés, quelques-uns avaient acquis une compréhension intuitive remarquable de l'économie.

L'histoire économique regorge de cas où la Federal Reserve a fait des erreurs, pas seulement mineures mais considérables. Certains économistes, comme le prix Nobel Milton Friedman, lui ont reproché d'avoir provoqué la Grande Dépression[1]. Que ce jugement soit ou non trop sévère – et j'ai contesté cette interprétation au chapitre 1 –, il est hors de doute que de nombreuses récessions d'après guerre ont été provoquées par la Fed, qui a trop serré les freins en raison de sa peur obsessionnelle d'une flambée d'inflation[2].

Greenspan a apporté à la Federal Reserve quantité de talents et d'expériences, ainsi qu'une maîtrise des chiffres presque surnaturelle que j'ai souvent constatée. Nous avions avec la Fed un déjeuner mensuel. Plus important encore : le Council of Economic Advisers était chargé, plusieurs nuits par semaine, de transmettre des chiffres extrêmement sensibles (sur l'emploi, la production, les salaires, etc.) à la Fed depuis la Maison-Blanche. Greenspan prenait souvent le temps de discuter avec nous en profondeur de son interprétation de ces statistiques – et de la nôtre.

Il n'avait pas pour seule mission d'interpréter des chiffres et d'en tirer des conclusions sur ce qu'il *pensait* nécessaire de faire. Il devait aussi gérer un processus politique complexe. Plusieurs membres du Federal Open Market Committee (FOMC), le comité du Federal Reserve System qui fixe la politique monétaire, étaient des faucons du combat contre l'inflation. Ils la voyaient toujours au prochain tournant et étaient constamment prêts à relever les taux. Greenspan se montrait beaucoup plus équilibré, et j'admirais l'habileté avec laquelle il parvenait à ses fins, même face à l'opposition de certains durs.

Je ressentais beaucoup de sympathie pour Alan Greenspan. Beaucoup de gratitude, aussi. Peu après mon accession à la présidence du Council of Economic Advisers, les républicains, dans leur folie de réduction des dépenses, avaient décidé son abolition. Nous tuer n'aurait pas apporté grand-chose à l'équilibre des finances publiques – nous n'avions qu'un budget de quelques millions de dollars. Mais les faucons antidéficit cherchaient des

---

1. Voir Milton Friedman et Anna Schwartz, *A Monetary History of the United States, 1857-1960*, Princeton, Princeton University Press, 1963.
2. Voir *Economic Report of the President*, 1995 et 1996, sur le site http://w3.access.gpo.gov/eop/.

victoires symboliques : ils voulaient « compter les cadavres » des institutions qu'ils avaient abattues. Et nous étions une proie facile. Nous n'avions derrière nous aucun intérêt particulier. C'est d'ailleurs pour cela que le CEA avait été créé : pour être une institution interne à la Maison-Blanche dont les membres ne seraient ni des politiques ni des bureaucrates ordinaires, mais des citoyens-agents publics qui, pour la plupart, avaient quitté un emploi à l'université ou dans des instituts et n'avaient d'autre incitation que de bien servir leur pays pendant un an ou deux. Heureusement, la crédibilité institutionnelle que le Council avait acquise au fil des ans nous a bien servis dans cette crise. Des sénateurs et représentants des deux partis sont venus à notre secours, tels les sénateurs républicains Paul Sarbanes, ancien conseil juridique du CEA (et qui se ferait plus tard connaître comme coauteur de la loi réglementant les cabinets d'experts-comptables au lendemain du scandale Arthur Andersen), et Pete Domenici, président du Comité du budget du Sénat. Tous les anciens présidents du CEA vinrent également à la rescousse, et Greenspan (qui l'avait été sous le président Ford) se révéla le plus utile par son ancienneté et la qualité de ses relations politiques.

Par ailleurs, peu de temps après ma nomination à la présidence du CEA, Greenspan me donna un soir, en aparté (c'était chez moi, lors d'un dîner de Noël), quelques conseils d'ancien. Il les avait lui-même reçus de son mentor, Arthur Burns, qui, après avoir enseigné à Columbia, avait été sous Eisenhower l'un des premiers et des plus puissants présidents du CEA. Greenspan souligna bien que ma première, ma seule responsabilité était de conseiller le président, et *non* d'être un porte-parole public de l'administration, d'expliquer sa position ou de lui conférer une crédibilité professionnelle. Il m'expliqua que Burns, en certaines occasions, avait même refusé de témoigner devant le Congrès. Mais c'était il y a près de cinquante ans, et bien des choses avaient changé depuis : le champ des relations publiques s'était dilaté et, lorsque j'arrivais aux réunions des responsables du cabinet présidentiel à 7 h 30 du matin, je me demandais parfois combien de temps nous allions passer à tenter de gérer l'opinion publique ou de réagir à ses vues. Clinton voulait notre avis, mais aussi davantage. Laura Tyson – qui m'avait précédé à la présidence du CEA après avoir enseigné à Berkeley et avant de devenir doyenne de son école d'affaires, puis de prendre la direction de la London Business School – avait été une vigoureuse porte-parole économique de l'administration. Mais elle avait maintenu en même temps sa propre réputation professionnelle et celle des autres membres du Conseil. Nous résumions parfois la chose ainsi : « Nous disons la vérité, rien que la vérité, mais pas forcément toute la vérité » – en d'autres termes, nous nous sentions tenus de souligner les points forts de nos propositions, et non leurs faiblesses. Dans un article scientifique, il nous aurait fallu en faire une présentation plus équilibrée. Le conseil de Greenspan convenait bien à l'idée que je me faisais de mes forces et de mes faiblesses, et, si j'ai passé beaucoup de temps à parler à la presse et à l'écouter, j'ai surtout conçu mon rôle comme un travail au sein de la Maison-Blanche et avec les institutions de l'État, notamment avec leurs économistes, qui avaient de plus en plus d'influence sur la politique.

Greenspan était sûrement informé des divergences qui nous opposaient, le Council of Economic Advisers et moi-même, au département du Trésor et à une grande partie du marché financier. Il avait évidemment tout intérêt à ce que je reste discret. J'ai néanmoins suivi son conseil, en l'adaptant au nouveau contexte, et je m'en suis bien trouvé. On peut souvent faire beaucoup plus en coulisse que sur l'avant-scène.

Ce n'était pas seulement sa survie que le CEA devait à Greenspan. Bien que nous ayons passé une grande partie de notre vie à réfléchir à des problèmes de politique économique, nous étions pour la plupart des universitaires. Nous avions beaucoup à apprendre sur la pratique de l'économie et de la politique à Washington. Il nous a ainsi enseigné, par exemple, le *Fedspeak*, et même – un peu – à gérer la presse. Beaucoup d'histoires semi-légendaires circulaient sur Greenspan, sur la façon dont il parvenait à ses fins à Washington en laissant aussi peu de traces que possible, ce qui lui permettait de rester au-dessus de la mêlée, à distance de la politique. Dans certains épisodes, nous avons eu nos propres soupçons, plus tard en partie corroborés par d'autres – je dis « en partie », car les empreintes étaient rares ; parfois, personne, pas même un journaliste d'investigation chevronné comme Bob Woodward, n'a pu trancher avec certitude[1].

## Reprise et atterrissage en douceur

La greenspanologie était une activité très importante au Council of Economic Advisers, et à la Maison-Blanche en général. Bill Clinton avait fait campagne sur le programme « Des emplois ! ». Mais il était clair que l'emploi n'était pas le premier souci de Greenspan : il pensait d'abord à l'inflation.

La réduction du déficit budgétaire était censée ramener l'économie au plein emploi en provoquant une baisse des taux d'intérêt qui stimulerait l'investissement. Mais la Federal Reserve était supposée contrôler les taux d'intérêt. Pourquoi n'avait-elle pas continué à les réduire pour stimuler l'économie ? Déficit ou pas, la théorie monétaire standard demande à la Fed de baisser les taux pour maintenir l'emploi. La seule incidence d'un déficit élevé, c'est qu'il impose de les baisser davantage qu'il ne serait nécessaire autrement pour retrouver le plein emploi. En fixant le niveau du déficit, l'État influe sur la composition de ce que l'économie produit quand elle atteint le plein emploi : en

---

1. Dans beaucoup de ces épisodes, Greenspan avait, bien sûr, des alliés, qui pouvaient faire une partie du travail pour lui. Et dans quelques cas, lorsque le champ clos de la Federal Reserve s'est trouvé directement menacé par une ingérence, il s'est exprimé ouvertement. Au début de l'administration Clinton, une tentative a été menée pour réformer la réglementation bancaire. Les banques étaient sous la juridiction de trois, quatre, voire cinq organismes de contrôle, et, dans notre effort pour rationaliser l'État, nous voulions simplifier la réglementation des banques, qui s'était développée de façon assez confuse. Le *Comptroller of the Currency*, qui dépendait du secrétaire au Trésor, était la principale autorité (et la plus ancienne, puisqu'elle remontait à 1863). Mais la Federal Reserve avait aussi juridiction. Naturellement, le Trésor voulait unifier la réglementation sous son contrôle, et, naturellement, la Fed a résisté. Nous (le CEA, en collaboration avec le Trésor et la Maison-Blanche) avons proposé un compromis qui aurait rationalisé la réglementation tout en fournissant à la Federal Reserve davantage d'informations susceptibles de l'aider à s'acquitter de sa mission macroéconomique. La Fed a résisté – et elle a gagné. Il était facile de voir ce que recouvraient ses arguments spécieux : elle n'aimait pas les intrusions sur ses terres et, malgré l'inefficacité de l'ancien système, voulait que les choses restent comme elles étaient.

général, si les dépenses publiques augmentent, l'investissement du secteur privé diminue et la consommation aussi. Il y a des arbitrages à faire, et des décisions difficiles à prendre – par exemple : les retours sur les investissements de l'État dans la recherche fondamentale, longs à se matérialiser, sont-ils supérieurs aux retours sur les investissements du secteur privé ? –, mais cela relève normalement du processus politique.

La seule mission de la Federal Reserve, en principe, est d'ordre technique : elle doit maintenir le plein emploi sans inflation, ou, plus exactement, réduire le chômage au plus bas niveau possible sans déclencher l'inflation. Ce niveau critique ne dépend pas de la composition du produit, donc de l'échelle du déficit budgétaire. Si la Federal Reserve peut réduire les taux d'intérêt et si leur diminution entraîne une croissance de l'investissement, cette réduction aura pour effet, normalement, une croissance du produit et une baisse du chômage. Et elle contribuera directement à la réduction du déficit budgétaire de deux façons : en diminuant l'énorme service de la dette de l'État, et en augmentant le PIB. Du moment que le chômage est maintenu au-dessus du seuil critique auquel les prix se mettent à monter, les détenteurs d'obligations n'ont pas de raison de s'inquiéter de l'inflation ; en fait, la réduction du déficit de l'État et la croissance de l'investissement devraient plutôt les rassurer sur l'avenir[1]. Pourquoi, me disais-je, la Fed ne voulait-elle pas aller plus loin, baisser encore les taux, tout simplement ? Pourquoi avait-on soudain mis la science économique la tête en bas ? Pourquoi n'admettait-on qu'un seul chemin pour parvenir à l'emploi dans le respect de la stabilité des prix ? Pourquoi cet objectif n'était-il réalisable que si Clinton s'engageait corps et âme dans la réduction du déficit ? La Federal Reserve, me demandais-je, avait-elle un programme politique – peut-être l'objectif familier des conservateurs, réduire le rôle de l'État ?

---

1. Il y a une seule possibilité d'effet pervers : la baisse des taux à court terme pourrait conduire à une hausse des taux à long terme si elle se traduit par une explosion d'anticipations inflationnistes ; mais, nous l'avons dit, il n'y avait aucune raison d'envisager ce scénario.

Quand la reprise commença, on se posa de nouvelles questions. La Federal Reserve allait-elle s'abstenir assez longtemps d'augmenter les taux pour que le pays connaisse une expansion prolongée et que Clinton puisse tenir sa promesse de créer 8 millions d'emplois en quatre ans ? Je craignais – et je n'étais pas le seul à la Maison-Blanche – que, par peur de l'inflation, la Fed ne coupe court à l'expansion. Il semble bien que Clinton ait été dissuadé par son secrétaire au Trésor de dire quoi que ce fût contre les marchés, et même de *s'interroger* en public sur la Fed, mais, dans l'intimité du Bureau ovale, la confiance à leur égard était bien moindre.

Comme le taux de chômage ne cessait de baisser, il me paraissait inévitable que la Federal Reserve finisse par craindre un début d'inflation. Une théorie bien établie affirmait qu'il existait un taux de chômage plancher au-dessous duquel l'inflation se mettait à augmenter. On appelait ce seuil critique le NAIRU – *non-accelerating inflation rate of unemployment*, taux de chômage n'accélérant pas l'inflation[1]. À l'époque, les modèles économétriques de la Fed le situaient entre 6 et 6,2 %. Autrement dit, ils prévoyaient que si le taux de chômage tombait au-dessous de 6 ou de 6,2 %, l'inflation commencerait à monter. Certes, des membres de l'administration soutenaient – et l'expérience allait leur donner raison – que les mutations rapides du marché de l'emploi (hausse du niveau d'éducation, affaiblissement des syndicats, intensification de la concurrence, croissance de la productivité et ralentissement des entrées sur le marché) permettaient désormais à l'économie de rester à l'abri de l'inflation en opérant à des taux de chômage bien inférieurs. Mais, par nos conversations avec les responsables de la Fed, nous savions qu'ils n'avaient pas pleinement compris ce phénomène – et les preuves n'étaient d'ailleurs pas écrasantes. Si l'on ne pensait qu'à l'inflation, le risque était de ne rien faire quand le chômage tomberait sous 6,2 ou 6 %. Pour ceux qui, comme le président ou moi-même, privilégiaient l'emploi, le danger était inverse : freiner l'économie avant toute preuve sérieuse de hausse des prix,

---

1. Terme qui, en fait, est trompeur. On devrait dire le NIIRU : *non-increasing inflation rate of unemployment* – taux de chômage qui n'*accroît* pas l'inflation.

c'était condamner sans raison des millions de personnes au chômage, avec toutes les épreuves qui l'accompagnent.

Le chômage tomba sous la barre des 6,2 %, puis sous celle des 6 % – et la Federal Reserve ne releva pas les taux. Je ne pense pas qu'elle ait agi ainsi parce qu'elle ne croyait plus à l'idée du NAIRU ou estimait comme nous que son niveau avait soudain baissé. Ni parce qu'elle avait brusquement changé d'âme et s'était mise à s'intéresser davantage à l'emploi et à la croissance, et moins à l'inflation. Disons plutôt que la reprise avait été si lente à venir, et, quand elle s'était enfin produite, le chômage si lent à baisser – on avait parlé de « reprise sans emploi » –, que la Fed a été prise au dépourvu par le retournement brutal des événements.

Si la Federal Reserve avait prévu plus exactement l'ampleur du redressement du prêt bancaire, donc de l'activité économique, et la volte-face des entreprises, qui, enfin sûres que la récession était terminée, se sont mises à embaucher des salariés au lieu de payer des heures supplémentaires plus coûteuses, elle aurait très probablement durci plus tôt la politique monétaire pour étouffer dans l'œuf le risque inflationniste – et peut-être aussi la reprise. La théorie à l'époque (à la Federal Reserve, avec un certain soutien de la part du Trésor) était claire : il fallait tuer le dragon de l'inflation avant d'avoir à le regarder dans les yeux. Si, sans s'être fait remarquer, il se dressait soudain devant vous de sorte que vous pouviez vraiment sentir son souffle (ou le lire dans les statistiques), c'était trop tard. Le mal était fait : pas seulement les effets directs de l'inflation, mais aussi tout ce qui se passe lorsque la Federal Reserve serre très violemment les freins.

Ce point de vue reposait sur quatre hypothèses, dont une seule pouvait prétendre à la scientificité ; les autres, si elles sont largement répandues chez les dirigeants de banques centrales, ne résistent pas à l'épreuve des statistiques. La première hypothèse – selon laquelle, en politique monétaire, il faut six mois à un an pour que les changements fassent pleinement sentir leurs effets – est vraie et importante. Elle implique que, si la Federal Reserve prévoit une reprise robuste qui va faire descendre le taux de chômage au-dessous du NAIRU, disons pendant l'été, elle doit agir tôt : pendant l'hiver ou l'été précédent.

La deuxième hypothèse affirme qu'une forte inflation nuit à la croissance économique à long terme. Mais cela n'a été prouvé que dans des pays affichant des taux d'inflation de loin supérieurs à tout ce qu'on a jamais connu aux États-Unis[1].

Avec une égale conviction, les dirigeants de banques centrales soutiennent qu'une fois qu'elle a démarré l'inflation est extrêmement difficile à maîtriser. On avance souvent une comparaison avec le basculement dans l'alcoolisme – autrement dit, dès la première gorgée du nectar de l'inflation, on est accro. La dure réalité des chiffres ne confirme pas cette hypothèse. En réalité, l'inflation qui a été forte un trimestre peut l'être moins le trimestre suivant. Rien ne laissait alors et ne laisse penser qu'aux États-Unis elle soit « galopante ».

Dans la même logique, les faucons anti-inflation de la Fed (et d'autres banques centrales) prétendent qu'ils doivent agir préventivement car, s'il fallait combattre une inflation réelle, les coûts seraient probablement élevés et dépasseraient de très loin les bienfaits de la croissance que l'économie aurait connus entre-temps. Là encore, les données, dont celles tirées d'études réalisées par le Council of Economic Advisers et par la Federal Reserve elle-même, conduisent à la conclusion opposée.

Début 1994, la Fed passa à l'action avant de voir l'inflation les yeux dans les yeux, mais trop tard pour stopper de nouvelles baisses record du chômage, tombé bien au-dessous de ce qu'elle pensait être le NAIRU. Son incapacité à anticiper le rythme de la reprise – donc à relever les taux en conséquence pour l'étouffer dans l'œuf – a été un très grand bienfait pour l'économie et pour le pays.

En mai 1994, le chômage était à 6,1 % ; en août, à 6 % ; en septembre, à 5,9 % – il avait donc clairement franchi la barrière du NAIRU ; en décembre, il tomba à 5,5 %. Et, au mépris du

---

1. La plupart des exemples récents d'inflation très élevée se sont produits en Amérique latine. Si l'on réunit l'Argentine, la Bolivie, le Brésil, le Chili, le Pérou et l'Uruguay, on trouve un taux annuel moyen d'inflation de 121 % entre 1970 et 1987. Une seule vraie hyperinflation a eu lieu pendant cette période : en Bolivie, les prix ont augmenté de 12 000 % en 1985. Le Pérou a frisé l'hyperinflation en 1988 avec une hausse des prix d'environ 2 000 % sur l'année, ou de 30 % par mois. Voir www.econlib.org/library/Enc/Hyperinflation.html.

modèle de la Fed, l'inflation ne bougeait pas. Le chômage finit par chuter encore de 2 points, jusqu'à 3,9 %, sans réveiller l'inflation. Pour les pauvres, sa baisse fut une immense bénédiction, qui contribua plus que tout ce que nous avons fait ou aurions pu faire à réduire le nombre des assistés. Elle fut le plus important de nos plans antipauvreté, et joua un rôle essentiel dans d'autres changements salutaires – en particulier la chute prononcée du taux de criminalité.

La Federal Reserve avait agi tôt, du moins le croyait-elle, en laissant le *federal funds rate* (le taux auquel les banques s'empruntent entre elles) monter d'un quart de point en février 1994 et faire un bond de trois quarts de point en mai, jusqu'à 4 % – cela alors que les pressions inflationnistes étaient manifestement fort modérées. De fait, l'indice du coût de la main-d'œuvre, principal facteur constitutif de l'inflation, n'augmenta qu'à un taux trimestriel de 0,8 % dans la seconde moitié de 1993 et la première de 1994, moins qu'en 1992 et dans la première moitié de 1993, où il était proche de 0,9 %. Les prix à la production étaient plus bas en juin 1994 qu'un an plus tôt. Pour les consommateurs, le taux d'inflation diminuait : il passa, en moyennes mensuelles, de 0,23 % pour la première moitié de 1993 à 0,21 % pour la seconde, puis à 0,20 % pour la première moitié de 1994. Et quand bien même il n'aurait pas baissé, ce taux était faible en soi, sans compter que les statistiques exagèrent grossièrement le véritable taux d'inflation. (Quand certains experts, dont Greenspan, ont plaidé pour une réduction du taux de relèvement des prestations de la caisse publique de retraite – la Social Security –, qui sont indexées sur l'inflation, ils ont fait valoir que les statistiques grossissent l'inflation de 1 à 2 % par an. Autrement dit, le véritable taux d'inflation, au lieu d'être de 0,2 % par mois, était peut-être de moins de 0,1 % – il n'y avait donc là rien d'inquiétant, et sûrement pas de quoi risquer de mettre fin à la reprise.)

Mais, aux yeux de nombreux membres de la Fed, nous aurions à payer le prix pour avoir joué avec le chômage faible et le risque d'inflation qui l'accompagne : ce n'était qu'une question de temps. L'objectif, dans leur esprit, était un atterrissage en douceur : il fallait augmenter progressivement les taux d'intérêt et ralentir la croissance pour que le chômage se stabilise juste au niveau du NAIRU ou légèrement au-dessus, donc que l'inflation reste stable ou diminue légèrement.

L'administration était divisée dans son jugement sur les actions de la Fed. Le secrétaire au Trésor Robert Rubin et son adjoint Larry Summers soutenaient les relèvements de taux d'intérêt. Summers faisait valoir qu'ils augmentaient les chances d'atterrissage en douceur – de transition sans heurt vers une économie du plein emploi. En relevant les taux immédiatement, selon cette théorie, la Federal Reserve empêcherait la surchauffe, et n'aurait donc pas besoin de les relever plus tard – disons dans un an ou deux, bien plus près des élections.

Le président savait que c'était lui qui allait payer le prix fort si les calculs de Greenspan se révélaient faux. Il était profondément convaincu qu'un taux de chômage à 6 % n'était pas satisfaisant ; si l'économie pouvait le supporter à 4 % sans que l'inflation augmente, relever les taux d'intérêt revenait à stabiliser le chômage plus haut que nécessaire, et ce seraient les pauvres qui en subiraient les effets. (Si l'inflation se réveillait, bien sûr, les obligations des agents de change de Wall Street perdraient de leur valeur, et ils seraient touchés. Mais qui était mieux armé pour supporter le risque, les agents de change ou les travailleurs menacés par le chômage ?) Historiquement, une baisse de 2 % du chômage se traduit par une augmentation de 2 à 4 % de la production (ce rapport est appelé la loi d'Okun, du nom d'Arthur Okun, qui a été professeur à l'université Yale et président du Council of Economic Advisers sous le président Lyndon B. Johnson). Stabiliser le chômage à 6 %, c'était donc perdre dans les 200 à 400 *milliards* de dollars chaque année, des sommes qui pourraient être utilisées pour promouvoir la croissance, réduire le déficit ou augmenter les dépenses de recherche, de santé et d'éducation.

Les conflits entre la présidence et la Federal Reserve ont été fréquents dans le passé. Comme nous l'avons vu, Bush père tenait Greenspan pour responsable de sa défaite, même si celui-ci pensait faire tout ce qui était *raisonnablement* possible pour ressusciter l'économie. Mais, sous Clinton, Rubin persuada la Maison-Blanche de ne jamais exprimer ses déceptions ni ses frustrations. Il y eut cependant quelques rares exceptions.

Lorsqu'on demanda au chef de cabinet du président, Leon Panetta, s'il serait bon que la Federal Reserve baisse les taux d'intérêt, il répondit : « Toutes les coopérations pour dynamiser l'économie seraient les bienvenues » – et fut pour cela tancé publiquement et vigoureusement par le secrétaire au Trésor. Mais, en général, la Maison-Blanche présentait un solide front uni : « Nous ne faisons aucun commentaire sur la Fed. » Attitude qui n'a peut-être pas stimulé le débat public, mais qui nous a évité des ennuis.

Le président avait un autre moyen d'influencer la Federal Reserve : il fallait de temps à autre y pourvoir un poste devenu vacant. En 1996, la vice-présidence allait l'être (son titulaire, Alan Blinder, avait décidé de ne pas solliciter sa reconduction ; bien qu'il fût l'un des plus grands économistes du pays, Greenspan lui avait ôté toute possibilité d'influencer les décisions de la Fed, et il ne souhaitait pas se maintenir dans des fonctions purement honorifiques[1]). Clinton cherchait une personnalité d'envergure partageant ses vues, et il la trouva en Felix Rohatyn, l'un des plus célèbres banquiers d'affaires du monde, associé-gérant de Lazard Frères. Rohatyn avait montré sa trempe en dirigeant la Municipal Assistance Corporation, qui avait renfloué la ville de New York au bord de la banqueroute. C'étaient des lettres de créance impressionnantes – et, normalement, quiconque en possédait de telles n'aurait pas dû accepter la proposition. Rohatyn s'y résolut, par attachement profond au service public. Mais il avait deux handicaps : il était démocrate progressiste et croyait possible une croissance forte. Plus un troisième, encore plus grave sans doute : il était peut-être capable de résister à Greenspan. Ce n'était pas un universitaire, comme Blinder, mais un homme du concret qui, dans tout ce qu'il avait fait, avait forcé le respect. Avec ces trois mauvais points contre lui, son élimination n'était qu'une question de temps. Les nominations à la Federal Reserve doivent être confirmées par le Sénat. Dans le cas de Rohatyn, on oublia l'habituelle déférence envers ce type de

---

1. John Cassidy a donné de ces machinations internes un compte rendu plus franc que de coutume. Voir son article « Fleeing the Fed », *New Yorker*, 19 février 1996.

nominations présidentielles de très haut niveau, et l'on fit savoir clairement qu'il ne serait pas nommé. Nul n'a jamais su qui exactement l'avait coulé, mais il y avait quelques suspects évidents[1].

Quand la Fed a relevé les taux d'intérêt, les entreprises ont commencé à se plaindre du renchérissement des capitaux, et, dans le camp de Clinton, Trésor exclu, on a craint que les freins n'aient été serrés trop tôt et trop fort. Il y avait bien créations d'emplois, mais on se demandait s'ils s'agissait de bons emplois (c'en étaient) et si la croissance allait durer (elle a duré).

Ces premiers relèvements des taux ont été importants – le *federal funds rate* est passé de 3 % fin 1993 à 6 % au milieu de 1995. L'économie n'en a pas moins continué à croître vigoureusement. Son taux de croissance augmentait constamment. Au début, nous ne faisions que rattraper le niveau de la capacité de production existante, sous-utilisée dans la récession que nous avait léguée Bush, mais ensuite on a bien vu qu'une autre dynamique était à l'œuvre, car le taux de croissance a atteint 3, 4 et même 5 %. En même temps, le chômage continuait à chuter, avec une inflation toujours modérée (du point de vue de la Fed, le véritable miracle était là). Même avec une croissance à 5 % en 2000, l'inflation est restée inférieure à 3,5 %.

Reconnaissons ce mérite à Greenspan : il a fini par comprendre le message, par admettre que la structure de l'économie se transformait, que la croissance tant attendue de la productivité suscitée par les investissements dans les technologies nouvelles avait enfin lieu, que les pressions inflationnistes s'étaient apaisées. Lorsque les preuves devinrent de plus en plus nombreuses, il cessa de relever les taux d'intérêt, et les modéra même un peu – d'ailleurs, même début 2000, le taux de l'escompte *(discount rate)* n'était encore qu'à 5 %. Greenspan s'est converti plus tôt que beaucoup d'autres membres du Federal Reserve Board et a fait en sorte de limiter leurs ardeurs.

---

1. Une autre nomination « de gauche » à la Fed, celle d'Alicia Munnell, éminente économiste qui avait été secrétaire adjointe au Trésor, fut aussi rejetée. Elle est entrée plus tard au Council of Economic Advisers, où ses contributions au débat sur la réforme de la Social Security ont été particulièrement importantes.

Avec le recul, l'intéressant dans ces premiers débats, c'est que les deux camps avaient tort. Au Council of Economic Advisers, nous avons eu tort de sous-estimer la force de l'économie. Elle a résisté à l'assaut de la Federal Reserve – en en payant le prix : si les taux d'intérêt étaient restés bas, peut-être le chômage serait-il tombé plus vite et la croissance aurait-elle commencé plus tôt. Mais la Fed et le Trésor ont eu clairement tort de tant s'inquiéter de l'inflation, tort aussi de sous-estimer le potentiel de croissance de l'économie. Autant pour la sagesse des marchés financiers !

## LES LEÇONS

La leçon de ce chapitre n'est pas qu'il faut éviter les erreurs : elles sont inévitables. C'est de montrer que celles des années 1990 avaient un caractère systématique, découlaient toutes d'un même modèle. On a voué un respect excessif à la sagesse des marchés financiers. On a débranché les mécanismes normaux de contrepoids et de contrôle. Des idées potentiellement fort dangereuses se sont imposées : les questions de politique macroéconomique sont trop importantes pour relever du processus politique ; il faut les déléguer à des technocrates ayant le sens de l'intérêt général, notamment ceux de la Fed ; il n'y a qu'une seule politique à suivre, et elle sert les intérêts *de tous* ; et, surtout, la Fed a raison de concentrer son action sur l'inflation.

L'idée selon laquelle il faut déléguer la politique monétaire à la Fed a toujours été populaire, bien sûr, dans les milieux financiers : avec une Fed « indépendante » qui, la plupart du temps, fait ce qu'ils veulent, pourquoi souhaiteraient-ils que cela change ? La nouveauté des années 1990, c'est que cette idée a gagné les faveurs des journalistes, des simples citoyens et, plus surprenant encore, d'une administration démocrate.

Nous avons aimé la caution non partisane que nous a donnée Greenspan en soutenant publiquement le plan Clinton de réduction du déficit. Mais il est clair qu'il a toujours été l'homme d'un parti. Il a fini par jeter le masque début 2001, en abandonnant soudain son engagement de longue date antidéficit pour se prononcer en faveur des réductions d'impôt du président George

W. Bush. Il était évident que le plan fiscal de ce dernier allait réduire considérablement l'excédent budgétaire (légué par Clinton, et même l'un des fleurons de l'héritage),voire le transformer en déficit. Greenspan aurait pu garder le silence en vertu du principe qui veut que, de même que l'exécutif ne commente pas la politique monétaire, de même l'autorité monétaire ne commente pas la politique budgétaire. Il aurait pu aussi faire preuve de responsabilité, rester fidèle à son passé et exprimer de sérieuses réserves quant à l'impact de ce projet fiscal sur l'équilibre budgétaire et sur le taux d'épargne nationale des États-Unis. Mais il a soutenu le plan Bush. L'importance des excédents prévus permettait une réduction d'impôt substantielle, a-t-il déclaré. Et cette réduction n'était pas seulement acceptable, elle était *nécessaire*, selon lui, pour épargner au pays une redoutable épreuve : si les excédents budgétaires continuaient, la dette nationale finirait par être entièrement remboursée. Or, comme nous avions besoin de la dette pour gérer la politique monétaire, nous serions alors contraints de choisir entre deux options fort désagréables à ses yeux : l'augmentation massive des dépenses fédérales ou l'achat à grande échelle par l'État d'actifs privés.

Greenspan n'a pas jugé utile d'expliquer pourquoi il fallait réduire les impôts si longtemps avant cette improbable catastrophe, au lieu d'attendre que le péril devienne un peu plus imminent. Et il y avait une bonne raison à cela : c'était inexplicable. Greenspan a été comme moi président du Council of Economic Advisers, fonction dans laquelle on doit effectuer des prévisions sur plusieurs années. Plus que tout autre, il aurait dû savoir combien il est difficile de prévoir six mois à l'avance, sans parler de dix ans. Plus que tout autre – puisqu'il avait grossièrement sous-estimé le potentiel de croissance de l'économie et surestimé son potentiel inflationniste –, il aurait dû savoir à quel point les chiffres changent vite. Un léger fléchissement du taux de croissance réduit considérablement l'excédent. Si les rentrées fiscales montaient en flèche, c'est qu'elles étaient en partie liées à la fortune colossale répandue par la bulle boursière, mais quand cette bulle éclaterait les recettes de l'État s'effondreraient. Nul besoin d'être économiste pour comprendre qu'un gros excédent budgétaire peut, en un clin d'œil politique, se muer en gros déficit. D'ailleurs, l'excédent projeté sur dix ans pour le budget hors Social Security – estimé à 3 100 milliards de dollars en avril 2001 – s'est transformé en un déficit de 1 650 milliards de dollars en février 2002. Ce renversement spectaculaire, mais prévisible, a été le résultat du ralentissement économique, de la baisse des recettes de l'impôt sur les plus-values en raison des événements à la Bourse et, bien sûr, de la malencontreuse réduction d'impôt de Bush, que le pays ne pouvait pas s'offrir et que Greenspan n'aurait jamais dû soutenir.

Dans ce cas comme dans d'autres, les États-Unis s'en seraient peut-être mieux trouvés si le dirigeant de leur banque centrale « indépendante » s'était contenté de gérer la politique monétaire et de prévenir la récession. Mais l'argument farfelu de Greenspan en faveur des largesses fiscales de Bush et sa prise de position antérieure pour la rigueur antidéficit reposaient tout de même sur une base commune : dans les deux cas, il se prononçait pour la réduction du rôle de l'État. Tant l'effort des années 1990 pour combler le déficit que les réductions d'impôt de Bush en 2001 conduisaient à restreindre le secteur public.

Historiquement, le Parti démocrate s'est toujours inquiété des taux d'intérêt élevés et méfié de la Federal Reserve, qu'il a cherché à tenir en lisière. Je me rappelle qu'en plusieurs occasions, dans les premières années de son administration, Bill Clinton a redouté une forte hausse des taux d'intérêt et les effets qu'elle aurait sur une reprise qui semblait fragile. Quand nous l'écoutions dans ces moments-là, nous pensions parfois à l'élection présidentielle de 1896, où William Jennings Bryan, qui se présentait contre l'étalon-or, avait conclu un inoubliable discours en s'écriant : « Vous ne crucifierez pas l'humanité sur une croix d'or ! » L'étalon-or impliquait par définition une masse monétaire limitée – si limitée qu'à l'époque de Bryan l'économie vivait sous une menace constante de déflation. Chaque année, les paysans recevaient moins pour les produits qu'ils vendaient et avaient plus de mal à rembourser leurs dettes. Inclure l'argent dans l'offre de monnaie permettait de renverser le cours des choses et de sauver des millions d'agriculteurs de la faillite. Si bénéfique qu'ait pu être l'étalon-or pour les créanciers, il était économiquement mauvais – il ralentissait la croissance –, comme le monde entier a fini par l'apprendre au prix fort avec la Grande Dépression. Mais, même si l'on avait réussi à faire fonctionner ce système, le choix de se limiter à l'or avait d'énormes conséquences sur la répartition du gâteau économique. Et l'on discutait alors de cette question comme il convient de le faire : dans l'arène politique, et pas seulement dans des réunions de technocrates.

Aujourd'hui, l'Américain moyen n'est plus un agriculteur endetté, mais un salarié endetté. Toutefois, les préoccupations restent en gros les mêmes. Si les taux d'intérêt élevés gonflent les revenus des habitués de Wall Street, prêteurs nets, ils ne sont pas bons pour les salariés, qui y perdent sur trois plans : l'argent cher peut provoquer la montée du chômage, celle-ci fait baisser les salaires, et, puisque en général les salariés sont endettés (plus du septième de leur revenu passe aujourd'hui dans le service de la dette), les taux d'intérêt élevés leur laissent moins d'argent à dépenser pour tout le reste.

Dans la quasi-totalité des missions de la Federal Reserve, il y a des arbitrages à faire – c'est pour cela qu'elles ne devraient pas être confiées à des technocrates. Même s'il y avait consensus autour de l'idée que l'objectif de la Fed, lorsqu'elle fixe les taux d'intérêt, doit être le taux de chômage le plus bas possible sans déclencher l'inflation (le NAIRU), l'incertitude régnerait toujours sur ce que cela implique. La Fed, nous l'avons vu, s'est trompée dans ses estimations. Peut-être aurait-elle pu mieux faire, mais ce n'est pas ce qui m'intéresse ici. Je veux souligner que, puisqu'il y a incertitude, la décision de la Fed impose un risque : il y a un choix à faire entre une poussée d'inflation et un fort taux de chômage non nécessaire. Ce doit être une décision politique, non technocratique ; elle ne doit pas être laissée au groupe d'intérêt particulier que sont les marchés financiers, parce qu'il n'y a pas une seule *bonne* réponse.

L'existence de ces arbitrages remet en cause l'idée même de banque centrale indépendante – c'est-à-dire non politique. Il faudrait au moins, en tout cas, un mécanisme garantissant que l'ensemble des voix et perspectives pertinentes est entendu. En Suède, par exemple, le monde du travail est représenté à la banque centrale.

Aux États-Unis, le Federal Reserve Board représente un curieux mélange : il est indépendant, mais il est dominé par les intérêts financiers et, en second lieu, par ceux des entreprises. La voix des salariés et celle des consommateurs sont inaudibles. Cependant, sa charte ne lui fait pas seulement obligation de maintenir la stabilité des prix : il doit aussi promouvoir la croissance et l'emploi. Quant à la façon d'arbitrer, aucune directive précise ne lui a été donnée, et le combat contre l'inflation est manifestement prioritaire depuis longtemps. Mais la Federal Reserve s'est montrée sensible à des considérations politiques – comme l'a dit un jour un de ses ex-présidents, Paul Volcker : « Le Congrès nous a faits, le Congrès peut nous défaire. » Et si son président a le sens des réalités politiques, quand le Congrès et une administration clament haut et fort qu'ils veulent une baisse des taux d'intérêt, l'inclination à renchérir par trop l'argent peut être tenue en échec.

Dans les années 1990, ces butoirs ont été neutralisés. Puisque Clinton était si désireux de créer des emplois et de promouvoir la croissance, je le pensais plus enclin à supporter un risque modeste d'inflation que les faucons anti-inflationnistes de Wall Street. Mais il s'était converti corps et âme à la règle du *no comment*. Non que la politique monétaire nous ait paru si importante et compliquée qu'il *faille* la laisser à une Fed indépendante. L'argument qui nous avait convaincus était le risque d'être contre-productifs en nous exprimant sur la Federal Reserve. Nos commentaires pouvaient entraîner une hausse comme une baisse des taux d'intérêt. D'abord parce que la Fed, pour prouver son indépendance face aux critiques, se sentirait peut-être tenue de faire le contraire de ce que nous voulions, quels que fussent ses propres jugements économiques. Mais aussi pour cette seconde raison, avancée par les responsables du Trésor : tout commentaire d'un membre de l'administration sur la politique de la Fed pourrait « perturber les marchés », ce qui ferait monter les taux.

Quel paradoxe ! Ceux qui affichaient de la façon la plus ostensible leur croyance dans l'aptitude des marchés à jauger les fondamentaux s'attendaient à les voir dérailler si un individu s'exprimait librement ! On peut vraiment se demander quelles perturbations réelles une ou deux remarques d'un membre de l'administration auraient pu causer. On n'en a guère vu de preuves, en tout cas, dans les rares occasions où quelqu'un a dévié de la ligne (comme le chef de cabinet Leon Panetta dans l'incident que j'ai cité page 117). Ce qui paraît clair, en revanche, c'est l'effet net de notre timidité : nous avons laissé le champ libre aux marchés financiers, en renforçant encore leur influence sur l'économie. Finalement, nous leur avons permis de devenir l'axe à la fois de la politique budgétaire de l'État – en faisant de la réduction du déficit la priorité absolue – et de sa politique monétaire. Car la Federal Reserve, sous couvert de sa célèbre « indépendance », a essentiellement suivi les points de vue des marchés financiers. Elle a été infiniment plus à l'écoute de leur peur de l'inflation que de la crainte du chômage régnant dans le monde du travail, en dépit de son mandat, qui lui impose de ne pas se concentrer uniquement sur l'inflation mais également sur la croissance et l'emploi.

Le Congrès aussi a moins surveillé la Fed que dans les années précédentes, et, lorsque les républicains ont pris le contrôle des deux chambres, il y a même eu une tentative pour la débarrasser du masque, si formel, qui lui faisait obligation d'équilibrer l'inflation, la croissance et l'emploi. En 1996, Connie Mack, sénateur républicain de Floride, a déposé un projet de loi pour modifier la charte de la Federal Reserve en réduisant son mandat à la seule recherche de la stabilité des prix. S'il avait été adopté, la Fed aurait été légalement tenue, dans toutes ses délibérations, d'ignorer purement et simplement les intérêts des millions d'Américains qui travaillent. Heureusement, le président Clinton s'est opposé fermement à ce projet et lui a barré la route dans l'une des victoires secrètes de sa politique économique. Il lui a été facile d'écraser l'initiative : il a dit qu'il était prêt à en faire un enjeu de campagne électorale. Les républicains savaient dans quel sens les électeurs allaient voter.

Les dangers d'un mandat de politique monétaire limité à la lutte anti-inflation ne sont pas purement théoriques, loin de là. Depuis 1994, la Banque centrale européenne (BCE) a pour mission exclusive de combattre l'inflation. L'Union européenne a mis en place sa monnaie commune, l'euro, en pensant aux problèmes d'hier et non à ceux de demain. L'Europe ayant eu,

dans le passé, à lutter contre l'inflation et les gros déficits budgétaires, la nouvelle banque centrale du continent a reçu mandat de
ne se soucier que de l'inflation. Et, pour que le message
parvienne bien aux intéressés, chaque pays de l'Union a reçu des
objectifs budgétaires stricts – pas plus de 3 % de déficit après
l'an 2000, puis réduction progressive jusqu'à 0 en 2000. Résultat : la BCE a eu les mains liées quand l'économie européenne a
fléchi en 2001. Non seulement elle n'a pas baissé les taux d'intérêt, mais les gouvernements nationaux n'ont pas pu stimuler
l'économie par des réductions d'impôt ou par un accroissement
des dépenses – contraste très net avec ce qui se passait aux États-
Unis, où les deux partis étaient d'accord, dans l'abstrait, sur la
nécessité de stimuler l'économie, qui glissait au même moment
dans sa propre récession.

Il est un point intéressant à noter : les républicains, qui préconisent aujourd'hui des réductions d'impôt *quand bien même elles
causeraient des déficits*, ne signalent jamais que, si leur parti
avait obtenu gain de cause, leurs plans seraient inconstitution-
nels. Au début des années 1990, ils voulaient imposer un « amendement pour un budget en équilibre », qui aurait automatiquement réduit les dépenses au niveau des recettes fiscales. Avec
l'effondrement de ces dernières dans la récession de 2001 en
raison de la chute de la Bourse et des revenus, l'administration
Bush aurait donc été obligée soit de réduire les dépenses, soit
d'augmenter les impôts. Laura Tyson, qui a présidé avant moi le
Council of Economic Advisers, puis dirigé le National Economic
Council, estime que la défaite de cette idée d'amendement a été
l'un des grands succès de l'administration Clinton. Nous nous
sommes durement battus sur ce front, parce que le capitalisme a
toujours connu des fluctuations économiques ; même si nous
avions eu nous-mêmes la chance d'éviter une récession, nous
savions qu'il en irait peut-être autrement pour nos successeurs, et
nous avons refusé de leur lier les mains (une autre des décisions
politiques de Clinton qui seront bénéfiques pour l'économie dans
les décennies qui viennent, même si dans ce cas précis elle n'a eu
aucun effet concret pendant son mandat).

L'expérience des années 1990 ne pose pas seulement la question
de l'aptitude de la Fed à gérer l'économie, mais aussi celle de sa

crédibilité *institutionnelle*. Sommes-nous parvenus à un dispositif institutionnel qui sert les intérêts économiques de tout le pays ? Avons-nous donné trop de poids, trop d'influence à une branche particulière, à un sous-ensemble de la population ? Nous faut-il davantage de responsabilité démocratique ? Ce sont des questions difficiles, mais que toute démocratie doit regarder en face, résoudre et reprendre sans cesse. Nos institutions nous ont souvent bien servis, mais elles ont aussi failli, et l'autosatisfaction n'est pas de mise.

En matière économique, beaucoup d'Américains se sont persuadés, au cours des années 1990, que l'âge de l'idéologie, des intérêts et de la politique était fini. Les États-Unis étaient entrés dans une ère de consensus où tout le monde tombait à peu près d'accord sur la « bonne » politique économique. C'était une absurdité – mais quelle brillante stratégie pour ceux dont elle servait les intérêts ! Elle a, pour l'essentiel, remarquablement bien fonctionné : puisque l'économie était en pleine forme, les Américains ont accepté cette idée – y compris beaucoup de ceux qui se voulaient les représentants des composantes de la population dont les intérêts étaient systématiquement sacrifiés.

Les folles années 1990 appartiennent maintenant au passé. Nos dirigeants financiers se sont révélés de simples mortels. Ils ont commis des erreurs. Certaines ont été heureuses, et grâce à elles nous avons eu une robuste reprise ; d'autres, sans grande conséquence : nous avons bien résisté aux relèvements de taux d'intérêt du milieu des années 1990 ; certaines enfin sont très coûteuses, et nous continuerons à en payer le prix pendant les années qui viennent.

## Chapitre 4

# La déréglementation
# tourne au délire

La Federal Reserve n'a peut-être pas fait tout ce qui était en son pouvoir pour empêcher la bulle de prendre de telles dimensions, mais ce n'est pas elle qui a *créé* la bulle. Les bulles spéculatives sont les manifestations de l'optimisme irrationnel qui parfois s'empare d'une économie avant d'être suivi, souvent, d'un pessimisme qui ne l'est pas moins. Il est donc bien difficile de prédire la naissance d'une bulle, ou de savoir quand elle prendra fin. Mais certains facteurs renforcent la probabilité d'une crise économique ou d'une récession grave. Dans les trois dernières décennies, le monde a subi près d'une centaine de crises, et beaucoup ont été provoquées par une déréglementation trop rapide. Si la récession de 2001 n'a été qu'une forme assez modérée de ces maladies souvent virulentes, il est hors de doute que les effets de la déréglementation des années 1990 y ont joué un rôle essentiel.

La déréglementation des télécommunications a créé les conditions de la bulle de surinvestissement qui a si bruyamment éclaté en 2001. Celle de l'électricité a permis la manipulation du marché qui a frappé l'économie californienne, cœur d'une si large part de l'innovation aux États-Unis. Celle des banques – et notamment l'abrogation du *Glass-Steagall Act* – a ouvert un champ nouveau aux conflits d'intérêts, alors qu'il aurait fallu renforcer les réglementations pour combattre ceux qui existaient déjà, se développaient et allaient si puissamment contribuer à détruire la confiance dans les marchés des titres. Le laxisme de la réglementation des pratiques comptables a permis et encouragé la présentation d'informations trompeuses ou fausses.

Les marchés sont des choses délicates, et ces fautes ont coûté très cher, même si les États-Unis, Dieu merci, sont assez riches pour payer la note assez facilement. D'autres États contraints de faire face aux conséquences d'une déréglementation mal faite (celle des banques et des marchés financiers, notamment) ont dû parfois y consacrer un gros pourcentage de leur PIB. Vingt ans après sa crise du début des années 1980, le Chili continue à en régler la facture, et le système bancaire du Mexique ne s'est toujours pas totalement relevé de l'effondrement qu'il a connu il y a près de dix ans. Cependant, malgré les innombrables leçons de l'histoire, la déréglementation est restée l'enfant chéri de la politique des années 1990. Bien sûr, elle a eu parfois du bon, mais il faut la manier avec précaution, et trop souvent on ne l'a pas fait.

Faut-il préciser qu'un phénomène aussi complexe qu'une récession a plusieurs causes ? Des erreurs de la Federal Reserve peuvent entrer en interaction avec des mesures de déréglementation et des réformes fiscales pour créer et gonfler une bulle qui finit par exploser. Comme nous l'avons vu au chapitre 2, la conjonction de la déréglementation des caisses d'épargne par le président Reagan et des effets dévastateurs sur les banques de la hausse sans précédent des taux d'intérêt décidée par la Federal Reserve a nourri une bulle de l'immobilier dont l'éclatement a coûté aux contribuables américains plus de 100 milliards de dollars et conduit à la récession des années 1990-1991.

La bulle des années 1990 s'est toutefois distinguée de beaucoup d'autres : cette fois, l'optimisme avait une base dans les fondamentaux. Pas l'optimisme débridé des dernières années, pas l'optimisme irrationnel du petit monde des point-com, mais un optimisme réel tout de même. De longues années d'investissement dans la recherche finissaient par payer. Les technologies de pointe tenaient enfin leurs promesses. La productivité augmentait. La mondialisation apportait aux consommateurs américains des vêtements et des appareils électroniques bon marché. Et si une part toujours plus importante de la production industrielle était délocalisée à l'étranger, le pays créait davantage d'emplois nouveaux bien payés, essentiellement dans les services, qu'il n'en perdait dans l'industrie. Il y avait un reflux du chômage, mais, la concurrence étant plus vive, l'inflation était tenue en respect. Nous entrions dans une ère nouvelle où les régularités bien établies du type « la baisse du chômage fait monter l'inflation » n'étaient plus vérifiées. Il y avait cependant un revers à cette superbe médaille : les salaires réels n'augmentaient pas aussi vite qu'ils le faisaient généralement au cours d'une reprise. Mais la consommation, soutenue par la revalorisation des avoirs des ménages, continuait à se développer à un bon rythme. Salaires faibles, croissance forte et hausse de la productivité jouaient dans le même sens : ils augmentaient les profits. Et la montée des profits, en ces temps de faibles taux d'intérêt, faisait prospérer la Bourse. L'économie était réellement vigoureuse. Mais il n'était pas inévitable que cette économie forte se mue en économie-bulle.

S'il est une période historique au cours de laquelle il fallait *ne pas* chercher à déréglementer, ou être particulièrement prudent dans sa méthode si on le faisait, ce sont bien ces folles années 1990. Les démocrates avaient toujours fait barrage aux ardeurs dérégulatrices irréfléchies. Et voici que nous faisions de la déréglementation notre combat – parfois avec plus de fougue que l'administration Reagan.

En matière de déréglementation, la demande existait depuis longtemps. La réglementation, quand elle est bien faite, contribue à maintenir la concurrence sur les marchés, où l'on trouve toujours certaines compagnies désireuses d'abuser de leur position dominante. En principe, elle empêche aussi les firmes de profiter de leur pouvoir absolu lorsque la concurrence est limitée par une situation dite de « monopole naturel » – un marché qui, par nature, ne peut admettre qu'une ou deux entreprises, même si personne ne fait rien pour en interdire l'entrée à d'autres ou les en chasser. En contribuant à limiter conflits d'intérêts et abus de pouvoir, les règles garantissent aux investisseurs que le marché fonctionne équitablement et que les agents censés servir leurs intérêts le font vraiment. Mais cette médaille aussi a un revers : la réglementation réduit les profits. « Déréglementation » signifie donc « augmentation des profits ». Et, dans les années 1990, les chefs d'entreprise conscients des bénéfices supplémentaires qu'elle apporterait ont décidé d'investir pour les obtenir. Ils ont énormément dépensé en contributions électorales et en campagnes de lobbyisme. Parmi les firmes ayant financé le plus largement ces groupes de pression à la fin des années 1990 figuraient celles qui voulaient la déréglementation des télécommunications, la déréglementation des banques et l'abrogation de la législation environnementale et des règles d'économie d'énergie. Les efforts pour empêcher l'adoption de réglementations bien nécessaires ont été tout aussi énergiques. Les cabinets d'experts-comptables ont consacré 15 millions de dollars au lobbyisme de 1998 à 2000 et contribué financièrement à la campagne électorale de plus de 50 % des représentants et de 94 % des sénateurs.

Il est vrai qu'avec la mutation rapide de l'économie américaine les réglementations étaient de plus en plus inadaptées aux véritables besoins – et les profits à attendre d'une déréglementation toujours plus importants. Les lobbyistes qui ont fondu sur Washington n'étaient pas des économistes, mais ils ont tout de même usé d'un argument économique bien connu : la déréglementation allait rendre les marchés plus concurrentiels, donc bénéficier aux consommateurs et à la société en général. Ce qui laissait une question sans réponse : selon les lois fondamentales de l'économie, la concurrence réduit les profits à zéro ; si ces lobbyistes pensaient que leurs propositions allaient instaurer une concurrence acharnée, pourquoi dépensaient-ils sans compter pour convaincre le gouvernement de les adopter, donc de tarir leurs profits ? Cette contradiction interne les tourmentait peu. Après tout, ils n'étaient pas économistes, et peut-être ne croyaient-ils pas un mot des arguments théoriques qu'ils avançaient.

La demande de déréglementation existait donc de longue date, mais la politique des années 1990 a fourni l'offre. Les « nouveaux démocrates » voulaient se différencier des anciens, perçus comme favorables aux réglementations et hostiles aux milieux d'affaires. Ils entendaient gagner leurs galons de champions du patronat en poussant la déréglementation encore plus loin que leurs prédécesseurs. Eux aussi tenaient pour révolue l'époque de l'État fort, et désiraient le montrer. Lorsque les républicains ont pris le contrôle du Congrès, en 1994, la déréglementation est devenue l'un des domaines dans lesquels les « nouveaux démocrates » ont fait cause commune avec les « vieux républicains », pour qu'il soit bien clair que les blocages d'hier étaient dépassés.

« Nous sommes tous des Berlinois », avait déclaré le président Kennedy. Trente ans plus tard, nous étions tous des dérégulateurs. Les deux partis ne se distinguaient plus que par leur degré d'enthousiasme : comme l'a écrit le professeur Paul Starr, de Princeton, les républicains voulaient sauter du haut de la falaise et les démocrates la descendre en escalade, en conservant juste assez de règles pour garantir un peu de concurrence réelle (et pas seulement potentielle) et une protection minimale des catégories de la population les plus menacées[1].

En adoptant le langage de la déréglementation, nous avons en réalité capitulé. Nous semblions admettre que l'État était devenu trop envahissant dans l'économie, qu'il fallait le faire reculer. Le monde changeait vite, et de nombreuses règles adoptées soixante-dix ans plus tôt devaient être révisées. Mais l'économie de marché, pour bien fonctionner, a besoin de lois et de règlements qui assurent une concurrence équitable, défendent l'environnement, protègent consommateurs et investisseurs afin qu'ils ne soient pas volés. Il ne fallait pas déréglementer, il fallait *réformer* la réglementation : durcir les règles dans certains domaines, comme la comptabilité, les assouplir dans d'autres. Ce qui s'est passé dans les télécommunications illustre bien les problèmes de la déréglementation en général.

## COMMENT LA DÉRÉGLEMENTATION DES TÉLÉCOMMUNICATIONS A CONTRIBUÉ À LA GRANDE BULLE

Le mot même « télécommunications » évoque l'ascension et la chute. En l'espace de neuf ans, de 1992 à 2001, cette branche a vu son poids dans l'économie doubler. Elle a créé les deux tiers des nouveaux emplois et reçu le tiers des nouveaux investisse-

1. Paul Starr, « The great telecom implosion », *The American Prospect*, 9 septembre 2002.

ments. Et elle a fait naître de nouvelles fortunes, tant chez les professionnels du secteur que chez les financiers qui montaient les transactions.

En 2002, le tableau avait radicalement changé. Parmi les experts, c'était à qui serait le plus catastrophiste pour dépeindre l'état du secteur. Un demi-million d'emplois supprimés. Deux mille *milliards* de dollars évaporés à la Bourse. L'indice Dow Jones des technologies de la communication en chute de 86 %. Des dépôts de bilan de toutes parts. Vingt-trois compagnies en faillite, dont WorldCom, la plus grande banqueroute de tous les temps. Sur le marché du téléphone, Covad, Focal Communications, McLeod, Northpoint et Winstar, que Reed Hundt, le président de la Federal Communications Commission (FCC), chargée de réglementer et de surveiller le secteur, avait baptisés les « assaillants de la ligne d'abonné[1] » : tous coulés. Gros problèmes aussi chez les équipementiers : Lucent, Nortel, Motorola, Alcatel, Cisco. Comme chez les compagnies du câble, en particulier Adelphia. Du côté du sans-fil, pour la seule année 2002, selon Morgan Stanley, 10 milliards de dollars partis en fumée. Les 65 milliards de dollars investis dans l'industrie du téléphone de 1997 à 2001 valaient moins de 4 milliards en fin de période ! Peu d'États s'étaient jamais rendus coupables d'un tel gâchis.

En octobre 2002, le président de la FCC livrait ce diagnostic concis : « Peu de firmes gagnent de l'argent. Peu se développent. Peu dépensent. Peu investissent. Le statu quo, c'est la mort certaine[2]. » Cette interruption de l'investissement a joué un rôle crucial dans le retournement de l'économie.

La déréglementation a déchaîné dans les télécommunications des forces puissantes, comme ses partisans l'avaient prédit. Mais celles-ci n'avaient pas pour seul objectif de meilleurs produits ; elles cherchaient à faire main basse sur tel ou tel segment du marché. La déréglementation des télécommunications a déclenché

---

1. Reed E. Hundt, *You Say You Want a Revolution : A Story of Information Age Politics*, New Haven, Yale University Press, 2000.
2. Michael K. Powell, président de la Federal Communications Commission, dans un discours à la Goldman Sachs Communicopia Conference, FCC, 2 octobre 2002.

une ruée vers l'or que la déréglementation des banques a rendue incontrôlable. Quant à la réglementation laxiste de la comptabilité, elle a orienté la course dans un mauvais sens, en faisant à certains égards une « ruée vers l'infamie ». Les gagnants de ces loteries, au moins à court terme, ont été les moins scrupuleux. Tout le monde était au comble de l'excitation, partout, au gouvernement, dans la finance, la technologie, les télécommunications. Dans ce climat de fièvre, on a créé certains produits de très grande valeur. Les télécommunications sont meilleures aujourd'hui qu'hier, bien qu'il soit intéressant de noter que la technologie américaine reste en retard sur une bonne partie du reste du monde. Même des marchés émergents comme la Corée ont une dizaine d'années d'avance sur nous ou davantage, pas seulement pour le raffinement de leur technologie cellulaire mais aussi pour la pénétration de la bande large dans les foyers.

La législation existante, rédigée en grande partie en 1934, n'a pas été conçue pour la télévision diffusée directement par satellite ni pour le téléphone portable, et encore moins pour Internet. Les lignes téléphoniques à longue distance ont été ouvertes à la concurrence dans les années 1970, mais le réseau local est resté l'apanage (strictement réglementé) des *Baby Bells* — les compagnies régionales issues de l'ancienne AT&T en 1984. Considérées comme des « monopoles naturels », les *Baby Bells* se sont vu interdire toute participation à l'activité longue distance. Sur des bases théoriques semblables, les télévisions câblées restent soumises à des réglementations concernant leur prix et leur contenu, alors que, comme le soulignent leurs dirigeants indignés, elles perdent de grosses parts de marché au profit des firmes de télévision par satellite. Pour couronner le tout, il est possible de prévoir le jour où les compagnies du câble et celles du satellite pourront concurrencer les *Baby Bells* dans le secteur du téléphone, le jour, en fait, où une « vidéo à la carte » pourra être envoyée chez les particuliers par la ligne téléphonique.

La raison pour laquelle la déréglementation des télécommunications a contribué à la bulle – à une ruée vers l'or – révèle son ressort politique et économique. Ceux qui prêchaient la déréglementation disaient qu'elle allait intensifier la concurrence, puisque plusieurs compagnies rivaliseraient pour les parts de marché.

Mais ils croyaient aussi beaucoup à l'« avantage du premier » : la première firme à entrer sur un marché aurait peut-être la possibilité de le dominer. Les compagnies pensaient être dans un jeu où le gagnant rafle la mise, et chacune a donc dépensé furieusement pour s'assurer d'être la dominatrice. Ce surinvestissement frénétique a fini par créer une surcapacité qui s'est muée en épée de Damoclès au-dessus de l'économie américaine. Elle a provoqué en 2001 ce retournement de conjoncture qui dure depuis plus de deux ans. Les champions de la déréglementation soutenaient qu'avec les nouvelles technologies la réglementation n'était plus nécessaire et que la concurrence empêcherait les prix de monter, mais ils savaient très bien que c'était faux. Ils pensaient en réalité qu'il y avait d'énormes profits à faire, et voulaient être certains que la formulation des nouvelles réglementations les autoriserait à s'en emparer.

Quand le président, le 8 février 1996, signa la nouvelle loi sur les télécommunications qui remplaçait le texte en vigueur depuis soixante-deux ans, nous nous attendions à rencontrer quelques cahots sur la route qui s'ouvrait devant nous, mais nous n'imaginions pas à quel point elle serait criblée d'énormes nids-de-poule. Nous étions simplement satisfaits qu'il y eût une loi, et une loi reprenant bon nombre des idées, sinon toutes, pour lesquelles nous nous étions battus. Nous avions travaillé deux ans et demi sur ce projet. Le groupe était dirigé par Al Gore et se réunissait une fois par semaine pour un petit déjeuner dans l'étroit bureau du vice-président, dans l'aile ouest. On m'avait demandé d'y représenter le Council of Economic Advisers, car j'étais celui de ses membres qui avait le plus d'expérience en matière de réglementation. Bowman Cutter, vice-président du National Economic Council, qui a été conseiller adjoint du président Clinton pour la politique économique, s'y trouvait aussi ; il avait servi sous l'administration Carter en qualité de directeur adjoint de l'Office of Management and Budget, qui gère le budget fédéral. Cutter avait une énorme expérience des milieux d'affaires liés à l'industrie des télécommunications et de l'information. Le groupe de travail comprenait aussi Ann Bingaman, l'attorney général adjointe pour les affaires antitrust ; Gregg Simon, expert en télécommunications au cabinet du vice-président ; Reed Hundt, dont la nomination à la présidence de la Federal Communications Commission serait bientôt confirmée ; et plusieurs experts du département du Commerce et de deux organismes de la Maison-Blanche, l'Office of Science and Technology et l'Office of Management and Budget (OMB).

Les télécommunications étaient un domaine que le vice-président avait suivi de près quand il était au Congrès, et même si, pendant sa campagne électorale de 2000, sa prétention à passer pour le père d'Internet lui a valu des quolibets, il est hors de doute qu'il a joué un rôle crucial dans les décisions du Congrès qui ont contribué à son développement. Il parlait de construire l'« autoroute de l'information » longtemps avant que ce fût à la mode. À certains égards, il avait eu l'intuition de l'importance que ce secteur allait avoir dans l'économie.

Nous étions tous conscients qu'il fallait changer. Mais changer dans quel sens ? C'était moins clair. L'administration Clinton se trouvait confrontée à une tâche redoutable : tenter de prévoir l'évolution d'une série de technologies en phase de développement accéléré et liées entre elles pour se faire une idée précise du type de cadre réglementaire qui servirait le mieux les intérêts de ce secteur d'activité et du public.

Le côté informel des discussions et l'exiguïté du lieu où elles se tenaient le montraient assez : ce n'était pas l'une de ces réunions officielles où l'on entérine des décisions déjà prises en petit comité. Il s'agissait de naviguer dans des eaux politiquement dangereuses : la façon dont la déréglementation serait instaurée allait créer des fortunes et en détruire, et les acteurs du marché le savaient. Les industries réglementées avaient l'habitude de venir se battre pour leurs objectifs à Washington ; la perspective de la déréglementation donnait simplement un nouvel enjeu plus important à leur combat.

Si ses champions ont parfois présenté la déréglementation comme la « fin de la politique », elle n'a fait, la plupart du temps, que changer la nature du dialogue politique sur le choix des intérêts catégoriels à privilégier. Mais, quoi qu'il en soit de la déréglementation elle-même, sa mise en place a été l'un des processus les plus politiques – et les moins moraux – qui soient, ce qui n'est pas surprenant étant donné l'ampleur des sommes en jeu. Pour la seule déréglementation du câble, la mise représentait entre 3 et 5 milliards de dollars *par an*. Quelles qu'aient pu être leurs déclarations publiques, les compagnies du câble ne jugeaient pas la concurrence assez vive pour peser sur les prix ; avec la déréglementation, prix et profits allaient monter. Les gains que leur rapporteraient les hausses de prix se feraient évidemment aux dépens du consommateur – et de l'économie en général. Ce n'était pas de ce genre de politicaillerie fondée sur la cupidité que j'étais spécialiste, mais des principes économiques.

Nos délibérations ont souvent été conflictuelles. Des affrontements féroces ont opposé les avocats de la déréglementation complète – laissons les marchés s'occuper de tout ! – et ceux qui voulaient conserver un rôle pour l'État. Ann Bingaman et moi-même craignions que la concurrence ne soit pas assez forte pour que l'on puisse se passer de réglementation. Nos adversaires étaient convaincus qu'elle serait vigoureuse dès lors que nous aurions écarté l'État du chemin. Avec la nouvelle technologie, nous répétaient-ils, les anciens garde-fous n'étaient plus nécessaires. L'apparition d'une robuste concurrence était imminente ; elle se produirait, en tout cas, si l'État la laissait se manifester. Les acharnés de la déréglementation avaient une foi apparemment sans limites dans la technologie et le marché. Cependant, Ann et moi, avec une poignée d'autres sceptiques, avions parfois l'impression que nos contradicteurs n'étaient pas seulement bien plus optimistes que nous sur les perspectives de la concurrence, mais aussi bien moins soucieux des coûts que la mainmise d'une entreprise sur un marché inflige à la société.

Nos discussions ont souvent tourné au débat de fond sur le rôle de l'État : les uns le voulaient le plus réduit possible, les autres étaient persuadés (à juste raison, je pense que les événements l'ont montré) que, dans les branches dont nous parlions, existaient encore de grosses potentialités d'abus. Pendant des années, l'ancienne AT&T s'était servie de son contrôle exclusif sur le « dernier mile » des lignes téléphoniques (l'accès aux domiciles et aux entreprises) pour évincer ses concurrents sur longue distance. Je me rangeais parmi ceux qui s'attendaient à voir les *Baby Bells* user de moyens semblables pour étouffer la concurrence dans les services téléphoniques locaux. Des craintes que les *Baby Bells* évacuaient par des propos rassurants : la concurrence nouvelle – les firmes du câble, celles du téléphone portable, et même des compagnies d'électricité qui proposaient des services téléphoniques sur leurs lignes – ferait vite échec, selon elles, à toute tendance au monopole. Elles étaient soutenues dans ce raisonnement par une coterie d'économistes, de politiques, de juristes, etc., qui avaient fondé leur carrière sur le mouvement de déréglementation. La simple *potentialité* d'une concurrence, affirmaient-ils, suffirait à exclure ce type de comportement. Souvent, les champions de la déréglementation faisaient une confusion élémentaire : ils croyaient que n'était nécessaire au bon fonctionnement des marchés que l'existence d'*un peu* de concurrence, alors qu'en réalité, même dans ce cas, il peut subsister de grosses distorsions. Nous pensions, nous, qu'une concurrence potentielle pouvait avoir un petit effet sur l'exercice du pouvoir de monopole, mais que celui-ci resterait suffisamment présent pour qu'on s'en inquiète. (De même pour la télévision par câble : la télédiffusion par satellite constituait une certaine concurrence, mais limitée. Elle n'était pas un substitut parfait, loin de là, et tous les ménages n'avaient pas la liberté de choisir leur compagnie de câble. Il était difficile de nier le risque d'abus de pouvoir.)

Sur le marché du téléphone, AT&T elle-même partageait nos craintes, tout comme ses concurrents longue distance, qui étaient dans une situation semblable. J'avais deux raisons de me méfier de ceux qui se contentaient de dire : « Que la concurrence règne ! » J'ai fait allusion à la première au début de ce chapitre : tout le monde soulignait l'importance qu'il y avait à être le premier à entrer sur un marché. Les acteurs avouaient ainsi qu'ils ne s'attendaient pas à une concurrence *durable*. Il y aurait concurrence *pour* le marché, pas concurrence *sur* le marché. Et c'était bien pour cela que ceux qui avaient une longueur d'avance dans la course pratiquaient un lobbyisme si intense. Ils pensaient tenir la corde et, en cas de victoire, pouvoir en retirer des profits énormes. En revanche, nous savions ce qui se passerait s'il y avait une concurrence durable *sur* le marché : elle réduirait les profits à zéro. Les seuls profits « au-dessus de la normale » seraient ceux gagnés pendant la période d'entrée, avant la stabilisation de la situation. (En fait, dans les marchés où le gagnant

« rafle la mise », on essuie souvent de grosses pertes avant la stabilisation, notamment parce qu'on surinvestit. Les événements de ces dernières années montrent clairement que les protagonistes de ces marchés étaient persuadés qu'il s'agissait de marchés de ce type.)

En second lieu, pourquoi, si les compagnies de téléphone locales pensaient vraiment que la concurrence allait s'épanouir, résistaient-elles tant aux efforts pour instaurer une surveillance antitrust forte ? Peut-être aurait-elle été un peu coûteuse, mais sûrement pas nuisible. Étant donné les dangers d'un comportement anticoncurrentiel – et les leçons de l'histoire –, soumettre les télécoms au type d'examen antitrust qui existe dans pratiquement toutes les autres branches n'avait sûrement rien d'intolérable.

Même s'ils disaient rechercher le juste équilibre qui servirait au mieux les intérêts à long terme de la nation, les membres du Congrès étaient très attentifs aux perspectives que la décision allait ouvrir à leurs mandants et à leurs contributeurs, et sur ce plan-là les *Baby Bells* étaient de loin les mieux placées, avec leurs milliers de salariés locaux. À de multiples reprises au cours du cheminement de la loi à travers les procédures du Congrès, une menace de veto présidentiel – parfois voilée, parfois non – a été nécessaire pour la remettre sur les bons rails. Dans l'un de ces moments critiques où les *Baby Bells* – espérant que les problèmes de concurrence dans le secteur du téléphone avaient été perdus de vue, noyés dans une nuée d'autres enjeux – étaient parvenues à reformuler la loi en leur faveur, je suis même intervenu dans la mêlée politique : j'ai confié à un reporter du *Wall Street Journal* que j'avais l'intention de recommander très vivement un veto parce que je considérais la concurrence comme le problème *central*. Quand le président (qui avait prouvé qu'il était prêt à y recourir si nécessaire et l'avait fait avec une remarquable efficacité dans les batailles budgétaires) a évoqué, peu après, cette éventualité, les républicains du Congrès qui jouaient le jeu des *Baby Bells* ont compris qu'ils devaient adopter une position plus équilibrée.

Au début, le vice-président avait mis l'accent sur plusieurs exigences non négociables qui, si elles n'étaient pas dans la loi, le pousseraient à recommander un veto : il fallait donner à la FCC les pouvoirs nécessaires pour introduire la concurrence, ne pas déréglementer le câble tant qu'il n'y aurait pas de concurrence effective et connecter les salles de classe à Internet. Quant aux républicains, ils avaient toujours espéré et supposé qu'avec assez de cadeaux pour assez de catégories la pression politique rendrait le veto difficile, notamment si l'on consentait aussi suffisamment de concessions à ce que voulait le président pour lui permettre de sauver la face. Si les lobbyistes étaient capables de convaincre le Congrès que les craintes d'un monopole étaient considérablement exagérées, ils parviendraient bien à en persuader aussi l'opinion publique, d'autant plus que les profits de monopole leur donneraient d'amples moyens financiers pour le faire. C'est ainsi que les tarifs du câble (qui avaient été déréglementés sous Reagan et reréglementés par le Congrès en 1992) ont été à nouveau libérés.

Finalement, le *Telecommunications Act* de 1996 a fait obligation aux *Baby Bells* de « déverrouiller » leurs lignes et leurs branchements en laissant leurs concurrents y accéder à bas prix. Nous avons aussi réussi à maintenir un certain contrôle sur les prix du service local et à imposer une surtaxe sur le téléphone pour financer l'accès des écoles et des bibliothèques à Internet. Cette petite clause de la loi était à peu près tout ce qui restait du système complexe que nous avions conçu à l'origine pour assurer aux zones rurales et aux pauvres un service téléphonique à prix modique.

Les *Baby Bells*, de leur côté, gagnaient le droit d'entrer sur le marché du téléphone longue distance. Même si, en théorie, elles pouvaient s'attendre à être défiées sur leur pré carré par une nuée de nouveaux concurrents, les efforts de la FCC pour concrétiser ce scénario se sont trouvés promptement bloqués par toute une série de plaintes en justice contestant ses règles et, en fait, son droit à les édicter.

L'ordre d'« interconnexion » de la FCC, qui a fait date, visait fondamentalement à mettre en œuvre la loi sur les télécommunications de 1996. Il imposait aux compagnies locales – comme les *Baby Bells* et GTE Corp. – d'offrir des rabais aux concurrents qui voulaient utiliser leurs réseaux, avec juridiction de la FCC et non des États sur la fixation de beaucoup de ces prix. Dans leurs plaintes en justice, les compagnies téléphoniques établies ont soutenu qu'avec les nouvelles règles elles étaient obligées de laisser leurs concurrentes accéder à leur réseau à des prix extrêmement bas. Si bas, à en croire Verizon, SBC Communications, BellSouth et Qwest, que personne n'aurait d'intérêt financier à investir pour construire et améliorer les réseaux : ni eux, ni les petites firmes rivales. Ces dernières affirmaient pour leur part que les formules proposées par les grandes compagnies allaient leur imposer des prix plus élevés, ce qui viderait la loi de sa substance, contrecarrerait sa visée dérégulatrice et, dans les faits, les chasserait de ce secteur d'activité en laissant les marchés locaux totalement sous la coupe des monopolistes.

Nous avions bien compris que nous étions confrontés à de délicates questions de juridiction impliquant les régulateurs des États et ceux du gouvernement fédéral, et que l'enjeu était loin d'être purement théorique. Mais nous étions loin d'avoir prévu les batailles judiciaires qui ont suivi. Les *Baby Bells* savaient qu'elles avaient infiniment plus d'influence sur les régulateurs des États (le prix Nobel George Stigler a montré comment les branches d'activité « capturent » ceux qui sont censés les réglementer). Les deux parties pensaient avoir suffisamment travaillé la formulation de la loi pour protéger leurs intérêts ; en réalité, elle n'était pas claire, et la Cour suprême finit par trancher en faveur de la FCC.

Cependant, notre erreur de jugement la plus grave a porté sur le degré d'intensité de la course à la domination dans chacun des marchés que nous étions en train de déréglementer. À court terme, cette ruée a joué en notre faveur : elle a nourri l'expansion économique. Fin 2001, environ 65 milliards de dollars avaient été investis dans des centaines de nouvelles entreprises de télécommunications[1]. Cette course à bride abattue pour faire main basse sur le marché a impliqué un endettement gigantesque, la levée massive de fonds supplémentaires sur les marchés boursiers et, trop souvent, le trucage des livres de comptes afin que les investisseurs et les créanciers gardent le sourire. On jouait très gros, et, quand tous les autres trichent, il est difficile de ne pas faire comme eux.

---

1. Peter W. Huber, « Telecom undone – a cautionary tale », *Commentary*, 1er janvier 2003. Voir www.manhattan-institute.org/html/comm-telecom.htm.

La loi sur les télécommunications et les scénarios de la FCC avaient été conçus, comme l'a dit Reed Hundt, premier président de cette agence sous Clinton, pour « provoquer une marée de nouveaux investissements et d'innovations qui allaient balayer les avantages des sortants – et éroder leur capitalisation boursière[1] ». Il y eut bien des innovations, et certainement des investissements massifs, mais pas sur des bases durables. Quand la grande excitation retomba, les États-Unis se retrouvèrent avec une surcapacité ahurissante en réseaux et un marché qui, dans certains domaines, était plus concentré qu'auparavant.

## PERSPECTIVE SUR LA DÉRÉGLEMENTATION

Je me suis concentré sur la déréglementation des télécommunications en raison du rôle central qu'elle a joué dans le boom des folles années 1990 et dans la bulle qui a suivi, mais aussi parce qu'elle illustre à merveille nombre des problèmes de la déréglementation en général.

Une bonne partie du dispositif réglementaire qui gouvernait l'économie des États-Unis, et pas seulement le secteur des télécommunications, avait été établie dans les années 1930, au lendemain de la dernière grande période d'expansion – et de crise. À cette époque, le mécontentement contre les marchés était mûr. Mais la puissance de l'économie américaine au cours des années 1960 et 1970 avait ranimé la foi à leur égard. Et la technologie avait changé : d'anciens « monopoles naturels » – des secteurs comme l'électricité ou les télécommunications, où la concurrence ne paraissait pas viable et où, sans réglementation (ou propriété) de l'État, les prix seraient élevés – n'en étaient plus. Une certaine concurrence y était désormais envisageable. La structure de la réglementation devait donc évoluer ; mais – c'était l'une des questions difficiles – cela suffisait-il pour y abolir toute réglementation ?

---

1. *Ibid.*

Dans les années 1990, les complexités du nouveau monde économique – nouvelles technologies, nouveaux instruments financiers, économie mondiale plus intégrée – mettaient à rude épreuve le vieux système de réglementation. Il fallait changer. Si le président Jimmy Carter avait commencé la déréglementation dans les transports (aériens et routiers) en autorisant les entreprises à fixer elles-mêmes les prix et les normes et en libérant l'accès au marché, les chantiers les plus difficiles de la déréglementation – les télécommunications, l'électricité et la finance – ont été laissés à l'administration Clinton.

Des instituts conservateurs bien financés avaient produit quantité d'études qui évaluaient les coûts prétendument prohibitifs, ou du moins exorbitants, de la réglementation dans tel ou tel domaine. S'il y avait plus qu'un peu de vrai dans ces chiffres, la déréglementation aurait dû conduire à une explosion de productivité. Malheureusement, la croissance de la productivité à la grande époque dérégulatrice – les années Carter, Reagan et Bush – a été de loin inférieure à celle qui l'a précédée ou suivie. Dans le cas des années Clinton, la déréglementation a effectivement conduit à une explosion d'activité, mais dont une partie n'a été que pur gaspillage de ressources. Les dérégulateurs avaient une vision manichéenne du monde. Ils voyaient d'un côté les merveilles du libre marché, de l'autre les maux de l'État, et ne faisaient aucune mention des nombreux cas où le fonctionnement fructueux du marché *reposait* sur un certain niveau de réglementation. Au cours des années 1990, c'est devenu un article de foi pour beaucoup de républicains, ainsi que pour un grand nombre de démocrates, que le marché pouvait résoudre par ses seuls moyens quasiment tous les problèmes et que l'État, par définition, aggravait les choses.

Mais, au moment où Clinton est arrivé à Washington, l'histoire avait déjà montré clairement que la déréglementation n'était pas la bénédiction sans mélange qu'en faisaient ses avocats. Si la déréglementation des lignes aériennes avait fait bourgeonner beaucoup de nouvelles compagnies, la plupart n'avaient pas survécu. Ses partisans, comme Betsy Bailey, du Civil Aeronautics Board, et son mentor William Baumol, de l'université de Princeton, avaient prétendu que la concurrence potentielle garantirait pratiquement bas prix et efficacité : même si une seule compagnie aérienne desservait une route donnée, il était possible qu'une autre s'y installe, et cette simple possibilité suffirait à créer une forte discipline de marché[1]. Le monopoliste n'oserait pas dépasser le prix de concurrence parce qu'il savait que, dans ce cas, des rivaux fondraient sur lui, peut-être en masse : tout gain mal acquis, par une tentative d'exercer un pouvoir de monopole, se retournerait contre lui. Ces théories se sont révélées fausses – parfois totalement, et sous des formes que même leurs adversaires n'avaient pas entièrement prévues. Le réseau s'est restructuré en un système de lignes secondaires rayonnant autour d'un centre, ce qui a engendré des positions fortes de paramonopole sur certains aéroports : TWA a fait main basse sur Saint Louis, Northwest sur Minneapolis, American Airlines sur Dallas. Et – comment s'en étonner ? – les compagnies aériennes ont souvent usé de ce pouvoir de monopole pour augmenter les prix et gonfler leurs profits. Quand se présentait un nouveau – dont l'arrivée signifiait billets moins chers et service plus fréquent –, les compagnies déjà installées dans la place réagissaient souvent impitoyablement, en baissant brutalement les prix et en augmentant les capacités de transport, pour le chasser. Même si elles perdaient de l'argent, elles savaient que l'investissement était sage : elles pourraient remonter les prix et rétablir leurs profits après l'expulsion de l'intrus, et elles auraient donné aux autres candidats potentiels un avertissement sans frais.

Si le cas des lignes aériennes a prouvé que la déréglementation n'apportait pas toujours le parfait bonheur qu'elle promettait, celui des banques en a révélé une face encore plus sombre. Les États-Unis auraient dû retenir plusieurs leçons de la débâcle des

---

1. Cet ensemble d'idées fut baptisé la « contestabilité ». Tandis que l'expérience démentait son principe central – que, pour assurer des profits nuls et des prix bas, une *concurrence* potentielle suffisait –, la recherche économique a expliqué les limites de cette théorie. Pour un exposé de la doctrine de la contestabilité, voir par exemple William Baumol, « Contestable markets : An uprising in the theory of industry structure », *American Economic Review*, vol. 72, n° 1, mars 1982, p. 1-15 ; pour une critique, voir D. McFadden, S. Peltzman et J. Stiglitz, « Technological change, sunk costs, and competition », *Brookings Papers on Economic Activity*, vol. 3, numéro spécial sur la microéconomie, 1987, p. 883-947.

caisses d'épargne analysée au chapitre 2, par exemple que la déréglementation est difficile à mettre en œuvre correctement et que, quand elle est mal faite, l'erreur peut coûter fort cher.

Autre leçon de la déconfiture des caisses d'épargne : lorsque les incitations jouent dans le mauvais sens, comme c'est le cas avec une comptabilité truquée et une déréglementation mal pensée, les conséquences peuvent être désastreuses. Au lieu de créer régulièrement de la richesse, les marchés peuvent financer des projets excessivement risqués. Sans réglementation, les petites banques ont craint pour leur survie, pris de gros risques, parié sur d'énormes gains, en sachant que d'autres ramasseraient les morceaux si le pari était perdu. Le scandale des caisses d'épargne a aussi montré combien la frontière entre comportement moral et immoral est parfois mince, et prouvé que dans les milieux financiers, quand il y a des profits assez conséquents à la clef, beaucoup parviennent à vaincre leurs scrupules. Au mieux, on contourne la loi ; au pis, on l'ignore. Tant par prise de risques excessifs que par vol pur et simple, les banquiers ont gagné, et le contribuable américain a perdu.

Dans nombre de ces épisodes, voire la plupart, les choses ont pris un tour entièrement différent de ce qu'avaient proclamé les enthousiastes de la déréglementation. De toute évidence, d'énormes erreurs de jugement ont été commises. Pour un motif clair : les réglementations avaient été généralement introduites en raison d'un échec du marché, et abolir la réglementation n'abolissait pas l'échec du marché. Mais, trop souvent, les avocats de la déréglementation avaient oublié les insuffisances du marché qui étaient à la source des réglementations, ou n'en voulaient rien savoir.

C'est à l'époque où la déréglementation et l'idéologie du libre marché étaient à leur apogée dans l'arène politique qu'elles ont été le plus durement contestées dans les milieux scientifiques. Dans les années 1970 et 1980, la recherche en économie a révélé une très large gamme d'échecs du marché, de cas où les marchés ne parviennent pas à de bons résultats et ne tiennent même pas leur promesse d'efficacité. Ces échecs peuvent être liés à la concurrence imparfaite, à l'absence de marché ou aux externalités (comme la pollution, c'est-à-dire lorsque les actes d'une personne affectent négativement le bien-être d'une autre). La recherche pour laquelle j'ai reçu le prix Nobel était concentrée sur un seul sous-ensemble de problèmes, présents dans toute l'économie : ceux provoqués par l'information imparfaite et asymétrique. Mais, avant que les théoriciens de l'économie aient « expliqué » pourquoi on ne pouvait pas se fier au marché, l'opinion avait compris que, dans des cas importants d'échec du marché, l'État pouvait faire la différence.

Sans une forme d'intervention de l'État, les marchés produisent trop d'externalités *négatives*, comme la pollution, et trop peu d'externalités *positives*, comme la recherche fondamentale. La recherche sur fonds publics (dont une grande partie s'effectue dans les universités) a été cruciale pour le succès de l'économie américaine au XIX$^e$ siècle – les grands progrès de l'agriculture ont été fondés sur des recherches financées par l'État –, et s'est révélée tout aussi centrale au XX$^e$ et au XXI$^e$ siècle. C'est le gouvernement fédéral, par exemple, qui a construit la première ligne de télégraphe entre Baltimore et Washington en 1842, et c'est lui qui a lancé Internet, base de la nouvelle économie.

« Fannie Mae », la Federal National Mortgage Association, a été créée en 1968 pour consentir des prêts hypothécaires à l'Américain moyen parce que les marchés privés du prêt immobilier ne faisaient pas leur travail. Elle a fait baisser les taux de ces prêts et accru le nombre de propriétaires – ce qui a eu d'importantes conséquences sociales, les propriétaires étant plus enclins à entretenir leur maison et à participer activement à la vie locale.

L'un des plus importants échecs du marché – sur lequel Adam Smith lui-même a attiré l'attention – résulte de l'effort des entreprises pour supprimer la concurrence. La politique antitrust est née parce que les firmes ont tendance à s'engager dans des pratiques anticoncurrentielles pour exercer leur pouvoir sur le marché, exploiter les consommateurs en leur imposant le prix fort et, par toute une série de moyens, refuser l'entrée à de nouveaux concurrents. Pendant une centaine d'années, nous en avons vu de nombreux exemples : la tentative de la Standard Oil pour monopoliser le pétrole, les monopoles du tabac, de l'aluminium, des chaussures – la liste est sans fin. Si beaucoup pensaient qu'avec l'application vigoureuse de la loi antitrust la collusion explicite pour fixer des prix appartenait au passé, la conspiration (découverte au milieu des années 1990) d'Archer Daniels Midland (ADM) et d'autres fabricants de lysine (un additif de l'alimentation animale) et d'acide citrique (un conservateur utilisé dans des sodas, des conserves, des cosmétiques et des produits pharmaceutiques) a montré que le phénomène est toujours d'actualité. ADM a dû payer une amende record de 100 millions de dollars, et plusieurs de ses dirigeants sont allés en prison. La compagnie utilisait un pseudo-syndicat professionnel comme couverture pour tenir des réunions illicites au cours desquelles on se partageait le marché. Le cas le plus spectaculaire est évidemment celui de Microsoft, qui s'est rendu coupable de nombreuses pratiques anti-concurrentielles. Jouissant du monopole des systèmes d'exploitation, la firme refusait l'égalité d'accès aux fabricants d'applications concurrents, utilisant donc sa mainmise sur le système d'exploitation comme levier pour s'assurer une position dominante dans les logiciels. Elle a mis hors jeu des concurrents innovants comme Netscape, allant jusqu'à prévoir l'envoi de messages d'erreur si l'utilisateur tentait d'installer un programme rival. Pendant l'administration de Bush I, et plus tard celle de Bush II, ces problèmes ont été mis sous le boisseau, mais l'une des réussites de Clinton a été de comprendre toute l'importance de la concurrence pour l'économie, non seulement parce qu'elle assure de bons prix aux consommateurs mais aussi parce qu'elle stimule l'innovation et la création de produits qui répondent à leurs besoins.

## AIDE SOCIALE AUX ENTREPRISES ET HYPOCRISIE D'ENTREPRISE

La déréglementation a peut-être été motivée davantage par la volonté d'augmenter les profits que par un réel souci d'assurer l'efficacité de l'économie américaine. On cerne mieux la personnalité de ceux qui font pression pour la déréglementation et la réduction du rôle de l'État lorsqu'on examine leurs positions sur les subventions publiques *aux entreprises* et leur protection *par l'État.* Quand j'étais président du Council of Economic Advisers, j'ai constaté que les chefs d'entreprise qui venaient nous demander de l'aide professaient presque invariablement trois principes.

Premièrement, leur totale opposition aux subventions. Pour tout le monde. Sauf pour eux. Dans leur secteur, il y avait toujours quantité d'arguments montrant qu'une aide de l'État était nécessaire. De la concurrence étrangère déloyale aux difficultés inattendues de l'économie nationale, ils étaient intarissables sur le sujet.

Deuxièmement, leur attachement profond à la concurrence. Dans tous les secteurs. Sauf le leur. Là encore, de multiples raisonnements prouvaient combien la concurrence y serait destructrice, ou expliquaient pourquoi il fallait l'encadrer très soigneusement.

Enfin, leur volonté de promouvoir l'ouverture et la transparence. Partout. Sauf dans leur branche. Car la transparence pouvait y créer des perturbations inutiles, éroder leur supériorité dans la compétition économique, etc.

La plupart des entreprises estimaient que toutes les subventions qu'elles recevaient ou toutes les autres formes d'intervention de l'État en leur faveur étaient amplement motivées (et elles ne ressentaient pas le besoin de les justifier dans l'idiome particulier des économistes). Le Council of Economic Advisers, lui, exprimait régulièrement ses doutes.

Mais ce qui aurait pu rester un débat purement académique s'est mué en controverse virulente à la Maison-Blanche à cause de notre inlassable quête de l'équilibre budgétaire. Nous avions été contraints d'abandonner de nombreux programmes cruciaux de la plate-forme électorale de Clinton, comme les investissements dans l'éducation et la santé ou encore le soutien à la recherche scientifique, qui devait garantir aux États-Unis leur supériorité technologique. Le président avait mis à l'ordre du jour la réforme de l'aide sociale, et ce que voulaient la plupart des membres de son administration, c'était un programme qui aiderait les assistés à passer à un travail rémunéré, ce qui impliquait éducation, formation, peut-être même garderies pour les enfants en bas âge ; tout cela demandait de l'argent. Or il paraissait de plus en plus évident qu'avec la rigueur budgétaire nous allions aboutir à une réforme qui, si elle rayait des gens des listes de l'assistance publique, ne leur donnerait pas de bons emplois, voire pas d'emploi du tout.

Si nous étions forcés de faire des sacrifices sur l'aide sociale aux pauvres, il était alors encore plus impérieux d'éliminer celle qui allait aux riches, et en particulier aux entreprises – toutes ces subventions et autres déductions fiscales qui leur étaient offertes. Tandis que le secrétaire au Travail, Robert Reich, menait la charge pour en finir avec cette assistance aux entreprises, le CEA entreprit plus discrètement de dresser une liste exhaustive des déductions et subventions injustifiables dont elles bénéficiaient.

Cette démarche nous divisa profondément. Le Trésor récusa violemment l'idée : il jugeait que l'expression même « aide sociale aux entreprises » avait un petit parfum de lutte des classes, et attaquer ces mesures lui paraissait incompatible avec l'image d'amis des milieux d'affaires qu'entendaient se donner les « nouveaux démocrates ». Ce n'était pas du tout mon point de vue. Bien au contraire, à mes yeux, la remise en cause de l'aide sociale aux entreprises était parfaitement cohérente avec notre effort pour changer de philosophie et reconnaître un rôle central aux marchés. C'est parce que j'avais confiance dans les marchés que je préconisais la prudence avec ce type de subventions. Elles étaient des facteurs de distorsion dans l'allocation des ressources. Les subventions fiscales de Reagan à l'industrie lourde et à l'immobilier avaient affaibli le pays. Nous devions nous efforcer de niveler le terrain, de le rendre égal pour tous – et l'aide sociale aux entreprises faisait l'inverse. Les « nouveaux démocrates » n'étaient pas contre les marchés, ils ne voulaient sûrement pas réglementer pour le plaisir de réglementer. Là où il y avait des échecs du marché, l'intervention de l'État était justifiée, mais quand les marchés n'échouaient pas, elle n'avait pas lieu d'être.

Malgré nos efforts, l'opposition du Trésor et la politique du Congrès ont rendu notre démarche très difficile, et peu de progrès ont été réalisés depuis. Nous avons serré la ceinture des pauvres et desserré celle des riches. Non seulement nous n'avons pratiquement rien fait pour réduire les programmes d'aide sociale aux entreprises légués par les administrations Reagan et Bush, mais nous en avons inauguré de nouveaux et modifié certains des anciens pour les maintenir en vie.

Dans quelques cas, un consensus s'est dessiné au sein de l'administration pour prendre le risque politique d'éliminer une forme d'aide, mais alors le Congrès n'a pas suivi.

## Les flottes aériennes d'entreprise

Le premier de ces quasi-succès avait davantage de valeur symbolique que d'impact économique – et relevait surtout, en fait, du théâtre politique. Les avions d'affaires qui transportaient en un éclair les PDG d'une réunion à la suivante, mais aussi de leur bureau à leur chalet de sports d'hiver, étaient depuis longtemps emblématiques des différences de mode de vie entre ces capitaines d'industrie et le commun des mortels, condamné à de longues files d'attente dans des aéroports surpeuplés (l'austérité budgétaire n'ayant pas permis de satisfaire une demande croissante) et à d'autres encore plus longues pour les contrôles de sécurité. Mais on savait moins que les simples contribuables subventionnaient ces avions d'affaires à bon rythme : plusieurs milliards de dollars par an. Les États-Unis, comme tous les autres pays, ont un système de contrôle du trafic aérien complexe et coûteux – ces agents de la circulation du ciel qui, à l'aide d'ordinateurs et de radars, suivent à la trace les avions dans leurs déplacements et veillent à empêcher toute collision. Les avions de ligne paient de lourdes redevances d'atterrissage pour contribuer au financement de ce système, mais les avions d'affaires, à l'époque, ne payaient rien – et ils ne paient toujours rien aujourd'hui. Pourtant, l'austérité budgétaire ne touchait pas seulement les aéroports : elle forçait aussi à sous-investir dans le contrôle du trafic aérien.

Heureusement, la plupart des Américains ne savaient pas à quel point la situation s'était dégradée, sinon ils auraient eu peur de prendre l'avion. J'ai fait une inspection sur site de l'équipement du National Airport, qui dessert la capitale. Les ordinateurs étaient si anciens qu'ils utilisaient encore des tubes à vide – qu'il fallait importer de Pologne, tous les autres pays du monde ou presque ayant cessé d'en fabriquer. Cette salle emplie de machines archaïques avait une puissance de calcul inférieure à celle du portable sur lequel j'écris ces lignes. Les batteries de secours occupaient une autre salle : il s'agissait de batteries chimiques à l'ancienne, avec douche sur place au cas où de l'acide se répandrait – mais, malgré toute cette mise en scène, elles ne pouvaient tenir qu'environ une demi-heure en cas de panne d'électricité, nettement moins que la pile de mon ordinateur portable.

Les règles du jeu budgétaire nous conduisaient à une forme de privatisation[1] qui permettrait à une nouvelle Air Traffic Control Corporation d'emprunter pour moderniser. Du point de vue de l'économie nationale, il importait peu, bien sûr, que ce fût l'État ou cette nouvelle firme qui emprunte pour remettre en état le système de contrôle du trafic aérien ; mais les analystes financiers, avec leur myopie coutumière, ne voyaient pas les choses ainsi. Dès lors que l'État empruntait, fût-ce pour une excellente raison, c'était mauvais. Ils ne prenaient même pas la peine d'examiner ce qui se passait *vraiment*.

Il y avait cependant un autre avantage à la privatisation : toute société privée soucieuse de ses résultats financiers allait forcer les avions d'affaires à payer, ce qui mettrait fin à cette forme particulièrement scandaleuse d'aide sociale aux entreprises. Mais j'aurais dû comprendre que les lobbyistes sont des gens intelligents, très intelligents – que le système du marché rémunère fort bien, certes, mais en mettant leurs talents au service des intérêts des entreprises et non de la population. Ils ont très vite saisi ce qu'impliquait la privatisation. Alors ces champions du secteur privé, qui généralement refusent avec la dernière énergie que l'État fasse quoi que ce soit, ont pris sur cette question la position contraire. Ils se sont opposés à la privatisation, car ils avaient compris que ce serait la fin de leur subvention cachée. Et ils ont gagné[2].

---

1. Plus exactement la création d'une firme d'État, comme Amtrak, processus qu'on appelle *corporatization*. Le projet que nous avons envoyé au Congrès demandait la constitution d'une nouvelle firme publique et non la privatisation. Nous pensions que privatiser paraîtrait une solution trop radicale aux yeux de ces farouches défenseurs du privé qu'étaient les partisans des avions d'affaires.

2. Il y avait un autre aspect dans cette histoire, qui fut l'une de nos rares tentatives pour réduire l'aide sociale aux entreprises : il se trouvait que les avions d'affaires étaient construits au Nebraska, l'État de Bob Dole, leader républicain du Sénat, et en Géorgie, l'État de Newt Gingrich, leader républicain de la Chambre des représentants. Ces appareils étaient particulièrement symboliques des cadeaux aux entreprises, mais la politique n'a-t-elle pas eu aussi sa part dans notre initiative ?

*Le spectre*

L'aide sociale aux entreprises prend parfois une autre forme :
on brade les richesses naturelles de notre pays. Les compagnies
minières, par exemple, peuvent se servir presque à la demande.
Quand, à nos débuts, nous avons tenté de les faire payer, notre
assaut a été repoussé par des conservateurs réputés amis du
marché. Notre objectif d'équilibre budgétaire nous soumettant à
rude pression, nous avons décidé de vendre le spectre électroma-
gnétique, c'est-à-dire le droit d'utiliser les ondes publiques. Elles
comptent parmi les ressources que le pays possède globalement.
Tout invisible qu'elle est (à la différence du pétrole, du gaz, des
minerais, du bois, dont nous avons des réserves de plusieurs
milliards de dollars), cette ressource a une valeur énorme. L'un
des bons côtés de la rigueur budgétaire, c'est qu'elle nous a enfin
poussés à tenter de l'utiliser dans l'intérêt général. Historiquement, jusqu'en 1993, nous distribuions gratuitement le droit
d'utiliser nos ondes, ce qui avait permis aux stations de radio et
aux chaînes de télévision du pays – les maîtres des médias – de
faire fortune. Les progrès de la théorie économique nous ont
appris à organiser des enchères pour que soit payée aux citoyens
américains la valeur de ce bien qui leur appartenait de droit. Pour
qui croyait au système des prix, ces enchères auraient en outre
l'avantage d'assurer que cette ressource rare serait utilisée le
mieux possible ; et l'on pouvait, dans ce cadre, imposer des
clauses de « responsabilité sociale » – exiger de l'acquéreur, par
exemple, la diffusion d'un certain nombre d'heures d'émissions
pédagogiques. Nous avions conclu un accord avec le leader républicain au Sénat, Robert Dole, et il a semblé un moment que
l'affaire allait aboutir. Mais, finalement, la réaction des médias
contre ce projet est parvenue à le tuer. Le pouvoir des médias ne
vient pas des seules contributions de campagne, mais aussi de la
couverture des candidats et de leurs thèmes. Les personnalités
politiques qui les offensent le font à leurs risques et périls.

La distribution gratuite continue, et ses coûts politiques sont
peut-être plus lourds encore que son impact sur le budget. Si
nous avions vendu les ondes aux enchères, nous aurions pu
exiger, outre les programmes pour enfants, la couverture des

campagnes électorales, ce qui aurait réduit le besoin de contributions de campagne, donc l'influence des grandes firmes. Mais les médias, qui ont reçu pour rien l'usage de la ressource rare qu'est le spectre – et l'ont même étendu en affirmant qu'il leur en fallait plus pour passer en douceur à la télévision numérique –, ont fait de leur propriété un droit, et ont résisté à tout changement.

Tels sont les cas où nous avons été tout près d'éliminer l'aide sociale aux entreprises. Dans la plupart des domaines, qui représentent des milliards de dollars par an en dépenses ou en rentrées fiscales perdues, nous n'avons même pas proposé de réductions importantes. Nous savions que la politique jouait contre nous. Les subventions massives à l'agriculture ont continué à aller essentiellement à de grandes entreprises agricoles, malgré la loi adoptée en 1995 pour les sevrer. Nous avions promis une aide versée d'avance en échange de la suppression des subventions. Ces entreprises ont pris l'argent de l'aide mais, dès que les subventions ont commencé à être supprimées, elles ont réclamé leur rétablissement. Sous l'administration Bush II, les conservateurs du Midwest, que l'on croyait attachés au libre marché, ont appuyé leur restauration et même leur augmentation.

Déductions d'impôt et protection contre la concurrence sont les formes les plus répandues d'aide sociale dissimulée aux entreprises. Dans la logique un peu spéciale de Washington, donner à quelqu'un 100 millions de dollars pour faire quelque chose paraît bien moins acceptable que de lui dire : si vous le faites, vos impôts seront réduits de 100 millions de dollars. Un chèque qui sort, ce n'est pas la même chose qu'un chèque qui ne rentre pas. Et il y a effectivement une différence : celui qui sort se voit davantage, et il est donc plus facile d'essayer de l'arrêter. Les lobbyistes des entreprises le savent bien : c'est pour cela qu'ils s'efforcent d'obtenir tant de leurs subventions par le biais du code des impôts. Remarquons à quel point nous avons peu progressé dans l'élimination de ces aides fiscales, malgré la pression de l'effort pour réduire le déficit. Nous avons depuis longtemps des subventions fiscales de plusieurs milliards de dollars aux exportations, à la grande fureur de nos partenaires commerciaux, qui, en 1998, ont porté plainte devant l'Organisation mondiale du commerce. Ils ont gagné. Au lieu d'abandonner nos subventions, nous avons alors tenté de les mettre en conformité avec les règles de l'OMC[1].

## LES LEÇONS

Puisque le monde changeait, l'Amérique devait modifier ses structures de réglementation. Il était nécessaire de redéfinir le rôle de l'État. L'administration Clinton savait que dans certains domaines il fallait « moins d'État » – l'aide sociale aux entreprises était à réduire, par exemple –, mais qu'on avait encore besoin de l'État dans d'autres, comme l'aide sociale aux milieux défavorisés ou la recherche fondamentale. Nous savions qu'une réglementation était nécessaire – la plupart des règlements avaient été promulgués pour de bonnes raisons –, mais elle devait être prudente et limitée, car, si les marchés ont des insuffisances, l'État en a aussi. C'est justement parce que le marché et l'État sont si souvent défaillants qu'il faut les faire coopérer. Les forces de l'un peuvent compenser les faiblesses de l'autre. Malheureusement, si certains membres de l'administration Clinton l'avaient bien compris, dans trop de cas – l'électricité, les télécoms, les banques – nous avons succombé au discours de la déréglementation au lieu de nous demander comment *bien* réglementer, c'est-à-dire où renforcer les règlements (la comptabilité, les opérations bancaires secrètes des paradis fiscaux) et où les assouplir. Ajoutons que, à la lumière de l'expérience des problèmes de la déréglementation, nous aurions dû nous montrer plus prudents. Pour être juste envers nous, je précise que, même si l'administration avait élaboré de bonnes dispositions réglementaires, elle n'aurait probablement pas réussi à les faire voter au Congrès. Encore aujourd'hui, après tant de déréglementations désas-

---

1. Néanmoins, en novembre 2000, neuf mois à peine après l'adoption de la nouvelle législation, l'OMC la jugea également non conforme. Ce différend commercial avait commencé en janvier 2000, lorsqu'un autre organe de règlement des conflits de l'OMC avait déclaré le *Foreign Sales Corporation (FSC) Act* illégal au regard des mêmes règles, édictées par l'Organisation. Le Congrès remplaça cette loi par l'*Extraterritorial Income Exclusion (ETI) Act*, mais le nouveau texte fut lui aussi jugé illégal. (La procédure était toujours en cours en avril 2003.)

treuses, le discours dérégulateur reste fort. Les gagnants de la déréglementation – ceux à qui elle a rapporté une fortune qu'ils ont réussi à garder – sont bien mieux placés que les perdants pour faire pression, et ils préconisent de l'étendre et de l'accélérer.

Dans chacune de ces branches, les choses ont tourné bien différemment de ce qu'avaient prédit les lobbyistes – et même beaucoup d'autres, moins directement intéressés. Mais pendant que les lobbyistes tenaient un discours, ceux qu'ils représentaient travaillaient sur des postulats radicalement différents. Il est clair que les *Baby Bells* avaient tort d'affirmer que la concurrence sur le « dernier mile » allait se développer à toute allure. Cela fait des années que la loi sur les télécommunications est en vigueur, et cette concurrence reste limitée. Nous avions raison de craindre qu'elle ne s'instaure pas assez vite.

Certains adversaires de l'administration Clinton lui ont reproché de ne pas avoir suffisamment déréglementé le secteur des télécommunications. Ils ont déploré, notamment, que l'obligation de louer à leurs concurrents, à des prix extrêmement bas, l'usage de leur réseau ait empêché les *Baby Bells* d'offrir un accès Internet à haut débit. Aujourd'hui, ce type de raisonnement est devenu intenable. Peut-être les prix avaient-ils été fixés beaucoup trop bas, mais la demande s'est révélée tout à fait insuffisante pour justifier les investissements massifs déjà effectués dans l'accès haut débit.

L'instabilité et la surcapacité périodiques sont le fléau des économies capitalistes depuis qu'elles existent. Une théorie simpliste conçoit le système économique comme un mécanisme autorégulateur : quand l'offre dépasse la demande, les prix baissent, ce qui réduit l'offre, et vice versa. Ce type d'ajustement existe, mais il n'a pas lieu en douceur ni sans coût. Dans le cas des télécoms, il y a eu erreur de jugement, exubérance irrationnelle. Beaucoup ont anticipé une croissance fort supérieure à celle qui s'est produite. Bien qu'ils se soient emparés de 23 % du marché de la télévision payante, les services DBS *(direct broadcast satellite)* n'ont toujours pas dégagé de profit[1]. Afin de leur

_____

1. Neuvième rapport annuel de la FCC, 31 décembre 2002. Katherine Reynolds Lewis, « Cable's share of market slips as satellite picks up », *Los Angeles Times*, 1er janvier 2003.

tenir tête, le câble a investi 60 milliards de dollars au cours des cinq dernières années... pour voir sa valeur boursière chuter de 68 %. Même quand il y a eu croissance – 100 millions de nouveaux abonnés dans le sans-fil –, les cours des actions se sont effondrés. Rares sont ceux qui ont vu venir la baisse des revenus des compagnies téléphoniques longue distance, ou celle du nombre total des lignes téléphoniques locales (en diminution de 4,7 % pour la seule année 2001, leur premier recul depuis la Grande Crise), 3 millions de personnes ayant abandonné le téléphone filaire pour le sans-fil. Néanmoins, le désastre dans la branche ne s'explique pas uniquement par l'exubérance irrationnelle, par les erreurs de prévision. C'est la quête des profits de monopole que devait permettre le nouveau monde de la déréglementation qui a plongé le système dans un tel état de déséquilibre, à des coûts astronomiques pour les investisseurs, mais aussi pour tout le pays, puisque cette dynamique a amplement contribué à la récession.

Dans l'histoire, booms et crises ont souvent été liés à un surinvestissement dans des technologies nouvelles. La bulle des télécommunications des années 1990 rappelle beaucoup les débuts anarchiques des industries du télégraphe, du téléphone et du chemin de fer, avant leur mutation en monopoles bien réglementés. Booms et crises ont souvent été associés aussi à des mesures de déréglementation, notamment dans le monde de la finance – les caisses d'épargne étant l'exemple le plus récent aux États-Unis. En réunissant les deux, les folles années 1990 ont atteint le comble de l'exaltation – et de la désillusion.

# Chapitre 5

# Comptabilité : l'imagination au pouvoir

L'une des grandes « occasions perdues » des années 1990 porte sur une étrange pratique des entreprises : elles donnent à leurs hauts dirigeants des options sur titre (stock-options) – le droit d'acheter des actions de la firme au-dessous du cours du marché –, puis font comme si rien d'important n'avait changé de main. Le mécanisme n'est pas né dans le monde de la haute technologie, mais celui-ci s'en est servi plus largement que n'importe quel secteur traditionnel. Pendant les années 1970, l'actionnariat d'entreprise fut l'un des traits caractéristiques du nouveau style d'organisation apparu sur la côte ouest – plus collégial, souple et délié que celui des firmes géantes à l'ancienne. Les options sur titre étaient évidemment un merveilleux outil de recrutement pour les start-up, ces petites entreprises nouvelles qui, ne faisant aucun profit, auraient été bien incapables de verser en liquide des sommes équivalentes. Les vieux géants n'ont pas tardé à adopter la pratique, dans l'espoir de capter un peu de la vitalité des jeunes pousses du secteur high-tech et, par la même occasion, d'harmoniser les intérêts de leurs actionnaires et de leurs directeurs (l'un des grands thèmes de la théorie managériale de l'époque). Mais le mécanisme des stock-options avait un autre avantage, le plus clair de tous tant pour les minuscules start-up que pour les colosses : puisque aucune action effective n'était émise tant que l'option n'était pas levée (et le bénéficiaire pouvait attendre des années avant d'exercer son droit d'achat), elles n'avaient pas à être inscrites aux charges d'exploitation comme une dépense que l'entreprise aurait faite pour fonctionner au cours de l'année, ni comme une dette qu'elle aurait contractée à cette fin. La firme pouvait donc satisfaire à la fois ses salariés et les investisseurs attentifs à ses résultats financiers.

En 2001, dans les entreprises américaines, les options sur titre ont représenté 80 % de la rémunération des hauts dirigeants, et leur impact sur les résultats n'a pas été précisément insignifiant. Si Microsoft avait été tenu d'inscrire en dépense la valeur des options qu'il a distribuées cette année-là, ses profits 2001, officiellement de 7,3 milliards de dollars, auraient été réduits d'un tiers[1]. La même astuce a permis à Starbucks et à Cisco, entre autres, de surévaluer leurs bénéfices de 20 %, voire plus. Les profits d'Intel auraient été divisés par cinq (254 millions de dollars au lieu de 1,3 milliard) et les pertes de Yahoo ! multipliées par dix (983 et non 93 millions de dollars).

La controverse autour des stock-options portait simplement sur une question d'honnêteté dans l'information. Par un enchaînement insidieux que je vais démonter au cours de ce chapitre, ces options ont éminemment contribué à l'essor d'autres manipulations financières. Enron, WorldCom et Adelphia n'ont été que les illustrations les plus flagrantes et les plus médiatisées d'un phénomène beaucoup plus général : l'énergie et la créativité tant vantées des années 1990 se sont de moins en moins exprimées par de nouveaux produits et services, et de plus en plus par de nouveaux moyens de maximiser les gains des dirigeants aux dépens des investisseurs inattentifs.

Lorsque je suis arrivé à Washington, le problème était encore relativement limité. Mais certains en avaient déjà assez vu pour comprendre. En juin 1993, l'organisme peu connu (et indépendant de l'État) qui assume la lourde responsabilité de définir la réglementation comptable, le Financial Accounting

---

1. Voir Arthur Levitt et Paula Dwyer, *Take On the Street : What Wall Street and Corporate America Don't Want You to Know. What You Can Do to Fight Back*, *op. cit.* ; et Julie Kosterlitz et Neil Munro, « Full disclosure », *The National Journal*, 23 février 2002.

Standards Board (FASB), publia un projet de norme sur le sujet : il voulait que les entreprises assignent une valeur raisonnable aux stock-options qu'elles distribuaient et les inscrivent dans leurs charges d'exploitation. Le FASB était une créature des cabinets d'experts-comptables – bel exemple d'autoréglementation. Les « gnomes de Norwalk », comme on les appelait (du nom de la ville du Connecticut où se trouvaient leurs bureaux), avaient la réputation d'être lents à intervenir et de consulter largement la profession à toutes les étapes. Leur rapidité à anticiper le problème des options sur titre et le caractère radical de leur solution n'en sont que plus remarquables.

Les milieux d'affaires ne voulurent pas entendre parler de cette réglementation. La Silicon Valley se montra particulièrement acharnée, mais elle ne fut pas la seule. Si on les obligeait à inscrire dans leurs dépenses les stock-options, les entreprises n'en distribueraient plus, tout simplement, et sans cette potion magique qui dopait les incitations l'économie allait s'arrêter net : tel fut, dans son essence, l'argument d'innombrables dirigeants et lobbyistes. Lors d'une discussion passionnée avec Arthur Levitt Jr., président de la Securities and Exchange Commission (SEC) – notre Commission des opérations de Bourse –, le président de Home Depot, Bernard Marcus, qualifia le projet du FASB de « coup terrible au système de la libre entreprise » qui allait « rendre impossible la création de nouvelles firmes »[1].

Les adversaires de la norme n'allèrent pas seulement plaider leur cause à la SEC (qui travaillait en contact étroit avec le FASB), mais aussi auprès de hautes personnalités de l'administration et du Congrès. Le secrétaire au Trésor Lloyd Bentsen et le secrétaire au Commerce Ron Brown prirent la plume pour la dénoncer. Des déclarations semblables émanaient en flot continu du Capitole, où l'on s'intéressait vivement au boom high-tech. Le sénateur du Connecticut Joe Lieberman (futur colistier d'Al Gore en 2000) attaqua le FASB et sa proposition avec une férocité vengeresse. Il fut l'auteur d'une résolution du Sénat, votée par 88 voix contre 9, qui demandait instamment au

---

1. Arthur Levitt et Paula Dwyer, *Take On the Street, op. cit.*

FASB de reculer et soulignait les « graves conséquences » qu'aurait l'adoption de son projet de réglementation « pour les créateurs d'entreprise d'Amérique ». Conséquences qui risquaient, d'ailleurs, d'être fort peu agréables pour le FASB lui-même. Avec le soutien des sénatrices de Californie Barbara Boxer et Dianne Feinstein et du sénateur de Floride Connie Mack, entre autres, Joe Lieberman déposa un projet de loi pour lui retirer *de facto* ses pouvoirs – même s'il ne les avait jamais tenus de l'État !

En portant au fauteuil de *speaker* de la Chambre des représentants Newt Gingrich, chaud partisan des firmes high-tech et ennemi juré des réglementations, les élections de 1994 scellèrent le destin du projet du FASB. Nul n'a œuvré plus opiniâtrement qu'Arthur Levitt et la SEC pour combattre les tromperies comptables des entreprises dans les années 1990. C'est néanmoins Levitt qui finit par convaincre le FASB d'instaurer une réglementation très édulcorée : les entreprises seraient simplement tenues de signaler toutes leurs remises d'options sur titre dans les notes de bas de page de leur état financier. Cette intervention lui apparaîtrait plus tard comme « l'erreur la plus grave » de son mandat à la SEC[1].

Le salaire des directeurs est devenu très controversé dans les dernières années de la décennie, quand les options sur titre ont permis à des personnages comme John Chambers de Cisco, Dennis Kozlowski de Tyco, Sanford I. Weill de Citicorp et David Komansky de Merrill Lynch d'empocher des millions de dollars. Mais, si l'on s'est beaucoup indigné de l'énormité des sommes – la vision populaire des choses étant simplement que ces chefs d'entreprise étaient trop payés –, on n'a pas vu d'autres aspects de la question.

Depuis longtemps attentif au rôle de l'information dans la bonne marche de l'économie, j'interprète ces événements sous un jour un peu différent : si ces hauts dirigeants sont trop payés, c'est en partie parce que *le public ne sait pas au juste combien ils*

---

1. C'était un jugement d'ordre politique : Levitt craignait que, si le FASB ne cédait pas et bravait la fureur du Congrès, les conséquences ne soient encore plus graves ; quant au projet de réglementation sur les options, il serait coulé de toute façon.

*sont payés*[1]. Et si on ne sait pas combien gagne le PDG, on ne peut pas savoir combien de profits (ou de pertes) fait l'entreprise. Donc personne ne connaît la vraie valeur de celle-ci. Sans cette information, les prix ne peuvent pas jouer leur rôle de guide de l'investissement. D'où, comme disent les économistes dans leur langage un peu technique, des « distorsions dans l'allocation des ressources ».

J'ai été mêlé pour la première fois au problème en 1993, lorsque l'administration a été appelée à se prononcer sur le projet de réglementation du FASB. Comme j'arrivais de la Silicon Valley (j'étais alors en congé de l'université de Stanford), je connaissais bien les préoccupations des entreprises du secteur technologique. Le Trésor, le Commerce et le National Economic Council souhaitaient – sans surprise, peut-être – que nous prenions la défense de Wall Street et de la Silicon Valley. On a demandé au Council of Economic Advisers d'étudier brièvement la question. Mais plus nous la regardions de près, plus notre sentiment était fort : le FASB avait raison, et c'eût été une erreur d'intervenir contre lui. S'il était indépendant, c'était justement pour échapper à toute influence politique. Je savais parfaitement, bien sûr, que la frontière entre ce qui doit et ne doit pas être *indépendant* est elle-même un sujet fort conflictuel. Comme je l'ai dit au chapitre 3, on ne peut pas – ou du moins on ne doit pas – abandonner la politique monétaire à des technocrates, parce qu'elle nécessite le type d'arbitrages qui s'effectue dans le cadre du processus politique. Mais, pour les questions dont s'occupe le FASB, c'est différent : on peut – et on doit peut-être – les confier à un organisme indépendant. Il a pour mission de concevoir des systèmes comptables capables d'apporter aux investisseurs potentiels une information fiable, normalisée et compréhensible. Ceux-ci feront davantage confiance aux règles comptables s'ils savent qu'elles ont été conçues

---

1. L'obligation de déclaration publique était bien plus contraignante aux États-Unis que dans beaucoup d'autres pays, et, quand la rémunération des dirigeants est montée à des niveaux astronomiques, la presse d'affaires a multiplié les articles signalant le salaire visiblement exorbitant de tel ou tel PDG. Mais l'information n'a pas été présentée sous une forme synthétique, qui aurait permis aux investisseurs d'évaluer l'impact du phénomène sur les cours. Et, avec toutes les distorsions des écritures comptables (voir plus loin), ils ne pouvaient pas comparer ces rémunérations à la *vraie* valorisation de la firme. Tant que les cours de la Bourse grimpaient, rien ne leur paraissait bien important ; mais quand le boom a pris fin, ils se sont mis à regarder de plus près ce qui se passait.

par une instance indépendante, et non dans un cadre politique où des intérêts puissants ont peut-être usé de leur influence pour obtenir des normes en trompe l'œil.

La médiocrité des arguments qui étaient opposés à l'inscription des options sur titre dans les charges d'exploitation renforçait notre certitude d'être dans le vrai. On ne cessait d'invoquer la difficulté qu'il y aurait à leur assigner une valeur. Mais ce n'était pas une raison pour les considérer comme sans valeur. Il y a quantité de domaines où les règles de comptabilité exigent de vraies prouesses en matière de mesure. Avancer une estimation exacte de l'amortissement – la dépréciation des machines avec le temps et l'usure – est autrement délicat qu'estimer la valeur en dollars d'une option sur titre. En tout état de cause, faisions-nous remarquer, la valeur zéro était manifestement fausse. Les gens voulaient des stock-options parce qu'elles valaient quelque chose.

Au cours de ce débat sur les options sur titre, on nous a souvent rétorqué que tout était expliqué dans les notes de bas de page des rapports généraux sur les comptes annuels des compagnies. Mais même des analystes chevronnés avaient parfois du mal à interpréter ces subtilités en petits caractères[1]. La raison d'être des règles comptables est de faciliter et non de compliquer l'évaluation de l'état financier d'une firme par les investisseurs.

Les adversaires du projet du FASB faisaient valoir que le mode de calcul proposé pour évaluer les stock-options était potentiellement trompeur. La plupart des investisseurs, soulignaient-ils, ne seraient pas assez raffinés pour faire les corrections nécessaires si l'estimation se révélait fausse. Mais ceux-là mêmes qui avançaient cet argument affirmaient ensuite que les investisseurs n'avaient pas besoin de voir apparaître le coût des stock-options sur l'état financier puisque l'information se trouvait « entièrement dans les notes de bas de page », et qu'ils pouvaient facilement calculer ce qu'elle impliquait. L'incohérence intellectuelle de leur discours était flagrante.

Mais l'argument le plus lamentable des adversaires de la norme était peut-être celui qu'ils estimaient le plus fort : si les

---

1. Après la faillite d'Enron, tous les analystes qui avaient recommandé ses actions et toutes les banques qui lui avaient prêté de l'argent ont soutenu que personne, pas même les experts, n'aurait pu comprendre ses notes de bas de page.

actionnaires voyaient ce que valaient les options sur titre distribuées dans l'année (ou, pis encore, toutes celles en attente d'être levées), cela risquait d'entraîner une dévalorisation considérable de beaucoup d'entreprises. Ce qui signifiait, en clair : si les actionnaires savaient tout ce qu'on donnait aux directeurs, ils comprendraient qu'il en restait moins pour eux. Cet argument montrait, en fait, qu'une meilleure information ferait une différence – et il jouait, à mon sens, *en faveur* de l'inscription des options sur titre parmi les dépenses[1].

## LES STOCK-OPTIONS ET LA VALEUR ACTIONNARIALE

Quand les directeurs (ou d'autres salariés) reçoivent des options sur titre, l'entreprise s'engage à émettre de nouvelles actions, ce qui dilue automatiquement la valeur de celles qui existent déjà. Supposons qu'il y ait au départ 1 million d'actions valant chacune 30 dollars ; il s'agit donc d'une firme dont la valeur (la « capitalisation boursière ») est de 30 millions de dollars. Si ses dirigeants reçoivent gratuitement 1 million d'actions émises en plus, les anciens actionnaires devront partager la valeur de l'entreprise – et ses profits futurs – avec ces « nouveaux », et chaque action tombera à 15 dollars. Bref, concrètement, les actionnaires paieront aux directeurs 15 millions de dollars – pas directement de leur poche, mais par le biais de la dévalorisation de leurs actions.

Les choses se passent un peu différemment, mais un peu seulement, si les directeurs doivent payer leurs actions à un prix de faveur. Supposons qu'ils les paient au prix cassé de 10 dollars. La compagnie aura désormais une valeur boursière de 40 millions de

---

1. Certaines firmes qui recourent aux options sur titre ont soutenu que payer un PDG 10 millions de dollars n'est pas la même chose que lui donner des stock-options valant 10 millions de dollars. Si dans les deux cas la part des autres actionnaires se trouve réduite, les deux procédés ont des effets différents sur la position de la firme en termes de liquidités. Dans les branches où les entreprises ont souvent d'importantes contraintes de trésorerie, ce point peut être important. La bonne façon de traiter le problème est d'avoir un plan comptable qui donne une information exhaustive sur la situation de trésorerie de la firme.

dollars (les 30 millions initiaux, plus cet apport d'argent frais de 10 millions), à répartir entre les actionnaires qui détiennent à eux tous, à présent, 2 millions d'actions. Chaque action vaut donc maintenant 20 dollars. Là encore, les actionnaires ont perdu – dans ce cas, 10 millions de dollars au total, soit exactement la somme que les dirigeants de l'entreprise ont gagnée, puisqu'ils ont 1 million d'actions valant 20 dollars mais payées 10 dollars seulement.

Si l'on tient compte des conséquences fiscales, le coût pour l'entreprise est encore plus élevé. Quand quelqu'un reçoit un salaire – même s'il est fondé sur un système incitatif de rémunération au résultat –, son montant est déductible pour la firme[1]. Si elle se trouve dans la tranche d'impôt sur les entreprises de 30 %, ce salaire ne lui coûte donc en réalité que 70 cents par dollar. Et si le salarié est lui-même imposé à 28 %, il lui reste après impôt 72 cents par dollar. Bref, pour payer ce salarié 72 cents, la firme dépense 70 cents. Réunissons les deux dispositifs fiscaux et nous trouvons un impôt négatif – une subvention de l'État, pourrait-on dire. Mais avec une option sur titre, qui n'est jamais déclarée comme dépense, il n'y a aucune déduction d'impôt pour l'entreprise. Quand, après avoir levé l'option, le directeur revendra l'action pour encaisser ses gains, il paiera l'impôt sur la plus-value (la différence entre le prix de vente et le prix d'achat) – mais l'entreprise elle-même ne déduira rien. Si l'on additionne les impôts de l'entreprise et du salarié, le total est plus élevé dans ce cas de figure ; mais l'avantage que représentait, aux yeux des PDG, la distorsion de l'information permise par les options sur titre compensait largement cet inconvénient[2].

---

1. Il y a quelques limites techniques, mais nous n'avons pas besoin de nous y arrêter ici.

2. Ce paragraphe concerne le traitement fiscal des stock-options d'incitation (options conditionnelles), celles qu'utilisaient environ la moitié des firmes recourant aux options sur titre à la fin des années 1990. Avec les options non conditionnelles, les compagnies pouvaient déduire de leurs impôts les gains de leurs salariés quand ils levaient l'option sans avoir à déclarer la dépense dans leurs rapports financiers aux actionnaires. Les options non conditionnelles permettaient donc aux entreprises à la fois de surévaluer leurs profits déclarés et de réduire leurs impôts. Pour une analyse plus approfondie, voir Myron S. Scholes *et al.*, *Taxes and Business Strategy*, Englewood Cliffs, N.J., Prentice Hall, 2e éd., 2001.

J'ai eu l'occasion un jour de rencontrer un groupe de hauts responsables du service des payes de l'une des plus grandes entreprises du pays. J'en ai profité pour leur demander, sans détours, pourquoi ils avaient structuré leur système de rémunération d'une façon qui alourdissait leurs impôts et trompait les investisseurs sur la véritable échelle de la rémunération des directeurs. Leurs réponses montrèrent que, globalement, ils n'avaient pas pris en compte toutes les conséquences fiscales ; mais maintenant qu'ils les voyaient, ils ne se disaient pas prêts pour autant à changer de système. Ils avaient pour tâche de maximiser la valeur à court terme pour l'actionnaire, et, pour cela, se devaient d'exploiter l'ignorance du marché sur ce que coûtaient les options sur titre aux compagnies qui en émettaient.

Dans des cercles moins policés, nous pourrions qualifier les stock-options de « vol patronal » : les hauts dirigeants volent leurs actionnaires en abusant de leur naïveté. Tant que le cours de l'action grimpait – 10 dollars, 20 dollars, 30 dollars –, peu d'actionnaires remarquaient quoi que ce fût. Ils avaient l'impression de gagner. C'était un jeu, apparemment, où il n'existait pas de perdants. En réalité, ils perdaient bel et bien. Leurs actions se négociaient à 30 dollars au lieu de 40, ou à 20 au lieu de 30. C'est la subtilité même du vol qui a permis à tant de dirigeants de le faire avaler.

J'use de ce mot fort, « vol », pour qualifier l'une des nombreuses pratiques qui ont permis aux directeurs de dépouiller les actionnaires d'un bien qui leur appartenait. Voler, c'est prendre quelque chose à quelqu'un sans son consentement : c'est exactement de cela qu'il s'agissait. Les victimes ne pouvaient pas être consentantes puisque, pour la plupart, elles ne comprenaient même pas qu'on leur avait pris quelque chose. Les actionnaires étaient censés, bien sûr, être les *bénéficiaires* de cette pratique. L'usage des options sur titre comme forme de rémunération était un legs du mouvement de « défense de la valeur actionnariale* »

---

* Il s'agit des pressions exercées dans les années 1980 par les « investisseurs institutionnels » (fonds de pension, etc.) sur les dirigeants des entreprises pour qu'ils repensent leur gestion en fonction de la « valeur pour l'actionnaire », c'est-à-dire du cours immédiat de l'action. *(NdT.)*

des années 1980. Grâce aux stock-options, disait-on alors, directeurs et actionnaires auraient les mêmes intérêts. L'argument
était séduisant, mais aussi – les événements l'ont prouvé – absolument faux.

Pendant un boom boursier, l'essentiel de la valorisation d'un
titre n'a rien à voir avec les efforts des dirigeants de la firme. Au
cours des années 1990, toutes les actions ou presque ont monté,
souvent de manière considérable. Dans ces conditions, il n'y a
qu'un seul moyen de rémunérer vraiment aux résultats : établir
une courbe de tous les dirigeants, puis attribuer une prime à ceux
qui font mieux que la moyenne (celle des entreprises de leur
branche, peut-être) et une pénalité à ceux qui font moins bien.
Une poignée de firmes ont d'ailleurs adopté ces *systèmes de
rémunération à la performance relative*. Une toute petite
poignée. Disons-le en un mot : du point de vue de la théorie
économique, sans même parler des considérations fiscales, un
système de rémunération bien conçu ne devrait pas comporter
d'options sur titre, car il doit à la fois maximiser l'incitation et
limiter le risque. Or, les stock-options, c'est le risque sans l'incitation, puisque avec elles la rémunération des dirigeants dépend
essentiellement du casino boursier.

La plupart des PDG étaient trop habiles pour accepter l'application sérieuse du système de rémunération par options sur titre.
Quand la Bourse était à la hausse, ils voulaient les primes
prévues dans ce cas. Mais quand elle était à la baisse, ils avaient
la possibilité, en toute honnêteté, de saisir le comité de rémunération des cadres. Ils faisaient valoir qu'il serait injuste de les péna-
liser pour un effondrement général de la Bourse, et l'argument
pouvait être particulièrement fort si l'entreprise avait fait mieux
que la moyenne. (Ils auraient pu en dire autant, bien sûr, quand
des gains leur étaient tombés du ciel boursier, mais ils taisaient
cette injustice-là.) Ils demandaient alors au comité de trouver
d'autres formes de rémunération – une prime unique, par exemple,
pour diriger la firme dans une passe difficile ou gérer une
restructuration très délicate. Ou encore une révision à la baisse
du prix de leurs options pour qu'ils fassent malgré tout une bonne
affaire en les levant, même si le cours était bas. Les comités
de rémunération des cadres, dont, souvent, la composition

dépendait largement des PDG, se conformaient systématiquement à leurs vœux. C'était un dispositif classique du type « face
je gagne, pile tu perds ». En pratique, « salaire d'incitation » était
un euphémisme pour « gros salaire ». Quelques cas particulièrement frappants ont été abondamment commentés : John Chambers, de Cisco, a volontairement réduit son salaire annuel à
1 dollar, tout en continuant à recevoir 6 millions d'options sur
titre pour l'année fiscale 2001, pendant laquelle sa firme a perdu
1 milliard de dollars et vu le cours de son action chuter de 70 %.
Mais la pratique est si générale qu'en moyenne il n'y a guère de
rapport entre rémunération et résultats.

En conséquence, dans les années 1990, la rémunération globale
des PDG américains a commencé à échapper totalement aux
forces économiques ordinaires[1]. Elle est montée à des niveaux
inouïs, en défiant toutes les lois des théoriciens. Sur les marchés
concurrentiels, la rémunération est forcément déterminée par le
jeu de l'offre et de la demande. Si celle des directeurs avait vraiment été fixée par les forces de la concurrence, elle n'aurait dû
augmenter qu'en cas de changement massif de l'offre ou de la
demande. Mais le nombre de PDG sur le marché ne s'était pas
brusquement contracté, et leur productivité ou leurs résultats
n'avaient pas atteint de tels sommets qu'ils auraient soudain
mérité d'être augmentés de 1 000 %. Dans les années 1990, la
rémunération moyenne des hauts dirigeants des entreprises américaines s'est accrue de 442 % en huit ans, de 2 millions à
10,6 millions de dollars. Rythme totalement découplé de l'évolution des salaires des cadres moyens, ou des ouvriers – ou de tout
ce qu'on pourra imaginer. En 1998, les directeurs ont gagné 36 %
de plus qu'en 1997, le col bleu moyen, 2,7 %. Et chaque année
l'écart a été du même ordre. Y compris en 2001, année désastreuse pour les profits et à la Bourse : la rémunération des PDG a
alors augmenté deux fois plus vite que celle du salarié moyen.
Même en supposant les chefs d'entreprise américains plus
productifs que leurs homologues européens et japonais, force est
de constater que la paye des premiers n'a rien à voir avec celle des

---

1. Voir par exemple Jerry Useem, « Have they no shame ? », art. cité.

seconds, non seulement en valeur absolue mais aussi en termes relatifs. Au Japon, le PDG gagne en général 10 fois plus que le salarié moyen ; en Grande-Bretagne, 25 fois plus ; aux États-Unis, en 2000, il a gagné plus de 500 fois plus, contre 85 fois au début de la décennie et 42 fois vingt ans plus tôt.

Les problèmes de la rémunération des cadres supérieurs sont caractéristiques des grandes sociétés anonymes modernes, dont la propriété est très diluée. Si une entreprise n'a qu'un seul propriétaire et que celui-ci paie son directeur trop cher, c'est lui qui en subit les conséquences. Il y a plus de soixante-dix ans, Adolf A. Berle et Gardiner C. Means ont attiré l'attention sur la séparation, dans les grandes sociétés anonymes qui faisaient leur apparition, entre la propriété et la gestion[1]. *En principe*, les actionnaires possédaient *et* géraient l'entreprise, mais dans la pratique ils avaient peu d'informations sur ce que faisaient les directeurs et peu de moyens d'intervenir si ce qu'ils voyaient ne leur plaisait pas. Il y avait bien un conseil d'administration, élu en principe, là encore, par les actionnaires et chargé de surveiller la gestion ; mais, bien souvent, ses membres étaient choisis par le PDG à sa convenance, et les actionnaires ne pouvaient le remplacer que par une rébellion massive.

Il y avait là un autre conflit d'intérêts. Les conseils d'administration sont censés veiller aux intérêts de *tous* les actionnaires. Mais certains conseils, où les administrateurs reçoivent couramment de gros jetons de présence – 10 000, 20 000, 40 000 dollars – du seul fait qu'ils en sont membres et assistent aux réunions, se sont souvent montrés plus soucieux de plaire au PDG que de s'acquitter de leurs responsabilités supposées vis-à-vis de leurs mandants. Et, si les partisans d'une réforme de la gouvernance d'entreprise font grand cas des directeurs *extérieurs* – ceux qui n'appartiennent pas à la direction générale –, un directeur extérieur nommé ou suggéré par le PDG devient, dans la vie réelle, un directeur intérieur dès son entrée en fonction.

Après que certains PDG eurent persuadé leur conseil d'administration de leur octroyer des options sur titre, d'autres purent faire

---

1. Voir Adolf A. Berle et Gardiner C. Means, *Modern Corporation and Private Property*, New York, Commerce Clearing House, 1932.

valoir devant leur propre CA qu'ils les méritaient aussi : c'était une question de prestige, de crédibilité, et une entreprise qui s'y refusait ne pourrait pas recruter des gestionnaires de premier ordre. Argument particulièrement persuasif quand le PDG jouait lui-même un rôle crucial dans la nomination des administrateurs à leurs postes prestigieux et fort lucratifs. Dans des cas extrêmes, les conseils d'administration ont avalisé non seulement les options sur titre, mais même des prêts à faible taux d'intérêt pour leurs propres membres. Manifestement, ils ne protégeaient pas les actionnaires mais cherchaient des moyens de leur dissimuler à quel point la rémunération des PDG devenait gigantesque.

Les États-Unis sont depuis longtemps une source d'innovation : leurs idées, leurs produits s'exportent. Leur illusionnisme financier aussi, au grand dam des Européens. Quand Jean-Marie Messier, la grande vedette française du management à l'américaine, s'est écrasé en flammes avec le groupe Vivendi Universal qu'il avait construit à partir de la Compagnie générale des eaux, il y a eu une satisfaction certaine en France.

### LES INCITATIONS, ÇA COMPTE – MAIS CE À QUOI ELLES INCITENT COMPTE AUSSI

Les défenseurs des stock-options parlaient beaucoup d'incitation mais, paradoxalement, ils ne se souciaient pas réellement de mettre en place de bonnes incitations. Les options sur titre – telles qu'elles ont été effectivement pratiquées – n'incitaient guère à prendre des initiatives pour augmenter la valeur *à long terme* de l'entreprise. Elles faisaient dépendre la rémunération des dirigeants du cours de l'action à court terme, et à court terme il est plus facile d'améliorer les apparences que d'augmenter vraiment les profits.

Même pendant l'expansion, beaucoup de dirigeants n'ont pas jugé suffisant de se laisser porter par la marée montante. Ils ont trouvé moyen de doper leurs revenus – par des opérations fictives qui leur permettaient d'inscrire dans leurs comptes des rentrées d'argent qu'ils n'avaient pas vraiment reçues, en retirant certaines dépenses ou encore en recourant (à de multiples reprises) à des amortissements exceptionnels, le tout pour s'efforcer de donner l'impression de vigoureux profits *normaux*. Ils cherchaient à créer l'apparence du succès attrayant, ou du moins de la séduisante promesse, et d'en tirer le plus d'argent possible avant que le monde ne découvre la vérité. Voilà comment une forme de tromperie en a engendré beaucoup d'autres. Et les investisseurs n'en ont pas été les seules victimes, loin de là.

Quand les cours de la Bourse reflètent une mauvaise information, il faut s'attendre à une mauvaise répartition des ressources. À la fin des années 1990, elles étaient très mal réparties. Le message de la hausse des cours est : « Investissez davantage. » La montée rapide des actions de la haute technologie et des télécommunications a provoqué un surinvestissement colossal dans ces secteurs. Celui-ci a été en partie responsable de la longue récession qui a commencé fin 2000. Et tout est parti d'une pratique comptable douteuse.

Ne pas déclarer comme dépenses les options sur titre, c'était priver les actionnaires de l'information exacte sur le processus de « dilution » de leurs actions ; c'était aussi inciter les entreprises à recourir massivement à cette forme opaque de rémunération ; en liant de plus en plus les revenus des dirigeants à la valeur de l'action à court terme, les stock-options ont poussé les firmes à gonfler les chiffres. Elles l'ont fait. Leurs actions se sont donc négociées à des prix toujours plus éloignés des réalités. Résultat : de plus en plus de capitaux gâchés.

Les options sur titre montrent bien comment la comptabilité peut donner une information mensongère. Les normes qu'appliquent les commissaires aux comptes *indépendants* sont censées limiter la marge de manœuvre des entreprises sur ce plan-là – c'est pourquoi le FASB s'inquiétait tant de la façon de traiter les stock-options. Mais les mutations des folles années 1990, ces innovations financières dont on était si fier à Wall Street, ont donné aux firmes de plus en plus d'occasions de faire mentir les comptes, bien au-delà du cas des options sur titre. Et les innovations dans la profession des experts-comptables ont modifié leurs incitations. Ces commissaires indépendants chargés de contrôler les comptes ont été de plus en plus incités à faire l'inverse – à se muer en auxiliaires et en complices au lieu de poser des garde-fous. À elle seule, l'omission des options sur titre a entraîné une énorme distorsion de l'information : selon une estimation, si elles avaient été inscrites aux charges d'exploitation, le bénéfice par action des sociétés figurant sur la liste du Standard and Poor's 500 en 2001 aurait été inférieur de 20 %.

## COMPTABILITÉ TRUQUÉE

Les rapports financiers des entreprises sont terriblement compliqués, et c'est pourquoi elles font appel à des commissaires aux comptes. Ils ont pour mission de présenter leurs profits, leurs pertes, leur valeur nette, etc., sous une forme normalisée et facile à comprendre. Certains soutiennent que le capitalisme et la grande société anonyme moderne n'auraient pas pu apparaître en l'absence d'experts-comptables fiables, capables de donner une image à peu près juste de la valeur nette et des profits d'une firme. Sans cette information, comment pourrait-on estimer cette valeur ? Les actions donnent à l'investisseur une part des profits de l'entreprise ; mais si celle-ci pouvait simplement maquiller ses chiffres passés, qui achèterait des actions ?

L'État a toujours joué un rôle important pour définir les critères de la fraude. Il y a fraude, en gros, quand l'information induit lourdement en erreur. La façon dont l'État fixe les critères – et les sanctions qu'il inflige quand les auditeurs ne font pas leur travail – influe beaucoup sur la crédibilité des comptes des entreprises, donc sur la force du marché des capitaux.

Il faut des commissaires aux comptes parce que les actionnaires ont conscience qu'ils ne peuvent pas faire confiance aux entreprises : leur incitation à donner une information fallacieuse est trop forte, même s'il y a des lois pour protéger contre la fraude. Il existe des *asymétries de l'information* naturelles : les directeurs savent des choses que les actionnaires ne savent pas[1].

---

1. Les travaux sur l'économie de l'information pour lesquels George Akerlof, A. Michael Spence et moi-même avons reçu le prix Nobel d'économie en 2001 se concentraient sur ces problèmes d'asymétrie de l'information, les situations où une partie (ici, le directeur) en sait plus qu'une autre (ici, l'actionnaire).

Les commissaires aux comptes ont pour tâche de veiller à la conformité des chiffres publiés avec certaines normes. Une bonne réglementation et de bonnes pratiques comptables réduisent les asymétries de l'information et améliorent le fonctionnement des marchés des capitaux. Malheureusement, dans les deux dernières décennies, les forces œuvrant en faveur de l'exactitude de l'information ont été systématiquement sapées.

Si l'on plaisante depuis longtemps sur les comptables (que beaucoup jugent encore plus ennuyeux que les économistes), leur mission est difficile et importante. Leur responsabilité ne se réduit pas à appliquer mécaniquement des règles. Prenons un problème relativement simple comme l'amortissement pour dépréciation (la déduction du revenu qui reflète l'amoindrissement de la valeur d'un actif utilisé pour produire un revenu). Tant sur la déclaration d'impôts que sur les livres de comptes, les immeubles doivent être dépréciés sur une période qui représente leur durée de vie prévue – disons trente ans. Puisqu'un mur fait partie d'un bâtiment, il convient aussi d'amortir son coût, et l'on peut présumer que c'est sur la même durée : trente ans. Mais que faire pour une paroi *amovible* ? Faut-il l'assimiler à un meuble (qui se déprécie sur dix ans) ou à un bâtiment (trente ans) ? Si une firme, pour des raisons fiscales, souhaite sous-évaluer ses revenus, elle préférera peut-être considérer cette paroi comme un bien meuble. Mais si, pour séduire les investisseurs, elle veut les surévaluer, elle sera tentée de déclarer que ce n'en est pas un. Autrefois, ce type de brouillage coûtait cher : grossir ses revenus signifiait payer plus d'impôts. Mais, ces dernières années, des consultants et des comptables imaginatifs ont trouvé moyen de gagner sur les deux tableaux, en faisant passer les coûts du bilan financier vers une entité spéciale spécifiquement créée pour profiter des amortissements fiscaux les plus rapides possible.

Certaines de ces manœuvres sont devenues à la mode au début des années 1980, dans un contexte différent. L'éthique de l'époque voulait que l'on paie aussi peu d'impôts que possible, et l'administration Reagan avait fort obligeamment offert aux entreprises (et aux riches particuliers) quantité de nouveaux moyens d'évasion fiscale. Une firme avait droit à un crédit d'impôt sur l'investissement, par exemple, quand elle achetait une machine. Mais si elle n'avait aucun revenu, ce crédit d'impôt ne signifiait rien pour elle. Pour tourner la difficulté, des accords de leasing compliqués ont été conclus. Au lieu d'acheter une machine avec de l'argent emprunté à, disons, GE Credit, l'entreprise la faisait acheter par GE Credit et la lui louait. Les paiements étaient absolument les mêmes, mais aucune dette n'apparaissait au bilan de la firme, et GE Credit profitait du crédit d'impôt sur l'investissement (facilement utilisable dans son cas étant donné l'énormité de ses profits). Des arrangements de ce genre donnaient meilleure allure à tous les livres de comptes. Les impôts baissaient, les dettes visibles aussi.

Ces leasings offraient d'autres possibilités de libre appréciation, et les firmes ont trouvé moyen d'user de cette marge de manœuvre à leur avantage immédiat. Quand Xerox louait des machines en Amérique latine, il inscrivait dans ses comptes l'ensemble des flux de revenus qu'il prévoyait de recevoir – pratiquement comme s'il s'agissait d'une vente. Mais, lorsque la crise financière mondiale a frappé l'Amérique latine, beaucoup de ces contrats de location n'ont pas été honorés; les revenus qu'on avait déjà intégrés aux profits – et qui avaient contribué à faire grimper l'action Xerox – ne se sont pas matérialisés. Et ce n'était pas une petite affaire : il a fallu au total, en 1997, 1998 et 1999, réduire les profits de Xerox de 6,4 milliards de dollars. En 2003, la SEC a déposé une plainte officielle contre le cabinet d'audit de l'entreprise, KPMG. Ce n'est, dira-t-on, que la seconde action en justice de ce genre contre un très grand cabinet d'audit. Certes. Mais on pourrait aussi dire, à l'inverse, qu'il ne reste plus que trois de ces cabinets à n'avoir jamais été poursuivis par la SEC.

Dans les années suivantes on inventa des méthodes encore plus compliquées, en partie pour profiter des différences entre les législations fiscales des divers pays. Il devint courant de voir des transactions avec de nombreuses parties prenantes – le type d'achats d'équipement dans lesquels autrefois n'auraient été impliqués qu'un acheteur et un vendeur, ou, tout au plus, un acheteur, un vendeur et une banque pour prêter l'argent. Une entreprise américaine peut sous-louer un matériel informatique à une firme étrangère, expressément créée à cette fin, qui elle-même peut ensuite le sous-louer à une autre société américaine (elle aussi créée à cette fin), laquelle va payer la totalité de la location à la firme étrangère, mais en empruntant l'argent à la filiale d'une banque et (de peur que la firme étrangère ne s'enfuie avec) en le déposant immédiatement dans une autre filiale de la même banque. L'entreprise étrangère va alors, peut-être, apporter l'ensemble de son capital (qui ne consiste en rien d'autre que ce compte bancaire et son engagement à payer les traites de location auxquelles elle est tenue) comme contribution à un partenariat. Un an plus tard (apparemment par accord mutuel), la firme américaine achètera son nouveau « partenaire », inscrivant pour cette affaire une perte sur ses livres de comptes. D'autres firmes peuvent éventuellement être introduites dans ce dispositif de fraude fiscale. Ce maelström de minitransactions est conçu pour donner le tournis, dissimuler le fait qu'il ne se passe rien de réel, et, en définitive, voler le Trésor des États-Unis.

Les spécialistes de ces prestidigitations comptables en étaient fiers. Moralement, il n'y avait rien de mal à voler l'État – et peu de risques. Au pis, l'IRS* annulerait la transaction et contraindrait l'entreprise à s'acquitter de l'impôt qu'elle aurait dû payer dès le départ – comme si elle avait bénéficié dans l'intervalle d'un prêt des pouvoirs publics, à un meilleur taux, parfois, que celui qu'elle aurait pu trouver sur le marché. Quant aux amendes, l'État ne s'efforçait guère de les faire rentrer, et y parvenait rarement quand il essayait.

À la fin des années 1990, l'expansion de la bulle rendit secondaires ces gains sur le fisc ; pour certaines firmes, donner fière allure aux livres de comptes devint le seul et unique objectif. Les techniques qu'on avait inventées pour berner l'IRS allaient désormais servir, avec de légères modifications, à duper les actionnaires. Certes, sur le plan moral, c'était différent. Si aucun sentiment de culpabilité ne tourmentait la plupart des directeurs quand ils trompaient l'IRS – peut-être auraient-ils dit que c'était leur devoir, puisque c'était bon pour le cours de l'action –, en revanche, quand il s'agissait d'informer les actionnaires sur la situation financière de la firme, leur devoir était d'être exacts.

---

* L'Internal Revenue Service, le fisc des États-Unis. (NdT.)

Après tout, les actionnaires étaient les propriétaires, et les directeurs travaillaient pour eux. Pour apaiser leur conscience quand ils donnaient une information mensongère au marché, les directeurs pouvaient se dire qu'en faisant monter les cours de l'action ils servaient bel et bien les intérêts de leurs actionnaires – au moins de ceux qui avaient acheté leurs actions à bas prix et réussi à les vendre cher. Apparemment, ils ne pensaient pas à ce qui allait se passer quand la vérité éclaterait ; ils supposaient simplement qu'un autre qu'eux aurait à gérer l'affaire. On leur avait dit de maximiser la valeur actionnariale immédiate, et ils le faisaient – même si cela passait par des informations erronées. Et leur rémunération incitative les en récompensait.

Avec les mutations structurelles de l'économie, les comptables affrontaient de plus en plus de problèmes, et avaient un nombre croissant d'occasions d'utiliser ce qu'ils avaient peaufiné jusqu'à en faire un art. Au fil des ans, ils avaient élaboré un traitement normalisé des investissements industriels et immobiliers. Mais, depuis l'essor de la nouvelle économie, la profession devait se colleter avec des actifs dont l'évaluation était parfois d'une difficulté vexatoire, et qui offraient à leurs entreprises clientes toutes sortes de nouveaux moyens de manipuler les chiffres. Des sociétés se vendaient sur la base de leur nombre d'abonnés – couramment traité comme un actif matériel, même si, dans la pratique, les abonnés pouvaient disparaître très vite. Certaines firmes avaient atteint des valeurs boursières considérables sans réaliser le moindre profit. Et, même si celui-ci existait, quelle assurance avait-on qu'il serait durable ? Dans la sidérurgie, l'énormité des investissements de départ rendait difficile l'entrée sur le marché. Les fins connaisseurs de la nouvelle économie, nous l'avons vu au chapitre précédent, jugeaient crucial l'« avantage du premier ». Autrement dit, entrez le premier sur un marché, et les autres auront du mal à suivre. Mais la nouvelle économie était aussi un univers où de jeunes entreprises pouvaient éclore n'importe où et devenir géantes du jour au lendemain. Tout cela était bien difficile à rationaliser pour les experts-comptables.

On disait que les dérivés, ces nouveaux produits financiers complexes, offraient aux entreprises un puissant outil pour partager et transférer le risque[1]. Mais ils pouvaient aussi servir à retrancher des états financiers certaines sommes, et à camoufler ainsi d'énormes risques. On s'y est parfois laissé prendre, à l'intérieur comme à l'extérieur des firmes. Le public a vu, ces dernières années, de puissantes compagnies comme Barings détruites par des transactions de leurs propres salariés sur les dérivés, que leurs systèmes de comptabilité internes avaient été incapables de détecter. Des collectivités territoriales comme le comté d'Orange, en Californie, se sont retrouvées au bord de la faillite. Quand les clients distraits ont découvert les vrais risques des dérivés en perdant des millions au lieu d'en gagner, comme on le leur avait promis, des empoignades judiciaires épiques ont opposé sociétés financières vendeuses et entreprises acheteuses de ces produits.

Chaque nouveau cas de mauvais usage des dérivés renforçait les inquiétudes à propos de leurs risques. Alors que j'étais président du CEA, le problème a été posé bien des fois. Il y avait une réunion mensuelle des principaux responsables de l'État concernés par les marchés financiers – dont le secrétaire au Trésor et les présidents de la Federal Reserve, du Council of Economic Advisers et de la Securities and Exchange Commission. Mais nos discussions tournaient toujours autour du même constat : nous étions conscients des risques et conscients des avantages. Nous connaissions parfaitement les difficultés que créaient les dérivés quand on voulait évaluer le véritable état financier d'une banque, ou d'ailleurs de n'importe quelle firme, mais nous avions le sentiment de ne pas y pouvoir grand-chose, surtout à une époque de démantèlement des réglementations. Nous avions une certaine confiance dans le marché, et nous nous proposions donc de conti-

---

1. Il n'y a pas de définition simple des dérivés. Ce sont des actifs (ou des paris) *dérivés* d'autres actifs – d'où leur nom. Une option – le droit d'acheter une action à un prix fixé (qu'on appelle le prix d'exercice, ou prix *strike*) – est un dérivé, au sens où sa valeur dérive de celle de l'action en question ; l'acquéreur de l'option gagne ce qui excède le prix d'exercice. Une option de vente, ou *put* – le droit de vendre une action à un prix fixé –, offre à son acheteur la différence entre le prix d'exercice et le prix réel quand le second tombe au-dessous du premier. Les dérivés peuvent être fondés sur les taux d'intérêt, sur les prix du pétrole ou sur des combinaisons de deux ou plusieurs prix.

nuer à suivre de près les événements, sans prendre de mesures de protection particulières contre les dérivés. Avec le recul, il est clair que nous aurions pu faire bien plus pour améliorer la qualité des rapports financiers et limiter le risque.

## LA SECURITIES AND EXCHANGE COMMISSION

Une institution publique américaine, cependant, ne partageait pas l'engouement général pour la déréglementation et comprenait que certains problèmes devaient être réglés à la Bourse pour qu'elle puisse vraiment fonctionner comme elle était censée le faire, et dans l'intérêt de l'investisseur moyen : la Securities and Exchange Commission, dirigée par Arthur Levitt (lequel, par parenthèse, a été confirmé dans ses fonctions au cours des mêmes auditions du Congrès que moi, ce qui a peut-être créé entre nous un lien qui ne se limitait pas à la similitude de nos positions sur le rôle de l'État).

Levitt savait que ces problèmes étaient nombreux et qu'il fallait les traiter tous. Il était conscient des difficultés que la nouvelle économie représentait pour les experts-comptables, et de la marge de décision arbitraire qui leur offrait la possibilité de faire mentir l'information. Mais les questions d'incitation l'inquiétaient encore davantage : il craignait que les firmes d'audit ne soient pas assez incitées à s'acquitter de leur mission et, pis encore, soient confrontées à des incitations contraires.

Pour résoudre le problème de la complexité accrue du traitement comptable, Levitt réunit une commission d'étude sur l'évaluation dans la nouvelle économie, dont on me demanda de faire partie. Elle fut dirigée par l'énergique et perspicace Jeffrey Gartner, doyen de l'école de management de Yale, que j'avais connu alors qu'il était sous-secrétaire au Commerce dans l'administration Clinton. Sa composition était équilibrée : chefs d'entreprise du secteur technologique, universitaires et experts-comptables. Nous comprenions l'importance d'écouter ce que les acteurs de la nouvelle économie avaient à dire : leur vision de ce qui se passait, par la force des choses, était la plus claire. Mais il y avait un problème. Pour certains membres de la commission

– où siégeaient le fondateur d'Enron, Ken Lay, et plusieurs grands bénéficiaires des options sur titre de la Silicon Valley –, des intérêts personnels étaient en jeu. Ils connaissaient bien la situation mais ils en tiraient profit, et souhaitaient voir introduire aussi peu de changement que possible. Ils répétaient le grand refrain du moment : attention au trop d'État, faisons confiance au marché pour tout régler (et le marché a effectivement réglé son compte à Enron, mais après avoir détruit quantité d'emplois et ruiné beaucoup de gens).

Quelles que fussent les instructions générales qu'on allait donner aux commissaires aux comptes, quelles que fussent les règles, Levitt savait bien, cependant, qu'il leur resterait une marge de libre appréciation. Il fallait donc mettre en place les incitations correctes pour qu'ils utilisent ce pouvoir discrétionnaire dans le sens d'une information meilleure et plus précise. Or leurs incitations n'étaient pas bonnes. C'est un vieux problème. Les cabinets d'audit sont payés par les firmes pour lesquelles ils travaillent, et ils veulent naturellement plaire au client. Après tout, ce sont les dirigeants de l'entreprise qui décident à quel cabinet ils vont s'adresser. Mais à cette situation déjà problématique s'est ajouté un nouvel ingrédient.

Au fil des ans, les experts-comptables avaient développé deux types d'activité : le conseil et l'audit. Il y avait des synergies naturelles : en étudiant à fond les livres de comptes, les comptables acquéraient une connaissance intime de l'entreprise qui leur permettait de lui conseiller des moyens d'augmenter ses profits (ou ses profits déclarés). Mais quand l'activité « conseil » des cabinets d'experts-comptables s'est développée, la tentation d'être moins regardant côté audit s'est accrue. Si un cabinet qui gagne des millions en tant que consultant tombe sur la preuve d'une sombre pratique comptable, peut-être fermera-t-il les yeux. Pour complaire au client, il peut même lui suggérer une pratique douteuse – certains moyens de se conformer (techniquement) aux lois et règlements tout en donnant une image fallacieuse de la firme. Les produits dérivés – la grande innovation financière des décennies précédentes – étaient un outil bien adapté à ce type de fraude. Ils pouvaient servir, par exemple, à déguiser un emprunt en vente à terme. On reçoit de l'argent aujourd'hui pour un actif que l'on remettra plus tard, et tout cela peut demeurer hors des comptes. Rien d'illégal, sauf que la firme ne donne pas son véritable état financier. Mais, souligneront peut-être les défenseurs de ces pratiques, tout se trouve dans les notes de bas de page.

Levitt voulait une réglementation interdisant à un cabinet de servir le même client sur les deux plans. « Faites-nous confiance », ont répondu en substance la profession et ses alliés. Et ils ont eu gain de cause, malheureusement. Avec le recul, le bien-fondé du jugement de Levitt est incontournable. On ne pouvait pas pousser la confiance jusque-là.

Une entreprise eut des difficultés particulières à résister aux tentations. Arthur Andersen, qui jouissait d'une réputation presque sans tache depuis sa fondation en 1913, connut une âpre guerre interne. Comme c'est fréquent au sein des firmes spécialisées dans les services de haut niveau aux entreprises, certains secteurs estimaient ne pas recevoir leur juste part des profits. En l'occurrence, Andersen Consulting, qui faisait rentrer le gros des revenus par son activité de conseil, se jugeait insuffisamment récompensé. Ne parvenant pas à trouver un terrain d'entente, les deux parties entamèrent une tumultueuse procédure de divorce. Le volet « conseil » devint indépendant. L'usage du nom d'Andersen lui ayant été interdit, il se dota d'une nouvelle dénomination, avec nouveau logo et nouvelle marque. La firme qui en naquit, Accenture, pensait avoir subi là une lourde perte. Quelques années plus tard, cette défaite judiciaire devint pour ses affaires un don du ciel.

Privé de la partie la plus rentable de son activité, Arthur Andersen résolut alors de reconstruire une activité conseil à partir de rien, et vite. Aller vite est toujours risqué. En économie, nous parlons de la « survaleur » d'une firme – la valeur des profits futurs d'une entreprise qui fonctionne bien. L'un des grands objectifs d'une firme quand elle fait preuve de prudence (ou sert honnêtement ses clients), c'est de maintenir sa survaleur. Comme celle d'Arthur Andersen avait déjà beaucoup diminué à la suite de cette lutte intestine, ses incitations à se montrer prudent s'étaient affaiblies. Il n'est peut-être pas surprenant de le trouver mêlé à tant de scandales des années 1990. WorldCom et Enron sont les plus notoires, mais au fil des ans la liste a été longue ; elle comprend, entre autres, Sunbeam, Waste Management, Global Crossing, Dynegy, Halliburton, Colonial Realty et Qwest[1]. C'était plus que de la simple malchance.

Tout système d'incitation comporte des carottes et des bâtons. Pour encourager les cabinets d'experts-comptables à fermer les yeux, ce n'étaient pas les carottes qui manquaient. Pour les en dissuader, il y avait, traditionnellement, un gros bâton : si l'affaire tournait mal, ils pouvaient être poursuivis. C'était autrefois tout à fait courant. Quand une firme faisait faillite, ceux qui perdaient leur argent cherchaient à se retourner contre quelqu'un – ce qui, aux États-Unis, veut dire porter plainte. Poursuivre en justice une firme en faillite n'a évidemment aucun sens (notamment quand on est l'un de ses propriétaires). Parfois, les actionnaires mécontents attaquaient les directeurs, mais ceux-ci ont vite appris à se protéger (en transférant leur argent dans les paradis fiscaux, entre autres). Dans certains cas, ils n'étaient pas suffisamment riches pour valoir la peine d'être poursuivis. Les avocats cherchent toujours des adversaires aux poches bien remplies, et les cabinets d'experts-comptables constituaient le coupable idéal. Au milieu des années 1990, la multiplication des procès à leur encontre, en particulier dans la Silicon Valley, patrie des point-com et autres « jeunes pousses », était devenue vraiment préoccupante. Les entreprises craignaient de ne plus pouvoir trouver de cabinets d'audit, ou de devoir leur payer des honoraires exorbitants pour les couvrir contre les éventuelles poursuites judiciaires. En 1995, le Congrès, passant outre au veto du président, vota une loi limitant les plaintes en matière financière ; il offrait ainsi une protection importante aux cabinets d'audit. Trop importante, peut-être. Désormais à l'abri des

---

1. « Andersen n'est pas étranger aux manœuvres frauduleuses. Il a donné les moyens de leurs méfaits à d'autres entreprises qui se sont fait une spécialité de voler le public », a dit l'attorney général du Connecticut, Richard Blumenthal, poursuivant ainsi : « Andersen a été lourdement impliqué dans le scandale de Waste Management, d'où [...] le versement de plusieurs millions de dollars aux investisseurs spoliés. [...] [Il a joué] un rôle clef dans la fraude de Colonial Realty, qui [...] s'est soldée par des indemnisations et l'interdiction de certaines activités » (communiqué de presse du cabinet de l'attorney général du Connecticut, 5 février 2002 ; voir www.cslib.org/attygenl/press/2002/other/aasubp.htm).

procès, les experts-comptables allaient se montrer plus enclins à prendre des « risques », et accorder plus souvent le bénéfice du doute à une entreprise qui faisait violence aux chiffres.

## LES EXPÉRIENCES AILLEURS

Si l'Europe n'a pas connu de scandales d'une envergure et d'une gravité telles que celles constatées aux États-Unis, certains problèmes de fond y étaient bien présents, sans se manifester toujours pleinement. L'Europe est restée loin derrière, par exemple, pour l'usage des options sur titre, et, à l'heure où ce livre est mis sous presse, les régulateurs européens semblent fermement décidés à exiger des entreprises qu'elles les inscrivent à leurs charges d'exploitation – ce que beaucoup ne faisaient pas jusqu'alors. Mais les firmes européennes qui utilisent les options sur titre n'ont pas abandonné la partie. Elles emploient toute la panoplie d'arguments qu'avaient avancée leurs homologues américaines, dont celui de la forte réduction qui s'ensuivrait dans les profits déclarés (ceux des six cents premières firmes du monde, selon une estimation, baisseraient de 15 % – chiffre qui, pour leurs adversaires, prouve justement combien il est important d'améliorer les pratiques comptables).

En revanche, de nombreux pays européens n'exigent pas même des sociétés cotées en Bourse qu'elles publient la rémunération totale de leurs hauts dirigeants, et la plupart ne le font pas. Quand les chiffres ont été connus, l'indignation a peut-être été encore plus vive qu'aux États-Unis – notamment lorsque les chefs d'entreprise s'étaient enrichis pendant que leurs firmes étaient en crise. Comme en Amérique, les plans de retraite offrent un moyen discret de rétribuer fort généreusement les directeurs sans le faire savoir aux actionnaires. On a beaucoup parlé du cas de Percy Barnevik, président d'ABB, grand groupe d'ingénierie helvéto-suédois de plus de 160 000 salariés. Même le conseil d'administration a soutenu qu'on ne l'avait pas convenablement informé de l'échelle de sa retraite – une pension de 148 millions de francs suisses (en plus d'autres primes liées aux résultats) –, en conséquence de quoi il a imposé la restitution de 90 millions de francs suisses.

Avec la mondialisation, les grands cabinets d'experts-comptables américains sont désormais très présents dans le monde entier, ou presque. Tant les vertus que les vices des pratiques américaines se sont répandus partout. Dans tous ces pays, les cabinets ont aussi compris que l'activité conseil rapporte plus que leurs services comptables traditionnels, ce qui les a exposés aux mêmes conflits d'intérêts.

Comme on pouvait s'y attendre, la haute technologie et les télécommunications ont reçu plus que leur part des problèmes : la société espagnole Telefonica, par exemple, opérant une légère correction pour se conformer aux règles américaines, a republié ses résultats pour 2001 en remplaçant un profit de 2,1 milliards d'euros (1,9 milliard de dollars à l'époque) par une perte de 7,2 milliards d'euros. Mais ces deux secteurs n'ont nullement l'exclusivité des scandales financiers. Même la société néerlandaise de produits d'épicerie Ahold en a connu un.

Reste à savoir si la raison pour laquelle l'Europe a échappé aux formes extrêmes des problèmes qui ont frappé l'Amérique tient à de bonnes normes de comportement – plus de décence –, à la chance ou à de bons principes de comptabilité.

Une analyse privilégie la dernière explication. Au cours des années 1990, les États-Unis ont voulu exporter leur version du capitalisme dans le monde entier et vanté les mérites de leurs pratiques comptables – notamment après la crise asiatique –, mais chacun a pu remarquer ensuite que, s'ils avaient eux-mêmes suivi les principes de comptabilité en usage dans de nombreux autres pays industriels avancés, plusieurs de leurs scandales ne se seraient peut-être pas produits. Entre la comptabilité américaine et les autres, il y a beaucoup de points communs, mais aussi une différence cruciale : les États-Unis ont fait le choix du juridisme. Il y a un ensemble détaillé de règles, et, du moment qu'elles sont respectées, tout est permis, même si l'image globale de la santé financière de la firme à laquelle on aboutit est entièrement fallacieuse. Tout comme, dans une période antérieure, les avocats et les comptables avaient cherché des méthodes pour réduire au minimum les prélèvements fiscaux sans aller en prison ni payer d'amende, ils se sont donné dans les années 1990 une tâche encore plus redoutable : trouver comment enrichir les dirigeants en place, là encore sans aller en prison ni payer d'amende – donc en restant toujours dans le cadre des règles –, aux dépens des actionnaires d'aujourd'hui ou de demain. Puisque la rémunération des directeurs était essentiellement à base d'options sur titre, il fallait faire monter la valeur boursière des entreprises, que ce fût en annonçant une augmentation imaginaire des ventes, en effaçant les dettes de l'état financier ou en y inscrivant les recettes de certaines opérations mais pas leurs coûts. En Europe, les commissaires aux comptes ont pour mission de présenter une image fidèle de la santé financière de la firme (ce qui leur laisse aussi, certes, une marge de manœuvre considérable). À une autre époque, peut-être, l'éthique professionnelle aurait imposé aux cabinets d'audit américains de ne pas s'en tenir aux règles et de révéler les cas où les chiffres ne donnaient pas une juste vision de la réalité. Mais les États-Unis des années 1990 privilégiaient l'argent et les marchés, donc, tant que les règles étaient respectées, l'image globale pouvait être trompeuse – et elle l'était souvent.

Une autre analyse soutient que le comportement n'était pas meilleur en Europe, mais que le contrôle y était moins efficace : peut-être les régulateurs européens n'ont-ils pas su détecter des débâcles, même de l'envergure d'Enron. Sans aller jusque-là, il faut reconnaître qu'il est toujours difficile de faire respecter les règles. La plupart des fraudes d'Enron n'avaient pas été découvertes avant sa faillite : c'est elle qui a imposé un niveau d'examen auquel on soumet peu de firmes dans le cours normal de leurs affaires. Et aucun système comptable n'est parfait. Les règles sont importantes (ne pas compter les options sur titre comme une charge d'exploitation, par exemple, donne une image systématiquement fausse de l'entreprise et instaure un ensemble d'incitations qui vont probablement conduire à d'autres distorsions), mais toute réglementation peut être tournée. Les comptes d'une firme doivent donner une image fidèle de sa situation, ce qui nécessite de porter des jugements, mais la comptabilité en a toujours exigé des milliers, et les comptables sont des professionnels qualifiés que l'on paie pour prendre ces décisions délicates ; en cas de jugement aberrant comme en cas de violation des règles, il faut tenir pour responsables tant l'expert que le cabinet qu'il représente, et prendre des sanctions fortes. Il y aura controverse sur les règles – à court terme, certaines firmes peuvent être désavantagées par tel ou tel type de réglementation, et d'autres ne souhaitent pas que l'information donnée à leur sujet soit plus exacte –, mais, à long terme, la meilleure information qui résultera de ces réformes rendra le marché des capitaux plus efficace, et l'économie aussi.

## LES LEÇONS

Ce qui, dans l'affaire Enron et les autres scandales, a surtout choqué les Américains et la plupart des gens dans le monde, c'est l'injustice. Des dirigeants déjà grassement rétribués ont utilisé pour s'enrichir personnellement l'information dont ils disposaient, alors même qu'ils exhortaient leurs salariés à se serrer la ceinture et à conserver l'argent de leur retraite en actions de la compagnie. Pour justifier leurs somptueuses rémunérations, les directeurs proclamaient qu'ils avaient « créé de la valeur » et fait de leur firme la superpuissance qu'elle semblait être. Mais, très souvent, ils n'avaient édifié qu'un château de cartes.

L'enjeu dépassait le fair-play. Pour qu'une économie de marché fonctionne bien, tous ses participants doivent lui faire confiance. Il faut que les investisseurs, et les investisseurs potentiels, soient certains qu'il y a un terrain égal pour tous et une information exacte, non un jeu truqué dans lequel « ceux du dedans » sont sûrs de gagner. Au lendemain des scandales des années 1920 et du début des années 1930, les États-Unis ont légiféré pour essayer de régler les problèmes révélés par le krach. Ils ont adopté des réglementations sur tous les sujets, des tentatives de monopoliser le marché au délit d'initié. La Securities and Exchange Commission a été créée en 1934, et, avec d'autres mécanismes de contrôle et de contrepoids (dont les plaintes en nom collectif*), elle a contribué à construire une éthique professionnelle chez les

---

* La plainte en nom collectif (*class-action suit*) permet à des particuliers de porter plainte ensemble contre une entreprise. (*NdT.*)

dirigeants d'entreprise, les auditeurs et d'autres acteurs, permettant de créer un marché des titres d'une envergure sans précédent avec une participation sans précédent. Au moment de son apogée, en mars 2000, la capitalisation boursière des actions américaines (mesurée par l'indice Wilshire) était de 17 000 milliards de dollars, soit 1,7 fois la valeur du PIB des États-Unis. Un ménage américain sur deux possédait des actions.

Mais le monde a beaucoup changé au cours des soixante dernières années. De nouvelles formes de fraude se sont développées. Dans le feu de l'action des années 1990, pendant que les valeurs boursières montaient, les valeurs humaines se sont érodées, et le terrain est redevenu terriblement inégal. Cette situation a contribué à la bulle qui a éclaté peu après le début du nouveau millénaire. La controverse du début des années 1990 sur les stock-options m'a paru extrêmement importante à l'époque, peut-être à cause de mes recherches, qui soulignaient le rôle crucial d'une information juste et précise dans le fonctionnement d'une économie de marché. Mais, pendant l'expansion, on ne pouvait pas intéresser grand monde à ce problème, sauf ceux qui bénéficiaient des mauvaises pratiques. Là encore, nous avons fait confiance au jugement des experts, dont ceux de la communauté financière et des cabinets d'experts-comptables, bien qu'au vu de leurs intérêts personnels nous eussions dû être sur nos gardes. Arthur Levitt avait raison : il fallait davantage de réglementations, et de plus contraignantes. Si nous n'avions aucun moyen d'être sûrs que l'information serait toujours exacte, nous pouvions du moins réorienter les incitations. Les options sur titre avaient dévié celles des chefs d'entreprise, et l'activité de conseil, celles des auditeurs. Les carottes jouaient maintenant dans le mauvais sens − elles détournaient de l'information correcte ; simultanément, la réforme des lois sur la responsabilité judiciaire affaiblissait le bâton ; et cela dans une période où il était toujours plus difficile d'être véridique et où les occasions de mentir se multipliaient.

J'ai commencé ce chapitre en parlant d'occasion perdue. Que se serait-il passé si ?... Aurions-nous évité la bulle si nous avions insisté pour un meilleur traitement comptable des stock-options des PDG ? Nous ne le saurons jamais. Mais il est certain que,

avec les autres problèmes de comptabilité exposés dans ce
chapitre, la mauvaise prise en compte des options sur titre a été
très nocive. Et elle a contribué à cet ethos des années 1990 qui a
gonflé la bulle, donc aggravé le krach.

Les conflits d'intérêts que nous venons d'analyser étaient déjà
assez désastreux ; leurs effets ont été amplifiés par des problèmes
semblables, peut-être plus graves, dans le secteur financier, vers
lequel nous nous tournons maintenant.

# Chapitre 6

# Les banques et la bulle

Dans la frénésie affairiste des années 1990, beaucoup se sont laissé emporter par un rêve – faire fortune – et ont assoupli leur éthique pour y parvenir. Mais nulle part ce phénomène n'a été plus surprenant que dans la banque. Depuis toujours, on se représentait le banquier comme un homme austère, prudent, en complet gris, gardant à l'œil les entreprises auxquelles il avait prêté car il voulait avant tout être remboursé, un homme qui avait horreur du scandale et des prêts douteux. La banque était un garde-fou important dans l'économie américaine : en surveillant son portefeuille de prêts, elle aidait à prévenir les faillites et les excès des entreprises.

Les années 1990 ont tout changé. Des analystes ont chaudement recommandé des actions sans valeur, des banquiers ont aidé Enron à monter dans les paradis fiscaux les fragiles échafaudages qui l'aidaient à cacher ses dettes, offert en douce à leurs amis des actions lors des introductions en Bourse les plus excitantes[1] et trempé dans toutes sortes d'activités peu reluisantes. En 2001-2002, il s'est avéré que nombre de très grandes banques américaines

---

1. En anglais IPO (*initial public offerings*, littéralement « offres initiales au public »). Les actions offertes dans le cadre d'une introduction en Bourse sont généralement vendues bien au-dessous du cours qu'elles vont atteindre presque immédiatement après l'émission. C'est pourquoi il est si intéressant d'en posséder. Nous reviendrons plus longuement dans le courant de ce chapitre sur les introductions en Bourse.

étaient mêlées à une nuée de scandales – des noms légendaires comme JP Morgan Chase, Merrill Lynch, Crédit Suisse First Boston, Citigroup et sa vénérable filiale la maison de change Salomon Smith Barney, Goldman Sachs... Il leur en a coûté 1,4 milliard de dollars, dans un règlement judiciaire avec l'attorney général de l'État de New York, Eliot Spitzer[1].

Mais ce ne sont pas les parcours individuels, les méfaits d'une poignée d'analystes cupides qui m'intéressent ici. C'est la transformation de l'activité bancaire aux États-Unis et son impact sur le fonctionnement global de l'économie. Traditionnellement, il y avait dans ce pays deux types de banques : les banques d'affaires *(investment banks)*, qui émettent les actions et les obligations, et les banques de dépôts *(commercial banks)*, qui prêtent l'argent des déposants. Dans les années 1990, une loi a autorisé les fusions entre ces établissements – d'où l'apparition de conglomérats financiers comme JP Morgan Chase et Citigroup. La plupart comptaient parmi leurs filiales, ou ont acheté, des maisons de change, par exemple Salomon Smith Barney pour la Citibank. Les événements dont il est question dans ce livre concernent essentiellement le secteur banque d'affaires, et notamment les conflits d'intérêts que sa coexistence avec d'autres activités au sein de ces groupes a fait apparaître. La rentabilité des banques d'affaires était traditionnellement fondée sur l'information : elles s'étaient fait une réputation de fiabilité. Mais les mutations économiques des années 1990 ont modifié leurs incitations ; tout comme les PDG dont elles émettaient les actions, elles ont été incitées à donner au marché une information faussée.

Pour que la Bourse fonctionne bien, les investisseurs doivent savoir très exactement ce que vaut une société afin de payer ses actions au juste prix. En dissimulant les problèmes structurels de nombreuses firmes qu'elles introduisaient sur le marché, ou qu'elles aidaient à capitaliser par des émissions d'actions, les banques ont érodé la qualité de l'information. Elles étaient

---

1. Les lecteurs intéressés par un exposé détaillé de l'inconduite de presque toutes les grandes banques d'affaires et de dépôts des États-Unis peuvent se reporter aux conclusions de l'attorney général de l'État de New York sur le site www.oag.state.ny.us/press/statements/global/resolution.html.

censées éclairer les investisseurs, réduire l'écart entre initiés et non-initiés, et elles ont fait l'inverse, en maintenant ou aggravant les asymétries de l'information. Souvent, banquiers et analystes connaissaient la situation réelle des firmes avec lesquelles ils travaillaient – mais pas le public. La confiance dans les marchés s'est affaiblie et, quand l'information correcte a percé, les cours ont brutalement chuté.

Pourquoi banquiers et analystes étaient-il prêts à donner de fausses informations ? C'est un problème d'incitation. Les introductions en Bourse et les autres transactions leur rapportaient gros, si gros qu'il était devenu pour eux bien plus lucratif de mentir que de dire la vérité. Et, s'il y avait quantité d'incitations à truquer l'information, celles qui jouaient en sens inverse étaient faibles ou inexistantes. La qualité de la gestion d'une entreprise est assimilable à ce que l'on appelle un « bien public » ; quand elle est bonne, tout le monde en bénéficie : direction, personnel, actionnaires, créanciers, etc.[1]. Supposons qu'un actionnaire isolé réussisse, par ses seuls efforts, à améliorer la gestion d'une firme : ses dividendes seront plus élevés, certes, mais ceux des autres actionnaires aussi. Autant dire que ce bienfaiteur ne recevra qu'une infime partie des retombées positives de son initiative. Par conséquent, il n'a pas d'incitation à faire des efforts gigantesques pour améliorer les choses.

Plusieurs changements intervenus au cours des années 1990 ont transformé cet ensemble de problèmes latents en désastre économique de grande ampleur. La déréglementation et ses

---

1. Les problèmes évoqués dans ce paragraphe concernent ce qu'on appelle plus généralement la « gouvernance d'entreprise », que j'aborderai plus loin dans ce chapitre. Le débat moderne sur le sujet a été lancé par Berle et Means, *Modern Corporation and Private Property (op. cit.)*, mais il y avait eu avant eux des analyses solides, comme celle d'Alfred Marshall (*Principles of Economics*, Londres, Macmillan, 1928). Son étude des défis qui attendaient la science économique dans le siècle à venir est centrée sur des questions qui relèvent aujourd'hui de la gouvernance d'entreprise. Au début et au milieu des années 1980, j'ai commencé à examiner le sujet sous l'angle de l'information asymétrique et des biens publics. Voir J.E. Stiglitz, « Credit markets and the control of capital », *Journal of Money, Banking and Credit*, vol. 17, n° 2, mai 1985, p. 133-152. Voir aussi Andrei Shleifer et Robert Vishney, « A survey of corporate governance », *The Journal of Finance*, vol. 52, n° 2, juin 1997.

sources nouvelles de conflits d'intérêts, les options sur titre et d'autres systèmes de rémunération malencontreux qui incitaient à privilégier le court terme, se sont révélés aussi problématiques dans le secteur financier qu'ailleurs. Les banquiers des années 1990 n'étaient pas fondamentalement différents des chefs d'entreprise d'autres secteurs excitants de l'économie. Ils ont appris à faire monter le cours de leur propre action, tout comme ils aidaient leurs clients à le faire. La hausse des cours était censée créer de la valeur actionnariale à long terme, mais le marché, trop souvent, ne s'intéressait qu'au court terme, au résultat financier immédiat. Et, comme la rémunération des cadres supérieurs dépendait aussi du cours du jour, ils étaient plus incités à se concentrer sur les profits du moment qu'à se soucier de la renommée à long terme de leur firme.

On peut en dire autant d'analystes comme Mary Meeker chez Morgan Stanley, Jack Grubman chez Salomon Smith Barney (la maison de change de la Citibank) ou Henry Blodget chez Merrill Lynch. Ils ont gagné des millions en faisant la promotion des actions des télécommunications et du secteur high-tech. Tous ont été accusés d'avoir fourni aux clients non avertis qui comptaient sur eux des analyses riches en hyperboles mais pauvres en informations sur la valeur réelle des firmes[1]. Les primes et autres incitations financières qu'ils recevaient les incitaient à penser à court terme. S'assurer un bonus pour avoir réussi l'« atterrissage » d'une grosse affaire bancaire devenait plus important que donner l'information juste qui contribuerait à orienter les capitaux vers l'usage le plus productif. Au lieu de tirer la sonnette d'alarme quand des entreprises truquaient leurs livres de comptes ou enfouissaient des chiffres révélateurs sous plusieurs couches de ténèbres impénétrables, les banques les ont aidées à le faire.

---

1. Dans un règlement judiciaire d'avril 2003, Jack Grubman et Henry Blodget ont accepté des interdictions à vie de travailler dans la branche et des amendes de près de 20 millions de dollars, bien qu'ils ne se fussent pas reconnus coupables. Dans le même règlement, le PDG de Citigroup, Sanford I. Weill, a accepté qu'on lui interdise toute communication avec les analystes de sa firme sur les sociétés qu'ils suivent en l'absence d'un conseiller juridique d'entreprise. Avant sa chute, Grubman avait été distingué par *Institutional Investor* comme le meilleur analyste du secteur des télécommunications. Seule Mary Meeker a conservé son poste.

Certains analystes de Wall Street ne comprenaient vraiment rien aux firmes qu'ils suivaient. D'autres, comme nous l'apprend le langage péjoratif de leurs e-mails, ne comprenaient que trop bien. Peu importait.

Tout comme elles offraient aux experts-comptables des moyens inédits de fausser l'information, les techniques modernes de l'ingénierie financière donnaient aux banques des possibilités inattendues de jouer les complices. Et la déréglementation aussi. Il y avait en fait entre les comptables et les banques diverses synergies nouvelles qui n'étaient pas toujours dans l'intérêt du public. Avec les difficultés de la comptabilité, les premiers ne contrôlaient plus le pouvoir des secondes comme ils auraient dû le faire. Quant aux banques, elles s'acquittaient beaucoup moins de leur tâche traditionnelle : tenir à l'œil les entreprises auxquelles elles avaient prêté de l'argent. C'est pourquoi les problèmes du secteur bancaire ont eu des conséquences systémiques aussi vastes.

La déréglementation a élargi le champ des conflits d'intérêts. Elle a eu aussi l'effet, tant proclamé, d'intensifier la concurrence. Dans un contexte normal, c'est une bonne chose, mais dans les années 1990 les banques étaient si avides de profits immédiats qu'il y eut ruée vers l'infamie. Chaque banque savait que ses concurrentes se livraient à des pratiques douteuses ct que, faute d'en faire autant, elle serait distancée. Et chaque directeur de banque était conscient des conséquences : moins de primes, voire, peut-êtrc, le licenciement.

La bulle et la malfaisance se renforçaient mutuellement. Plus la bulle gonflait, plus l'incitation à faire le nécessaire pour qu'elle continue à grossir était forte. Les banques se doutaient bien que, lorsqu'elle éclaterait, nombre des prêts qu'elles avaient consentis s'évanouiraient. Pour sauver leur portefeuille, elles devaient donc absolument maintenir la bulle en mouvement. Si les participants au marché avaient eu pleinement conscience des incitations à l'œuvre chez les banquiers, les agents de change et les analystes qui travaillaient pour eux, ils se seraient peut-être méfiés des informations qu'on leur donnait. Vérité bien comprise par les nombreux banquiers qui ont participé aux manipulations : ils ne disaient pas un mot des gains qu'elles leur rapportaient.

Au cœur des folles années 1990 et de la crise qui a fini par éclater au tout début du nouveau siècle, il y a une relation symbiotique entre Wall Street et la Silicon Valley. J'étais fort bien placé pour voir ce qui se passait dans la Silicon Valley – laquelle, avant même les années 1990, s'était imposée comme le centre de l'innovation – et à Wall Street. J'étais « à cheval » sur ces deux cultures profondément différentes – celle de la technologie novatrice à l'ouest et celle des montages financiers à l'est. De 1979 à mon arrivée à Washington, en 1993, j'ai réparti mon temps entre l'université de Stanford, au cœur de la Silicon Valley, et celle de Princeton, à une heure de Manhattan et de Wall Street. Sur la côte ouest, l'intérêt pour les ordinateurs, les réseaux et l'e-commerce s'était mué en fièvre : on ne pouvait plus entrer dans un restaurant ou un café sans entendre parler, dans la plus vive excitation, de la toute dernière technologie sensationnelle ou idée d'affaire supergéniale. Pendant ce temps, sur la côte est, il n'était question dans les conversations que de finance, d'introductions en Bourse, de fusions, d'acquisitions, de la firme ou du secteur sur le point de « décoller ».

Tout différents qu'étaient New York et la Silicon Valley, ils étaient interdépendants et le savaient. Les idées neuves avaient besoin de capitaux pour parvenir à maturité, et la Silicon Valley avait développé à cette fin une institution nouvelle, la firme de capital-risque. Mais celle-ci ne pouvait financer une nouvelle entreprise que si elle parvenait à tirer de l'argent d'une précédente aventure réussie. Et, si Wall Street était à même d'en gagner à foison en restructurant l'« ancienne économie », le vrai filon était pour lui l'introduction de la nouvelle économie sur le marché. Certains de ses financiers ne comprenaient pas grand-chose à ce qu'ils vendaient, mais quelle importance ? Dans l'économie-bulle, tout ce qu'on vendait rapportait gros.

Tout le monde voulait en être. Dès qu'une jeune entreprise sortait de terre, les grandes maisons de placement vendaient ses titres au public – aux fonds de pension et autres investisseurs institutionnels, et aux particuliers à travers un vaste réseau d'agents de change. Dans les années 1990, l'aptitude de l'Amérique à financer l'innovation a suscité l'envie dans le monde entier.

Il y avait beaucoup de points communs entre ce qui se passait sur les deux côtes. L'une et l'autre avaient besoin de créativité, mais d'un type tout à fait différent. L'argent les menait toutes deux, mais sur la côte ouest il était modéré par la science, et souvent tempéré par l'idéalisme, le souci de l'environnement ou l'engagement social. Sur les deux côtes, l'*information* était la clef du succès – code informatique dans la Silicon Valley, données financières à Wall Street. La Silicon Valley et ses firmes de capital-risque prospéraient grâce à l'information sur les technologies, aux jugements sur ce qui allait marcher, au savoir-faire en matière de création d'une start-up. Les banques d'affaires de la côte est comptaient sur leur connaissance des sources de financement, la confiance que ces sources avaient en elles, les talents nécessaires aux montages compliqués et la capacité de les mener à bien. Les deux cultures respiraient la confiance en soi – en ce qu'on savait, en ce qu'on pouvait faire. Et pourtant, dans leurs mentalités, leurs styles et, ce qui se voyait le plus, leurs vêtements, la différence était frappante. À l'ouest, c'était *casual friday* tous les jours, et pas qu'un peu\*. Chez Yahoo !, on n'était pas surpris de trouver le cofondateur (et milliardaire immédiat) David Filo en t-shirt déchiré et blue-jean sale – et pieds nus. Cette tenue soulignait qu'on s'intéressait au fond et pas à la forme. Beaucoup de cadres de direction et d'ingénieurs définissaient leurs choix de carrière en termes très idéalistes : la Silicon Valley était un endroit où vous pouviez parler sans qu'on vous rie au nez de changer le monde grâce aux potentialités offertes par une société en ligne de vente d'aliments pour chiens et chats. Mais c'était aussi un endroit où les esprits semblaient dardés sur la tâche immédiate comme un rayon laser.

Ceux qui gagnaient de l'argent en suivant les avis de Wall Street étaient prêts à faire entièrement confiance aux analystes et aux banquiers d'affaires, tout comme la plupart de ceux qui

---

\* Si les firmes high-tech de la côte ouest pratiquaient la liberté vestimentaire totale, il n'en allait pas de même ailleurs, jusqu'au jour où est apparue une première entorse à l'obligation de porter un costume ou une tenue « habillée » : certaines entreprises ont autorisé leur personnel à se présenter en vêtements plus détendus, *casual*, les vendredis d'été, ce qu'on a baptisé le *casual friday*. Bientôt, les traditionalistes se plaignirent que c'était « *casual friday* tous les jours ». *(NdT.)*

bénéficiaient de l'expansion économique étaient prêts à faire confiance aux hommes et aux femmes qui géraient l'économie à Washington. Et les banquiers n'étaient pas moins sensibles à ces éloges que les politiques.

## L'EXPLOITATION DU BOOM BOURSIER

La mutation de l'économie a transformé le rôle des banques comme celui des entreprises. Nous avons vu dans le précédent chapitre que la croissance des grandes firmes avait induit la séparation entre propriété et gestion. Ceux qui les géraient le faisaient au nom de millions d'actionnaires dont ils étaient censés promouvoir les intérêts. En vérité, ils privilégiaient souvent leurs intérêts personnels aux dépens de leurs mandants. Les options sur titre et autres dispositifs de camouflage masquant les réalités aux actionnaires ordinaires n'ont fait qu'aggraver les choses.

Les petits actionnaires ne pouvant s'assurer de la bonne conduite des dirigeants, les banques se mirent à jouer un rôle de plus en plus important. Les directeurs voulaient développer leur firme et avaient besoin d'argent. Mais les banques n'en prêtaient que si les projets de l'entreprise étaient sérieux, et leurs chances d'être remboursées, raisonnables. Elles exerçaient une importante fonction de *surveillance*.

De temps à autre, les firmes avaient besoin d'encore plus de capitaux. Elles s'adressaient alors à une banque d'affaires pour organiser une émission d'obligations ou d'actions. Les banques d'affaires aussi jouaient un rôle d'information important. En fait, elles prêtaient leur réputation. Elles n'émettaient les obligations d'une société que si elles la jugeaient capable de les honorer, et ses actions que si elles estimaient leur prix équitable au regard des gains à en attendre. Et elles s'engageaient sur ces évaluations, puisqu'elles promettaient souvent d'acheter les titres invendus s'il en restait. Mais les banques d'affaires entretenaient des relations suivies avec les institutions et les riches particuliers qui cherchaient un endroit où investir leur épargne. Elles étaient donc bien placées pour vendre actions et obligations.

Si une banque d'affaires recommandait des actions ou obliga-tions qui se révélaient de mauvais rapport, elle risquait de perdre sa clientèle. Elle devait veiller à sa renommée. Ces banques savaient bien qu'elles pouvaient gagner gros à court terme en faisant la promotion d'actions véreuses : les entreprises concer-nées auraient versé une jolie commission pour avoir leur aval. Mais ces gains immédiats seraient plus que dépassés par les coûts à long terme. La rentabilité des banques d'affaires était très élevée et elles ne voulaient pas la perdre.

L'événement qui a peut-être résumé – certains diront : incarné – le nouvel état d'esprit des banques d'affaires fut la transformation en société anonyme de l'une des plus prestigieuses d'entre elles, Goldman Sachs (Robert Rubin avait été son coprésident avant de diriger le National Economic Council de Clinton, de même que Stephen Friedman avant de diriger celui de Bush)[1]. La plupart des banques d'affaires ont été fondées sous la forme du partenariat. Et voici que, l'une après l'autre, elles décidaient d'encaisser le pactole en se vendant au public. Goldman Sachs sauta le pas le 4 mai 1999. La transformation en société anonyme lui permettait d'être cotée à la Bourse de New York et de participer au marché haussier. Mais elle protégeait aussi ses directeurs contre certains « risques à la baisse ». Dans un partenariat, chacun est responsable des erreurs des autres et des pertes financières qui en résultent. Les partenaires avaient donc de puissantes raisons de se surveiller mutuellement, au grand réconfort des investisseurs ; mais, plus leur banque grandissait, plus ils avaient du mal à le faire. Transfor-mer leur partenariat en société cotée en Bourse les déchargeait de cette responsabilité pesante et leur offrait la possibilité de faire immédiatement une affaire en or en profitant de la hausse massive des cours. Selon la théorie économique, ces initiatives étaient de

---

1. La réputation de Goldman Sachs n'a pas toujours paru aussi immaculée. Dans les années qui ont conduit à la Grande Dépression, cette société a été prise en flagrant délit de pratiques peu recommandables. Voir John K. Galbraith, *The Great Crash, 1929*, Cambridge (Mass.), Riverside Press, 1954 ; trad. fr. de Henri Le Gallo, *La Crise économique de 1929 : anatomie d'une catastrophe financière*, Paris, Payot, 1961. On trouvera un bref résumé de certains méfaits commis par Goldman Sachs sur le site http://politics.guardian.co.uk/columnist/story/0,9321,901295,00.html.

nature à accroître les prises de risque et la concentration sur le court terme. C'est bien, semble-t-il, ce qui s'est passé.


## LES ANALYSTES

Quand les scandales ont éclaté, celui qui a le plus indigné – parce qu'il touchait le plus grand nombre de gens et qu'il était le plus clair – concernait les analystes, ces experts de Wall Street qui sont censés suivre attentivement les faits et gestes de chaque firme et indiquer aux investisseurs les actions qu'il leur faut acheter ou vendre. Des millions d'Américains comptent sur leurs rapports, transmis par les agents de change, pour les guider dans leurs décisions. Comme ces millions d'Américains étaient devenus petits investisseurs dans les années 1970, 1980 et 1990, ils faisaient confiance à leurs agents de change et aux analystes auxquels ils se référaient. Ils les considéraient comme des professionnels, pas comme des petits filous qui ne cherchaient qu'à toucher un dollar de commission supplémentaire. Dans les années 1990, les banques d'affaires des États-Unis ont détruit cette confiance : les investisseurs ont pu constater qu'elles avaient toutes encensé des actions qu'en privé les analystes dénigraient (en se vantant même, parfois, de leur habileté à duper leurs clients non avertis avec une « camelote » pareille). Quand il apparut que leur appréciation « interne » était beaucoup plus exacte que leur point de vue « public », l'indignation fut à son comble.

Il y avait là depuis longtemps une source potentielle de conflits d'intérêts. Après tout, les banques d'affaires tirent l'essentiel de leurs revenus des transactions qu'elles réalisent et des actions et obligations qu'elles émettent. Les entreprises les sollicitent parce qu'elles peuvent « placer » leurs nouvelles émissions – vendre leurs actions à d'autres. Les maisons de change qui appartiennent à des banques d'affaires servent donc deux maîtres à la fois : leurs clients et la banque. Autrefois, elles parvenaient à trouver un équilibre, même imparfait : elles savaient bien que, si leurs clients ne leur faisaient plus confiance, elles perdraient sur les deux tableaux.

Les choses ont commencé à changer il y a un peu plus d'un quart de siècle. En 1975, les commissions de courtage à minimum imposé ont été supprimées (la concurrence dans la branche n'avait jamais été bien robuste), ce qui a permis l'essor des agents de change *discount* – mais aussi érodé la rentabilité de l'activité « vente et achat de titres », et dirigé tous les efforts vers les grosses affaires. Avant cette date, on pouvait payer les analystes sur les marges bénéficiaires du courtage, mais, lorsqu'elles furent écrasées par l'intensification de la concurrence, cela devint de plus en plus difficile (les analystes ne s'étaient pas montrés particulièrement bons pour prévoir les actions à succès, mais peu importait : les clients voulaient des prévisions, et l'argumentation qui les fondait). Or, dans la mentalité des années 1990, tout le monde devait gagner son pain. Si les analystes ne pouvaient pas le faire directement en servant les particuliers, ils n'avaient qu'à prêter la main aux grosses transactions. C'est ainsi que les banquiers d'affaires sont devenus des commerciaux. Ils faisaient ce qu'il fallait pour vendre tout ce qu'ils pouvaient. Les analystes financiers étaient censés travailler de l'autre côté d'une « muraille de Chine », ne pensant qu'aux intérêts de leurs clients. Et ils avaient, bien sûr, une réputation à maintenir – du moins le disait-on. Mais les économistes se méfient depuis longtemps des murailles de Chine. Nous verrons plus loin d'autres exemples où elles se sont révélées bien moins imprenables qu'on ne le prétendait.

Pendant ma première année d'université, j'ai travaillé dans un magasin de chaussures à Gary, Indiana. C'était mon premier emploi – et il m'a donné une leçon mémorable dans ce type d'exercice d'équilibre. Quand la chaussure était trop petite, nous expliquions que le cuir respirait, qu'il allait vite s'étirer et prendre la forme du pied. Quand elle était trop grande, nous parlions des avantages qu'il y avait à être à l'aise. L'objectif, c'était de vendre – de gagner la commission. Nous ne disions jamais que nous étions payés à la commission, mais j'avais le sentiment qu'à la façon dont nous les traitions beaucoup de nos clients le devinaient ; j'étais un peu réconforté à l'idée que cela les amenait à considérer nos propos avec prudence ; de fait, ils ne s'y fiaient guère.

Sur le marché des introductions en Bourse, en revanche, les investisseurs voulaient absolument croire ce que leur racontaient les analystes, même quand c'était absurde – lorsqu'ils vantaient des entreprises sans projet sérieux ou, pis encore, dont le projet était forcément voué à l'échec. Mon neveu Alex, qui habite dans un quartier de New York où les supérettes sont légion, avait l'habitude de commander par Internet une canette de Coca-Cola, une seule, à Kozmo.com et à UrbanFetch.com (qui ont tout de même fini par instaurer une valeur minimale obligatoire par commande)[1]. Le chauffeur de UrbanFetch.com qui la lui apportait ne voulait même pas de pourboire. On s'est extasié sur Pets.com, qui vendait en ligne des aliments pour animaux domestiques – produit d'appel, je suppose, pour attirer des clients vers des articles à plus forte marge, comme de coûteux colliers pour chien. Le travail des analystes était d'analyser, de voir si les projections de profits avaient un sens. Les ventes pouvaient-elles réellement croître au rythme prévu ? Les gens allaient-ils vraiment acheter tant de colliers pour chien sertis de diamants ? Et, si les profits se révélaient effectivement très élevés, où étaient les barrières à l'entrée sur le marché qui empêcheraient d'autres firmes de venir balayer Pets.com ? Dans les télécommunications, par exemple, on pouvait soutenir qu'il y avait l'avantage du premier en raison de la réticence (de moins en moins vérifiée, d'ailleurs) des abonnés du téléphone et du câble à changer de fournisseur. Mais existait-il une fidélité du même ordre pour l'achat des colliers pour chien ?

Cependant, les cas les plus graves n'ont été dus ni au manque d'analyse ni à l'optimisme excessif. Parfois, un analyste arrivait à des conclusions négatives sur une firme avec laquelle la banque d'affaires avait une transaction en vue. Dans ce type de situation, les PDG des entreprises qui avaient des actions à émettre recouraient à la négociation musclée : ils menaçaient de retirer toutes leurs affaires à la banque si elle ne leur mettait pas une bonne note.

---

1. Ni UrbanFetch.com ni Kozmo.com ne se négocient en Bourse, mais leur simple existence est une illustration de la folle exubérance du marché.

« Les investisseurs auraient dû le savoir », rétorquent les défenseurs de Wall Street. On peut comprendre ce qu'ils veulent dire. Inutile d'être un génie, effectivement, pour imaginer que, lorsqu'un analyste soutient l'action d'une société pour laquelle son employeur, la banque d'affaires, monte des transactions extrêmement lucratives, il est peut-être sous influence. Puisque tout le monde gagnait de l'argent à foison, il n'est pas étonnant que personne n'ait demandé à vérifier l'addition. Mais, en tant qu'économiste ayant consacré sa vie professionnelle aux imperfections de l'information, je décèle beaucoup d'énigmes. Se pouvait-il vraiment que 70 % de la classe soient dans la première moitié ? Comme le mythique lac Wobegon de Garrison Keillor*, Wall Street et la Silicon Valley étaient devenus des endroits où tout le monde faisait mieux que la moyenne. À écouter les analystes, toutes les actions, apparemment, pouvaient rapporter plus que le marché. Pourquoi les investisseurs ne comprennent-ils pas que, en mettant leur argent dans un fonds de placement qui s'efforce de choisir les « actions au rendement exceptionnel », ils n'auront pas mieux qu'avec le S&P 500 ? Si les gestionnaires de ces fonds et les conseillers en investissement sont si doués pour choisir les actions, pourquoi risquent-ils votre argent et non le leur ? Certaines recommandations qui découlent de cette analyse ne seront probablement pas du goût des professionnels des marchés financiers : vu le triste bilan de la plupart de ces gestionnaires et conseillers, pourquoi ne pas les obliger à le rendre public ? À montrer à quel point ils ont été mauvais, et comme ça leur a rapporté gros ? Pourquoi, au strict minimum, ne pas imposer aux maisons de change de déclarer, parmi les actions qu'elles soutiennent, lesquelles relèvent de transactions effectuées par les banques d'affaires pour lesquelles elles travaillent – et ce que rapportent ces transactions ?

En dépit de la confiance si souvent exprimée dans le bon fonctionnement des marchés, un énorme corpus de travaux de recherche suggère que beaucoup d'investisseurs ne sont pas

---

* Garrison Keillor, né en 1942, est un humoriste que l'on compare volontiers à Mark Twain. Plusieurs de ses livres, comme *Lake Wobegon Summer 1956* ou *Lake Wobegon Days*, ont pour cadre le lieu mythique évoqué ici. *(NdT.)*

rationnels, tout simplement, et, si c'est le cas, les prix qui se forment sur le marché pourraient ne pas être de bons « guides » pour orienter l'investissement. Pendant près d'un quart de siècle, à partir du début des années 1970, l'école de pensée des *anticipations rationnelles** a dominé la pensée économique. Elle décrivait l'individu comme un être non seulement rationnel et cohérent dans ses choix, mais aussi capable de traiter une information complexe et d'assimiler tout le savoir pertinent. Ses tenants travaillaient sur des modèles dans lesquels tout le monde avait la même information – il n'y avait pas d'asymétrie. En fait, peu de gens possèdent suffisamment de connaissances en maths pour effectuer le type de calcul que nécessite la décision d'investissement la plus simple. (Les théoriciens des anticipations rationnelles le reconnaissaient, mais ils assuraient que les individus agissaient *comme si* ils avaient tout traité.) Non contents d'exalter la rationalité des personnes, ils décrivaient l'économie elle-même comme un mécanisme rationnel – où, par miracle, les prix reflètent instantanément tout ce qui est connu aujourd'hui, et où les prix d'aujourd'hui reflètent un ensemble cohérent d'anticipations sur ce qu'ils seront *infiniment loin dans l'avenir*. La visée politique de ces travaux semblait souvent à peine voilée : si l'école des anticipations rationnelles avait raison, les marchés étaient intrinsèquement efficients et l'on n'avait pas besoin, jamais (ou si peu), d'intervention de l'État.

J'ai le plaisir d'annoncer que les beaux jours du mouvement des anticipations rationnelles sont terminés. Si cette théorie exerce encore une énorme influence, elle a été la cible de trois grandes offensives, toutes dévastatrices. J'ai déjà évoqué plus haut (au chapitre 1) les récentes recherches sur les conséquences des asymétries de l'information – le fait que des individus différents savent des choses différentes. Les conclusions des théoriciens des anticipations rationnelles – et notamment celles qui

---

* La théorie des anticipations rationnelles a surtout été lancée par l'économiste Robert E. Lucas Jr., notamment dans son article de 1972, « Econometric testing of the natural rate hypothesis ». Illustrée par d'autres auteurs, dont Thomas J. Sargent, elle est devenue l'une des nouvelles doctrines en vogue au début des années 1980, sous l'administration Reagan. Robert Lucas a reçu le prix Nobel d'économie en 1995. *(NdT.)*

portent sur l'efficience des marchés – s'effondrent si des acteurs différents savent ou croient des choses différentes, comme c'est évidemment le cas. Les marchés sont censés mener l'économie à l'efficience *comme par une main invisible*. Au lendemain des folles années 1990, il apparaît que la main invisible n'a pas très bien fonctionné, et que les théories de l'information asymétrique ont contribué à expliquer pourquoi. Des marchés totalement libres où les conflits d'intérêts abondent peuvent conduire à l'inefficacité. Nous ne parviendrons jamais à éliminer ces problèmes, mais nous pouvons les atténuer. Dans les années 1990, nous les avons aggravés.

Une deuxième offensive, liée à la première, a mis en avant la différence des visions individuelles du monde et de son fonctionnement (pour que les conclusions de l'école des anticipations rationnelles tiennent, chaque individu doit anticiper rationnellement mais aussi croire que tous les autres en font autant). Comme les critiques que nous exprimons ici le prouvent assez, il n'y a pas une information suffisante pour que tout le monde puisse se mettre d'accord sur un même modèle du monde[1]. Quant à la troisième offensive – nous y avons fait une brève allusion au chapitre 3 –, elle a été menée par les psychologues Amos Tversky et Daniel Kahneman (le second a reçu le prix Nobel d'économie en 2002) au sujet de l'aptitude des individus à traiter l'information et de leur rationalité. Tversky et Kahneman ont prouvé l'existence d'une irrationalité vraiment répandue. Ils ont même repéré, dans les comportements irrationnels des individus, des modèles cohérents, assez précis pour être étudiés par les sociologues.

Les chefs d'entreprise, à la différence des économistes, ont toujours été très conscients de l'importance de l'irrationalité. Les experts en marketing gagnent leur vie en l'exploitant. Les représentants des compagnies d'assurances savent qu'ils peuvent vendre des polices contre des risques fort peu probables (des formes rares de cancer, par exemple), avec des primes très supérieures aux probabilités statistiques, tant de personnes étant incapables de résister à une offre d'assurance qui ne leur coûte que

---

1. Parmi les contributeurs importants à cet axe de recherche, citons Roman Frydman, de la New York University, et Michael Woodford, de Princeton.

quelques cents par jour. Les analystes financiers, eux aussi, sont
de fins connaisseurs de l'irrationalité et des mentalités grégaires.
Quand les cours se sont envolés au-delà de toute raison, certains
n'ont visiblement pas pris plaisir à échafauder des analyses rationnelles pour convaincre les investisseurs de continuer à acheter ;
mais le marché leur a dit de mettre de côté leurs scrupules. Le
marché et les banques d'affaires où ils travaillaient les ont poussés. Les banques ont clairement approuvé – en monnaie sonnante
et trébuchante – ceux qui traitaient les investisseurs en proies faciles pour des actions à valeur faible ou nulle. Vous n'avez de
devoirs, a-t-on dit aux analystes, qu'envers votre entreprise et
envers vous. Laissez les investisseurs se prendre en charge. (S'il
leur restait le moindre doute, ils pouvaient relire Adam Smith :
quand on gagne de l'argent, on sert l'intérêt commun.)

Maintenant que les problèmes sont connus de tous, les firmes
de Wall Street ont proposé, pour réparer les dégâts, que le financement des analystes soit indépendant. Cela ne suffira pas. Il
faudra beaucoup plus d'informations, par exemple sur les résultats passés de l'analyste, le ratio de ses ordres d'achat et de vente,
la structure de sa rémunération incitative. Est-elle fondée sur les
ventes ou sur la qualité de ses recommandations ? Et – juste au
cas où la nouvelle « indépendance » relèverait presque autant de
la pantalonnade que les anciennes « murailles de Chine » – il
faudra préciser aussi, pour chaque action qu'il soutiendra, qui
reçoit quelle commission pour réaliser quelle transaction.

## LA DIVULGATION ÉQUITABLE

L'abîme entre ce que les analystes disaient au public et ce
qu'ils pensaient vraiment a été un choc pour beaucoup d'investisseurs. Pourtant, Wall Street n'avait pas fait mystère de son hostilité à l'idée même d'un traitement équitable des petits actionnaires
– tout en vantant les mérites d'un nouveau « capitalisme populaire » dans lequel chacun aurait sa part. On le vit tout à fait clairement quand Arthur Levitt, en sa qualité de président de la SEC,
annonça son intention d'exiger que toute information qu'un dirigeant d'entreprise souhaiterait transmettre à un analyste privilégié

soit entièrement rendue publique. Sa proposition se heurta à une résistance farouche, pour des motifs évidents.

On écoutait *vraiment* les analystes. L'une des grandes raisons pour lesquelles ils étaient tant respectés était l'accès privilégié qu'on leur prêtait à une information interne. Si tout ce qu'ils savaient avait été du domaine public, n'importe quel investisseur prêt à y consacrer du temps aurait pu juger par lui-même des mérites d'une action. Mais, dans le monde réel marqué par une information extrêmement asymétrique, même les investisseurs les plus sûrs d'eux savaient qu'ils avaient un handicap. Ils comptaient sur les analystes informés de l'intérieur pour faire d'eux des investisseurs informés de l'intérieur.

Quand Levitt annonça son projet de divulgation équitable, les firmes de Wall Street et leurs entreprises clientes déclenchèrent un énorme tollé pour défendre leurs intérêts. Si on les forçait à rendre l'information publique et disponible pour tous, s'écrièrent-elles, elles ne diraient plus rien, et les investisseurs seraient tous perdants. Cet argument, si on le prenait au sérieux, pouvait remettre en cause toute l'économie de marché. Mais on voyait bien qu'il ne tenait pas. Les firmes bien gérées allaient-elles délibérément cacher l'information qui aurait amené les investisseurs à les juger positivement ? D'autres arguments spécieux furent avancés. Craignant les poursuites judiciaires pour information tendancieuse, certains directeurs affirmaient que c'était la société procédurière des États-Unis qui les incitait à la dissimulation. Il y avait là un fond de vérité, mais, en toute logique, ce raisonnement aurait dû limiter aussi la communication d'informations aux analystes – représentants présumés des investisseurs –, et pas seulement aux investisseurs eux-mêmes.

Passant outre à une opposition considérable, Levitt a fini par faire adopter son projet de divulgation équitable le 23 octobre 2000. Les terribles conséquences prédites n'ont pas suivi. Le flux d'informations ne s'est pas tari. Les marchés paraissent, au moins sur le papier, un petit peu plus équitables et mieux informés qu'avant. Le petit investisseur a plus de raisons, au moins sur le papier, de considérer le terrain de jeu comme égal et de se sentir libre de *ne pas* payer un analyste ou un agent de change pour avoir des informations internes qui, finalement, se révéleront peu sûres et très probablement orientées.

Si les banques d'affaires ont résisté avec un tel acharnement à la divulgation équitable, c'est que le traitement de faveur de certains analystes était l'un des éléments d'un réseau d'« échange de dons » qui faisait fonctionner le marché – j'entends par là le faire fonctionner pour Wall Street et pour les firmes qui cherchaient à réaliser de gros profits en vendant des titres à des prix excessifs, mais pas forcément pour l'investisseur ou pour l'économie en général[1]. Nous avons vu plus haut que les analystes rédigeaient de bons rapports sur les firmes qui travaillaient avec eux afin qu'elles puissent confier aux banques d'affaires des transactions lucratives. Communiquer aux analystes des informations internes, c'était offrir aux maisons de change qui les employaient un moyen de l'emporter sur les petits courtiers offrant leurs services aux spéculateurs en solde, avec de tout petits profits. Enfin, une banque d'affaires possédant l'un de ces établissements à clientèle importante avait un atout maître pour monter les transactions juteuses qui comprenaient des émissions de titres, puisqu'elle pouvait les placer plus facilement. La divulgation équitable menaçait de saper à la base tous ces arrangements.

## LES INTRODUCTIONS EN BOURSE

Certains échanges de dons étaient si discrets qu'avant l'éclatement des scandales fort peu de gens en étaient informés. Les économistes se demandaient depuis longtemps pourquoi, lors des introductions en Bourse, ces IPO où l'on offre pour la première

---

1. Dans les échanges de dons, une partie fait un « cadeau » à l'autre dans l'attente d'en recevoir un en retour. Les analystes offraient des rapports hyperboliques à la firme, celle-ci leur donnait des informations non révélées au grand public. Les échanges de dons peuvent s'analyser en grande partie comme un marché (il y a d'ordinaire entente implicite sur la valeur de ce qui s'échange). On y a souvent recours quand des échanges commerciaux affichés seraient inconvenants, comme dans les relations sociales, voire illégaux ou malhonnêtes. Il serait illégal, en tout cas malhonnête, que l'analyste demande un pot-de-vin pour rédiger un rapport favorable.

fois au public les actions d'une entreprise, celles-ci l'étaient régulièrement à des prix très inférieurs au juste « prix de marché », comme tendait à le prouver leur ascension rapide. C'étaient les banquiers d'affaires chargés de mettre les actions nouvelles sur le marché (et que l'on pouvait présumer bien au fait des perspectives de la firme) qui fixaient ces prix artificiellement bas. Concrètement, ils faisaient cadeau de l'argent des actionnaires, ce qui pourrait être raisonnablement interprété comme une forme de vol patronal[1]. Le problème des introductions en Bourse est donc comparable à celui des stock-options des dirigeants, analysé au chapitre précédent. Si un million d'actions à 20 dollars pièce sont vendues 10 dollars à de nouveaux acheteurs, les anciens actionnaires sont privés de 10 millions de dollars qui, sinon, leur auraient appartenu. Et plus la bulle grossissait, plus l'écart se creusait entre la valeur des actions et le prix auquel on les avait vendues.

Comme c'était prévisible, tout le monde voulait en être – qui ne l'aurait pas voulu, puisque les banques d'affaires distribuaient de l'argent ? Cet argent, elles l'offraient à des clients privilégiés, souvent en échange de nouvelles affaires pour elles, ou de commissions plus importantes que d'habitude. Les introductions en Bourse étaient devenues un moyen de récompenser les cadres des institutions qui négociaient leurs titres par l'intermédiaire de la maison de change d'une banque d'affaires. Quant aux dirigeants des firmes qui confiaient à la banque leur propre introduction en Bourse, de jolis paquets de dollars les attendaient. Certaines banques avaient même une liste des « parents et amis ». C'était tout confort.

Si ces arrangements étaient la plupart du temps implicites, dans certains cas le pot-de-vin ou le supplément à la commission étaient réclamés presque ouvertement. Les intéressés savaient

---

1. L'ampleur du « vol » est immense : 309 introductions en Bourse, essentiellement dans le secteur high-tech, ont rapporté des profits de plus de *50 milliards de dollars* dans les transactions du premier jour, soit plus que les capitaux effectivement reçus par les émetteurs et vingt fois le montant des commissions de placement sur ces émissions – ce qui veut dire que, si 5 % seulement de ces sommes retrouvaient le chemin des banques d'affaires, les revenus qu'elles tiraient de ces affaires doublaient.

que c'était, sinon illégal, du moins illégitime, et prenaient soin de ne pas laisser de trace écrite – mais les e-mails privés finiraient, là encore, par livrer des preuves accablantes aux enquêteurs. Servir en toute opacité des actions d'introduction en Bourse à quelques privilégiés, lier en toute obscurité les appréciations des analystes aux affaires d'émission de la banque : ces pratiques se sont révélées fort répandues – et tout à fait courantes, visiblement, chez Salomon Smith Barney, de Citibank, et à Crédit Suisse First Boston.

Quelques financiers de Wall Street n'y voyaient rien à redire. Pour ces défenseurs du tour de passe-passe des IPO, celui-ci était du même ordre qu'une ristourne. Si une banque d'affaires demandait 100 millions de dollars pour une transaction et faisait une remise de 10 millions aux dirigeants qui la lui avaient confiée, où était le mal ? Eliot Spitzer, l'attorney général de l'État de New York, a été vilipendé pour en avoir fait toute une histoire. On l'a traité de démagogue, de populiste de foire. Mais il avait raison de prendre cette pratique au sérieux. Si les actions d'introduction en Bourse n'étaient qu'une « remise », pourquoi ne pas les présenter ainsi et en parler ouvertement ? Et, au lieu de facturer 100 millions de dollars et d'en rendre 10, pourquoi ne pas facturer 90 ? La corruption prospère grâce au secret. La transparence et l'ouverture sont aussi importantes dans le privé que dans le public. Mais il ne s'agissait pas d'une remise : c'est l'entreprise qui payait la commission de la banque d'affaires ; c'est *son PDG, avec d'autres hauts dirigeants*, qui bénéficiait de la ristourne sous la forme d'alléchantes actions d'introduction en Bourse[1].

---

1. Bien entendu, si l'information était parfaite, cela n'aurait peut-être pas d'importance. Les actionnaires, connaissant les largesses de la banque, pourraient même décider une réduction correspondante du salaire des directeurs. Sur des marchés concurrentiels, les directeurs sont payés au niveau nécessaire pour les recruter. La forme du paiement leur importe peu. S'ils obtiennent plus par les actions des introductions en Bourse, ils demanderont moins en salaires, en primes et en stock-options. Mais, dans le monde cupide et opaque de l'Amérique des folles années 1990, les directeurs ne disaient mot des gains qu'ils faisaient lors des introductions en Bourse, et leur rémunération totale n'était pas réajustée à la baisse en fonction des cadeaux que leur faisaient les banques d'affaires.

## TRANSACTIONS PEU RELUISANTES

C'est surtout le scandale des analystes qui a discrédité les banques d'affaires aux yeux du public, mais elles étaient aussi impliquées dans un autre scandale, plus discret, qui a spolié des millions d'investisseurs. Et, dans ce dernier cas, on peut très exactement les qualifier d'« auxiliaires du vol patronal » : elles ont reçu de jolies commissions pour leur complicité dans le montage de partenariats hors bilan et d'innombrables autres « affaires » mystérieuses au service de directeurs désireux de cacher d'importantes informations aux actionnaires. Nous avons vu au chapitre précédent des experts-comptables aider les entreprises à profiter des failles de la législation fiscale. Certains des plus brillants esprits de la banque américaine, hélas, s'étaient également spécialisés dans les failles et les paradis, et étaient tout aussi généreusement récompensés de leurs efforts. Après avoir affiné leur talent en bernant l'Oncle Sam, ils ont usé de techniques comparables pour duper les investisseurs, et dans certains cas les banques elles-mêmes (le transfert des dettes dans un paradis fiscal pour rendre une transaction complexe encore plus inextricable, par exemple). Avec ces experts, il devenait bien plus difficile *pour tout le monde* de comprendre ce qui se passait. Dans leur travail pour Enron et d'autres clients, les banques ont monté des transactions imaginaires, par exemple en déguisant des prêts en paiement par anticipation de contrats énergétiques. Elles ont gagné de l'argent avec ces affaires fantômes, et le cours de leur action a monté – tout comme celui de l'action Enron, les investisseurs étant incapables de décrypter l'échelle véritable de son endettement.

Les banques jouaient là un rôle malhonnête, bien sûr, mais, comme le résultat financier immédiat primait, l'argent a vaincu l'éthique. Elles se sont même concurrencées pour des commissions tout à fait réduites, pensant se mettre sur les rangs pour des transactions infiniment plus lucratives au service des mêmes entreprises. À leurs yeux, c'était sans risque : elles ne faisaient que recevoir l'argent et effectuer les paiements. Mais leur certitude reposait sur une petite hypothèse qui s'est révélée dangereuse : Enron ne ferait pas faillite. En dépit de toute leur virtuosité, certaines des plus grandes banques américaines ont fini par découvrir avec horreur que, dans quelques cas au moins, elles étaient responsables sans avoir rien gagné. Ce qui amène à s'interroger sur la compétence des banquiers – et à douter des systèmes de réglementation des banques mis au point par la communauté internationale (l'accord dit de Bâle II\*). Ces règles renseignent les banques de dépôts, entre autres, sur le capital dont elles ont besoin. Les calculs sont fondés sur leurs propres sys-tèmes internes de gestion du risque – ceux auxquels nous devons Enron et WorldCom.

## Le *Glass-Steagall Act*

Ce chapitre – et tout le livre, en un sens – porte sur des conflits d'intérêts qui deviennent incontrôlables. Le problème est endémique dans la banque et a été repéré depuis longtemps. Malheureusement, il a été exacerbé par la déréglementation des années 1990.

Pendant plus d'un demi-siècle, les banques de dépôts, qui reçoivent l'argent des ménages et des entreprises et consentent des prêts traditionnels, ont été séparées des banque d'affaires, qui aident les firmes à émettre de nouvelles obligations et actions. Le même établissement, donc, ne pouvait pas prêter l'argent et vendre les titres. Le *Glass-Steagall Act* l'interdisait. C'était l'une des réformes adoptées par l'administration Franklin Roosevelt en réaction à la vague de faillites de banques qui avait suivi le krach de 1929. Mais les idées sur lesquelles reposait la loi remontaient encore plus loin : à Teddy Roosevelt et à ses efforts pour briser les trusts, ces compagnies géantes qui faisaient main basse sur l'économie. Teddy Roosevelt et les progressistes du début du XX$^e$ siècle ne s'inquiétaient pas seulement de la concentration du

---

\* L'accord de Bâle II fixe des règles par lesquelles les banques peuvent mesurer leurs risques, mais les autorise à choisir, au lieu de cette méthode standard, une approche « améliorée » fondée sur leurs propres systèmes de contrôle interne. Leurs besoins en fonds de réserve bloqués sont déterminés sur la base des risques qu'elles ont ainsi calculés. *(NdT.)*

pouvoir économique, mais aussi de son impact sur la vie politique. Quand les entreprises deviennent trop grandes et leurs interconnexions trop étroites, la qualité des décisions économiques peut se dégrader, et le problème empoisonné du « trop gros pour faire faillite » surgit. Certains d'être secourus en cas de problème, les directeurs s'enhardissent à prendre des risques que, sans cela, ils auraient évités. Pendant la Grande Dépression, beaucoup de banques se retrouvèrent au tapis, mais ce fut en fait le public qui supporta les conséquences de leurs paris. Les banques étaient gagnantes. Lorsqu'il y avait faillite, les contribuables payaient la facture par le biais du renflouement sur fonds publics[1].

Le *Glass-Steagall Act* de 1933 s'attaquait à un problème très réel. Les banques d'affaires font la promotion des actions. Si une entreprise dont elles ont soutenu l'action a besoin d'argent frais, elles sont très tentées de lui consentir un prêt. Grâce au *Glass-Steagall Act*, les banques de dépôts constituaient une instance de jugement *indépendant* sur la solvabilité des entreprises : c'était l'une des raisons du bon fonctionnement du système américain. Quand une banque « polyvalente » doit le gros de ses revenus à la vente d'actions et d'obligations ou au montage de grosses affaires, le prêt devient une activité presque accessoire.

Avec le *Glass-Steagall Act*, les États-Unis – à leur bénéfice évident, je crois – ont refusé la voie suivie par d'autres pays comme le Japon et l'Allemagne, qui n'ont pas séparé banque de dépôts et banque d'affaires. Mais les banques américaines ont ressenti cette loi comme une entrave à leur potentiel de profit et –

---

1. La Reconstruction Finance Corporation Bank (RFC) a été créée sous l'administration Hoover pour fournir des liquidités et restaurer la confiance dans le système bancaire. En février 1933, quand il y eut des problèmes bancaires à Detroit, elle accepta d'aider la banque en difficulté, la United Guardian Trust. Le président Roosevelt hérita de la RFC. Ses collaborateurs et lui, ainsi que le Congrès, trouvèrent fort utile son indépendance et sa flexibilité. La RFC était une agence de l'exécutif qui pouvait obtenir des financements du Trésor sans passer par le processus législatif normal. Elle pouvait donc être utilisée pour financer toute une série de projets et de programmes privilégiés sans avoir à obtenir l'approbation du pouvoir législatif. Les prêts de la RFC n'étaient pas considérés comme des dépenses budgétaires, donc l'expansion du rôle et de l'influence de l'État par son intermédiaire n'apparaissait pas au budget fédéral.

comment s'en étonner ? – se sont mises à marteler l'idée que la séparation entre les deux activités était une règle dépassée. À l'ère de la libre circulation des capitaux et des multinationales géantes, soutenaient-elles, les banques devaient être intégrées pour bénéficier des « économies de gamme » ou « d'envergure » – les profits que les entreprises pouvaient s'assurer en travaillant dans de multiples domaines à la fois. La concurrence mondiale était trop intense, selon elles, pour que l'on craigne sérieusement une concentration bancaire (en fait, beaucoup d'emprunteurs, notamment les PME, n'ont accès qu'à une poignée de prêteurs potentiels) ; bref, le *Glass-Steagall Act*, à les en croire, les handicapait.

Au milieu des années 1990, les banques américaines mirent sur pied une campagne concertée pour l'abrogation de cette loi. Le contexte était favorable. En pleine prospérité, l'idée même de faillite d'une banque paraissait fort improbable (même si la crise des caisses d'épargne des années 1980 aurait dû inspirer plus de prudence). Un autre atout important fut la nomination, en 1995, de Robert Rubin comme secrétaire au Trésor. Rubin était lui-même banquier – ancien coprésident de Goldman Sachs –, et il soutint activement la campagne pour l'abrogation. Le Trésor ne niait pas le risque potentiel de conflits d'intérêts, mais assurait qu'il pouvait traiter le problème en imposant des barrières – encore des « murailles de Chine » – entre les divers domaines d'activité d'une banque. En ma qualité de président du Council of Economic Advisers, j'ai exprimé mes inquiétudes – les conflits d'intérêts, l'impact sur la concurrence –, mais ces soucis ont été promptement évacués.

D'un côté, les banques exaltaient les avantages de l'intégration. De l'autre, elles s'engageaient à maintenir leurs activités dissociées. L'incohérence intellectuelle du propos était évidente. Si les deux domaines restaient de fait séparés, où étaient les bénéfices de l'intégration ? La profession et ses champions au département du Trésor avançaient aussi un autre argument. Abroger la loi, disaient-ils, n'aurait aucune conséquence puisque les banques la contournaient déjà. La réaction logique aurait dû être de tenter d'empêcher ou de limiter ce contournement, mais, dans la ferveur dérégulatrice des folles années 1990, ni le législatif ni l'exécutif n'avaient le courage de le faire.

Les conséquences prédites par les adversaires de l'abrogation du *Glass-Steagall Act* ne sont apparues en plein jour qu'avec l'éclatement des scandales. Le plus bel exemple fut la décision des banques d'Enron de continuer à lui consentir des prêts alors que son avenir était manifestement de plus en plus compromis. Enron était à terre mais pas hors jeu. Tant qu'il restait avec lui des possibilités de monter de grosses transactions, d'émettre de nouveaux titres, il n'était pas absurde de continuer à lui prêter. Et ses banques l'ont fait, même quand ses épouvantables problèmes ont commencé à percer[1]. Dans l'avalanche de scandales qui a suivi, on a vu beaucoup d'autres cas où les banques ont continué à prêter de l'argent presque jusqu'au jour de la faillite. Elles connaissaient les risques, ou auraient dû les connaître, mais l'attrait des profits fabuleux à tirer de nouvelles transactions si la firme survivait à l'ouragan rendait le prêt trop tentant. (Parfois, la motivation principale était la peur de voir la faillite du client révéler certaines des activités douteuses de la banque et exposer celle-ci aux récriminations pour avoir tant vanté l'action en cause ; aussi espérait-on, envers et contre tout, qu'avec le prêt l'entreprise trouverait peut-être un moyen de s'en tirer.)

Dans l'ancien ordre juridique, les investisseurs étaient au moins assurés que, si une firme avait des problèmes, elle aurait du mal à emprunter. C'était un frein important qui facilitait le fonctionnement de l'ensemble du système. Il y avait de bonnes raisons de maintenir séparées banques d'affaires et banques de dépôts, même si les secondes avaient une assise suffisante pour qu'un renflouement sur fonds publics fût improbable. Dans les affaires récentes, ce sont les banques – pas le public – qui ont fini par payer. Mais leurs directeurs, paradoxalement, n'y ont pas

---

1. Ce n'est peut-être pas par hasard que les deux banques d'affaires les plus largement impliquées dans le scandale Enron, Citigroup et JP Morgan Chase, ont l'une et l'autre d'importantes activités de banques de dépôts et ne doivent leur existence qu'à l'abrogation du *Glass-Steagall Act*. (Voir les auditions du comité des affaires gouvernementales du Sénat de juillet 2002, et John R. Emshwiller, Anita Raghavan et Jathon Sapsford, « How Wall Street greased Enron's money machine », *Wall Street Journal*, 14 janvier 2002.) Cela dit, soulignons que, même si le *Glass-Steagall Act* n'avait pas été abrogé, tous les autres problèmes que nous avons évoqués auraient existé ; son abrogation n'est pas le nœud de l'histoire, mais elle a incontestablement aggravé une situation déjà mauvaise.

perdu grand-chose, car ils ont souvent trouvé moyen de maintenir leur rémunération même quand les cours se sont effondrés. (Quant au public, il a bel et bien contribué, puisque beaucoup d'entreprises ont demandé une remise d'impôt en raison de leurs pertes.) Cependant, la prochaine fois, nous pourrions avoir moins de chance.

## LES FUSIONS

L'abrogation du *Glass-Steagall Act* n'a fait qu'étendre le champ de conflits d'intérêts qui existait déjà. Des pratiques comme celles qui accompagnaient les introductions en Bourse ennuyaient les économistes depuis un certain temps, mais elles ne sont devenues des scandales que dans les années 1990. Il vaut peut-être la peine de noter que les conflits d'intérêts auxquels sont confrontés les analystes ne s'étaient pas manifestés jusque-là. Les fusions, en revanche, étaient depuis longtemps le pain quotidien de Wall Street, et on les avait repérées de longue date comme sources d'abus.

Les banques adorent les fusions et acquisitions : parce qu'elles sont excitantes à réaliser, et pour les commissions énormes qu'elles rapportent. Pour un banquier, il n'y a pas de mauvaise fusion : c'est de l'argent quand elle se fait et c'est de l'argent quand elle se défait. Tantôt les fusions sont à la mode, tantôt elles ne le sont plus, et chaque vague s'accompagne de son propre discours sur les « synergies » et les économies, qui se révèlent en général bien moindres qu'on ne l'avait cru. Les années 1980 nous ont donné les éclatantes fusions du style *Barbarians at the Gate*\*. Dans les années 1990, toute société de médias se devait de devenir multimédia.

Comme celle des décennies précédentes, la folie des fusions des années 1990 reposait sur une arithmétique particulière :

---

\* *Les barbares sont aux portes* : c'est le titre du célèbre livre de Bryan Burrough et John Helyar sur l'OPA « hostile » de KKR contre RJR Nabisco en 1988. (*Barbarians at the Gate : The Fall of RJR Nabisco*, New York, Harper & Row, 1990.) [*NdT.*]

$2 + 2 = 5$. Ajoutez deux firmes valant chacune 2 milliards de dollars et vous en obtenez une qui en vaut 5 milliards – plus de quoi payer au banquier d'affaires une jolie commission de 300 millions, offrir au PDG une grosse prime et force stock-options, octroyer un beau plan de retraite à l'ex-PDG (après l'avoir brièvement employé comme second violon, ou encore moins longtemps comme coprésident) et distribuer malgré tout aux actionnaires de quoi les satisfaire pleinement. C'est ce qu'on appelle la prime du conglomérat – les synergies qui apparaissent quand on agrège des éléments disparates. Le problème est que, très souvent, $2 + 2 = 3,5$. C'est ce qu'on appelle le rabais du conglomérat. Il se manifeste généralement un an ou deux après la fusion parce que les synergies ne fonctionnent pas. Alors que chaque entreprise avait une perspective d'avenir claire, le nouveau couple fusionné ne s'entend pas bien, ou ne sait pas où il va. Pendant qu'il s'efforce d'élucider l'énigme, il laisse passer de belles occasions de profit.

Parfois, $2 + 2 = 4$, ou 4,5, et comme la fusion elle-même a coûté 0,75 les actionnaires y ont perdu – mais les banques d'affaires et les PDG y ont gagné. C'est aux banquiers qu'il incombe de fournir l'information permettant de déterminer si, pour un conglomérat précis, il va y avoir une prime ou un rabais. Mais leurs incitations sont nettes : que l'affaire se fasse ! Quand le rabais du conglomérat apparaît, c'est qu'il est temps, bien sûr, de le démanteler, d'en vendre les morceaux : la somme des parties est supérieure au tout.

À ces forces traditionnellement à l'œuvre, les années 1990 ont ajouté quelques ingrédients nouveaux. Dans les années 1980, c'était l'*hubris* qui poussait un PDG à acheter d'autres firmes. Il aurait un plus grand prestige, et un salaire légèrement plus élevé, en étant à la tête d'une compagnie plus imposante – et peu importait la rentabilité. Les folles années 1990 ont apporté aux fusions des incitations et des possibilités nouvelles. Les PDG dont la rémunération était liée au cours de l'action avaient, évidemment, un intérêt puissant à le faire monter aussi haut que possible par tous les moyens. Parfois, ils avaient aussi d'autres incitations. Les contrats de Sprint, par exemple, comportaient une clause qui permettait aux cadres d'exercer leurs options si les actionnaires avaient *approuvé* une fusion ; il n'était pas nécessaire qu'elle se fasse. L'approbation de la fusion Sprint-WorldCom a permis la levée d'environ 1 milliard de dollars d'options – dont 400 millions par le PDG de Sprint, William Esrey, qui a réagi à l'indignation de ses actionnaires en choisissant de les conserver plutôt que de les revendre, généreux sacrifice dont son conseil d'administration l'a promptement récompensé par de nouvelles options sur 3 millions d'actions supplémentaires.

Mais le plus important, c'est que l'économie-bulle procurait à ceux dont l'action était au plus haut une sorte de monnaie de Monopoly avec laquelle ils pouvaient acheter d'autres firmes. Les plus habiles, comme Steve Case, d'AOL, savaient bien qu'il valait mieux troquer cette monnaie-là contre quelque chose de solide avant qu'elle ne s'évapore. L'ancien magazine *Time* avait fusionné avec Warner Brothers, et, puisque, clairement, il était fou d'imaginer une firme multimédia se limitant au « contenu », Time-Warner rejoignit CNN, la chaîne d'information câblée. Enfin, Time-Warner jugea fort intéressant de se laisser acheter par AOL, fournisseur d'accès à Internet qui comptait des millions d'abonnés : tout allait maintenant se passer dans la nouvelle économie, et il ne voulait pas rester en rade. Pour AOL, qui caracolait au sommet, cette fusion avait effectivement un sens : à un moment où beaucoup soupçonnaient déjà sa valeur boursière d'être immensément surévaluée, cette firme et ses actionnaires ont échangé leurs actions-bulle contre un bien un peu plus tangible et terre à terre. Les actionnaires de Time-Warner ont perdu, énormément. Quand les synergies se sont révélées moins importantes que prévu, ils se sont vite rabattus sur l'astuce comptable habituelle : passer par pertes et profits, à titre exceptionnel, plus de 50 milliards de dollars.

Ce qui était vrai pour AOL l'était aussi pour WorldCom et pour bien d'autres firmes dans les années 1990 ; la bulle et ses cours surgonflés leur ont donné la possibilité, et les moyens, de s'engager dans des fusions. Des firmes comme Tyco International Ltd., AT&T Corp. et WordCom Inc. les ont accumulées au fil d'équipées meurtrières qui leur ont valu le surnom, justifié, d'« acquéreurs en série ». C'était le système classique de la pyramide, où chaque génération nouvelle d'investisseurs apporte l'argent nécessaire pour payer la génération précédente – jusqu'au jour où tout s'écroule.

## WORLDCOM : UNE ÉTUDE DE CAS

Quand la bulle a éclaté et que les possibilités de fusion se sont évanouies, ces firmes ont dû trouver d'autres moyens de gagner de l'argent et ont recouru à des trucages comptables de plus en plus osés. Parfois, elles sont passées des marges de la légalité à l'illégalité. Le PDG de WorldCom, Bernie Ebbers, ancien laitier et enseignant du secondaire dans l'Alberta (Canada), avait utilisé ses actions comme nantissement pour d'énormes prêts. Fin 2000, voici qu'il reçoit des appels de marge* ; contraint de trouver une somme gigantesque en un clin d'œil, il se tourne vers son entreprise (d'autres PDG dans la même situation l'ont fait aussi). WorldCom lui accorde obligeamment des prêts en 2000, 2001 et 2002, lui épargnant ainsi la nécessité de vendre ses actions, ce qui aurait déprimé encore plus leur cours – Ebbers effectuait cette transaction aux risques et périls des actionnaires, mais peu importait. Désormais, il ne cherchait plus à faire monter le cours de l'action pour « faire un massacre », mais à l'empêcher de baisser encore pour ne pas être massacré.

Quand WorldCom fit faillite, le 21 juillet 2002, c'était le deuxième opérateur de téléphonie longue distance des États-Unis et le premier pour le trafic Internet, avec 32 milliards de dollars de dettes et des actifs valant prétendument 107 milliards. Mais, sur ce total, il y avait plus de 50 milliards de « survaleur » – chiffre mythique qui, s'il était peut-être conforme aux pratiques comptables usuelles, ne représentait pas d'actifs concrets. Ces derniers se montaient à moins de 40 milliards de dollars – et encore beaucoup étaient-ils évalués aux prix très élevés qui avaient cours avant l'effondrement du secteur des télécommunications. Bien qu'il soit encore trop tôt pour mesurer l'ampleur du réajustement (la

---

* Lorsqu'un investisseur laisse des actions en nantissement et que leur cours baisse, le nantissement devient insuffisant. Il reçoit alors un « appel de marge », c'est-à-dire qu'on lui demande de verser d'urgence la différence. *(NdT.)*

réévaluation des actifs à la baisse pour davantage de réalisme), on l'estime à environ 50 milliards de dollars, ce qui équivaut au PIB de la République tchèque ou de la Hongrie. Les fraudes de World-Com ont commencé à apparaître quand la firme a reconnu avoir mal classé près de 4 milliards de dollars de dépenses (on découvrirait finalement que c'était presque le double : 7 milliards de dollars). L'un des grands moyens de truquer les comptes consistait à faire passer des dépenses ordinaires pour des investissements : ceux-ci n'étant pas déduits des revenus, l'opération aboutissait à gonfler d'autant les profits. Parmi ses autres pratiques douteuses, WorldCom adressa à une firme, Cherry Communications, une facture de 225 millions de dollars que cette dernière contesta. WorldCom inscrivit néanmoins la somme à ses revenus, même *après* que Cherry eut fait faillite sans la payer. Dans une phase antérieure de sa duplicité, WorldCom avait usé d'astuces comptables plus traditionnelles (il avait même été forcé d'opérer une correction de 3 milliards de dollars).

Comme pour Enron, la faillite de WorldCom révéla tout un jeu de transactions peu reluisantes entre la firme et ses dirigeants. Outre le fastueux salaire que recevait Ebbers – plus de 142 millions de dollars en 1999 –, WorldCom lui avait prêté, au total, 408 millions de dollars. Le rapport de faillite parle de « nombreux manquements, insuffisances et pannes dans le dispositif à couches multiples qui devait protéger l'intégrité du système de contrôle de gestion de WorldCom, dont le conseil d'administration, le comité d'audit, les mécanismes de contrôle interne de la firme et les auditeurs indépendants[1] ». Le problème, à mon sens, était plus profond et ne concernait pas seulement WorldCom. C'était une question d'incitations – pour la direction et pour ceux qui étaient censés la surveiller.

À l'instigation d'Ebbers, WorldCom s'est tourné vers la Citibank pour ses émissions de titres ; tant le PDG que la banque en ont profité, à hauteur de plusieurs millions de dollars. Car Ebbers passait aussi par la Citibank pour ses investissements personnels, et il en a reçu, au total, près d'un million d'actions

---

1. US Bankruptcy Court Southern District of New York, « First interim report of Dick Thornburgh, bankruptcy court examiner », 4 novembre 2002, p. 8.

d'introduction en Bourse qui lui ont rapporté 11 millions de dollars. Une autre filiale de la Citibank, Travelers' Insurance, a prêté 134 millions de dollars à Joshua Timberlands, société privée contrôlée par Ebbers, en y prenant une participation de 2,5 % (qu'elle n'a pas révélée). Huit mois plus tard, WorldCom choisissait Salomon Smith Barney, autre membre de la famille Citibank, pour diriger l'émission de 5 milliards de dollars d'obligations. La banque privée de Citigroup a fait un autre prêt à Ebbers (d'environ 400 millions de dollars et gagé sur des actions WorldCom), lequel a été à l'origine d'un conflit d'intérêts dans le groupe bancaire : il donnait à Citigroup, comme l'a souligné Gretchen Morgenson, du *New York Times*, « une raison de vouloir faire monter l'action WorldCom[1] ». Et il en avait les moyens, à travers son réseau d'agents de change et d'analystes. Les agents de change avaient conseillé aux salariés de WorldCom de lever leurs options et de les laisser non couvertes* – un avis qui leur coûta cher, mais qui dopa l'action. Jack B. Grubman, analyste des télécommunications chez Salomon, recommandait depuis longtemps l'action WorldCom. La relation entre Grubman et Ebbers était étroite. Le premier était allé au mariage du second (aux frais de la Citibank). Il avait assisté à quatre réunions du conseil d'administration de WorldCom. Il avait aidé à organiser des téléconférences au cours desquelles la firme donnait aux analystes, dont lui-même, des informations sur ses perspectives et son aptitude à répondre aux attentes du marché. Grubman était allé jusqu'à proposer un jeu de questions-réponses préparées d'avance. Et, même quand les problèmes de WorldCom sont apparus au grand jour, il a maintenu sa recommandation « achat ». Au milieu de 1999, il l'a relevée en parlant d'« achat très conseillé » – prévoyant que le cours allait passer de 75 à près de 130 dollars l'action. WorldCom était toujours « à acheter », selon lui, le 23 avril 2002, trois mois seulement avant sa déclaration de

---

1. Gretchen Morgenson, « More clouds over Citigroup in its dealings with Ebbers », *New York Times*, 3 novembre 2002, section 3, p. 1.

* C'est-à-dire de ne pas se prémunir contre une baisse éventuelle de leur cours en se couvrant par la prise d'une position contraire sur l'action WorldCom. (*NdT.*)

faillite et bien après le déclenchement de l'avalanche des fraudes comptables.

Grubman a fini par donner sa démission, et le communiqué par lequel il l'annonce en dit long sur les folles années 1990 : « J'ai fait mon travail d'analyste dans un cadre largement admis, en harmonie avec la pratique de la branche que l'on est aujourd'hui en train de stigmatiser après coup[1]. » De fait, c'était bien la pratique de la branche, et c'est justement là le problème.

## LES EXPÉRIENCES AILLEURS

Dans d'autres pays, en Allemagne et au Japon par exemple, non seulement il n'y a pas eu séparation entre banques de dépôts et banques d'affaires comme aux États-Unis avant l'abrogation du *Glass-Steagall Act,* mais les banques et les entreprises sont souvent intimement liées. Leurs liens sont depuis longtemps perçus comme une arme à double tranchant. Ils facilitent une meilleure circulation de l'information, et, lorsque les relations ne sont pas trop symbiotiques, une grande banque peut faire obstacle aux abus des directeurs plus efficacement que de petits actionnaires. Mais quand le rapport devient *trop* intime, quand la banque détient aussi une grosse participation dans la firme à laquelle elle consent des prêts, elle se laisse plus aisément émouvoir quand celle-ci est déficitaire : un garde-fou important contre les mauvais résultats, ou même la mauvaise conduite, a disparu. Le Japon a illustré les deux faces du phénomène : les liens étroits entre ses banques et ses entreprises ont probablement contribué à sa croissance dans les années 1960, 1970 et 1980, mais ils ont constitué une entrave réelle à ses efforts pour faire face aux problèmes de la dernière décennie.

L'une des raisons pour lesquelles l'Europe et le Japon ont échappé aux extrémités des dérapages américains tient peut-être au fait que leurs principes, tant éthiques que comptables, sont plus

---

1. Lettre de démission adressée par Jack Grubman à Salomon Smith Barney, 15 août 2002. On la trouvera sur le site www.citigroup.com/citigroup/press/2002/data/020815d1.pdf.

forts. Les Européens ont eu un choc en apprenant le montant des salaires des PDG aux États-Unis. Si, en Europe, les chefs d'entreprise gagnent souvent un dixième de la rémunération de leurs homologues américains, ils ont un sens plus prononcé de la responsabilité personnelle et se retirent plus facilement en cas d'échec. Au Japon, le PDG assume les fautes de tous ses subordonnés, même les plus modestes. Quel contraste avec les réactions de plusieurs PDG de très grandes banques américaines qui, condamnés à payer des amendes de centaines de millions de dollars, se sont efforcés de minimiser les problèmes et d'en accuser quelques analystes, les qualifiant de « voyous » après en avoir fait les vedettes de leur banque ! Si les banques ont négocié ferme afin que ces PDG ne soient pas incarcérés pour leurs crimes et puissent même conserver leur poste, deux de leurs subordonnés les plus exposés se sont vu interdire à vie toute activité dans la branche.

Les cadres juridiques font aussi une différence, et leurs effets sont à la fois symboliques et très concrets sur les rapports entre directeurs et actionnaires : les premiers sont-ils au service des seconds, ou voient-ils en eux une calamité avec laquelle il faut bien vivre ? Aux États-Unis, les PDG et les autres hauts dirigeants ne prennent souvent pas même la peine de venir aux assemblées générales des actionnaires, ce qu'on leur a beaucoup reproché. Au Royaume-Uni, un petit pourcentage des actionnaires (10 %) a le pouvoir de provoquer une assemblée générale extraordinaire au cours de laquelle les directeurs peuvent être licenciés, même sans cause, par la majorité. Les actionnaires américains, eux, ont rarement la possibilité de le faire.

On a vu que la mondialisation a contribué à étendre les problèmes de la comptabilité à l'américaine à d'autres pays (même si l'ingéniosité locale aurait sûrement fini par y susciter des « innovations » comparables de son cru), et il en a été de même dans le secteur bancaire : les banques américaines sont très présentes dans le monde entier. Aux États-Unis, quand certaines banques se sont engagées dans les pratiques qu'a détaillées ce chapitre et se sont enrichies par leur intermédiaire, leurs concurrentes ont été forcées de suivre, d'où une sorte de course à l'infamie. Il est donc assez remarquable que, confrontées à la même concurrence, les banques étrangères n'aient pas davantage emboîté le pas aux américaines – peut-être, avec le temps, découvrira-t-on cependant qu'elles l'ont fait.

## LES LEÇONS

Il y a eu beaucoup de dérapages dans les années 1990, et les banquiers ont très souvent laissé leurs empreintes sur les lieux du crime. Les banques d'affaires devaient informer correctement pour permettre de mieux allouer les ressources. Trop souvent, elles ont trafiqué et faussé l'information, elles ont participé à des dispositifs qui ont aidé d'autres acteurs à truquer les chiffres et à s'enrichir aux dépens des actionnaires.

Les méfaits d'Enron et de WorldCom – et ceux de Citigroup et de Merrill Lynch – dépassent les proportions de la plupart des escroqueries politiques. Un fonctionnaire corrompu détourne quelques milliers de dollars, au pis quelques millions. Pour le pillage d'Enron, de WorldCom et d'autres firmes dans les années 1990, le vol s'estime en milliards de dollars : il dépasse le PIB de certains pays.

Quand les individus œuvrent dans leur intérêt personnel, disait Adam Smith, ils servent en général l'intérêt de toute la société[1]. C'est une hypothèse très séduisante, parfois vraie, mais trop souvent fausse. L'information imparfaite offre à certains la possibilité de prendre des initiatives qui leur profitent *aux dépens d'autres, qu'ils sont supposés servir*. C'est le problème dit « de l'agent principal ». Il se pose lorsqu'une personne censée agir dans l'intérêt d'autres personnes se trouve dans une situation qui lui donne toute liberté de ne pas le faire. C'est un problème central de l'économie moderne : comment faire *coïncider* les intérêts, comment mettre en place des structures d'incitation qui

---

1. S'il écrivait qu'en recherchant leur intérêt personnel les individus œuvrent pour le bien-être général de la société, Adam Smith, nous l'avons dit, était plus conscient des limites de ce raisonnement que beaucoup d'adeptes actuels de cette doctrine. Mais il n'avait pas pleinement compris les limites imposées par l'information imparfaite.

pousseront l'agent à choisir plus souvent de représenter ses vrais mandants[1] ?

On n'en finira jamais avec les conflits d'intérêts, ni dans le public, ni dans le privé. Mais, dans les années 1990, la vague de la déréglementation a supprimé ou affaibli les garde-fous qui existaient, et le résultat était prévisible. Que pouvons-nous faire pour remédier à ces problèmes ? Nous montrer plus attentifs à l'éventualité que surviennent des conflits, d'abord, et aux distorsions d'incitations qu'ils engendrent. Puis, par des réglementations qui limitent leur champ d'action et obligent à divulguer davantage d'informations – dont celles qui révèlent la présence de conflits d'intérêts –, atténuer leurs effets, dans le public comme dans le privé.

L'activité bancaire repose depuis longtemps sur la confiance et sur les normes de « bonne conduite ». Or – les folles années 1990 aux États-Unis l'ont montré –, en présence d'incitations assez perverses, on ne peut plus faire confiance, et les normes s'assouplissent, s'adaptent. Il faut évidemment remettre les incitations en phase, adopter et faire respecter des lois et des règlements. Mais, en dernière analyse, nous aurons toujours besoin de la confiance et des normes. Puisqu'il en est ainsi, à quoi bon les autres réformes ? diront certains – mais l'élément crucial leur échappe : on ne peut compter sur la confiance et sur les normes que jusqu'à un certain point. En Europe, au Japon et dans beaucoup d'autres pays du monde, la confiance et la bonne conduite jouent traditionnellement un rôle encore plus déterminant que dans l'économie américaine. Le système bancaire et plus généralement l'organisation de la gouvernance d'entreprise, malgré tous leurs mérites, ont toujours été perméables aux abus. En un sens, avec les relations intimes qui unissent banques et entreprises, le potentiel de dérapage était encore plus important dans ces sociétés qu'aux États-Unis. Qu'il n'y en ait pas eu davantage est tout à leur honneur. Mais, avec la

---

1. Les partisans de la rémunération des directeurs en options sur titre supposent souvent, implicitement, que les marchés sont rationnels et bien informés : dans ce cas, la valeur boursière augmente si et seulement si les directeurs améliorent la rentabilité à long terme de l'entreprise. On a confié aux dirigeants la responsabilité de donner l'information exacte permettant au marché d'évaluer justement l'entreprise – tout en les incitant à ne pas la donner.

mondialisation, les normes traditionnelles se retrouvent confrontées à d'autres, la concurrence mondiale crée de nouvelles tensions, et, inévitablement, ces pays devront changer de règles et de pratiques. Ils ne sont pas obligés d'adopter en affaires les principes ou les usages américains – mais ils ne peuvent pas les ignorer non plus. À eux de trouver, en restant fidèles à leur passé, à leurs valeurs et à leur héritage, des cadres économiques qui répondent à ces défis. Il serait peut-être bon, par exemple, qu'ils posent certaines limites aux « banques universelles » en formulant clairement les risques de conflits d'intérêts et les comportements auxquels ils peuvent donner lieu.

On entend depuis si longtemps les « experts » financiers faire la leçon à l'Amérique et à tous les pays du monde sur la bonne gestion d'une économie – la réduction du déficit, l'orientation de la politique fiscale – qu'on ne peut s'empêcher de souligner les paradoxes. Tandis qu'ils pontifiaient sur l'État gaspilleur, leur libre marché gaspillait l'argent à une échelle dont la plupart des États ne pourraient même pas rêver. Tandis qu'ils discouraient sur la « création de valeur », ils en détruisaient des milliers de milliards de dollars par leur myopie, leurs réformes à courte vue qu'on encensait en leur prêtant l'effet inverse. Tandis qu'ils dénonçaient la corruption des fonctionnaires et vilipendaient le capitalisme du copinage à l'étranger, ils laissaient les conflits d'intérêts se multiplier, s'opposaient à tous les efforts pour les combattre et ne rougissaient pas de recourir eux-mêmes à ces méthodes dans leurs transactions politiques avec Washington. Tandis qu'ils vantaient la rigueur comptable, ils truquaient les comptes, se rendaient complices d'autres fraudeurs et résistaient à toute tentative de réforme de la comptabilité pour améliorer la qualité de l'information.

Les « experts » n'ont subi que partiellement les conséquences de leur malhonnêteté. Ils ont accepté des amendes d'un niveau sans précédent – plus d'un milliard de dollars –, mais, dans la plupart des cas, seulement en échange de la garantie que le PDG n'irait pas en prison. Ces sommes, cependant, n'ont pas réparé les dégâts, et, dans bien des situations, ce ne sont pas les PDG mais les entreprises qui les ont payées. Elles relèvent en fait d'une étrange logique, par laquelle la victime est punie deux fois.

En définitive, les actionnaires – déjà volés par les directeurs – paient l'amende[1].

Ultime paradoxe : au moment même où la communauté financière prêchait à l'État le droit chemin de l'équilibre budgétaire, elle cherchait fiévreusement des moyens d'aider les Enron et consorts à esquiver l'impôt qu'ils auraient dû payer, ce qui creusait le déficit. Et nous allons voir au chapitre suivant que les financiers ont aussi soutenu les réductions d'impôt sur les plus-values, lesquelles, si elles ont donné plus fière allure aux comptes de l'État à court terme, les ont affaiblis à long terme. Pis encore : elles ont alimenté la frénésie de ces folles années 1990 – ce qui était peut-être leur but, après tout.

---

1. Déterminer *qui* parmi les actionnaires paie et devrait payer la facture pose quelques problèmes subtils et complexes.

# Chapitre 7

# Les réductions d'impôt
# nourrissent la frénésie

La bulle a enrichi des millions d'Américains au-delà de leurs rêves les plus fous. Elle n'a pas nécessairement raffermi leur sens du devoir envers la société. Tout comme les PDG se plaisaient à croire que c'était leur puissance intellectuelle qui faisait monter si haut les cours des actions de leurs firmes, ces Américains se sont persuadés que c'était leur perspicacité et leur travail, et non la chance, qui faisaient si merveilleusement prospérer leurs portefeuilles. Ils n'étaient pas d'humeur à partager leurs gains, ou du moins à en céder plus que le strict nécessaire. Cette attitude – associée à la politique du moment, aux mauvaises pratiques comptables et à la concentration sur la réduction du déficit – a inspiré des mesures fiscales qui ont rendu la bulle plus désastreuse et ses lendemains plus tumultueux.

Ces « gagneurs » des années 1990 ont fait pression pour avoir moins d'impôts à payer sur leur fortune toute fraîche. Leur objectif premier était de réduire les prélèvements sur leurs énormes plus-values, dont celles des options sur titre, avec lesquelles les hauts dirigeants étaient de plus en plus souvent rémunérés. Taxer les plus-values plus faiblement que les dividendes et les autres formes de revenu, c'était encourager un redéploiement des investissements vers les firmes high-tech – qui n'offraient pas de dividendes (comment l'auraient-elles fait, puisque beaucoup ne dégageaient aucun profit ?), mais des plus-values.

Comme l'administration ne pensait qu'à équilibrer le budget, la réduction d'impôt, si ardemment qu'elle fût désirée par les riches (et c'étaient bien les riches qui la voulaient : elle profitait très peu aux bas et moyens revenus), n'aurait probablement jamais eu lieu sans la conjonction bizarre des mauvaises pratiques comptables et des réalités politiques de l'époque.

En 1980, Reagan avait promis une réduction d'impôt qui ferait augmenter les rentrées fiscales, ce que même son vice-président George Bush avait qualifié d'« économie vaudoue ». Suivant sa théorie, si les taux d'imposition baissaient, les actifs allaient travailler d'arrache-pied, beaucoup plus de gens entreraient dans la population active, l'épargne s'accroîtrait massivement ; tous ces effets du « côté offre » *(supply-side)* engendreraient tant de revenus nouveaux que, malgré la baisse des taux, l'État recevrait plus. En fait, l'épargne est restée désespérément faible – elle a même légèrement baissé – et l'impact sur l'offre de travail a été des plus limités. (Certains pensaient alors, et pensent toujours, que les conseillers de Reagan eux-mêmes ne croyaient pas sincèrement à l'économie vaudoue, mais avaient un autre objectif : créer des déficits qui forceraient à réduire les dépenses publiques afin de restreindre le rôle de l'État. Bref, leur programme ne nécessitait pas que l'expérience de réduction d'impôt fonctionne comme prévu.)

La baisse des revenus de l'État (par rapport à ce qu'ils auraient été en l'absence de réduction d'impôt) sans baisse équivalente de ses dépenses[1] a provoqué une crise budgétaire de dix ans, que Clinton a enfin résolue en 1993[2]. Mais, selon les experts qui supervisaient les comptes de l'État, il y avait un domaine où l'économie vaudoue était réelle, où réduire les taux d'imposition allait augmenter les rentrées fiscales : réduire la taxation des

---

1. Les deux partis se sont mutuellement accusés de ce maintien des dépenses. Le fait est que les administrations Reagan et Bush I n'ont pas proposé de réduction qui aurait rétabli l'équilibre budgétaire ; le désaccord entre l'administration et le Congrès portait moins sur le montant à dépenser que sur l'usage qu'on en ferait – par exemple, défense contre services sociaux.

2. Pendant la campagne présidentielle de 1996, le candidat républicain, Robert Dole, a proposé une nouvelle dose d'économie vaudoue. Les démocrates et le peuple américain en général n'en ont pas voulu.

plus-values – l'impôt sur l'augmentation de valeur des actions et des biens immobiliers entre l'achat et la revente – pouvait accroître les recettes publiques, notamment si la mesure était temporaire. L'État, conformément à la procédure particulière qui préside aux analyses budgétaires du secteur public, prend en considération une « fenêtre budgétaire » de dix ans et se demande quel impact auront sur les rentrées fiscales, pendant cette période, les mesures qu'il envisage. C'est beaucoup mieux, certes, qu'examiner les choses année par année, ou sur deux ou trois ans. Mais l'effet des mesures gouvernementales dure plus de dix ans, et n'importe quel examen des comptes sur une période limitée, fût-ce une décennie, encourage toutes sortes de tours de passe-passe. Nous avons pu le constater en 1996.

J'ai déjà noté que le programme de Clinton est mort *de facto* après les élections de 1994, qui ont vu les républicains prendre le contrôle du Congrès. Clinton était un militant, mais sans l'aval du Congrès il avait les mains liées. Désormais, c'était seulement lorsque son programme coïncidait avec celui des républicains qu'il pouvait agir. C'est ainsi qu'ont été réalisées la « réforme » de l'aide sociale et la déréglementation. Comme nous l'avons vu au chapitre 4, les républicains voulaient retirer à l'État son pouvoir réglementaire, et cela convenait bien au programme des « nouveaux démocrates ». Dans sa plate-forme de campagne, Clinton avait promis de « mettre fin à l'aide sociale telle que nous la connaissons ». Les républicains voulaient y mettre fin tout court. Sur les deux problèmes, il était possible de s'entendre, et des accords ont été conclus. De même, les deux partis voulaient une réduction d'impôt, et tenaient cependant l'un et l'autre à *paraître* responsables sur le plan budgétaire. En raison d'une bizarrerie comptable, une réduction de l'impôt sur les plus-values pouvait miraculeusement donner l'impression d'améliorer les finances de l'État.

Dans la fenêtre budgétaire limitée qu'examinent les comptables publics, une réduction temporaire de l'impôt sur les plus-values entraîne des recettes à court terme parce qu'elle fonctionne comme des « soldes » fiscaux. L'un des problèmes de la taxation des plus-values, c'est que les investisseurs sont « captifs dans leurs actifs ». Tant qu'ils ne les vendent pas, ils n'ont aucun impôt à payer. Ils ne le paient qu'au moment où, en vendant, ils réalisent la plus-value. Exemple : quelqu'un a acheté des actions 100 dollars et elles valent à présent 1 100 dollars. L'impôt portera donc sur la plus-value de 1 000 dollars. Si le taux des impôts d'État et fédéral que cette personne doit payer est de 33 %, elle ne pourra réinvestir que 867 dollars (puisque le prélèvement fiscal sur sa plus-value de 1 000 dollars sera de 333 dollars). Mais elle peut aussi, au lieu de les vendre, laisser les actions en question dans son portefeuille : dans ce cas, elle continuera à engranger les retours sur investissement de l'ensemble des 1 100 dollars. Plus important : si elle a l'intention de léguer ces actions à ses enfants, sa plus-value échappera totalement au fisc. Ses enfants n'auront à payer l'impôt que sur les plus-values réalisées après l'héritage[1]. Cependant, malgré tout, les particuliers vendent leurs actions, soit parce qu'ils ont besoin d'argent pour vivre, soit parce qu'ils voient une autre occasion d'investissement tellement plus prometteuse qu'il devient payant de payer l'impôt.

Quand l'État annonce une baisse temporaire du taux d'imposition sur les plus-values, beaucoup de détenteurs d'actions, jusque-là « captifs », décident de sauter sur l'occasion et de vendre pendant que l'impôt est en solde. C'est pourquoi les rentrées fiscales de l'État, à court terme, augmentent. Mais, à long terme, elles peuvent en réalité baisser. Certaines personnes qui décident de réaliser leurs plus-values cette année-là l'auraient peut-être fait, disons dans onze ans, en dehors de la fenêtre budgétaire, date à laquelle le taux serait revenu à son niveau normal. Les recettes de l'État seraient alors supérieures aujourd'hui, mais inférieures dans onze ans – et la perte à venir dépasserait le gain immédiat. En fait, l'État emprunte contre ses revenus futurs. Si le gouvernement, comme il le devrait, avait le souci d'éviter une position déficitaire à long terme, il verrait que, sur la durée, baisser le taux d'imposition des plus-values réduit les rentrées fiscales et alourdit la dette.

En tant que président du Council of Economic Advisers, je me suis opposé à la réduction d'impôt Clinton pour quatre raisons.

---

1. Techniquement, cela s'appelle un relèvement de base au décès.

Premièrement, je pensais que nous devions nous soucier de la position budgétaire sur la durée, et même si, à court terme, les comptes en paraissaient meilleurs, la réduction de l'impôt sur les plus-values ne pouvait qu'aggraver les choses à long terme. Ses effets positifs immédiats sur le budget étaient clairs. Certes, une poignée de familles pouvaient, même à long terme, finir par payer davantage d'impôts. Certes, des personnes qui auraient, sinon, échappé à toute taxation – en transmettant leurs actifs à leurs héritiers – choisiraient peut-être de réaliser leurs plus-values pendant les « soldes ». Mais il n'y avait qu'une bonne réponse au dilemme : rendre le système fiscal plus juste, colmater la brèche et forcer *tout le monde* à payer l'impôt sur les plus-values.

Deuxièmement, les conséquences sur la répartition des revenus étaient odieuses : la quasi-totalité des bénéfices de cette réduction d'impôt allait au 1 % le plus riche de la population. Elle comptait parmi les plus régressives qu'on pût imaginer – profitant uniquement à ceux qui étaient déjà les mieux lotis. Elle était donc parfaitement contradictoire avec les objectifs traditionnels du Parti démocrate. En fait, il est bien difficile de concilier la politique fiscale globale de Clinton – l'effet conjoint de la réduction de l'impôt sur les plus-values et de l'augmentation d'impôt de 1993 – avec les valeurs professées par le Parti démocrate et par le président lui-même. Il avait augmenté les prélèvements sur les personnes à revenus moyens-supérieurs qui gagnaient leur vie en travaillant, mais avait baissé ceux qui pesaient sur les très riches qui s'enrichissaient encore en spéculant, et sur les PDG qui engrangeaient des millions avec les options sur titre.

Troisièmement, la réduction de l'impôt sur les plus-values, comme la plupart des réductions d'impôt récentes, a été « vendue » sur la base de l'« économie de l'offre » : elle allait stimuler l'innovation, favoriser l'investissement, promouvoir l'épargne. Les PDG, qui recevaient un si gros pourcentage de leur revenu sous forme d'options sur titre, allaient être encouragés à travailler plus dur. On estimait, manifestement, que la rémunération dite « d'incitation » ne les incitait pas suffisamment à prendre les « décisions douloureuses » – par exemple, licencier les salariés en surnombre pour accroître les profits. Mais cet argument de l'impact sur l'offre était vraiment absurde, puisque l'essentiel des bénéfices de la mesure allait à ceux qui avaient *déjà* effectué des plus-values. La réduction d'impôt avait donc un effet incitatif nul. Elle était un cadeau aux riches, et rien de plus. Ils avaient déjà investi en supposant qu'ils auraient à payer l'impôt sur les plus-values au taux existant. Sa baisse était pour eux un surprofit « tombé du ciel ». Et, si l'on regardait les chiffres de près, on voyait qu'un pourcentage relativement faible des plus-values était lié, à cette date, aux technologies nouvelles ; une bonne partie du bénéfice de la réduction d'impôt irait aux spéculateurs de l'immobilier.

Depuis son arrivée au pouvoir, un élément central de la stratégie fiscale de Clinton consistait à cibler des réductions d'impôt pour les rendre plus efficaces – *more bang for the buck\**, c'est-à-dire plus de stimulation économique pour chaque dollar d'augmentation des dépenses ou de réduction des impôts. Quand nous avons réfléchi à la façon dont nous pouvions utiliser la politique fiscale pour stimuler l'économie, nous avons retenu un crédit d'impôt sur l'investissement : seuls ceux qui investissaient vraiment dans l'économie auraient une réduction d'impôt (le contraste est net avec les propositions faites huit ans plus tard par Bush II). Et, pour que le « bang » par dollar soit encore plus tonitruant, nous avons suggéré de limiter les bénéfices de la mesure aux *accroissements* d'investissement, ce qui fournirait de puissantes incitations à la marge mais réduirait les gains « tombés du ciel » pour les firmes qui auraient investi de toute façon, même sans réduction d'impôt. Donc, lorsque la demande d'une baisse de l'impôt sur les plus-values s'est faite plus pressante, en 1996, le Council of Economic Advisers en a conçu des versions qui faisaient avancer les choses, par lesquelles on obtiendrait au moins *certains* effets d'incitation, et peut-être un certain impact positif général dû à une croissance de l'épargne ou de

---

\* *More bang for the buck*, « un plus gros "bang" pour chaque dollar ». C'est par cette formule que, dans les années 1950, le président Eisenhower a justifié le grand tournant de la politique militaire américaine : la décision de privilégier les armes nucléaires au détriment des forces conventionnelles, plus coûteuses et moins destructrices. *(NdT.)*

l'investissement (mais, même dans ce cas, la théorie économique et l'expérience indiquent que cet impact ne serait probablement pas très important). Malheureusement, le Trésor et le Congrès n'ont guère prêté attention à nos propositions.

Il y avait encore une quatrième raison de s'opposer à cette réduction d'impôt – au moins aussi importante, vu la situation, que les trois premières. En réduisant la fiscalité sur les plus-values, on renforçait la tendance des PDG à se concentrer sur la valeur boursière à court terme plutôt que sur la rentabilité à long terme. Lorsque les investisseurs sont « captifs », ils se soucient moins de savoir combien vaut l'action aujourd'hui, ou même demain ; ils veulent connaître les perspectives de la firme sur la durée. La baisse de l'impôt sur les plus-values contribuait à ramener leur attention sur l'immédiat. De quoi alimenter la frénésie, donc exacerber la bulle, tout en mettant en branle des forces qui, lorsqu'elle éclaterait, aggraveraient la récession.

Dans les bulles de l'immobilier, la forte montée des prix engage chacun dans une spirale ascendante. On vend sa maison, on en retire plus que sa valeur, on se sert de cette somme comme levier pour emprunter davantage afin d'acheter une propriété encore plus coûteuse – et ce mécanisme gonfle la bulle. Il existe aussi à la Bourse. Mais l'impôt sur les plus-values le modère. Puisque ceux qui vendent leurs actions doivent verser à l'État une partie de leurs plus-values, il leur reste moins d'argent pour nourrir la folie furieuse. Désormais, avec la réduction de l'impôt sur les plus-values, lorsque certains craignent que telle action particulière ne soit surévaluée et la vendent, il leur reste beaucoup plus d'argent à réinvestir dans le marché boursier – et voilà la frénésie relancée de plus belle.

De même, cette réforme fiscale incitait encore plus à rémunérer les PDG en options sur titre et rendait d'autant plus intéressant le retour (après impôt) des tricheries comptables : elle renforçait donc les incitations déjà bien trop puissantes que nous avons évoquées dans les chapitres précédents.

La réduction d'impôt fut mise en œuvre, et, comme les *supply-siders* l'avaient prédit, les rentrées fiscales augmentèrent énormément. Était-ce la preuve définitive du bien-fondé de l'économie de l'offre ? En partie, oui, car la réduction d'impôt gonflait la bulle, et c'était la bulle qui gonflait les recettes de l'impôt sur les plus-values. Mais les adversaires de la mesure avaient souligné que ces gains ne seraient probablement que temporaires. Même s'il n'y avait pas eu de bulle, certaines recettes immédiates se faisaient aux dépens de rentrées fiscales supérieures qui auraient eu lieu plus tard, sans la réduction d'impôt. Mais il y avait une bulle. Quand elle a éclaté, les plus-values sont devenues des moins-values, et les recettes de l'impôt se sont effondrées.

La cupidité de Wall Street et des firmes de l'immobilier ; une comptabilité douteuse ; un establishment politique conservateur tout à fait prêt à instrumentaliser cette comptabilité pour faire avancer son programme à long terme, à savoir la réduction du rôle de l'État ; des parlementaires progressistes soucieux d'entrer dans les bonnes grâces des financeurs de campagnes électorales : tous ces facteurs ont joué pour faire adopter la réduction de l'impôt sur les plus-values de 1997, l'une des plus régressives de l'histoire des États-Unis (avant d'être rudement concurrencée pour le titre, quatre ans plus tard, par celle de Bush II). Mais il y avait un ingrédient supplémentaire. Non seulement beaucoup de ces forces avaient réussi à persuader l'Amérique que la déréglementation, quelles qu'en fussent les modalités, allait profiter à tous les Américains, mais elles ont également convaincu la classe moyenne, et même les pauvres, qu'ils allaient eux aussi bénéficier de la baisse de la taxation des plus-values. Cette réduction d'impôt fut politiquement populaire. Tout le monde avait son petit paquet d'actions (même si la plupart se trouvaient dans des comptes où les plus-values étaient exonérées d'impôt). Et on était prêt à tout pour protéger ces infimes fragments de capitalisme contre la rapacité de l'État. Ce fut la dernière victoire de Ronald Reagan. Peu importait que la réduction de l'impôt sur les plus-values fît économiser 100 dollars aux contribuables de la tranche supérieure chaque fois que le contribuable à revenu moyen en gagnait 5. Tous étaient sur le même bateau, tous s'efforçaient d'échapper à ceux qui voulaient leur prendre – et, supposaient-ils, gaspiller – leur argent.

Tout système fiscal reflète les valeurs fondamentales d'un pays – et sa politique. Il traduit en monnaie sonnante et trébuchante ce qui ne serait sans lui qu'envolées rhétoriques. Il existe aux États-Unis une longue tradition de petits propriétaires terriens, de petits fermiers, qui remonte à Jefferson. Aujourd'hui, nous ne sommes plus un pays de fermiers mais nous restons un pays de propriétaires. Près de 70 % des Américains possèdent leur maison, pourcentage plus élevé que presque partout ailleurs. Et notre système fiscal, avec ses grosses déductions pour les prêts hypothécaires et l'immobilier en général, incite à être propriétaire de sa maison.

Pendant une bonne partie de la période Clinton – et à l'exception majeure de la réduction de l'impôt sur les plus-values –, nous nous sommes efforcés d'utiliser la politique fiscale pour traduire nos valeurs, tout en améliorant le fonctionnement de l'économie. Le corset budgétaire nous a imposé des choix difficiles, et nous avons cherché à cibler et à moduler les réductions d'impôt pour être efficaces sans perdre trop de recettes. Nous avons augmenté les déductions fiscales et les crédits d'impôt pour l'éducation, par exemple, car nous étions convaincus de l'importance d'une meilleure formation pour tous. Peu après notre arrivée aux affaires, nous avons voulu instaurer des taxes en vue d'encourager les économies d'énergie et de décourager les gaz polluants à effet de serre.

Au début de l'administration Clinton, en 1993, nous avons aussi fait adopter une disposition sur les rémunérations excessives des PDG, sans rapport avec les résultats de leurs firmes. L'intention était bonne : nous avions compris que les directeurs avaient le pouvoir de s'attribuer à volonté des salaires visiblement injustifiés et injustifiables. Nous voulions décourager ces excès, mais sans trop interférer avec le marché, avec les dispositifs d'incitation. Or, en agissant comme nous l'avons fait, nous avons donné bien involontairement un nouvel élan à l'usage des options sur titre. Tout comme la réduction de l'impôt sur les plus-values s'est jointe à d'autres facteurs pour alimenter *directement* la frénésie boursière, notre mesure fiscale, associée aux mauvaises pratiques comptables que tant de gens avaient tout fait pour maintenir, a contribué à faire des options sur titre le mode de rémunération privilégié des PDG – avec toutes les conséquences que nous avons évoquées[1].

Nous aurions dû comprendre, bien sûr, que la rémunération dite « d'incitation » des dirigeants d'entreprise n'en était pas une. Elle augmentait quand le cours de l'action montait, que cette hausse fût due ou non aux efforts du PDG. Elle augmentait aussi quand le cours baissait – car le chef d'entreprise et le conseil d'administration qu'il avait lui-même nommé estimaient que, sans les efforts de ce vaillant PDG, l'action aurait baissé encore plus.

Quand les années Clinton ont pris fin, je me suis demandé : Quel message avons-nous transmis, en fin de compte, par nos réformes fiscales ? Qu'avons-nous dit au pays, à nos jeunes, quand nous avons réduit l'impôt sur les plus-values et augmenté les prélèvements sur ceux qui gagnent leur vie en travaillant ? Qu'il vaut mieux vivre en spéculant ! La nouvelle économie – l'innovation continue qui alimente la croissance de la productivité et fonde la puissance à long terme du pays – dépend des progrès de la science, de ces chercheurs qui, dans les universités et les laboratoires, travaillent inlassablement, seize heures par jour, voire plus, pour tenter de comprendre le monde où nous vivons. Ce sont eux que nous aurions dû récompenser, encourager. Or ils ont précisément été le plus lourdement taxés, tandis que les spéculateurs étaient traités avec plus de douceur. Nous avons beaucoup parlé d'incitations, mais la plupart de nos largesses fiscales n'ont pas eu le moindre effet incitatif. Nous avons enseigné à nos jeunes nos valeurs nationales, mais nous leur avons donné en même temps une autre leçon : nous leur avons appris l'hypocrisie politique. Ou, diront certains, le monde comme il va.

---

1. Même certaines tentatives (marquées du sceau du compromis) pour améliorer les pratiques comptables ont été contre-productives. Nous avons autorisé les entreprises à ne pas déclarer comme charges d'exploitation certaines options – les *fixed-plan options*, où le prix d'exercice est fixe. En revanche, elles avaient obligation de les inscrire à leurs dépenses dans la quasi-totalité des autres cas plus complexes, dont celui où l'option sur titre était fondée sur les résultats *relatifs*. Nous avons exigé l'inscription pour les types d'option les plus difficiles à évaluer. Et le vif désir des entreprises de ne pas les déclarer a contribué à répandre l'usage de systèmes d'options loin d'être optimaux. (Cela dit, notons bien qu'une entreprise pouvait fournir le même type d'incitation sans recourir aux options – parfois avec des avantages fiscaux plus intéressants. Et que la non-utilisation des mécanismes d'options sur titre bien conçus est antérieure à la nouvelle réglementation comptable.)

# Chapitre 8

# Vivre dangereusement

Des fortunes se sont construites dans les folles années 1990. Dirigeants politiques et chefs d'entreprise pouvaient s'en attribuer le mérite et ne s'en privaient pas. Nous étions portés par une vague, et personne ne croyait, ou ne voulait croire, qu'elle allait retomber. Mais elle est retombée, ct cc qui était déjà facile à voir avant sa chute est alors devenu douloureusement clair. Comme la marée descendante révèle les rudes écueils sous la surface de l'eau, le reflux de l'économie a mis à nu les plus choquantes réalités de l'expansion : les problèmes liés à la comptabilité, aux PDG et aux banques, les relations entre marché et politique, la déréglementation – bref, tout ce que nous avons analysé dans les chapitres précédents.

Mais il y avait un autre ensemble de problèmes encore moins visible. Ccrtains changements économiques qui avaient gonflé la bulle avaient aussi fragilisé l'économie : quand la bulle a éclaté, ils ont aggravé la récession. Nous n'avions pas seulement exposé l'économie à davantage de risques, nous avions aussi compromis notre capacité à gérer les risques. Avec les innovations en matière de retraites et de politique de l'emploi, les particuliers se trouvaient bien plus exposés aux vicissitudes du marché. Quand la Bourse s'est écroulée, ils ont vu fondre leurs futures retraites. Quand l'économie a ralenti, ils ont constaté qu'ils avaient de plus grandes chances d'être licenciés. En même temps, la politique de l'État avait évolué aussi : celui-ci n'avait pas renforcé l'indemnisation du chômage en fonction des changements de l'économie, et il avait réduit les prestations sociales. Autrefois, ces dispositifs injectaient de l'argent dans l'économie quand elle ralentissait : ils offraient un coussin de sécurité à ceux qui, sans cela, auraient souffert, mais ils contribuaient aussi à soutenir l'économie, donc à limiter l'ampleur de la récession. Involontairement, nous avions créé une économie moins stable.

## QU'EST-IL ARRIVÉ À LA NOUVELLE ÉCONOMIE ?
## LA NOUVELLE ARME À DOUBLE TRANCHANT

On avait cru que la nouvelle économie – expression qui désigne les changements économiques très tranchés survenus au cours des années 1990, avec leur accent sur la technologie de pointe et les progrès des communications – avait mis fin au cycle des affaires. Les nouvelles technologies étaient censées permettre de mieux contrôler les stocks ; or le surinvestissement dans les stocks était l'une des causes premières des fluctuations économiques depuis la Seconde Guerre mondiale. De plus, puisque l'économie se déplaçait de l'industrie vers les services (au milieu des années 1990, moins de 14,1 % des emplois américains étaient dans l'industrie), le rôle des stocks dans l'économie était lui-même en baisse. Mais la nouvelle économie n'a pas mis fin au cycle des affaires. Elle a plutôt créé une expansion et une crise plus intenses que la moyenne de l'après-guerre.

Certes, on a peut-être trop chanté les louanges de la nouvelle économie. Mais elle était réelle. Internet l'était ; les innovations, les avancées des télécommunications, les nouvelles pratiques d'affaires qui en étaient issues, l'étaient aussi. De même que les XVIII$^e$ et XIX$^e$ siècles ont marqué le passage de l'économie agricole à l'économie industrielle, et les trois premiers quarts du XX$^e$ siècle, la transformation de l'économie industrielle en économie de services, de même la fin du XX$^e$ siècle a vu celle-ci se muer en économie de l'immatériel, l'économie du savoir. Révolution dans la production des idées, ce basculement a été aussi important que les précédents dans la production des biens. Il y a eu une accélération du rythme de l'innovation, qui s'est traduite par une montée du taux de croissance de la productivité ; et, même si les problèmes de mesure et de comptabilité ont pu nous en faire surestimer l'ampleur, ce phénomène était, lui aussi, bien réel.

D'ailleurs, même lorsque l'économie a glissé dans la récession, la productivité a continué à augmenter, rendant encore plus épineux le problème de la création d'emplois. C'est l'arme à double tranchant des hausses de productivité. Quand l'économie tourne à plein régime, les progrès de la productivité permettent d'accroître le PIB, d'augmenter les salaires, d'améliorer le niveau de vie. Mais lorsque l'économie entre en récession – lorsque le facteur qui limite la production n'est plus l'insuffisance de l'offre mais celle de la demande –, le mécanisme fonctionne dans le mauvais sens. Si, en raison de la faiblesse de la demande, la production n'augmente cette année que de 1 % mais que chaque actif peut produire 3 % de plus, on a besoin de moins de salariés ; le chômage va augmenter. À court terme, il est même possible qu'une hausse du taux de croissance de la productivité conduise en fait à une baisse de la production : la montée du taux de chômage fait baisser les salaires, et les incertitudes sur l'emploi dépriment la consommation, ou du moins son taux de croissance ; en même temps, puisqu'il y a beaucoup de capacités de production excédentaires, ni la hausse des profits induite par la baisse des salaires, ni même la diminution des taux d'intérêt ne peuvent stimuler l'investissement ; donc, puisque la croissance de la consommation s'essouffle et que rien ne la remplace, la production diminue.

## Un marché du travail plus sensible à la conjoncture

Bref, comme la productivité augmentait plus vite, il nous a fallu courir pour rester simplement au même endroit ! Lorsque l'économie est entrée en récession, début 2001, on a eu besoin d'encore moins de travailleurs. Autrefois, les entreprises conservaient leur personnel pendant les récessions, même sans réelle nécessité. Les économistes ont baptisé cette attitude la « thésaurisation de la main-d'œuvre ». Une firme savait qu'à long terme il était intéressant pour elle de traiter convenablement ses salariés, de les garder même si elle n'avait pas besoin d'eux dans l'immédiat. Cela lui permettait d'attirer et de retenir les meilleurs professionnels, et de leur inspirer une fidélité qui les ferait travailler plus dur pour elle.

Mais, au cours des années 1990, une nouvelle culture s'était développée dans les entreprises : il fallait se concentrer sur le résultat financier immédiat – les profits du jour, pas les profits à long terme –, et prendre des mesures rapides et décisives dès qu'il y avait des problèmes. Si un patron gardait ses salariés alors qu'il n'avait pas besoin de leurs services, c'est qu'il avait le cœur tendre et rien dans la tête. Al Dunlap, dit « Al la Tronçonneuse », le PDG de Sunbeam, réputé impitoyable pour licencier et réduire les coûts, était peut-être un cas extrême, mais il symbolisait bien cette nouvelle culture : licenciez les salariés dès qu'il est clair que vous n'avez plus besoin d'eux ; vous pourrez toujours les réembaucher plus tard. La loyauté du personnel vis-à-vis de son entreprise et celle de l'entreprise à l'égard de son personnel étaient des valeurs d'une ère révolue. Résultat : lorsque l'économie est entrée en récession, l'emploi a chuté beaucoup plus vite.

## Des salariés plus angoissés

Puisque la loyauté de l'entreprise vis-à-vis de son personnel s'estompait et que la productivité augmentait sous des formes qui rendaient plus rentable de licencier, on ne saurait s'étonner de la montée de l'angoisse chez les salariés. La sécurité de l'emploi avait toujours été une grande préoccupation des ouvriers. Au fil des ans, depuis la grande crise de 1929, les syndicats avaient œuvré énergiquement pour leur assurer une certaine protection. Néanmoins, ils s'étaient affaiblis, et l'insécurité de l'emploi s'était étendue aux cols blancs. Des salariés toujours plus nombreux se retrouvaient confrontés au risque d'être « dégraissés ». Malheureusement, le filet de sécurité n'avait pas grandi avec la menace. Les indemnités de chômage représentaient un pourcentage plus réduit de la rémunération, et davantage de salariés étaient laissés sans protection. Les plus âgés, en particulier, avaient souvent du mal à retrouver du travail. Et pourtant, sauf mesure spéciale du Congrès, l'assurance-chômage ne durait que vingt-six semaines. Après quoi, les travailleurs devaient se débrouiller seuls, ou s'adresser à l'assistance publique.

La récession de 2001 se poursuivant, les effets de cette situation sont devenus plus clairs. Le nombre de chômeurs de longue durée, ceux qui n'avaient plus droit aux indemnités, est monté en flèche : il a plus que doublé. Finalement, on a prolongé leurs droits de treize semaines, mais seulement jusqu'à fin 2002. À cette date, les droits prolongés de près d'un million d'Américains étaient déjà épuisés, et 750 000 autres se trouvaient en fin de droits, puisque le Congrès n'avait pas renouvelé la prolongation. L'administration Bush et le Congrès républicain ont apparemment offert à près de deux millions de salariés un curieux cadeau de Noël : l'angoisse – d'où viendrait leur prochain repas ? Mais ils ont aussi, ce faisant, affaibli l'économie. La saison commerciale de Noël 2002, on n'en sera pas surpris, a été mauvaise.

Si certains conservateurs craignaient que les indemnités de chômage ne réduisent l'incitation des chômeurs à chercher du travail, le problème, de toute évidence, était ailleurs : du travail, il n'y en avait pas, tout simplement ; ceux qui en cherchaient ne parvenaient pas à en trouver.

Plus tôt dans la décennie, du temps de l'administration Clinton, nous avions déjà compris qu'avec l'accélération du rythme de l'innovation il y aurait de grands changements sur le marché du travail. Nous savions que l'idée d'emploi à vie appartenait au passé. Nous ne l'exprimions d'ailleurs plus en ces termes mais parlions d'« employabilité à vie », et soulignions la nécessité de se former tout au long de son existence pour pouvoir passer plus aisément d'un emploi à un autre. Les faits montraient que les plus instruits changeaient d'emploi plus facilement et que, lorsqu'ils le perdaient et en retrouvaient un nouveau, ils subissaient une moindre réduction de salaire. La mobilité de l'emploi faisait naître la nécessité de régimes de retraite plus transférables, et, comme l'assurance-maladie passait également, en général, par l'employeur, il fallait la rendre elle aussi plus transférable. En outre, on devait régler le problème de l'assurance-maladie pendant les périodes de chômage. Malheureusement, le Congrès étant contrôlé par les républicains, nous n'avons réalisé que fort peu de ces impératifs. Quand l'économie a ralenti, l'angoisse des salariés s'est donc accrue. Seul l'optimisme à tout crin des Américains – associé au refinancement des prêts immobiliers à des conditions plus favorables – explique pourquoi la consommation est restée aussi robuste quand l'économie a sombré dans la récession.

## Comment la « réforme » des retraites a rendu l'économie plus vulnérable

Les mutations économiques des années 1990 ont contraint les salariés à courir davantage de risques non seulement au niveau de leur emploi, mais aussi à celui de leur retraite, et ce phénomène a également contribué à fragiliser l'économie. Les actifs ont dû s'en remettre, pour une part toujours plus importante de leurs revenus de retraités, à des régimes de retraite privés. Il y a aux États-Unis deux types de régimes de retraite : les régimes à prestations déterminées, dans lesquels l'entreprise garantit une certaine pension de retraite, calculée en fonction de la rémunération et de l'ancienneté du salarié ; et les régimes à cotisations déterminées, dans lesquels l'entreprise verse une cotisation fixe sur un IRA *(individual retirement account)*, un compte de retraite individuel. Les changements intervenus dans les deux régimes au cours des années 1990 ont occasionné des problèmes pour l'économie du nouveau millénaire.

Beaucoup d'entreprises sont passées à des régimes à cotisations déterminées, et de nombreux salariés, séduits par les retours apparemment élevés du marché boursier, ont choisi de placer l'essentiel de leur argent en actions. Cette évolution a largement contribué à créer un « capitalisme populaire », mais avec une conséquence évidente : lorsque la Bourse s'est effondrée, les salariés ont ressenti le choc de plein fouet. Dans les régimes de retraite à prestations déterminées, l'employeur les protégeait de l'impact des krachs boursiers. À présent, sur leurs relevés de compte trimestriels, les ménages voyaient les sommes qu'ils avaient mises de côté pour leur retraite diminuer, diminuer, diminuer. Au début, ils ont perdu ce qu'ils n'avaient jamais pensé posséder vraiment : ils n'avaient jamais réellement cru à tous ces gains. Beaucoup soupçonnaient l'existence d'une bulle, et ils avaient bien raison. Mais, en fin de compte, la baisse des cours a été si gigantesque qu'elle a fini par compromettre leur futur niveau de vie de retraités. Les ménages ont alors ressenti le besoin d'épargner davantage pour leur retraite, donc de consommer moins.

Mais les régimes à prestations déterminées ont peut-être été encore plus dangereux pour la stabilité de l'économie. Au cours des années 1990, il semblait que des entreprises qui avaient conservé leur régime de retraite à prestations déterminées l'avaient surfinancé[1]. L'État se préoccupait depuis longtemps d'amener les entreprises à épargner suffisamment pour tenir leurs promesses envers leurs salariés. Dans le passé, beaucoup s'y étaient soustraites – elles avaient, de fait, volé leur personnel –, et, quand elles avaient fait faillite, les salariés retraités n'avaient eu d'autre solution que de se tirer d'affaire par eux-mêmes, ce qui les avait souvent condamnés à une vieillesse misérable. Confronté à cet échec flagrant du marché, l'État avait réagi en donnant aux salariés une garantie, et en retour avait fixé aux entreprises des normes sur les sommes qu'elles devaient économiser pour être sûres de pouvoir tenir leurs engagements. Si elles avaient trop épargné à cette fin, les firmes avaient le droit de retirer de l'argent de leur « fonds de retraite » (ou « fonds de pension ») et de l'ajouter à leurs profits ; en revanche, si elles avaient épargné trop peu, elles devaient compléter leur « fonds de retraite » et réduire d'autant leurs profits. Lorsqu'il avait fixé les chiffres qu'il autorisait les entreprises à utiliser pour calculer les sommes à mettre de côté, l'État avait vu l'avenir en rose – dans son scénario, il avait prévu des retours annuels de 9 %, bien supérieurs à ce qu'indiquait l'expérience historique. (Puisque les travailleurs vont prendre leur retraite vingt, trente ou même quarante ans après l'année de travail considérée, ce qui compte n'est pas le retour sur investissement de cette année-là mais le cumul à long terme des retours annuels. Avec un intérêt de 9 % par an, le capital double tous les huit ans.

---

1. Au moment où ce livre est mis sous presse, les défauts des régimes de retraite privés attirent de plus en plus l'attention, avec une large couverture des médias.

Pour avoir 100 dollars par jour à l'âge de soixante-cinq ans, il suffit d'en épargner 6 à vingt-cinq ans. Les employeurs pouvaient donc promettre de grosses retraites pour l'avenir sans retirer grand-chose à leurs profits immédiats.) Au cours des années 1990, les firmes ont pu laisser de côté ces chiffres astronomiques, car les retours réels sont devenus encore plus astronomiques. Avec le boom de la Bourse, elles avaient – sur la base de leur postulat exagérément optimiste – plus d'argent que nécessaire pour faire face à leurs obligations. Dans le cadre des règles existantes, elles pouvaient donc ôter des fonds de retraite les sommes excédentaires et les ajouter à leurs profits. Selon une estimation, l'argent ainsi soustrait aux retraites a représenté 12 % de la croissance des bénéfices des entreprises en l'an 2000. Par ce moyen, la bulle de la Bourse donnait aux profits encore plus fière allure – ce qui la renforçait elle-même. Mais c'était un mirage.

Quand la bulle a éclaté, les régimes de retraite se sont brusquement retrouvés immensément sous-financés. On avait prévu des retours de 9 %. Voici que les actions avaient des retours négatifs – parfois très négatifs. Et il devenait bien évident que le chiffre de 9 %, qui relevait chaque jour davantage de la pure fiction ou de la méthode Coué, devait être révisé à la baisse. Cependant, si le taux baissait, fût-ce en restant rose au regard de l'expérience historique, même les firmes qui, parce qu'elles avaient investi plus prudemment ou simplement eu de la chance, n'avaient pas perdu un gros pourcentage de leur portefeuille allaient devoir épargner davantage pour les retraites. Avec un retour plus réaliste de 4 %, il faut seize ans pour doubler sa mise, si bien que, pour avoir 100 dollars à soixante-cinq ans, il faut investir quarante ans plus tôt un capital deux fois et demi supérieur à ce qu'on faisait en supposant un retour de 9 %. Pendant le boom, les entreprises avaient prélevé d'énormes sommes sur les fonds de retraite et les avaient ajoutées à leurs profits. Avec la crise, elles allaient devoir prélever sur leurs profits pour alimenter ces fonds, ce qui ferait paraître leur rentabilité encore plus maigre, leur laisserait moins d'argent à investir et rendrait les investisseurs encore plus pessimistes sur des firmes qui volaient naguère de succès en succès. Manifestement, il était important d'exiger un meilleur financement des retraites, ainsi que la révision des taux mythiques dont on s'était servi pour les projections des retours annuels. Mais, en réajustant ces chiffres, on contribuait à ramener la Bourse aux réalités.

L'ampleur du sous-financement était astronomique. Une étude ne portant que sur les 348 entreprises du S&P 500 proposant des régimes de retraite à prestations déterminées a conclu que le sous-financement de leurs fonds se situait quelque part entre 184 et 323 *milliards* de dollars (si l'on ajoute aux retraites les autres prestations prévues, comme l'assurance-maladie, le déficit passe dans une fourchette de 458 à 638 milliards de dollars). Une étude de Merrill Lynch a révélé que parmi les entreprises dont les engagements non couverts en matière de retraites – qui n'apparaissent pas sur leur bilan financier – dépassent la valeur totale de leur capital figurent Campbell Soup, Maytag, Lucent, General Motors, Ford, Goodyear, Boeing, US Steel et Colgate Palmolive. Les normes comptables ont pu déguiser la véritable dimension de ces engagements non couverts, mais il s'agissait en fait de vraies dettes, d'obligations des entreprises à l'égard de leurs salariés. Elles constituaient une source potentielle de faillite pour de nombreuses firmes américaines de tout premier rang.

Afin de mettre ces chiffres en perspective, précisons que le fonds de garantie retraite de l'État, la Pension Benefit Guarantee Corporation, créé en vertu de l'*Employee Retirement Income Security Act* (ERISA) de 1974, dispose de réserves d'environ 7 milliards de dollars. Si, dans les années 1990, la Pension Benefit Guarantee Corporation était en excédent, l'éclatement de la bulle l'a mise en déficit, et il est aujourd'hui évident qu'il va falloir la renflouer. Paradoxalement, alors que s'accumulent les preuves de mauvaise gestion des retraites par le secteur privé, l'administration Bush a entrepris de privatiser partiellement la caisse publique de retraite, la Social Security, seul élément du système de retraite américain qui, aujourd'hui, fonctionne remarquablement bien.

## AIDER LES INDIVIDUS À GÉRER LEUR RISQUE RETRAITE

Les firmes financières ont peut-être beaucoup parlé de « gestion du risque », mais elles n'ont pas bien géré leurs propres risques. Et les conseils qu'elles ont donnés aux entreprises ont, de fait, accru les risques auxquels l'économie et les salariés sont exposés. Dans l'administration Clinton, nous prenions au sérieux la tâche consistant à gérer le risque – améliorer la sécurité des retraites dans un monde de moins en moins sûr. Deux initiatives, notamment, ont eu une certaine importance.

### Transférabilité et coût des retraites

La première reflétait notre analyse de la mutation du marché du travail. Au Council of Economic Advisers, nous voyions notre économie évoluer vers des formes nouvelles. Les salariés ne travaillaient plus pour un employeur unique pendant toute leur vie, mais passaient d'un emploi à un autre. Le changement était si rapide que les firmes allaient connaître des hauts et des bas, et restructurer aussitôt l'emploi. Nous devions donc remplacer l'idée traditionnelle de sécurité de l'emploi par celle d'*employa-bilité à vie*. Les salariés – en particulier non qualifiés – seront bien sûr en position de faiblesse vis-à-vis des employeurs, et l'État doit veiller à ce que ceux-ci n'abusent pas de ces asymé-tries de « pouvoir ».

Pour assurer l'employabilité à vie, nous devons avoir, notam-ment, un système éducatif conçu pour enseigner aux gens à s'instruire – leur apprendre à apprendre –, assorti d'une forma-tion permanente tout au long de leur vie. Lorsque l'emploi était durable, les entreprises avaient une incitation à prendre en charge une partie de cet effort. Mais puisque, désormais, les salariés changeaient souvent d'emploi, elles n'auraient plus de raison de le faire. De même, si un salarié travaillait toute sa vie pour un employeur, le fait que celui-ci lui verse sa retraite avait un sens, mais s'il passait d'un employeur à un autre, il était important que son régime de retraite fût *transférable* : l'une de nos initiatives visait justement à la garantir.

Avec la part nouvelle que les petites entreprises prenaient dans l'économie, il était aussi essentiel de faire en sorte que les coûts des programmes de gestion des retraites ne fussent pas trop élevés. Au fil des ans, les États-Unis avaient élaboré une structure juri-

dique extrêmement complexe pour réglementer les retraites.
Les intentions étaient bonnes. On voulait encourager le « traitement équitable » : les cadres de l'entreprise ne pouvaient pas profiter seuls du traitement fiscal privilégié des retraites en s'octroyant
de grosses pensions, ils devaient fournir des pensions proportion-
nelles aux salariés ordinaires, pour lesquels la retraite était, en un
sens, encore plus importante. Mais ces réglementations rendaient
le coût d'un programme de retraite écrasant pour une petite entreprise – les honoraires de juristes et autres coûts de transaction
s'élevaient à plusieurs centaines de dollars par salarié pour établir
les programmes et les comptes, puis pour les tenir et s'assurer
qu'ils soient bien conformes aux réglementations.

Au Council of Economic Advisers, nous avions un triple
objectif : rendre l'économie plus efficace en réduisant le
gaspillage des coûts de transaction ; renforcer la sécurité économique des personnes âgées en incitant davantage d'entreprises à
verser des retraites ; accroître l'épargne nationale en encourageant
davantage de firmes à économiser les sommes nécessaires à la
retraite de leurs salariés. Il y avait là, selon nous, l'occasion de
prendre une mesure à laquelle tout le monde gagnerait. En coopé-
rant avec le département du Travail (qui tenait particulièrement à
ce que les salariés fussent couverts) et avec celui du Trésor (qui
s'inquiétait surtout de l'usage abusif de l'exemption fiscale), nous
avons mis au point des programmes de gestion des retraites
simplifiés, et permis de ramener les coûts de transaction à un
niveau négligeable. Avec l'adoption du *Small Business Job
Protection Act*, en 1996, beaucoup d'entreprises qui jusque-là ne
versaient pas de retraite à leurs salariés ont jugé intéressant de
le faire.

## Les bons d'État indexés

Dans le cas de la réforme des retraites, nous avons coopéré
étroitement avec le Trésor ; sur d'autres réformes, les perspectives financières du Trésor et l'analyse économique du CEA ont
nettement divergé, donnant de nouvelles occasions de voir à
l'œuvre les intérêts particuliers.

Quand nous sommes arrivés à Washington, en 1993, il n'existait aucun moyen de s'assurer contre les risques de l'inflation, et, même si ces risques s'étaient réduits, nul ne pouvait être sûr qu'ils ne réapparaîtraient pas[1]. La Social Security est indexée sur l'inflation : quand le coût de la vie augmente, les retraites le font aussi. C'est un aspect important du système, car il garantit que les retraités seront protégés, au moins partiellement. Mais, au fil des ans, les gens en sont venus à compter toujours plus sur des retraites versées par le secteur privé, et de ce côté-là ils ne pouvaient pas faire grand-chose pour se protéger contre une possible réduction de la valeur de leur retraite par l'inflation.

Toutefois, c'était un problème auquel l'État pouvait remédier facilement, car il avait les moyens d'émettre des bons indexés sur l'inflation. Avec eux, celui qui épargne 100 dollars a la garantie de retrouver ses 100 dollars *en termes réels* – c'est-à-dire de recevoir une somme d'argent qui lui permettra d'acheter le même panier de biens qu'avec ses 100 dollars au moment où il les a placés –, avec des intérêts également garantis en termes réels. (Peut-être le secteur privé aurait-il pu en faire autant – bien qu'on puisse vraiment se demander quel type de réserves une compagnie d'assurances privée devrait garder pour être sûre de pouvoir tenir sa promesse. Toujours est-il que le secteur privé n'offre pas de rentes ou d'autres instruments financiers à long terme indexés sur l'inflation.)

Il y avait un autre argument puissant pour que l'État prenne cette initiative à ce moment-là : notre souci presque obsessionnel de l'équilibre du budget. L'État payait des taux d'intérêt élevés sur ses bons à long terme parce que les investisseurs avaient peur de l'inflation ; donc, s'il assurait les gens contre ce risque, le coût de ses emprunts allait baisser. C'était une idée merveilleuse : nous pouvions améliorer la sécurité des personnes âgées tout en renforçant la situation financière de l'État.

---

1. L'inquiétude d'un retour en force de l'inflation existait vraiment. Si les bons à long terme portaient en général un intérêt tellement plus élevé que les bons à court terme, l'une des raisons en était que, sur le long terme, on craignait d'avoir à traverser une période de très forte inflation qui conduirait à une hausse importante des taux d'intérêt à court terme.

Mais les services du Trésor ont réagi au projet avec « scepticisme » – « hostilité » serait un terme plus exact. J'ai mis longtemps à comprendre pourquoi. Après tout, un dispositif susceptible de renforcer notre position budgétaire aurait dû leur plaire, car c'était bien sur elle que les marchés financiers semblaient concentrer toute leur attention. L'une des raisons de leur réticence était leur conservatisme inné. L'ingénierie financière, nous pouvions l'admirer dans le secteur privé, mais les fonctionnaires devaient s'en tenir à leur réputation de non-créativité.

Il y avait une autre explication. Les maisons de change du Royaume-Uni, où des bons d'État de ce genre existent depuis longtemps, s'en plaignaient, car les clients se contentaient de les acheter et de les conserver pour leur retraite. Or les agents de change gagnent de l'argent quand leurs clients achètent et vendent sans cesse des titres. Alors que l'idée de permettre aux particuliers d'épargner pour leur retraite avec la certitude de recevoir des retours réels et sûrs aurait dû paraître positive, pour les maisons de change elle était désastreuse[1].

L'argument avancé par les services du Trésor était différent. Ils craignaient, proclamèrent-ils, que ce ne fût « une fête où aucun invité ne viendrait ». *A priori*, cette position contredisait l'analyse économique ordinaire : les gens veulent s'assurer contre les risques auxquels ils sont confrontés, c'est pourquoi ils sont prêts à payer une « prime » d'assurance, et le risque d'inflation, dans le passé, a été très sérieux. Pourquoi ne viendraient-ils pas à la fête, en particulier si l'intérêt de ces bons leur était bien expliqué ? Nous avons décidé de sonder le marché. Le Council of Economic Advisers a pris directement contact avec les responsables du plus grand fonds de pension et du premier fournisseur

---

1. Certains dirigeants de banque centrale ont avancé un autre argument. Si un grand nombre de gens détenaient des bons d'État indexés, il n'y en aurait plus assez qui perdraient gros en cas d'inflation, ce qui affaiblirait la croisade anti-inflationniste. Bref, ils *voulaient* que les gens souffrent de l'inflation. Les bons indexés allaient mettre les retraités à l'abri de l'inflation ? Ce n'était pas un argument en faveur de ces bons, mais contre eux ! Belle illustration, me suis-je dit, du gouffre qui sépare le mode de pensée de tant de dirigeants de banque centrale et celui des autres acteurs économiques ; belle illustration aussi des analyses du chapitre 3 sur l'indépendance des banques centrales.

de fonds de placement – les *mutual funds* –, des gens qui avaient pour mission de sécuriser les revenus des personnes âgées et qui étaient en contact étroit avec leur clientèle. Ils ont soutenu l'idée avec un très vif enthousiasme.

Quand le Trésor eut vent de notre initiative, il fut en rage. Nous avions marché sur ses plates-bandes, et de la façon la plus dangereuse qui fût. Le Trésor se posait en porte-parole de la communauté des investisseurs, il disait exprimer ses inquiétudes. Si d'autres obtenaient ce genre d'informations « internes », cela n'allait pas du tout. Mais il eut le mérite de mettre de côté ces préoccupations mesquines (pas avant, toutefois, de nous avoir dispensé quelques réprimandes bien senties), et son secrétaire adjoint, Larry Summers, nous apporta son précieux concours pour persuader ses services de soutenir une initiative si visiblement conforme au bon sens. Les bons indexés furent finalement émis en janvier 1997 ; paradoxalement, à ce moment-là, l'inflation était faible depuis si longtemps que beaucoup d'investisseurs, pour ne pas dire la plupart, lui prêtaient moins d'attention. L'État a réellement fait des économies grâce à la baisse des taux d'intérêt sur les bons d'État, mais, à cette date, le déficit ayant été maîtrisé, faire des économies semblait moins crucial que dans un passé tout proche. Malgré tout, c'était une innovation, dont l'importance sera sans nul doute plus vivement ressentie dans l'avenir, lorsque les déficits budgétaires redeviendront périlleux et la menace de l'inflation, plus forte qu'elle ne l'est aujourd'hui[1].

---

1. Le Council of Economic Advisers a avancé d'autres idées, telles que les options de vente anti-inflation – des *puts* –, particulièrement susceptibles de répondre aux craintes de certains participants au marché qui pensaient pouvoir faire face à des variations limitées du taux d'inflation : c'était le petit risque d'une forte poussée de fièvre inflationniste qui, souvent, faisait tant monter les taux d'intérêt à long terme par rapport aux taux à court terme. Les *inflation puts* étaient une sorte de police d'assurance d'État. Selon nos calculs, ils auraient rapporté un revenu substantiel et permis d'équilibrer le budget sans avoir recours à certaines acrobaties qui allaient se révéler si coûteuses, en particulier à long terme (comme la vente de la société publique qui fabrique l'ingrédient essentiel des armes nucléaires, l'uranium enrichi).

## LA RÉFORME DE LA SOCIAL SECURITY

Toutefois, ce ne sont ni les retraites privées ni les bons d'État indexés sur l'inflation qui ont suscité le grand débat sur la sécurité des retraites. C'est la Social Security, la caisse publique de retraite créée en 1935, qui couvre aujourd'hui la quasi-totalité des salariés américains.

Les États-Unis ont un régime public de retraite extrêmement efficace. Il a pratiquement éliminé la pauvreté chez les personnes âgées en sécurisant les revenus de millions d'Américains. Il a mis les particuliers à l'abri des risques de l'inflation – une police d'assurance qui, je l'ai déjà dit, n'est pas en vente sur le marché, ni directement ni indirectement. Il les a protégés aussi des vicissitudes de la Bourse, si flagrantes ces dernières années. Ce régime a de faibles coûts de transaction – un petit pourcentage de ceux des assurances privées, notamment pour les rentes. Il est particulièrement à l'écoute de ses « clients », les millions d'Américains qui dépendent de lui pour leur pension de retraite[1]. Il a mené à bien l'un des rares programmes réussis d'informatisation à grande échelle d'une institution de l'État. En outre, il assure une certaine redistribution en garantissant aux très pauvres un niveau de subsistance de base.

En dépit de ses succès, on a maintes fois réclamé non seulement sa réforme, mais sa privatisation, plus énergiquement que jamais pendant les années 1990. On se demande bien pourquoi. La réponse est faite, tout simplement, des ingrédients que nous avons déjà rencontrés : l'idéologie, l'intérêt, la cupidité.

En voyant s'envoler les cours de la Bourse, certains ont oublié le grand avantage du régime public : la vraie sécurité qu'il apporte. Ils se sont dit : « Si, au lieu de déposer mon argent à la Social Security, je pouvais le placer à la Bourse, moi aussi je deviendrais plus riche que je ne l'ai jamais rêvé ! » Ils ont cru, ou voulu croire, que le boom serait éternel. Wall Street encourageait cet état d'esprit en soulignant à l'envi le contraste entre les

---

1. Une évaluation récente de la qualité des réponses téléphoniques de la Social Security, par exemple, lui attribue des notes comparables à celles des trois plus grandes firmes privées.

maigres intérêts que rapportaient les retraites publiques et les retours plantureux de la Bourse. Il avait évidemment de très fortes incitations pour pousser à la privatisation. Supposons que l'argent qui va à la caisse publique de retraite soit réorienté, même partiellement, vers les comptes des agents de change de Wall Street, et que ceux-ci prélèvent les mêmes commissions qu'ils demandent actuellement : 0,5 à 1 % (voire plus) des sommes gérées. Ce serait une vraie mine d'or – des centaines de milliards de dollars de revenus supplémentaires. Le Royaume-Uni a partiellement privatisé son régime de retraite, et les coûts de transaction ont eu un impact substantiel sur le montant des pensions – cet argent est passé des salariés aux sociétés financières qui gèrent leur caisse de retraite[1]. Ces firmes privées sont payées à la commission, c'est cela qui les fait vivre : elles prennent une commission sur l'achat de parts de leur fonds de pension, une autre sur leur vente, une autre sur leur gestion, une autre quand elles achètent des actions en Bourse, une autre quand elles les vendent. Chacune de ces commissions peut paraître tout à fait réduite, mais quand on les additionne la somme monte vite, souvent jusqu'à un pourcentage important des retours bruts.

Certes, la caisse publique de retraite des États-Unis a quelques problèmes *budgétaires*, par exemple un écart persistant entre ses recettes et ses dépenses[2]. Mais ces problèmes sont limités et dus à des erreurs passées. Les premiers récipiendaires du régime public de retraite ont reçu plus qu'ils n'avaient cotisé, et les générations suivantes ont dû payer la différence. Mais elles auraient eu à le faire de toute façon, qu'il y ait eu privatisation ou non. Dans le système actuel, les intérêts que verse la caisse publique sont un peu

---

1. Mamta Murthi, J. Michael Orszag et Peter R. Orszag, « The charge ration on individual accounts : Lessons from the UK experience », document de travail du Birkbeck College, n° 99-2, mars 1999.

2. Comme nous avons eu plusieurs fois l'occasion de le remarquer, la cohérence intellectuelle n'est pas la qualité première du discours politique. George W. Bush a fait semblant de prendre au sérieux certaines projections budgétaires fondées sur une croissance forte pour sa réduction d'impôt. Si ces prévisions étaient crédibles, les difficultés budgétaires de la Social Security – motif initial de la réforme – ne seraient pas très graves, et l'argument avancé pour justifier sa privatisation s'écroulerait.

réduits afin de payer les « dettes » antérieures. Avec la privatisation, même partielle, il aurait fallu trouver un autre moyen.

Les censeurs de la caisse publique de retraite ne l'accusent pas d'inefficacité – ils ne le peuvent pas. Il est pratiquement certain que, sur le plan essentiel des coûts de transaction, la caisse publique est plus efficace qu'une caisse privée ne le sera jamais. Certes, ce qui est un coût de transaction pour les uns (les retraités, qui le perçoivent comme une nuisance) est un revenu pour les autres (les financiers de Wall Street, qui géreraient les comptes de retraite privatisés). Wall Street aime les coûts de transaction – et plus ils sont élevés, mieux c'est. Les idéologues du libre marché prétendent que la concurrence réduit les commissions au minimum, voire à zéro. Or elle n'y est parvenue pratiquement nulle part. Même aux États-Unis, qui ont peut-être le mieux rodé et le plus concurrentiel de tous les marchés des capitaux, la persistance de fortes commissions dans tant de fonds communs de placement, indépendamment de leurs résultats, montre que la réalité est tout autre. L'espoir de voir la concurrence faire baisser les commissions ne s'est pas concrétisé. (Certains diraient que la persistance des énormes commissions de placement des banques d'affaires en offre une illustration encore plus impressionnante.) Et la théorie économique de l'information apporte une partie de l'explication. C'est un domaine dans lequel les imperfections de l'information sont particulièrement importantes. Les sondages révèlent que la plupart des Américains ne connaissent même pas la différence entre action et obligation. Comment seraient-ils suffisamment informés pour décider judicieusement quelles actions acheter, ou même quel agent de change choisir ?

Certains ont tenté de faire valoir que les fonds de la Social Security (qui sont investis exclusivement en bons du Trésor) rapportent de faibles intérêts, et que l'on ferait bien mieux fructifier l'argent en l'investissant en actions. Mais il est clair que ce serait plus risqué. Les idéologues sont généralement convaincus que les marchés fonctionnent bien. Dans ce cas, l'augmentation du retour lorsqu'on investit les fonds en actions doit refléter *uniquement* l'accroissement du risque. Or, si les particuliers veulent prendre davantage de risques, ils peuvent le faire dans le reste de leur portefeuille. Le choix de la caisse publique de retraite de placer ses fonds de façon prudente n'impose aucune contrainte réelle à la stratégie d'investissement globale d'un individu. Et les pauvres, ceux qui ne peuvent pas se permettre d'épargner plus que leur retraite publique, ont intérêt à investir prudemment : leur bien-être en tant que retraités en dépend. Bref, si les marchés des capitaux fonctionnent bien, la faiblesse des intérêts versés par la caisse publique de retraite n'est pas un argument valable pour préconiser sa privatisation.

Cependant, dans la pratique, les marchés boursiers fonctionnent souvent mal. Il est quasiment certain, par exemple, que les actions rapportent plus que ce que le risque pourrait justifier[1]. L'une des raisons en est que beaucoup d'investisseurs ne sont pas bien informés, et qu'il y a fréquemment des irrationalités très nettes dans leur approche du risque[2].

Voici donc les conservateurs confrontés à un dilemme. S'ils disent que les marchés fonctionnent bien, ils ne peuvent se plaindre des faibles retours du fonds de placement de la caisse publique de retraite. Ces retours sont faibles tout simplement, parce que le risque l'est aussi, et non parce que l'État gère inefficacement le fonds ; et, si les marchés fonctionnent bien, les particuliers qui souhaitent prendre davantage de risques (donc recevoir des retours plus élevés d'autant) ont de multiples façons de le faire. Mais beaucoup de conservateurs estiment en fait que, même après la prise en compte de l'écart des risques, les retours des marchés boursiers restent supérieurs à ceux des bons du Trésor. Ils sont bel et bien convaincus que l'État gère mal notre

---

1. Il y a une nuée d'autres imperfections sur les marchés des capitaux. Par exemple, on ne peut pas s'assurer contre des risques très importants dont on s'inquiète, et il y a souvent rationnement du crédit et des capitaux. Certaines de ces évidentes imperfections du marché peuvent être expliquées par l'information asymétrique, d'autres non (comme l'impossibilité de souscrire une police d'assurance contre l'inflation).

2. Thaler a décrit quantité d'autres anomalies qui peuvent s'expliquer uniquement – ou au mieux – par des irrationalités du marché. Voir Daniel Kahneman, Jack Knetsch et Richard Thaler, « Anomalies : The endowment effect, loss aversion, and status quo bias », *Journal of Economic Perspectives*, vol. 5, n° 1, hiver 1991, p. 193-206. Voir aussi la chronique permanente sur les anomalies des marchés financiers dans le *Journal of Economic Perspectives*, et Robert J. Shiller, *Irrational Exuberance*, *op. cit.*

argent. Toutefois, ils ne veulent pas admettre que les marchés ne fonctionnent pas bien. Car, si c'est le cas, on va se demander pourquoi, ce qui amènera bien évidemment cette autre question : l'État peut-il faire quelque chose pour qu'ils fonctionnent mieux ? Voulons-nous vraiment confier la sécurité financière des retraités à des acteurs irrationnels et mal informés qui investissent dans des marchés boursiers au fonctionnement imparfait ?

Il y a une troisième solution, tout aussi répugnante pour les conservateurs : l'État pourrait lui-même investir en actions. Il pourrait, par exemple, acheter un fonds de placement indexé sur une large gamme de valeurs. Ou encore investir directement une partie de son portefeuille, ce qui augmenterait les retours, et aussi les risques – mais si un particulier peut avoir du mal à gérer le risque *sur son compte personnel* (que se passe-t-il, par exemple, lorsque la Bourse baisse au moment précis où il part en retraite ?), l'État est infiniment mieux armé pour le faire. De plus, il achèterait ses actions à des coûts de transaction inférieurs et pourrait avoir un portefeuille plus diversifié ; par ailleurs, rien ne l'oblige à interférer avec le fonctionnement même des entreprises. Il serait un « partenaire muet », tout simplement, comme il l'est déjà aujourd'hui via la fiscalité. Ce système maintiendrait les individus à l'abri de risques sociaux comme l'inflation et les caprices de la Bourse, et renforcerait presque à coup sûr les bases financières de la Social Security, puisque les actions rapportent tellement plus que les obligations.

Malheureusement, l'investissement de l'État dans les valeurs boursières comporte un vice rédhibitoire : il ne rapporte rien aux marchés financiers (pas de coûts de transaction). On ne sera donc pas surpris d'apprendre que le Trésor et la Federal Reserve s'y sont tous deux opposés, avec des arguments qui m'ont paru peu convaincants. Si l'État participait au capital, ont-ils objecté, il pourrait voter, donc influencer le comportement de l'entreprise. Or il serait évidemment facile de le lui interdire par une loi. Et même si l'État votait, il serait minoritaire. De plus, serait-il si désastreux qu'il puisse voter contre la cupidité évoquée au fil des chapitres précédents, pour limiter les salaires faramineux des PDG ou, à une époque antérieure, pour empêcher toute relation d'affaires avec l'Afrique du Sud de l'apartheid ? L'État n'aurait qu'une voix parmi bien d'autres, mais peut-être mériterait-elle d'être entendue.

Le Trésor a avancé une autre raison, encore plus spécieuse : si la demande en bons du Trésor diminuait, celui-ci pourrait se voir contraint de verser des intérêts plus élevés. Mais, même si c'était vrai, la privatisation aurait un effet identique.

Le krach du marché boursier de 2000 met en lumière la plus grande faiblesse, peut-être, d'une éventuelle privatisation de la Social Security : après leur avoir permis de bénéficier de son optimisme irrationnel, elle abandonne les plus vulnérables au pessimisme irrationnel de la Bourse. Quand la Bourse était en plein boom, bon nombre de gens se disaient : « Ah ! si j'avais placé mon argent en actions technologiques au lieu d'être obligé de cotiser à la Social Security, je serais riche à l'heure qu'il est ! » Ceux qui faisaient ce raisonnement mesurent peut-être aujourd'hui sa folie. S'ils avaient placé leur argent dans les grandes valeurs technologiques, c'est une retraite bien sinistre qui les attendrait. Comme son nom l'indique, la Social Security a été conçue pour leur apporter la *sécurité*, pas le pari.

Des comptes de retraite individuels privés exacerberaient les fluctuations de l'économie : ils gonfleraient les bulles et accentueraient les effondrements. Aujourd'hui, au moins dans le cadre de la caisse publique, quand la Bourse baisse, les particuliers restent en partie à l'abri de ses caprices. Si l'intégralité de leur argent était à la Bourse, ils finiraient, en cas de marché orienté à la baisse, par ressentir la plus grave inquiétude pour leur retraite. Il leur faudrait alors épargner davantage et moins consommer. Puisqu'ils consommeraient moins, la récession s'aggraverait.

Avec la Bourse en plein marasme, on n'entend plus parler de privatisation. Mais la Bourse finira par relever la tête. Quand elle le fera, la cupidité qui incite à revendiquer la privatisation fera de même. Certains verront de nouvelles occasions de profits et s'efforceront, peut-être avec succès, de fonder sur de grands principes cette rapacité privée.

La productivité est maintenant à la hausse, l'économie finira par se rétablir de la récession commencée début 2001 ; et c'est une bonne nouvelle pour la santé budgétaire à long terme de la Social Security. Si, malgré tout, des problèmes persistaient, on pourrait les résoudre grâce à des changements minimes dans les prélèvements, par exemple en modifiant légèrement l'âge de la retraite. Il n'y a aucun bon argument en faveur d'une privatisation, même partielle. Il y a en revanche beaucoup de bonnes raisons de s'y opposer.

## GÉRER LE RISQUE

Les systèmes économiques peuvent être très instables : ils connaissent tous des hauts et des bas. Au cours des soixante-dix dernières années, nous avons beaucoup appris sur les causes de ces mouvements, et sur les moyens d'intervenir activement dans l'économie pour la stabiliser. Dans l'ensemble, la prescription keynésienne a fonctionné. Les récessions sont plus courtes et moins graves, les expansions, plus longues. Cela dit, nous avons appris aussi qu'il y a des limites à l'activisme. Il faut du temps pour que les mesures prises fassent leur effet – dans le cas de la politique monétaire, je l'ai dit, il s'écoule six mois à un an, voire plus, avant qu'elle ne se fasse pleinement sentir. Il est souvent difficile d'être sûr qu'une économie entre en récession, et trop la stimuler pourrait faire flamber l'inflation. Certains moyens existent pour rendre une économie plus stable – qui consistent à administrer le remède au moment précis où le patient en a besoin et à bien le doser, ce qui est important, car en politique économique la certitude n'existe pas ; les bonnes stratégies tiennent compte de cet élément. On appelle ces méthodes des « stabilisateurs automatiques ». Les indemnités de chômage fonctionnent ainsi, par exemple : l'État dépense cet argent si et seulement si l'économie connaît une récession, qui se traduit par une montée du chômage. Malheureusement, au fil des ans, ces stabilisateurs automatiques ont été affaiblis. Dans les années 1990, nous avons laissé passer l'occasion de les renforcer – et même quand leur nécessité est devenue plus évidente, avec l'entrée de l'économie en récession, Bush a pris la direction opposée.

Début 2001, personne ne savait avec certitude si la récession qui venait de commencer serait courte et bénigne ou longue et grave – j'étais parmi les pessimistes. Mais c'est justement ce qui fait l'attrait des stabilisateurs automatiques : ils entrent en jeu si et seulement si l'économie a besoin d'une dépense supplémentaire. Il y a deux moyens évidents de les mettre en place : augmenter les indemnités de chômage et l'aide individualisée aux États fédérés. Au cours d'un ralentissement économique, la plupart des États sont confrontés à une chute de leurs revenus, et presque tous doivent fonctionner dans les limites de l'équilibre budgétaire : leurs dépenses ne peuvent excéder leurs recettes. Lorsque l'économie entre en récession, les revenus du pays diminuent rapidement, et les États doivent réduire leurs dépenses et augmenter les impôts. (Fin 2002, les effets récessionnistes de cette situation sur l'économie ont commencé à se faire sentir. À elle seule, la Californie s'est trouvée confrontée à un déficit de plus de 30 milliards de dollars. Selon certaines estimations, l'impact récessionniste total des réductions de dépenses publiques au niveau des États et des collectivités locales est de 1 à 2 % du PIB. Ces réductions ont probablement frappé plus durement que d'autres secteurs l'éducation et la santé, ce que le pays peut difficilement se permettre. Et l'augmentation des taxes foncières que beaucoup de collectivités locales se sont vues contraintes de voter pour compenser la baisse des recettes des impôts sur le revenu risque de faire éclater la bulle de l'immobilier.)

## LES LEÇONS

Gérer le risque est toujours difficile – nos institutions financières, en principe particulièrement compétentes en la matière, ont montré clairement à quel point. Anticiper une récession, et prendre des mesures pour la neutraliser, n'a rien de simple. Depuis la Seconde Guerre mondiale, nous gérons l'économie infiniment mieux qu'avant elle. Mais nous n'avons pas mis fin au cycle des affaires, et les récessions restent très coûteuses. C'est pourquoi il est important de concevoir des systèmes et des politiques économiques qui renforcent la stabilité de l'économie. Même avant les années 1990, les évolutions en cours la fragilisaient. L'un de ses stabilisateurs intégrés importants s'affaiblissait : le régime d'indemnisation du chômage – qui a toujours été faible par rapport à ceux d'autres pays industriels avancés – ne tenait pas le rythme de la hausse des revenus et du changement structurel de l'économie américaine, si bien que de plus en plus d'actifs étaient laissés sans couverture.

Dans la décennie 1990, nous avons érodé encore davantage les stabilisateurs intégrés en réduisant les prestations sociales, dont les versements augmentent naturellement quand l'économie faiblit. Mais des changements encore plus fondamentaux sont intervenus. Malgré tout ce qui s'est dit sur le thème « la nouvelle économie met fin au cycle des affaires », les mutations des folles années 1990 ont peut-être accru, en fait, notre vulnérabilité en rendant l'économie plus sensible aux chocs. Des pratiques comme la loyauté réciproque des entreprises et de leur personnel, laquelle mettait ce dernier à l'abri de certains caprices du marché, et les régimes de retraite à prestations déterminées, qui protégeaient les salariés de certains caprices de la Bourse, n'instauraient pas seulement un type de capitalisme plus bienveillant et plus doux : elles aidaient aussi à stabiliser l'économie. La nouvelle discipline, dont le moteur est la myopie des marchés financiers, qui ne voient que les résultats immédiats, et la nouvelle « flexibilité » du marché du travail voulaient dire que cette forme adoucie de capitalisme appartenait au passé. Et aussi que, quand la bulle éclaterait, les conséquences, non seulement pour les individus mais pour l'économie en général, seraient encore pires – en dépit de tous les morceaux de bravoure autour de l'idée d'« apprendre à mieux gérer le risque ».

Il est trop tôt pour apprécier pleinement les changements des années 1990. Nous savons que la première récession du nouveau millénaire dure plus longtemps que beaucoup d'autres de l'après-guerre. Le vrai test viendra avec le temps : l'économie et notamment le chômage se révéleront-ils plus stables ou plus instables ? Les fluctuations, plus fréquentes ou plus rares ? Plus douces ou plus prononcées ? Les récessions économiques coûtent cher. On a beaucoup à gagner à réduire le risque et à renforcer la stabilité.

# Chapitre 9

# La mondialisation : premières razzias

Si la reprise économique accompagnée de la réduction du déficit a été la première victoire de l'administration Clinton, sa gestion de la politique économique extérieure a paru être la seconde. Elle a fait ratifier deux traités commerciaux de première grandeur et persuadé le Congrès de financer le renflouement de l'économie mexicaine. Le premier traité, l'Accord de libre-échange nord-américain (ALENA), a réuni les États-Unis, le Mexique et le Canada dans la plus vaste zone de libre-échange du monde : 420 millions d'habitants pour un PIB global de 11 800 milliards de dollars. Le second, qui entérinait l'achèvement, en 1994, des négociations de l'Uruguay Round ouvertes en 1986, a créé l'Organisation mondiale du commerce, institution chargée de faire respecter les règles du jeu dans les échanges internationaux comme le fait le Fonds monétaire international, créé à la fin de la Seconde Guerre mondiale, dans le système financier mondial. L'idée d'une telle organisation internationale était un rêve depuis un demi-siècle. Le traité réduisait encore les entraves au commerce des biens et élargissait considérablement le champ des négociations sur la libéralisation des échanges, les étendant aux services, à la propriété intellectuelle et aux investissements. Il y eut plus tard d'autres succès apparents : nous avons normalisé nos rapports économiques avec la Chine, et posé les bases d'une zone de libre-échange embrassant toutes les Amériques, ainsi que d'une autre qui couvrirait l'ensemble du bassin du Pacifique. Beaucoup de ces succès ayant été remportés de haute lutte (Ross Perot, dans sa campagne contre l'ALENA, avait parlé du « bruit d'aspirateur géant » qu'on entendrait lorsque ce traité ôterait leurs emplois aux Américains – on ne l'entendit pas), notre triomphalisme n'en était que plus vif.

Avec le recul, notre action internationale apparaît moins éclatante. Tout comme, sur le plan intérieur, notre économie-bulle a semé les germes de son autodestruction, notre politique extérieure a induit bon nombre de problèmes dans le monde. Dans la seconde moitié des années 1990, avec l'échec des politiques de développement, on a commencé à critiquer l'idéologie que nous avions imposée à tant de pays, notamment par l'intermédiaire du FMI. Une succession ininterrompue de crises a accru le sentiment d'insécurité économique dans le monde entier. Beaucoup estiment aussi que, dans les négociations commerciales, les États-Unis se sont montrés injustes. Ce sentiment-là a grandi tout au long des années 1990, pour atteindre de nouveaux sommets avec l'unilatéralisme de l'administration Bush II, qui a suscité une gamme entièrement nouvelle de rancœurs et de sentiments antiaméricains à l'étranger[1]. Le problème n'est pas de se demander si la mondialisation est bénéfique pour les pauvres du monde. Bien sûr qu'elle peut l'être. Mais si elle est gérée comme il convient. Et, trop souvent, elle ne l'a pas été.

Peut-être les autres ont-ils souffert de cette mauvaise gestion de la mondialisation, et peut-être finira-t-elle par coûter cher aussi aux États-Unis (notamment parce que l'administration Bush multiplie et amplifie les problèmes que lui a légués celle de Clinton). Mais, à court terme, l'Amérique en a profité. Cela montre encore une fois que ce qui est bon pour les États-Unis ne l'est pas forcément pour le reste du monde – et même plus : que ce qui est mauvais pour le reste du monde peut ne pas l'être pour

---

1. Dans *La Grande Désillusion*, j'explique beaucoup plus longuement quelles sont les sources de ce mécontentement souvent justifié face à la mondialisation telle qu'elle a été gérée, et comment on pourrait réformer les règles et les institutions qui la gouvernent afin de lui permettre de tenir ses promesses. Je suis persuadé qu'avec ces réformes la mondialisation peut stimuler la croissance et réduire la pauvreté dans les pays en développement, mais que, sans elles, elle risque d'accroître la pauvreté, d'étouffer la croissance et de miner la démocratie.

les États-Unis. La politique activement promue par l'Amérique a très largement contribué à la crise financière mondiale de 1997-1998[1], qui a fait baisser les prix des matières premières. D'où une atténuation des pressions inflationnistes qui, jointe à la nécessité d'empêcher un effondrement financier mondial, a entraîné une baisse des taux d'intérêt ; tandis que le reste du monde s'affaiblissait, l'Amérique apparaissait de plus en plus comme le bastion de la puissance, jusqu'au moment où elle a glissé dans la récession, à la fin des années 1990.

Certaines des forces qui ont contribué aux problèmes intérieurs des États-Unis ont aussi joué dans leurs échecs extérieurs. Ils ont répandu l'idéologie du libre marché et se sont souciés avant tout d'ouvrir les marchés étrangers à leurs firmes. Dans l'administration Clinton, nous avons trop souvent négligé les principes que nous aurions dû défendre. Nous n'avons pas pensé notre politique en fonction de son impact sur les populations pauvres des pays en développement, mais de la création d'emplois aux États-Unis. Nous avons cru à la libéralisation des marchés des capitaux sans songer que nous aggraverions ainsi l'instabilité mondiale. Nous avons vu davantage les gains immédiats à tirer d'une négociation musclée – entre autres, le raffermissement de la position intérieure de l'administration – que l'effet désastreux d'une image d'injustice et d'hypocrisie pour les intérêts à long terme des États-Unis. Nous parlions de démocratie, mais nous faisions tout pour garder le contrôle du système économique mondial et faire en sorte qu'il fonctionne à notre profit, ou plus exactement au profit des intérêts industriels et financiers qui dominent cet aspect de notre vie publique. Sur le plan intérieur, nous avons dit non à la privatisation de la caisse publique de retraite que souhaitait Wall Street (voir chapitre 8), car nous comprenions qu'elle risquait de nuire à la sécurité financière des personnes âgées. Sur le plan international, en revanche, nous suivions Wall Street : les personnes âgées étrangères ne votent pas aux États-Unis et ne contribuent pas financièrement à nos campagnes électorales.

---

1. Notamment la libéralisation complète des marchés des capitaux, qui a permis l'afflux et le reflux des capitaux spéculatifs à court terme. Voir l'analyse ci-dessous et *La Grande Désillusion*.

Et, à l'extérieur comme à l'intérieur, nous avons été victimes de nos succès. À l'intérieur, notre politique *semblait* réussir : nous vivions un boom sans précédent. Avec la myopie des marchés financiers qui étaient à la barre, nous ne nous posions pas la question de l'avenir, de la durabilité. De même à l'extérieur. Les pays qui suivaient nos conseils semblaient prospérer comme nous. Alors, pourquoi n'aurions-nous pas vanté les mérites de ces politiques ?

Depuis les émeutes de Seattle, en décembre 1999, avec le discrédit dans lequel sont tombées la mondialisation et l'image d'un capitalisme américain triomphant qui la sous-tendait, on a parfois tendance à oublier à quels sommets d'optimisme on était monté. Je suis devenu économiste en chef à la Banque mondiale juste au moment de cet apogée. Je me souviens des discours où j'évoquais fièrement le sextuplement des flux financiers des pays développés vers les marchés émergents, qui conduisait à repenser le rôle de l'aide « officielle » (bilatérale et multilatérale). Nous devions la concentrer sur les pays les plus pauvres et sur la santé et l'éducation, domaines vers lesquels les capitaux privés n'affluaient toujours pas. Tout cela n'a pas duré. Avec la crise financière mondiale, les flux se sont énormément réduits, et, dans certaines régions du monde, l'argent est reparti dans l'autre sens : des pays pauvres vers les pays riches. En Amérique latine, l'expansion qu'avait induite l'afflux de capitaux a été plus que compensée par la récession qui a suivi.

On peut en dire autant pour tous les aspects de la mondialisation. Au milieu des années 1990, nous répandions la vision d'un monde où la libéralisation des échanges allait amener à tous une prospérité sans précédent, dans les pays développés comme dans ceux en développement. À la fin de la décennie, les accords qui avaient fait notre orgueil étaient largement perçus comme des traités inégaux, et la libéralisation du commerce, comme une nouvelle méthode d'exploitation des faibles par les forts, des pauvres par les riches. De même que l'économie de marché n'avait pas tenu ses promesses dans les pays de l'ex-Union soviétique – elle leur avait apporté une pauvreté inouïe au lieu d'une prospérité inouïe –, de même la libéralisation des échanges, souvent, n'avait pas donné les résultats promis. La croissance propulsée par les exportations était la caractéristique de la région du monde qui avait le mieux réussi, l'Asie du Sud-Est, mais les politiques qu'elle avait suivies étaient bien éloignées du type de « libéralisation du commerce » qu'on mettait en œuvre en Amérique latine. Les pays latino-américains se concentraient sur l'ouverture de leurs marchés aux importations, pas sur la promotion des exportations : trop souvent, les emplois étaient détruits et non créés.

## DES TRAITÉS COMMERCIAUX INJUSTES

Notre plus grande fierté – l'achèvement des négociations commerciales de l'Uruguay Round – s'est révélée l'un de nos pires échecs. Depuis la Seconde Guerre mondiale, la réduction des entraves au commerce international se négociait par *rounds* successifs. Dans chacun d'eux, des pays offraient d'ouvrir davantage leurs marchés si les autres leur rendaient la pareille. L'Uruguay Round fut en un sens le plus spectaculaire de tous, car il ouvrit à la libéralisation des horizons entièrement neufs. À une époque où l'importance relative de l'industrie diminuait et où les services étaient en plein essor, il était important de faire entrer ces secteurs économiques en expansion dans le champ du libre-échange.

Mais nous avons réalisé cette ouverture de façon déséquilibrée. Si nous avons fait pression sur d'autres pays pour qu'ils ouvrent leurs marchés dans les domaines où nous étions forts, comme les services financiers, nous avons résisté, et avec succès, à tous leurs efforts pour que nous en fassions autant. Le bâtiment et les services maritimes, où de nombreux pays en développement avaient l'avantage, n'ont pas été inclus dans le nouvel accord. Pis encore : on peut soutenir que la libéralisation des services financiers a nui à certains pays en développement. Quand les grandes banques internationales ont écrasé leurs concurrentes locales, elles ont canalisé les fonds collectés non vers les PME du pays, mais vers les multinationales, avec lesquelles elles se sentaient plus à l'aise. C'est pour éviter ce type de problème que les États-Unis avaient décidé de poser des restrictions à l'extension des banques sur l'ensemble du territoire national (jusqu'au jour où elles ont été en grande partie levées par l'administration Clinton). Le Midwest et les zones rurales craignaient que les banques new-yorkaises ne siphonnent l'argent des dépôts vers leur métropole financière. Quand des banques étrangères ont fait main basse sur les réseaux bancaires de pays en développement comme l'Argentine et le Mexique, on s'est beaucoup inquiété du risque d'asphyxie financière des PME de ces pays[1]. Que ces craintes aient été justifiées ou non, exagérées ou non, n'est pas le problème. Le problème, c'est que ces pays doivent avoir le droit d'en décider eux-mêmes, comme les États-Unis l'ont fait quand ils étaient en développement ; or les nouvelles règles internationales dont les États-Unis se sont faits le champion leur ont ôté ce droit.

Autre exemple du « deux poids deux mesures » dans l'ordre du jour que nous avons imposé aux négociations sur la libéralisation du commerce : l'agriculture. Les États-Unis ont exigé des autres pays qu'ils baissent la garde face à leurs produits et éliminent toute subvention aux denrées qui les concurrençaient, mais de leur côté ils ont maintenu leurs barrières douanières face aux pays en développement – et continué à subventionner massivement. Les aides aux agriculteurs américains les encouragent à produire davantage, ce qui fait baisser les cours mondiaux de produits agricoles dont dépendent des pays pauvres. Pour le seul cas du coton, les subventions versées à 25 000 exploitants américains, pour la plupart très aisés, dépassent la valeur du produit lui-même, et réduisent énormément le prix du coton sur le marché mondial[2]. Les agriculteurs américains, qui pèsent un tiers de la production mondiale totale alors que les coûts

---

1. Au cours de plusieurs visites en Argentine dans les années qui ont immédiatement précédé la crise, j'ai très souvent entendu exprimer ces craintes. L'État argentin lui-même était inquiet et avait monté un dispositif de prêts exceptionnels, mais son efficacité a été visiblement limitée. Plus récemment, lors d'une visite en 2002 au Mexique, où seule une grande banque est encore entre des mains mexicaines, même de hauts responsables d'une institution normalement conservatrice comme la Banque centrale m'ont tenu de tels propos. Selon des études effectuées par la Banque mondiale, les données sur ces effets de l'entrée des banques étrangères sont ambiguës.

2. En 2001, la valeur du coton produit par les agriculteurs américains était (aux prix du marché mondial) de 3,5 milliards de dollars environ, mais ils ont reçu de l'État 4 milliards de plus. Ces subventions représentent le double du 1,9 milliard de dollars autorisé selon les règles de l'OMC. Oxfam estime qu'en 2001 leur coût total pour les paysans africains producteurs de coton a été de 301 millions de dollars. Voir www.oxfam.org/eng/pdfs/pp020925_cotton.pdf.

de production aux États-Unis sont *le double* du prix de vente international de 42 cents la livre, se sont enrichis aux dépens des 10 millions de paysans africains qui tirent de la culture du coton leurs maigres moyens de subsistance. Plusieurs pays africains ont perdu 1 à 2 % de leur revenu national – plus que l'aide au développement qu'ils reçoivent des États-Unis. Le Mali, par exemple, s'est vu attribuer une aide américaine de 37 millions de dollars, mais la faiblesse des prix du coton lui en a fait perdre 43 millions.

Mickey Kantor, le représentant américain au Commerce, chargé de négocier les accords commerciaux au début de l'administration Clinton, incarne simultanément les succès immédiats et les problèmes durables de ces premières initiatives. Il avait été le directeur de campagne de Clinton, et j'ai pu constater son dévouement, son énergie et son charme. Avocat de formation, il savait, sans être un expert en politique économique mondiale, comment obtenir un accord commercial agréable aux firmes américaines : il usait de méthodes de négociation musclées afin d'obtenir le meilleur résultat pour les États-Unis. Mais, si l'agressivité peut être payante dans nos prétoires, elle sert bien moins efficacement les intérêts à long terme du pays devant le tribunal de l'opinion mondiale.

Parmi les nouveaux domaines dans lesquels il usait de ces méthodes figurait celui des droits de propriété intellectuelle, tels les brevets et les copyrights. Comme les services, ils représentaient pour les firmes américaines une source de revenus de plus en plus importante. Dans le cadre de l'Uruguay Round, Mickey Kantor a exigé, à l'instigation des compagnies pharmaceutiques américaines, que ces droits bénéficient de la protection la plus forte possible. L'Office of Science and Technology Policy et le Council of Economic Advisers n'étaient pas d'accord. Les droits de propriété intellectuelle doivent refléter un équilibre entre l'intérêt des utilisateurs du savoir et celui de ses producteurs. Un régime de propriété intellectuelle trop strict peut, en fait, ralentir l'innovation : le savoir n'est-il pas l'intrant le plus important dans la production du savoir ? On nous opposait que, sans droit de propriété intellectuelle, la recherche serait asphyxiée, mais nous savions que c'était faux : la recherche pure, la production des idées sur lesquelles reposent tant de progrès technologiques, des transistors au laser, des ordinateurs à Internet, n'était pas protégée par des droits de propriété intellectuelle, et les États-Unis restaient pourtant le premier producteur dans ce domaine aussi.

Les brevets représentent souvent la privatisation d'une ressource publique : des idées en grande partie fondées sur les recherches financées par l'État. Ils créent un pouvoir de monopole et entravent l'efficacité à court terme. Les économies de marché ne mènent à des résultats efficaces que lorsqu'il y a concurrence, et les droits de propriété intellectuelle minent la concurrence à la base. Dans certains cas, l'intérêt des recherches supplémentaires qu'ils induisent les justifie peut-être ; mais il importe de bien peser avantages et inconvénients, les bienfaits d'une éventuelle stimulation de la recherche par des droits de propriété plus forts, d'une part, et les coûts du pouvoir de monopole et de marchés moins efficients, de l'autre. Les compagnies pharmaceutiques qui faisaient pression pour un durcissement du régime de la propriété intellectuelle ne voyaient pas l'intérêt d'un équilibrage en finesse. Elles se disaient que plus les droits de propriété intellectuelle seraient forts, plus leurs profits seraient élevés. Le Council of Economic Advisers et l'Office of Science and Technology Policy craignaient – avec raison, au vu de l'accord final – que, dans les négociations commerciales de Genève, le représentant américain au Commerce n'effectue pas le délicat exercice d'équilibre requis et se contente de répercuter les pressions qu'exerçaient sur lui les compagnies pharmaceutiques.

Le Council of Economic Advisers redoutait aussi que ces nouvelles protections ne se traduisent par une montée des prix des médicaments dans les pays en développement, privant les pauvres et les malades de remèdes dont ils avaient vraiment besoin. Nous avions peur qu'en signant le traité de l'Uruguay Round nous ne signions en même temps l'arrêt de mort de milliers d'habitants des pays en développement, qu'on priverait des médicaments capables de leur sauver la vie[1]. Nos inquiétudes se

---

1. On prétendait que, sans ces dispositions restrictives, les compagnies pharmaceutiques n'auraient aucune incitation à produire des médicaments, mais l'argument n'était pas convaincant. En augmentant les prix, elles n'ont pas beaucoup vendu, disons en Afrique. De plus, la plupart des médicaments coûteux étant extrêmement réglementés, essentiellement vendus par le biais des hôpitaux et sur ordonnance, et couverts par des assurances, il aurait été assez facile de limiter l'ampleur de la revente.

révélèrent justifiées, et l'indignation publique à ce sujet contribua à la perte de confiance dans la gestion de la mondialisation.

Certains éminents partisans de la libéralisation du commerce dans la communauté scientifique, comme Jagdish Bhagwati, de l'université Columbia, avaient contesté l'idée même d'une introduction des droits de propriété intellectuelle à l'OMC. À la différence du libre-échange, qui, du moins sous certaines conditions idéalisées (et un peu irréalistes), peut améliorer la situation de tous, le renforcement des droits de propriété intellectuelle, soulignaient-ils, profite clairement à quelques-uns (les compagnies pharmaceutiques) au détriment de beaucoup (ceux qui auraient pu, sinon, acheter les médicaments). Nul ne doutait que les firmes américaines y gagneraient ; on était bien moins sûr qu'il en serait de même pour les pays en développement. Un paradoxe a été souvent relevé : pendant la croissance rapide des États-Unis, au XIXᵉ siècle, on les accusait constamment de voler les droits de propriété intellectuelle de l'Europe. Dans un discours au Congrès en 1790, George Washington soulignait que l'objectif de la législation sur les brevets était de donner « un encouragement réel tant à l'introduction d'inventions nouvelles et utiles venues de l'étranger qu'à l'exercice de nos talents et de notre génie pour les produire chez nous ». Les non-citoyens américains n'eurent droit à la protection de leurs brevets qu'en 1836. Après avoir réussi, faisions-nous tomber l'échelle[1] ?

Le CEA avait bien prévu ces problèmes, mais toute une série d'autres lui avaient échappé, qui concernaient les accusations de biopiraterie. Des firmes américaines brevetaient des médications et des aliments traditionnels, puis les faisaient payer à des pays en développement qui les avaient toujours considérés comme leur appartenant. Le cas le plus notoire est celui d'une société basée au Texas, RiceTec, Inc. (filiale de RiceTec AG du Liechtenstein) : elle avait reçu un brevet (le n° 5663484) sur les lignées et les grains de riz basmati que cultivent depuis des siècles les paysans du

---

1. La crainte de voir les pays riches tenter de recourir à des traités inégaux pour faire tomber l'échelle après être parvenus au sommet avait été exprimée au XIXᵉ siècle par Friedrich List, l'un des grands économistes allemands. Voir Ha-Joon Chang, « History debunks the free trade myth », *The Guardian*, 24 juin 2002.

Pendjab, en Inde et au Pakistan. L'indignation internationale et les pressions du gouvernement indien l'ont finalement forcée à retirer la plupart de ses prétentions (on lui a bel et bien reconnu, toutefois, un brevet sur trois variétés croisées). Mais ces batailles judiciaires sont coûteuses, ce qui met automatiquement les pays en développement en position d'infériorité[1].

Que les États-Unis aient négocié ferme, on peut le comprendre ; que cette fermeté, associée à leur puissance économique, ait abouti à un accord commercial « injuste » – qui les avantageait plus que les autres –, c'était à prévoir. Mais ce traité était *si* déséquilibré qu'ils réalisaient certains de leurs gains aux dépens des autres : la région la plus pauvre du monde, l'Afrique subsaharienne, voyait sa situation aggravée.

Après ces accords, on parla de plus en plus de l'hypocrisie des États-Unis en raison de l'immense écart entre leur rhétorique libre-échangiste et leur comportement réel. (Certes, l'Europe, en un sens, était tout aussi coupable, car ses aides à l'agriculture étaient encore plus importantes : la vache européenne moyenne reçoit 2 dollars par jour en subventions, chiffre impressionnant puisque la moitié de la population mondiale n'a pas autant pour vivre. Mais l'Europe avait prêché le libre commerce avec moins d'ardeur, et l'Amérique revendiquait le leadership.) Après la signature de l'accord instaurant le libre-échange avec le Mexique, les États-Unis ont cherché de nouveaux moyens de garder hors de leur territoire les produits qui concurrençaient les leurs avec succès. Ils ont essayé, par exemple, de barrer l'entrée aux avocats produits au Mexique. Ceux-ci, prétendaient-ils, introduiraient de petites mouches qui allaient détruire leurs cultures de Californie. Les Mexicains ont réagi en autorisant des inspecteurs du département de l'Agriculture des États-Unis à venir vérifier, et ceux-ci n'ont pas trouvé trace de drosophiles. « Évidemment, ont dit les Américains. Ce sont de toutes petites mouches, difficiles à voir. » Les Mexicains ont alors proposé de ne vendre leurs avocats que dans le

---

1. Pour une excellente analyse des problèmes de droits de propriété intellectuelle, voir Michael Perleman, *Steal This Idea : Intellectual Property and the Corporate Confiscation of Creativity*, New York, Palgrave, 2002.

Nord-Est et en plein hiver : le froid tuerait instantanément n'importe quelle mouche. L'Amérique ne voulait toujours rien entendre. (J'ai fini par comprendre pourquoi : la consommation d'avocats culmine le dimanche du Super Bowl, le championnat de football, en janvier, où le guacamole est devenu de rigueur.) C'est seulement quand le Mexique les a menacés de représailles douanières contre leur maïs que les États-Unis ont retrouvé leurs esprits.

Nous avons tenté d'interdire l'entrée aux États-Unis des tomates et des camions mexicains, du miel chinois et des manteaux ukrainiens. Chaque fois qu'une industrie américaine était menacée, les États-Unis passaient à l'action en usant des lois dites du « juste commerce », qui avaient reçu, pour l'essentiel, la bénédiction de l'Uruguay Round.

Au Council of Economic Advisers, nous nous demandions bien pourquoi il devait y avoir deux définitions du « juste commerce » selon que les articles étaient produits par des firmes américaines ou étrangères. Le dumping – la vente au-dessous du prix de revient – est injuste et peut servir à établir une position de monopole qui, à long terme, nuira au consommateur. Mais les lois antitrust américaines définissent ce comportement de préda-teur à l'aide de critères précis. Pourquoi les firmes étrangères seraient-elles soumises à des critères différents – à l'aune desquels un fort pourcentage des entreprises américaines seraient jugées prédatrices ? Lorsque Kodak, à propos des ventes de ses pellicules au Japon, a accusé ce pays d'entrave à la concurrence, le CEA s'est demandé : quelles seraient les chances du dossier devant un tribunal antitrust américain ? Et notre conclusion a été : bien minces. Les pellicules Kodak n'avaient qu'un tiers du marché japonais, ce qui, selon le représentant américain au Commerce, prouvait assez que Fuji recourait à des pratiques anti-concurrentielles. La part de marché de Fuji aux États-Unis était aussi d'un tiers, mais on n'y voyait pas la preuve d'éventuelles manœuvres anticoncurrentielles de Kodak : le pourcentage ne faisait que démontrer, une fois de plus, la supériorité des produits Kodak, donc la probabilité d'une activité criminelle au Japon. L'interprétation de ces chiffres était évidente : il y avait, manifes-tement, un avantage à la firme nationale, ce qui ne signifiait pas fraude. Le représentant américain au Commerce n'en a pas moins maintenu ses accusations – et il a perdu[1].

La plus désopilante de nos tentatives pour interdire le territoire américain à des produits étrangers a été l'affaire des balais en sorgho à balai : nous avons pris des mesures de « sauvegarde » pour protéger les États-Unis d'une marée d'importations de balais confectionnés avec les panicules d'un sorgho spécial (baptisé – ce n'est pas une bien grande surprise – « sorgho à balai »). Les mesures de sauvegarde servent à donner à un pays le temps de s'adapter face à une avalanche d'importations, notamment quand elles risquent d'avoir de lourdes conséquences structurelles. Et voici que les États-Unis, où le chômage était tombé à 3,9 %, disaient avoir besoin du dispositif de sauvegarde. Combien d'emplois menacés ? aurait-on pu leur demander. Nous n'avons jamais reçu de réponse claire, mais c'était entre 100 et 300 ! Si l'Amérique ne pouvait absorber ce type de choc, que dire, alors, des pays pauvres, où le pourcentage de chômeurs était autrement élevé et qui n'avaient ni indemnités de chômage ni prestations sociales ? Il leur faudrait sûrement recourir constamment à des mesures de sauvegarde.

Pour être justes envers nous-mêmes, précisons que l'administration Clinton a résisté à de nombreuses revendications – celle de l'industrie sidérurgique, par exemple. George W. Bush devait plus tard faire passer la politique avant les principes et mettre en œuvre les mesures de sauvegarde réclamées, au détriment tant des branches consommatrices d'acier aux États-Unis que des sidérurgistes du monde en développement. Avait-il le droit de le faire dans le cadre des règles de l'OMC ? Cela reste à prouver (en mars 2003, l'OMC a rejeté dans un jugement les droits sur l'acier introduits par les États-Unis, qui ont annoncé qu'ils feraient appel). Mais ce n'est pas le problème. Si l'on associe cette mesure à l'augmentation presque simultanée des subventions agricoles, le blason libre-échangiste de l'Amérique, déjà terni, en sort bien cabossé. À quoi bon, demandent les autres pays, un accord de libre-

---

1. Voir « International Competition Policy » sur le site www.ids.ac.uk/tradebriefings/ti5.pdf.

échange qui élimine les droits de douane si les États-Unis utilisent ensuite une large gamme de mesures protectionnistes non tarifaires pour interdire leur territoire à la concurrence ?

Si cette hypocrisie nuit aux intérêts économiques à long terme des États-Unis, la recherche d'avantages économiques étroits a parfois nui également à leurs intérêts politiques généraux. Quand la concurrence russe a fait baisser les prix de l'aluminium, l'administration Clinton a aidé à la création d'un cartel mondial, portant ainsi un coup aux réformes en Russie. Notre engagement pour l'économie de marché et les réformes s'arrêtait là : tout cela était bon tant que nos propres intérêts économiques n'en souffraient pas. Pendant un temps, nous avons même eu recours aux lois sur le dumping pour empêcher l'importation des matériaux nucléaires issus des ogives russes. Les laisser en Russie, avec ses fonctionnaires mal payés et sa sécurité laxiste, c'était évidemment prendre un risque sérieux de prolifération[1]. Pourtant, on a fait passer l'intérêt commercial avant la sécurité nationale.

De même, les efforts américains en faveur du secret bancaire dans les paradis fiscaux, évoqués plus loin dans ce chapitre, ont été reçus comme une nouvelle confirmation de l'hypocrisie des États-Unis, mais pas seulement : au lendemain du 11 septembre, ils ont paru singulièrement contraires à leurs intérêts, puisqu'il s'avérait que les terroristes avaient été en partie financés par le biais de ces comptes secrets.

Dans les négociations commerciales pour l'admission de la Chine à l'OMC, Mickey Kantor avait soutenu qu'elle devait être considérée comme un pays développé et qu'il lui fallait abaisser rapidement ses droits de douane (les pays en

---

1. Comme nous l'avons vu au chapitre 2, le dumping n'était qu'une partie du problème. L'excès de zèle pour la réduction du déficit (fondé sur une comptabilité viciée), l'idéologie et des intérêts particuliers avaient convergé pour impulser la privatisation de l'USEC. Il était pourtant clair que la firme privatisée aurait toutes les raisons d'interdire l'entrée aux États-Unis des matériaux nucléaires russes qui faisaient baisser les prix et les profits. Malheureusement, ces craintes ne se sont révélées que trop justifiées. Une revue a relaté l'aventure sous le titre : « Sécurité nationale à vendre » – voir Nurith Aizenman, « National security for sale : How our obsession with privatizing government has left us vulnerable to nuclear terrorism », art. cité.

développement bénéficiaient de délais plus longs pour le faire
après leur entrée à l'OMC). Que la Chine fût en réalité un pays
pauvre en développement qui aurait dû, suivant les règles de
l'organisation, se voir accorder plus de temps pour ramener ses
droits de douane au niveau convenu dans le cadre de l'OMC,
peu lui importait. Il déclara unilatéralement que la Chine n'était
pas un pays en développement – ce qui amusa beaucoup à
l'étranger. Mais, en 1999, alors que les négociations étaient
bien avancées et que le Premier ministre chinois Zhu Rongji
était venu aux États-Unis signer l'accord, le département du
Trésor réclama une ouverture rapide des marchés financiers
chinois, qui autoriserait par exemple les capitaux spéculatifs à
court terme à y affluer, et les banques américaines à y vendre
leurs produits dérivés à haut risque. La Chine s'y opposa : elle
avait vu les ravages de la crise asiatique de 1997, qui avait
infligé des récessions et dépressions majeures en Thaïlande, en
Corée, en Indonésie et en Malaisie. Elle-même avait été épargnée car, tout en s'ouvrant aux investissements directs étrangers, ceux qui venaient construire des usines et créer des
emplois, elle était restée fermée aux capitaux fébriles qui, elle
le savait, apportaient une énorme instabilité mais pas la croissance forte. Même le représentant américain au Commerce
comprenait que c'était là trop demander aux Chinois. Pourtant,
bien qu'économiquement absurde, l'exigence d'une ouverture
de ces marchés servait les intérêts financiers à court terme des
États-Unis. Quand Zhu fut contraint de rentrer chez lui les
mains vides – ne voulant pas mettre en danger la stabilité de
son pays, il avait refusé de consentir aux exigences du Trésor –,
ce fut un revers majeur pour ceux qui, en Chine, préconisaient
la réforme et l'intégration au monde. Les intérêts généraux des
États-Unis avaient été compromis. Dans ce cas, l'histoire s'est
bien terminée : les réformateurs s'en sont relevés, la Chine a
fini par intégrer l'OMC. Pendant que nous retardions leur
entrée en traînant les pieds, les Chinois mettaient à profit ce
temps mort pour préparer leur économie au nouveau régime
commercial ; ils tenaient là, en fait, ce délai supplémentaire
qu'ils avaient réclamé et que les États-Unis leur avaient refusé.

## LA DÉSTABILISATION DU MONDE

C'est volontairement que l'administration Clinton s'est donné pour mission de modifier le système commercial mondial – afin qu'il fonctionne mieux pour l'Amérique. Mais les problèmes du système financier international nous ont été imposés d'abord par la crise mexicaine de 1994-1995, puis par les crises asiatiques, par la crise russe et enfin par les crises latino-américaines.

### La crise mexicaine

Au début des années 1990, le Mexique était l'un des grands succès de la « réforme » de marché. Il avait libéralisé, réduit les entraves au commerce ainsi que d'autres restrictions administratives, et privatisé, vendant ses banques publiques et même ses routes. Mais sa croissance reposait sur des emprunts massifs à l'étranger. Soudain, en décembre 1994, les marchés financiers commencent à s'inquiéter. Ont-ils trop prêté au Mexique ? Sera-t-il capable de rembourser ses dettes ? Ces brusques changements d'humeur peuvent déclencher une crise ; comme le cours des bons d'État s'effondre, les créanciers refusent de renouveler leurs prêts, des Mexicains paniquent, tentent de faire sortir leur argent, et le taux de change tombe abruptement.

La crise mexicaine fut audacieusement gérée. Ce fut un exercice de leadership présidentiel, un renflouement massif de ceux qui avaient investi en bons d'État mexicains. Le Trésor – et beaucoup d'autres – y ont vu un très grand succès : les taux de change se sont stabilisés ; il n'y a pas eu de contagion sérieuse alors qu'on avait craint que la crise ne s'étende à d'autres pays d'Amérique latine ; les investisseurs américains ont récupéré leur argent (ce qui était en partie le but de l'opération) ; et les États-Unis ont été remboursés, avec intérêts.

Cependant, il est plus douteux que le renflouement ait *provoqué* le relèvement du Mexique. Un examen attentif des chiffres le montre : la reprise a été liée au commerce avec les États-Unis, grâce à leur croissance forte et au traité de l'ALENA fraîchement signé, plus qu'à tout ce qu'a pu faire le FMI[1]. Quand le pays est entré en crise, son taux de change s'est effondré, ce qui a rendu ses exportations plus attrayantes et découragé ses importations, donc stimulé son économie. Dans la mesure où l'argent a joué, ce ne fut pas tant celui du FMI que le crédit commercial obtenu aux États-Unis : les taux d'intérêt y étaient bas, et les exportateurs mexicains pouvaient obtenir ce crédit des firmes américaines avec lesquelles ils travaillaient.

Avec le temps, on a commencé à s'interroger encore plus sur le succès de l'opération de secours. Toute crise a une fin. Les taux de change se stabilisent et la croissance reprend. La question est donc : grâce à l'intervention, la crise a-t-elle été beaucoup moins grave et plus courte qu'elle ne l'aurait été sans elle ? J'en doute. Le Mexique n'a pas restructuré efficacement son secteur bancaire, bien que ce fût en principe un point crucial du plan Banque mondiale-FMI. Résultat : les secteurs de l'économie qui ne produisaient pas pour l'exportation (donc qui n'avaient pas un accès facile au crédit américain) ont dépéri. La croissance du salaire réel est revenue au niveau qu'elle avait plusieurs années en arrière, ne retrouvant celui atteint avant la crise que des années plus tard. Et à ce moment-là, quand les États-Unis ont ralenti puis sombré dans la récession, le Mexique en a fait autant.

Puisqu'il nous est impossible de procéder à une expérience contrôlée, nous ne pouvons être sûrs du rôle qu'a joué le grand renflouement dans la reprise, mais le succès apparent de l'« expérience » mexicaine nous a poussés à appliquer la même recette à de multiples reprises. D'abord en Thaïlande, puis en Indonésie, puis en Corée, en Russie, au Brésil et en Argentine, avec des résultats allant du simple échec au désastre total. Dans chacune de ces opérations successives, des dizaines de milliards ont été dépensés pour rien. Cet argent n'a pas même stoppé la baisse des taux de change, et avec la stratégie globale – hausse des taux d'intérêt et réduction radicale des dépenses – les récessions n'ont fait qu'empirer (conformément aux prédictions de la

---

1. Voir Daniel Laderman, Ana Maria Menéndez, Guillermo Perry et Joseph E. Stiglitz, « Mexico five years after the crisis », in *Annual Bank Conference on Development Economics 2000*, Washington (DC), World Bank, 2001, p. 263-282.

théorie économique standard). L'aggravation de la crise a vite réduit les importations, et l'excédent des exportations sur les importations a aussitôt donné à ces pays quantité de dollars utilisables pour rembourser leurs créanciers. Si tel était son objectif – plutôt que le soutien à l'économie –, le traitement a été un succès.

## Les crises asiatiques

Le pire désastre a eu lieu en Indonésie, confrontée à une crise en octobre 1997. Le FMI, sur instruction du Trésor, a répondu par sa recette habituelle : austérité budgétaire et monétaire. En décembre 1997, à Kuala Lumpur, j'ai représenté la Banque mondiale lors d'une réunion des ministres des Finances et gouverneurs de banques centrales des grands pays industriels et de l'Asie. J'y ai souligné le fait que, avec le passé d'affrontements ethniques de la région, si l'on maintenait les politiques d'austérité du FMI, dans les six mois ce serait le chaos politique et social. Indépendamment même des morts et des conséquences sur la société, c'était de la mauvaise économie. Ces mesures étaient censées favoriser un retour des capitaux, mais il y aurait en fait des sorties massives de fonds et un chaos encore plus profond. Le directeur général du FMI, évoquant le « succès » du Mexique, se contenta de réaffirmer sa position : l'Indonésie devait tenir le cap, supporter la douleur. L'événement qui déclencha les émeutes eut lieu en mai 1998 : on annonça une réduction des subventions à la consommation des produits alimentaires et du combustible pour les très pauvres. De toute évidence, le FMI était prêt à fournir des milliards pour renflouer les banques occidentales, mais quand il s'agissait de sommes bien plus modestes pour aider les pauvres il n'y avait plus d'argent. Les émeutes ont éclaté le lendemain de l'annonce de ces réductions : le désastre que nous avions prévu a eu lieu. L'Indonésie peine encore à s'en relever tout à fait.

Les pays qui ont le mieux réussi pendant et après la crise asiatique ont été ceux qui n'ont pas suivi la recette standard du FMI et du Trésor. La Chine a totalement évité la récession en suivant une politique monétaire et budgétaire expansionniste, donc en faisant exactement le contraire de ce que le Trésor et le FMI imposaient aux autres pays de la région. Non seulement la Malaisie, qui a connu la récession la moins grave et la plus courte, n'a pas eu de plan du FMI, mais elle a pris des mesures de contrôle sur les mouvements de capitaux qui lui ont valu d'être réprimandée vertement par le Trésor, le FMI et d'autres. En suivant sa propre voie, elle est sortie de la crise bien moins endettée que les pays qui ont suivi les conseils de ces derniers. Avec les contrôles sur les flux de capitaux, elle n'a pas eu à monter les taux d'intérêt aux niveaux usuraires qu'on a imposés ailleurs. Ces taux étant plus bas, il y a eu bien moins de faillites, donc infiniment moins de problèmes pour les banques malaisiennes. En Corée, en revanche, 50 % des entreprises ont été mises en difficulté, et en Indonésie, environ 75 %. Le pays qui a suivi le plus fidèlement les prescriptions du FMI et du Trésor, la Thaïlande, commence à peine aujourd'hui à retrouver le PIB qu'il avait une demi-décennie avant la récession.

Dans le débat sur la crise asiatique, les deux camps ont cité à l'appui de leur thèse le relèvement relativement rapide de la Corée. Mais tout indique, à mon avis, que la reprise coréenne a eu lieu malgré le plan du FMI et non grâce à lui. Ce plan, quand il a été mis en place, n'a pas même stoppé la chute de la devise. Si les problèmes de la Corée avaient été aussi structurels que le suggéraient les accusations du FMI, jamais ils n'auraient été résolus en si peu de temps. Les Coréens ont judicieusement choisi en quoi suivre le Fonds monétaire et en quoi ne pas le faire. Ils avaient constaté l'échec lamentable de la stratégie du Trésor et du FMI pour restructurer les institutions financières en Indonésie. Là-bas, le FMI avait fermé seize banques et annoncé que d'autres suivraient (sans préciser lesquelles), en indiquant que les déposants n'auraient droit qu'à une indemnisation très limitée. Comme nul n'en sera surpris – hormis le FMI lui-même –, il y eut ruée sur les guichets de toutes les banques indonésiennes, ce qui transforma une récession déjà sérieuse en dépression complète. La Corée, en revanche, nationalisa fort efficacement son réseau bancaire et y maintint au moins un modeste flux de crédit. Les Coréens avaient aussi compris que la cause réelle de leur récession était une chute cyclique normale de la demande de semi-conducteurs. Ils ont donc refusé de suivre le conseil du FMI sur ce point : se débarrasser de leur surcapacité de production. Ainsi, lorsque le marché des semi-conducteurs s'est soudain redressé, ils étaient prêts à en profiter, ce qui a joué un rôle crucial dans la reprise du pays.

Le FMI – et par conséquent le Trésor, très influent dans la détermination de la politique du Fonds monétaire, notamment pendant cette période – a fini par admettre que sa stratégie de restructuration financière en Indonésie était un échec, qu'il avait sous-estimé l'ampleur de la récession et mis en œuvre des politiques budgétaires bien trop restrictives. Mais ni l'un ni l'autre n'ont retenu la leçon. Quand l'Argentine s'est retrouvée en situation de crise, on lui a encore appliqué la recette de l'austérité budgétaire, qui a eu, une fois de plus, les conséquences prévisibles : montée du chômage, baisse du PIB et, pour finir, explosion politique et sociale. Ce qui peut surprendre ici, ce ne sont pas les émeutes qui ont éclaté ; c'est la patience du peuple argentin, et l'incapacité du FMI à prévoir qu'il allait finir par se soulever.

## Les crises latino-américaines

Pour l'Amérique latine – et, en fait, pour une grande partie du monde en développement –, l'expérience argentine a été particulièrement éloquente, car l'Argentine avait été la figure de proue de la stratégie réformatrice préconisée par le FMI et le Trésor des États-Unis – avec l'appui des deux partis. (Comme ces réformes représentaient le « consensus » des décideurs politiques de deux rues de Washington, la 15ᵉ, où se trouve le Trésor, et la 19ᵉ, où se dresse le siège central du FMI – mais non le consensus des gouvernants des pays en développement –, on a baptisé cet ensemble particulier de mesures les « réformes du consensus de Washington[1] ».) Si c'était le sort qui attendait ceux

---

1. On les a aussi baptisées les réformes « néolibérales », ou « du fanatisme du marché », parce qu'elles reposaient sur l'idéologie conservatrice du libre marché de Ronald Reagan et Margaret Thatcher, qui étaient au pouvoir à l'époque où elles ont été élaborées.

qui suivraient ces politiques, conclurent les pays en développement, ils n'en voulaient sûrement pas !

## Mauvaises graines

La valeur des renflouements pour traiter les crises financières
a été des plus discutables, mais ce n'est pas tout : on peut soutenir que les premiers d'entre eux ont largement contribué aux
problèmes qui ont suivi. Car les créanciers, sachant désormais
qu'ils seraient probablement renfloués, ont pris moins de précautions, ont moins respecté l'obligation de diligence* dans leurs
prêts. Et les emprunteurs, convaincus qu'ils seraient aussi
renfloués par le FMI s'ils étaient assez nombreux à ne pas
s'assurer contre une baisse du taux de change, n'ont pas cherché
à se protéger contre ce risque[1]. Certains économistes vont plus
loin : l'argent du renflouement a contribué à nourrir les requins
de la spéculation. Car la spéculation – le pari sur l'effondrement
d'une devise – est un jeu à somme nulle. Les spéculateurs
gagnent ce que d'autres perdent. Parfois, ces autres sont les
parieurs opposés, ceux qui ont cru que la devise n'allait pas
chuter. Mais, au total, les profits des gagnants sont égaux aux
pertes des perdants moins les coûts de transaction. Donc, considérée globalement, la spéculation ne rapporte que grâce à un seul
élément : l'argent déversé par le FMI et par les États, dans un
effort aussi vaillant qu'inefficace pour soutenir la devise. Plus on
dépense pour sauver celle-ci, plus la spéculation est rentable.

Ce n'est pas à ce seul titre que les crises de la fin des années
1990 sont issues de mauvaises graines semées par le département
américain du Trésor. Auparavant, le Trésor et le FMI avaient fait
pression pour la libéralisation rapide des marchés financiers – leur
ouverture à l'afflux massif de capitaux spéculatifs qui peuvent se
déverser dans un pays et en ressortir du jour au lendemain, laissant

---

* La diligence suppose notamment une évaluation détaillée de la situation de
l'emprunteur avant de décider d'octroyer le prêt. *(NdT.)*
1. C'est ce qu'on appelle le problème de l'aléa moral.

dans leur sillage le chaos économique – et pour la déréglementation des systèmes bancaires. Certains ont dit pour plaisanter que les États-Unis, ayant fait l'expérience des terribles ravages de la déréglementation, dont l'apogée avait été le renflouement massif de leurs caisses d'épargne, avaient voulu, plutôt que de la garder égoïstement pour eux, la faire partager à tous. À ceci près que, si les États-Unis étaient assez riches pour payer la facture, les autres n'avaient pas cette chance. La libéralisation des marchés des capitaux a fonctionné comme une arme à double tranchant, dont l'un était beaucoup plus aiguisé que l'autre. Dans la phase optimiste des marchés, lorsqu'il y avait excès d'exubérance, les capitaux ont afflué massivement, et, même si une partie seulement est allée à des investissements productifs, la croissance en a été stimulée. Mais, nous l'avons vu dans les chapitres précédents, l'exubérance irrationnelle a été suivie aux États-Unis par un pessimisme irrationnel. Il en a été de même à l'étranger, de façon plus brutale. C'est un enchaînement qui ne cesse de se répéter. Les États-Unis sont capables de supporter relativement bien ces vicissitudes du marché. Pour les pays en développement, leurs conséquences sont infiniment plus graves. Au total, ils ont perdu bien davantage quand le flux des capitaux s'est retiré qu'ils n'avaient gagné quand il était entré.

En 1993, le Council of Economic Advisers s'est opposé aux efforts du Trésor pour contraindre la Corée à libéraliser rapidement. La Corée avait élaboré un plan de libéralisation par étapes. La centaine de crises qui s'étaient succédé depuis un quart de siècle, si elles avaient été dévastatrices pour le monde en développement, avaient aussi fourni d'amples données pour déterminer les facteurs qui les déclenchaient, parmi lesquels la libéralisation rapide des marchés financiers se détachait très nettement. Pourquoi pousser la Corée à aller plus vite ? Que gagnerait l'Amérique à obtenir d'elle qu'elle libéralise quelques années plus tôt ? Le salarié américain, rien du tout. Mais les firmes de Wall Street avaient une crainte : la libéralisation progressive n'allait-elle pas donner à des sociétés concurrentes la possibilité d'entrer aussi sur le marché, voire permettre à des firmes coréennes d'y participer sur un pied d'égalité ? Au chapitre 4, nous avons vu que la déréglementation des télécommunications avait déclenché une course : le premier qui s'établirait sur le marché allait le dominer et faire des profits de monopole (du moins le croyait-on). Le même raisonnement était à l'œuvre ici, et de nombreux financiers américains se montraient pratiquement certains de gagner la course si elle commençait tout de suite. Mais qui savait ce qu'il en serait dans cinq ans ? Malheureusement – comme à l'accoutumée lorsque l'enjeu d'une controverse présente un intérêt crucial pour les marchés financiers –, la position du Trésor l'a emporté. La Corée a été poussée à ouvrir rapidement ses marchés des capitaux. Quatre ans plus tard, les craintes du CEA se sont concrétisées. Le Trésor avait gagné ce débat, mais la Corée avait perdu, et, avec la crise financière mondiale qui a suivi, une grande partie du monde aussi.

La crise financière asiatique de 1997 et la crise financière mondiale de l'année suivante, avec l'effondrement en Russie et au Brésil, ont clairement montré que *quelque chose* n'allait pas[1]. Il était évident – ou il aurait dû l'être – qu'on était en présence de problèmes systémiques. Quand une route comporte un virage et qu'une voiture, un jour, y a un accident, on peut se dire que c'est la faute du conducteur ; mais quand, jour après jour, de multiples accidents ont lieu au même endroit, on se doute que c'est la route qui est mauvaise. En tant que leader du monde libre, il incombait aux États-Unis de faire quelque chose. Des discussions internationales se sont ouvertes sur la « réforme de l'architecture financière mondiale ». Ce qui aurait dû suffire à inspirer la méfiance : plus le thème est grandiloquent, moins il y a de substance. Le débat, qui s'est pour une large part déroulé entre les mêmes interlocuteurs, les mêmes ministres des Finances et présidents de banques centrales qui avaient si lamentablement échoué face aux crises, a porté essentiellement, pourrait-on dire, sur le changement de forme de la table et la redisposition des chaises. Si la guerre, selon le mot célèbre de Clemenceau, est trop importante pour être confiée à des militaires, le développement et la stabilité économique mondiale sont trop importants pour l'être aux ministres des Finances, aux

---

1. Les seuls grands marchés émergents où il n'y a pas eu de crise ont été ceux de la Chine et de l'Inde : n'ayant pas suivi les conseils du FMI et du Trésor, ces deux pays n'avaient pas libéralisé leurs marchés financiers.

présidents des banques centrales des pays industriels avancés et aux institutions internationales qu'ils dominent, la Banque mondiale et le FMI. Du moins s'il s'agit de créer un système mondial plus démocratique et plus stable.

Sur le fond, pratiquement rien n'a été fait. Aujourd'hui, avec les crises financières internationales continuelles et toujours plus graves, la prise de conscience grandit : c'est le système qui ne va pas. Avoir si peu tenté de le corriger a été l'une des pires insuffisances de l'administration Clinton.

La raison en est peut-être évidente : le système fonctionnait mal pour les marchés émergents, mais les États-Unis, et en particulier leurs sociétés financières, étaient bien servis. J'ai déjà signalé que l'Amérique avait profité du ralentissement de l'économie mondiale. On sait qu'aux États-Unis les banques d'affaires ont gagné de l'argent en montant des mégafusions, puis, quand celles-ci ont échoué, encore de l'argent en les défaisant. De même ici : les sociétés financières américaines ont gagné de l'argent avec l'entrée des capitaux, et encore plus d'argent en donnant des conseils aux gouvernements sur la façon de gérer cet afflux. Quand les pays concernés sont entrés en crise, comme cela est arrivé si souvent, qu'ils aient ou non suivi leurs recommandations, ces mêmes sociétés ont encore gagné de l'argent en les conseillant sur la restructuration. Lorsque, sous la pression du département du Trésor et du FMI, des pays à la dérive comme la Thaïlande ont bradé leurs entreprises à prix cassés, les firmes financières occidentales les ont achetées pour trois sous. Dans certains cas, elles n'ont pratiquement rien fait d'autre que les garder jusqu'à la reprise, puis les revendre à des Thaïlandais – parfois à leurs propriétaires initiaux. Peu importait dans quel sens évoluaient les événements : de toute façon, les banques d'affaires gagnaient de l'argent.

Outre ses crises récurrentes, le système actuel pose des problèmes permanents, presque flagrants, et nous aurions peut-être dû commencer par là[1]. Des principes qui paraissent élémentaires,

---

1. Cette analyse est fondée sur l'article de Joseph Stiglitz, « A fair deal for the world », *New York Review of Books*, vol. 49, n° 9, 23 mai 2003, où elle est exposée plus en détail.

voire évidents, sont contredits. L'argent *devrait* aller des pays riches aux pays pauvres. Pourtant, année après année, il se passe exactement le contraire : les États-Unis, le pays le plus riche du monde, sont apparemment incapables de vivre dans la limite de leurs moyens et empruntent plus d'un milliard de dollars par jour. On aurait pu croire que les riches, puisqu'ils sont infiniment plus aptes à supporter les risques de la volatilité des taux d'intérêt et des taux de change, allaient effectivement les prendre en charge, notamment dans leurs prêts aux pauvres. Wall Street s'enorgueillit de son raffinement financier, de sa virtuosité à « transférer le risque » – le transférer, suppose-t-on, des personnes le moins capables de le supporter à celles qui sont en mesure de le faire. Et pourtant, encore et toujours, c'est aux pauvres qu'on laisse le fardeau. Quand la Federal Reserve a porté les taux d'intérêt américains à des niveaux inouïs, nos caisses d'épargne ont été précipitées dans la faillite – mais ensuite, nous l'avons vu au chapitre 2, renflouées. En revanche, l'Amérique latine a connu la faillite, puis dix ans de croissance perdus. Quand la Russie a dévalué, en 1998, la Moldavie – qui avait été l'une des régions les plus prospères de l'Union soviétique, mais dont le PIB avait chuté de 70 % au cours de la transition mal gérée du communisme à l'économie de marché – a dû faire de même ; or, ses emprunts étant libellés en dollars et dans d'autres devises fortes, son endettement, déjà lourd, est devenu insupportable : en 2002, 75 % de son budget allait au service de la dette extérieure. Certes, nul ne s'attend à ce que le monde soit juste ; mais, avec la pensée économique traditionnelle, il était du moins efficace. Il ressort de ces phénomènes, et de bien d'autres, qu'il n'est plus ni l'un ni l'autre.

L'une des causes fondamentales du problème est le système de réserve international. Chaque année, les pays du monde mettent de côté des réserves financières destinées à les garantir contre toute une gamme de situations d'urgence, comme un soudain changement d'humeur de leurs créanciers étrangers ou un effondrement brutal des prix à l'exportation. Les pays pauvres sont contraints de conserver ainsi des sommes importantes, généralement en bons du Trésor américains (ou parfois en bons libellés en euros) à faible taux d'intérêt. Ces fonds leur rapportent bien moins que ce qu'ils pourraient gagner en consacrant leur argent à des investissements nécessaires dans l'éducation, la santé, les infrastructures ou les usines. Là encore, les États-Unis bénéficient d'un prêt à taux très intéressant de la part des pays en développement, mais aux dépens des pauvres. Le montant ainsi détenu en réserve est substantiel – le chiffre mondial actuel dépasse les 2 000 milliards de dollars –, et un pourcentage important se trouve dans les pays en développement.

Comme ces pays, sous la pression des États-Unis et du FMI, ont levé leurs restrictions sur les emprunts à l'étranger, l'Amérique profite davantage encore de la situation, mais ce mécanisme-là pourrait aller jusqu'à étouffer toute croissance dans les pays pauvres. Supposons que, dans l'un d'eux, une entreprise emprunte à court terme 100 millions de dollars à une banque américaine. Le gouvernement du pays sait que cette banque peut à tout moment exiger un remboursement total en refusant de renouveler le prêt. (Souvent, dans ce cas, des pressions sont exercées sur lui pour qu'il fasse quelque chose au lieu de laisser simplement la firme concernée se déclarer en cessation de paiements.) Les marchés financiers vérifient qu'un pays dispose bien de réserves suffisantes en dollars pour faire face à ses obligations à court terme en dollars – celles de l'État, mais aussi celles des entreprises. Si ce n'est pas le cas, il est très probable qu'ils vont commencer à paniquer. Les États, qui le savent, ont adopté des normes prudentielles : chaque fois que les firmes privées accroissent leurs emprunts en dollars, ils augmentent leurs réserves. Dans notre exemple, l'État doit donc ajouter 100 millions de dollars à ses réserves. Résultat net : le pays, *pris globalement*, ne reçoit rien. Mais il paie aux États-Unis, disons 18 millions de dollars d'intérêts, et ceux-ci lui versent en retour, au titre des intérêts sur ses réserves, moins de 2 millions de dollars. C'est peut-être bon pour la croissance aux États-Unis, bon pour l'équilibre budgétaire américain, mais c'est forcément mauvais pour le pays en développement.

De plus, ces dispositifs internationaux ont un ressort intrinsèquement déflationniste qui déprime le revenu mondial. Comme les réserves doivent augmenter parallèlement à la croissance des importations et des dettes extérieures, et qu'il faut les accroître quand le risque s'intensifie, on met de côté chaque année des milliards de plus – entre 100 et 200 milliards de dollars par an. C'est un revenu qui n'est pas dépensé mais simplement mis en réserve.

En outre, le système est intrinsèquement instable. Le FMI (et d'autres) met constamment en garde les pays contre le déficit commercial. Mais, au niveau mondial, la somme des déficits commerciaux est nécessairement égale à la somme des excédents. Si certains pays importent plus qu'ils n'exportent, il y en a forcément d'autres qui doivent exporter plus qu'ils n'importent. Si quelques pays, comme le Japon ou la Chine, veulent absolument avoir un excédent, le reste du monde, pris globalement, doit avoir un déficit. Si un pays réduit son déficit (comme l'a fait la Corée après la crise de 1997), celui-ci doit réapparaître ailleurs dans le système. Les déficits sont comme les patates chaudes qu'on se repasse. Et, quand un pays se retrouve avec un gros déficit, il entre en crise. Vue sous cet angle, la responsabilité des déficits incombe autant aux pays excédentaires qu'aux pays déficitaires.

Un seul élément maintient le système en fonctionnement : les États-Unis, le pays le plus riche du monde, entretiennent le « déficit en dernier ressort ». Tandis que les autres pays s'échinent à éliminer leur déficit commercial et que le Japon et la Chine continuent à avoir d'énormes excédents, l'Amérique a la volonté et les moyens de conserver les gigantesques déficits qui font que l'arithmétique mondiale tombe juste. C'est l'ultime paradoxe. Le système financier permet aux États-Unis de vivre année après année bien au-dessus de leurs moyens, pendant que leur département du Trésor, année après année, fait la leçon aux autres pour leur expliquer qu'eux ne le peuvent pas. Et la valeur totale des avantages que les États-Unis retirent du système actuel dépasse, sûrement de très loin, l'aide extérieure totale qu'ils fournissent. Quelle étrange planète que la nôtre où, de fait, les pays pauvres subventionnent le plus riche, qui se trouve être aussi parmi les plus avares pour aider le monde – il ne donne qu'un petit pourcentage de ce que versent l'Europe et le Japon en proportion de leurs revenus.

Avec ces vices du système de réserve international, avec ces symptômes de plus en plus visibles d'un mal profond, très profond, dans le système financier mondial, la nécessité de changements majeurs aurait dû apparaître clairement. Replâtrer sur les bords n'allait pas suffire. Malheureusement, aucune réforme de fond n'a été entreprise. On a fort peu discuté, d'ailleurs, des problèmes fondamentaux, dont ceux du système de réserve mondial, ni des insuffisances des méthodes de gestion du risque qu'appliquent les marchés privés. Il est tout à fait remarquable qu'on n'ait pratiquement rien fait même sur les questions manifestes. De toute évidence, la libéralisation des marchés des capitaux était la cause immédiate de bon nombre d'ennuis, et pourtant – faut-il s'en étonner ? – c'était un sujet tabou.

Dans le domaine des relations internationales, réformer prend généralement beaucoup de temps. Même si l'administration Clinton avait tenté d'impulser une réforme sensée, peut-être ne l'aurait-elle pas menée à bien dans le bref délai de huit ans qui était le sien. Mais elle aurait pu du moins l'amorcer. Par exemple, un scénario était à l'œuvre dans plusieurs crises : des pays et des entreprises avaient emprunté à l'étranger plus qu'ils ne pouvaient rembourser. Lorsque le cas se présente sur le territoire des États-Unis ou d'un autre pays industriel avancé, il existe des procédures de faillite. Au XIXᵉ siècle, on jetait les débiteurs en prison – cela n'était pas la meilleure solution pour leur faire rendre l'argent, mais incitait puissamment à fuir le surendettement. À cette époque, quand les pays en développement empruntaient trop, les États-Unis ou les puissances européennes envoyaient leurs troupes pour les forcer à rembourser. Ainsi, la France a envahi le Mexique au milieu du XIXᵉ siècle ; en 1902 encore, une coalition de puissances européennes bombardait Caracas ; et les États-Unis sont intervenus dans les Caraïbes encore plus récemment.

Nous n'agissons plus ainsi, mais il est clair que nous devons changer notre mode de gestion des défauts de paiements si nous voulons éviter le chaos économique et la misère générale qu'ont subis des pays comme l'Argentine. La nécessité d'un code international des faillites, comme celui qui existe aux États-Unis, n'a cessé d'apparaître de façon plus évidente depuis la crise de la dette des années 1980, et plus encore avec les crises des années 1990. Mais le Trésor faisait la sourde oreille. C'est seulement après le départ de l'administration Clinton que des discussions internationales sérieuses se sont ouvertes.

Autre réforme majeure que le Trésor de Clinton a commencé par soutenir avant de s'en détourner : l'accroissement de la transparence. Quand, fin 1997, peu de temps après le début des discussions sur la réforme de l'architecture financière mondiale, on a suggéré d'étendre aux centres bancaires des paradis fiscaux et aux fonds spéculatifs la transparence que les États-Unis prêchaient aux pays en développement, le Trésor a brusquement changé d'idée. Au cours de l'un de nos débats sur la question, à Washington, le sous-secrétaire au Trésor est allé jusqu'à expliquer pourquoi un certain secret, une certaine opacité avaient du bon : ils stimulaient davantage la collecte d'informations, donc renforçaient la fonction des marchés dite de « découverte du prix ». Et il y a eu plus grave encore sous l'administration Bush. L'OCDE – le « club » des pays industriels avancés – a enfin pris en 2000 une initiative limitant le secret bancaire. Mais, peu avant le 11 septembre 2001, et bien que la mesure fût modeste, Paul O'Neill fit savoir que les États-Unis y opposeraient leur veto. Après le 11 septembre, il apparut que le secret bancaire avait joué un rôle crucial dans le financement d'Al-Qaida[1].

---

1. Ce n'est pas le seul cas où, avec le recul, il s'avère que le Trésor a fait passer les intérêts des marchés financiers avant la sécurité nationale. Dans la note de la page 271, j'ai rappelé qu'il a fait pression pour la privatisation de l'US Enrichment Corporation (USEC), chargée de la production de l'uranium enrichi utilisé dans les armes nucléaires et de l'importation des matériaux nucléaires des ogives russes – mesure qui risquait clairement d'aggraver la prolifération. Même le chef de la CIA de l'époque s'est rangé à l'avis du Council of Economic Advisers soulignant l'imprudence de cette attitude, mais la privatisation était du domaine du Trésor, et celui-ci l'a emporté. Plus tard, quand on se préoccupa davantage du terrorisme après l'attaque contre l'ambassade des États-Unis au Kenya, on explora les moyens d'éliminer les mouvements de capitaux qui l'alimentaient. J'avais alors quitté l'administration Clinton, mais, selon Joe Klein, Samuel (Sandy) Berger, le président du National Security Council, déclara qu'il était impossible de faire évoluer le département du Trésor. Klein ajoute que les secrétaires au Trésor Rubin et Summers avaient peur que des mesures fortes, comme la cyberguerre, ne menacent la stabilité du système financier international, et il cite ce propos d'un responsable : « Le Trésor avait les nerfs à vif sur ce problème » (Joe Klein, *The Natural : The Misunderstood Presidency of Bill Clinton*, New York, Doubleday, 2002, p. 190).

Non seulement le Trésor de l'administration Clinton n'a pas su faire face aux problèmes fondamentaux du système financier mondial, mais, lorsque d'autres ont émis des suggestions, même tout à fait judicieuses, il a été prompt à leur opposer un refus sans grande discussion, en particulier quand elles menaçaient l'hégémonie américaine. Au début de la crise asiatique, le Japon proposa la création d'un Fonds monétaire asiatique, et offrit généreusement d'y contribuer à hauteur de 100 milliards de dollars. Il se montrait très critique (mais en sourdine) envers la façon dont le FMI et le Trésor américain géraient la crise. Si c'étaient bien les États-Unis qui avaient le plus à perdre en cas d'effondrement financier au Mexique, le Japon était dans la même position vis-à-vis de ses voisins. Mais l'Amérique comprenait mal les spécificités des économies asiatiques et, au moins au début, ne leur témoignait guère de sympathie dans leur épreuve (quand la Thaïlande, qui les avait fermement soutenus pendant toute la guerre du Viêt-nam, a été frappée par la crise, les États-Unis n'ont pas voulu lui fournir une aide importante : sa récession, ont-ils dit, n'était qu'une goutte de pluie dans une économie mondiale en plein essor). Les États-Unis étaient de fervents adeptes des accords de commerce régionaux, en particulier de ceux qu'ils dominaient, comme l'ALENA. Mais le Fonds monétaire asiatique, avec les gros moyens fournis par le Japon, allait limiter leur aptitude à dicter leur politique dans la région. Le Trésor le savait, et il était prêt à prendre le risque d'une aggravation de la récession en refusant cette aide. Au Japon, en Malaisie et dans les pays qui ont subi la crise, la façon dont les États-Unis ont géré ces événements a laissé un souvenir amer.

## TRIOMPHE ET DÉBÂCLE DU CONSENSUS DE WASHINGTON

Ma plus grande surprise, quand je suis passé de la présidence du Council of Economic Advisers de Clinton aux fonctions d'économiste en chef de la Banque mondiale, a été de découvrir à quel point le FMI et le Trésor préconisaient souvent à l'étranger des positions exactement contraires à celles que nous défendions aux États-Unis. Nous avions lutté contre la privatisation du régime public de retraite chez nous, mais nous la conseillions

vivement aux autres. Nous nous étions battus contre l'amendement sur l'équilibre budgétaire, qui nous aurait empêchés de
mettre en œuvre une politique expansionniste en cas de récession, mais nous imposions des politiques d'austérité aux pays
étrangers entrant en récession. Nous avions pris position dans
notre pays en faveur d'un code des faillites qui protège le débiteur et lui permette de prendre un nouveau départ, mais à l'étranger nous traitions la faillite comme une abrogation du contrat de
crédit. Nous nous étions opposés chez nous à un changement de
la charte de la Federal Reserve qui l'aurait obligée à ne se soucier
que de l'inflation, car nous voulions qu'elle pense aussi à la
croissance et à l'emploi, mais nous exigions que les banques
centrales étrangères se concentrent exclusivement sur l'inflation.

Aux États-Unis, nous avions vu les limites des marchés et
soutenu que l'État avait un rôle important (bien que limité) à
jouer ; mais même si nous n'étions pas des « fanatiques du
marché », si nous ne croyions pas les marchés capables de
résoudre automatiquement les problèmes de l'économie (et de la
société), c'était bien le fanatisme du marché que nous prêchions
au reste du monde, directement et à travers le FMI. J'aurais pu
comprendre que Ronald Reagan ou Margaret Thatcher le fassent.
Mais de la part de Bill Clinton, je ne comprenais pas. Celui-ci a
d'ailleurs nommé président de la Banque mondiale James
Wolfensohn[1], personnalité bien plus proche de sa philosophie, de
ses préoccupations personnelles ; et des réformes spectaculaires
ont eu lieu dans cette institution sous son administration
– souvent en dépit des objections du Trésor. Voilà bien le fond de
l'affaire : les idées du Trésor et celles de Clinton ne coïncidaient
pas. Le Trésor avait sa vision des choses, son idéologie, son
programme, qu'il avait les moyens de mettre en œuvre en grande
partie, sinon entièrement, sur le plan international, puisqu'il
dominait le FMI.

---

1. Bien que la Banque mondiale soit une institution internationale dont
184 pays sont membres, l'Europe et les États-Unis y ont la majorité des voix. Ils
se sont entendus entre eux pour qu'elle soit toujours présidée par un Américain
tandis que le FMI le serait par un Européen. Cet arrangement de club privé est de
plus en plus contesté.

Les idées du fanatisme du marché ont influencé la stratégie fondamentale du développement (ainsi que de la gestion des crises et de la transition du communisme au marché) préconisée, à partir des années 1980, par le FMI, la Banque mondiale et le Trésor, stratégie qu'on appelle parfois le « néolibéralisme », ou, puisque les grands acteurs qui l'imposaient se trouvaient tous à Washington, le « consensus de Washington ». Elle consistait à réduire au minimum le rôle de l'État en privatisant les entreprises publiques et en éliminant les réglementations et les interventions des gouvernements dans l'économie. L'État était chargé d'assurer la macrostabilité, mais on entendait par là le maintien au plus bas du taux d'inflation, pas du taux de chômage.

Les pays qui avaient le mieux réussi, ceux d'Extrême-Orient, n'avaient pas suivi cette stratégie : l'État y avait joué un rôle actif, pas seulement en stimulant l'éducation et l'épargne et en redistribuant les revenus, mais aussi en faisant progresser la technologie. L'Amérique latine, elle, devint le meilleur élève du consensus de Washington, l'Argentine et le Chili étant les premiers de la classe. Nous avons vu ce qui est arrivé à l'Argentine. Quant au Chili, il est toujours en bonne forme, bien que ses taux de croissance du début des années 1990 (autour de 7 %) aient diminué de moitié. Mais a-t-il réussi parce qu'il a suivi la politique du consensus de Washington ou parce qu'il a été *sélectif*, et que, sur des points cruciaux, il l'a rejetée ? On voit clairement, par exemple, qu'il n'a pas pleinement libéralisé ses marchés financiers puisqu'il a imposé une taxe sur les entrées de capitaux jusqu'à ce que la récession mondiale rende ce type d'impôt sans intérêt. Il n'a pas non plus pleinement privatisé : un important pourcentage de ses exportations provient toujours des mines de cuivre nationalisées, qui sont tout aussi efficaces que les mines privées mais apportent infiniment plus de revenus à l'État au lieu d'exporter leurs profits à l'étranger. Et le plus important, comme le souligne le président du pays Ricardo Lagos, c'est que les dirigeants chiliens ont concentré leurs efforts sur l'éducation et la santé, problèmes sociaux qui n'étaient nullement au centre des préoccupations du consensus de Washington. Hormis cela, oui, le Chili a largement libéralisé les échanges, ce qui avait un sens pour cette petite économie (bien que les États-Unis ne lui aient pas pleinement rendu la pareille), et, oui, il a tenu fermement le cap budgétaire – l'essentiel de ses dettes actuelles est un héritage du coûteux échec de la déréglementation du secteur financier sous la dictature militaire de Pinochet, dont le flirt avec les idées du libre marché a parfois eu des effets désastreux.

Aujourd'hui, en Amérique latine, la désillusion sur les stratégies imposées par les États-Unis et le FMI est générale. La croissance de la période de libéralisation dépasse à peine la moitié de ce qu'elle était sous l'ordre ancien d'avant les réformes (tout en étant meilleure que pendant la décennie perdue des années 1980). Le chômage a augmenté de 3 % ; la pauvreté (mesurée en fonction d'un seuil de 2 dollars par jour seulement) s'est accrue *même en proportion de la population*[1]. Quand il y a eu croissance, elle a profité aux catégories de revenus les plus élevées. Dans toute l'Amérique latine, on s'interroge : est-ce la réforme qui nous a coulés ou la mondialisation ? La désillusion se reflète dans les urnes. L'élection au Brésil d'un président de gauche, Luiz Inácio Lula da Silva, à une majorité écrasante traduit l'exigence d'un changement de politique économique. Mais, quelle que soit la réponse, les perspectives de progrès sont maigres – et même la confiance dans la démocratie a été compromise. Cela aussi, c'est l'héritage des années 1990.

## CE QUI A ÉTÉ ET CE QUI AURAIT PU ÊTRE

Si notre gestion de la mondialisation a tant déçu, c'est aussi en raison de *ce qui aurait pu être*. Avec la fin de la guerre froide, les États-Unis devenaient l'unique superpuissance – la puissance militaire *et* économique dominante. Le monde attendait d'eux qu'ils prennent les choses en main. À mon sens, quand on exerce un leadership, on ne peut pas tenter de refaire le monde uniquement dans son propre intérêt, et, s'il s'agit d'un leadership démocratique, on est tenu de faire avancer ses idées par la persuasion, non par l'intimidation, la menace de faire usage de sa force militaire ou économique. Nous n'avions aucune idée du type de

---

1. Le pourcentage de la population qui vit au-dessous du seuil des 2 dollars par jour est passé en Amérique latine de 35,5 % en 1987 à 36,4 % en 1998.

planète « mondialisée » que nous voulions, et ne pensions guère à l'image que nous souhaitions donner de nous au monde.

Dans nos relations avec de nombreux pays, nous n'étions pas sensibles non plus à leur expérience historique. C'est la France et le Royaume-Uni qui ont livré la guerre de l'Opium à la Chine au milieu du XIXe siècle mais, en fin de compte, les États-Unis ont été signataires, avec la Russie et les puissances européennes, du traité de Tientsin de 1858 qui contraignait la Chine à laisser entrer l'opium : en transformant ses habitants en toxicomanes, les pays occidentaux auraient quelque chose à échanger contre les produits chinois, comme la porcelaine et le jade. Cette histoire est peut-être mal connue des écoliers en Amérique, mais elle l'est beaucoup mieux en Chine. De même, les Japonais ont gardé de l'« ouverture » de leur pays par l'amiral Perry un souvenir radicalement différent du nôtre, et ils considèrent les accords commerciaux qui ont suivi comme des traités inégaux. Ce passé, naturellement, influence le regard que portent les autres pays sur les motivations américaines à la table de négociations, et la tendance des États-Unis à jouer du muscle pour obtenir ce qu'ils veulent conforte ces impressions. N'ont-ils pas affirmé qu'ils saborderaient l'ensemble des pourparlers sur la libéralisation des services financiers si la Malaisie ne cédait pas aux exigences d'une seule compagnie d'assurances américaine, AIG, depuis longtemps présente dans ce pays ? N'ont-ils pas menacé de multiples fois d'exercer des sanctions commerciales, d'imposer des droits de douane spéciaux à la Chine, au Japon, à la Corée, à l'Inde et à bon nombre d'autres pays quand ils ne se pliaient pas rapidement à leurs demandes ? Ils ont souvent rempli dans ces affaires les rôles de procureur, de juge et de jury, et ne sont même pas passés par l'OMC.

Quand nous avions besoin de justifier nos desiderata par un discours, nous tenions celui du libre marché ; mais quand le libre marché désavantageait les firmes américaines, nous parlions, au choix, de « commerce organisé » ou de « juste commerce », ceci en vertu du raisonnement suivant : les autres n'étant pas sincèrement attachés au libre-échange, il nous fallait organiser le commerce pour le libérer. Le Japon ne voulait pas ouvrir ses portes à nos produits ; nous devions donc lui fixer des objectifs, quantifier les importations qu'il devait faire venir des États-Unis dans divers secteurs. Et s'il ne nous achetait pas suffisamment d'automobiles ou de semi-conducteurs, nous ferions pression sur lui pour qu'il en acquière plus.

La « logique » qui sous-tendait cette politique était très particulière. Le commerce nous paraissait bon mais les importations mauvaises. Les exportations étaient bonnes parce qu'elles créaient des emplois ; il en découlait nécessairement que les importations ne pouvaient l'être, puisqu'elles avaient l'effet contraire. Nous jugions l'Amérique plus efficace, et ses produits meilleurs que ceux des autres. Donc tout pays qui parvenait à la concurrencer victorieusement sur son propre territoire recourait forcément à de sombres pratiques – il faisait du dumping –, et, en vertu de la même logique, tout pays qui n'achetait pas les produits américains devait avoir des dispositifs d'entrave au commerce, sous une forme ou sous une autre. Du point de vue de la théorie économique, ces sentiments étaient évidemment absurdes. Chaque pays a un avantage *comparatif*, c'est-à-dire qu'il existe des biens qu'il est *relativement* mieux placé pour produire. Ce sont ces biens-là qu'il exporte ; et il importe ceux pour lesquels il a un désavantage relatif.

En général, les pays exportent à peu près autant qu'ils importent – il y a équilibre de la balance commerciale. Parfois, les taux de change perturbent cette règle. Si le taux de change du dollar est élevé – s'il vaut beaucoup d'euros ou de yens –, les étrangers vont trouver que les produits américains sont chers, et les Américains, que les produits étrangers sont bon marché. La balance ne sera donc pas en équilibre : les importations des États-Unis dépasseront leurs exportations, et ils auront un déficit commercial. L'administration Clinton, comme celles qui l'ont précédée et suivie, estimait qu'un tel déficit était dû à des pratiques commerciales injustes. C'était faux. Il était dû au taux de change élevé, salué par le Trésor sous le vocable de « dollar fort ». Nous avons reproché aux autres, en particulier au Japon, la perpétuation du déficit commercial, alors qu'elle était de notre fait. Cette erreur d'analyse, l'Amérique accusant les autres de ses propres problèmes, a eu de graves conséquences.

C'est un phénomène macroéconomique, la relation entre l'épargne et l'investissement, qui expliquait que le taux de change fût si haut. Depuis un quart de siècle, les États-Unis épargnaient très peu ; pour financer leurs investissements, ils devaient donc emprunter à l'étranger. Cet afflux de capitaux faisait monter le dollar. Au cours des années Reagan et Bush, l'emprunt extérieur avait surtout financé une orgie de consommation, à commencer par celle de l'État. C'est ce qu'on avait baptisé le « problème des déficits jumeaux ». Après la réduction d'impôt Reagan de 1981, l'État a dépensé année après année plus qu'il ne recevait ; il a donc été forcé d'emprunter, et une grande partie de cet argent est venue de l'étranger. Le mérite de l'administration Clinton est d'avoir rendu aux finances publiques une base solide : elle a fini par éliminer le déficit budgétaire dont elle avait hérité. Il y a eu une forte reprise de l'investissement – une bonne chose pour les perspectives à long terme de l'économie. Malheureusement, les ménages américains n'ont pas joué leur rôle : ils n'ont pas épargné. Et le pays a dû à nouveau emprunter massivement à l'étranger, cette fois pour financer l'investissement suscité par la bulle de la Bourse (investissement qui s'est plus tard révélé en partie mal orienté). Les déficits des années Reagan-Bush compromettaient gravement l'avenir du pays. C'était comme si une famille empruntait tous les ans pour partir en vacances. Les déficits des années Clinton, eux, sont allés à l'investissement. À long terme, si le retour sur ces investissements financés par l'emprunt se révèle supérieur aux intérêts payés par les États-Unis, ceux-ci y auront finalement gagné. C'est comme lorsqu'une entreprise emprunte pour construire une nouvelle usine ; elle a raison d'emprunter si l'investissement est rentable. Mais si le pays dépense en consommation l'argent qu'il devait investir, ou si ses investissements sont mauvais et rapportent peu – la voiture Edsel* qu'on ne produira jamais, dix ou vingt fois plus de fibres optiques que ce dont on a besoin –, il aggrave sa situation, alourdissant sa dette pour rien. C'est là que les problèmes analysés au fil des chapitres précédents – l'économie-bulle – et la mondialisation se rejoignent.

---

* En 1958, Ford introduisit à grands frais une nouvelle voiture, l'Edsel, pour concurrencer General Motors sur la gamme moyenne. Un mois plus tard, le désastre était patent. L'Edsel fut abandonnée en 1960. C'est l'un des plus célèbres échecs dans le lancement d'un nouveau produit. *(NdT.)*

Ce n'est donc pas au Japon ou à la Chine qu'il faut reprocher le déséquilibre persistant des échanges des États-Unis, mais aux consommateurs américains et à leur gouvernement. Pendant les années Clinton, les ménages américains n'ont pas suffisamment accru leur épargne pour financer l'essor de l'investissement. Sous Reagan et George W. Bush, c'est l'État qui, avec son désir insatiable de réductions d'impôt sans égal appétit pour les réductions de dépenses, a imposé au pays un emprunt extérieur massif.

Quand j'étais au Council of Economic Advisers, nous avons tenté de définir un ensemble de principes directeurs pour la politique économique extérieure des États-Unis afin de déterminer les cas où il pouvait être souhaitable d'intervenir, d'exercer une pression. Nous étions sensibles aux critiques faites à Bush à propos de son soutien à des intérêts particuliers dans sa politique commerciale. Nous disions ironiquement que, dans sa campagne pour ouvrir le commerce de détail japonais à la concurrence étrangère, sa grande victoire avait été d'obliger le Japon à autoriser Toys « R » Us à ouvrir un magasin – où cette firme avait vendu des jouets chinois bon marché aux enfants japonais. C'était bon pour les ouvriers chinois, bon pour les enfants japonais, mais qu'y avaient gagné les États-Unis ? En un sens, cette plaisanterie était injuste : les dispositifs juridiques qui gênent l'ouverture de magasins étrangers constituent une entrave au commerce, et, à long terme, si nous voulons un monde vraiment libre-échangiste, il faut les éliminer. Mais, d'un autre point de vue, elle était pertinente : la politique économique extérieure des États-Unis est depuis longtemps orientée par le lobbyisme d'entreprises particulières qui voient des marchés possibles pour leurs produits. Les milieux d'affaires aiment discourir sur le libre marché, mais quand ils aperçoivent une occasion de se faire aider par l'État, ce n'est pas l'idéologie qui les empêche de la saisir.

Le Council of Economic Advisers avait fondé son système de priorités pour la politique économique extérieure américaine non sur une vision d'avenir pour le monde, mais sur un critère que nous pensions plus susceptible d'être largement et facilement accepté : ce qui servait le mieux l'économie américaine à court et à long terme, et en particulier l'enjeu conjoncturel que l'administration Clinton avait placé au cœur de son programme, à savoir la création d'emplois. Les responsables du Trésor sont vite intervenus pour étouffer l'idée, affirmant que nous n'avions pas besoin de fixer des priorités, que cela ne ferait que semer la confusion. Et ils ont fait le nécessaire pour que le président ne puisse pas même entendre nos arguments. La violence de leur réaction s'explique aisément : contraindre d'autres pays à ouvrir leurs marchés à nos produits dérivés opaques et déstabilisants risquait de ne pas figurer bien haut sur cette échelle de priorités, car, si cette intervention était rentable pour Wall Street, elle ne créait guère d'emplois.

La politique économique extérieure américaine était dictée par toute une gamme d'intérêts particuliers, avides d'utiliser la suprématie mondiale toujours plus nette des États-Unis pour forcer les autres pays à s'ouvrir à leurs produits, et ce à leurs propres conditions. Le gouvernement américain saisissait les occasions que lui offrait le nouveau monde de l'après-guerre froide, mais mesquinement, au profit d'intérêts financiers et industriels privés. L'Amérique avait besoin d'une vision de l'avenir afin de comprendre où allait l'économie mondiale, comment elle pouvait l'influencer, et certains membres de l'administration, comme Bo Cutter, le numéro deux du National Economic Council, travaillaient dur pour en élaborer une. J'aurais aimé que nous tentions d'avancer vers un monde sans frontières économiques – un monde de libre-échange authentique, conforme à notre rhétorique. Ce qui aurait impliqué de supprimer nos subventions à l'agriculture, ou du moins de les restructurer pour qu'elles n'incitent plus nos agriculteurs à produire davantage, donc à faire baisser les prix mondiaux et à nuire ainsi aux autres producteurs ; d'ouvrir nos marchés aux services à forte intensité de main-d'œuvre, comme le bâtiment et le transport maritime ; d'abroger toute une série d'autres mesures protectionnistes ; d'évaluer l'« injustice » des pratiques commerciales des firmes étrangères à l'aune des critères que nous appliquons à nos entreprises.

Avec une vision mondiale, nous aurions incité les pays étrangers à adopter chez eux les mêmes priorités que nous aux États-Unis : les emplois, la sécurité des retraites et de la santé. Rien n'illustre mieux à quel point nous avons perdu de vue ce cap que notre comportement dans ce dernier domaine. L'une des initiatives majeures des deux premières années de la présidence Clinton a été d'assurer aux Américains un meilleur accès aux soins médicaux. Mais le régime déséquilibré des droits de propriété intellectuelle que, à l'instigation des compagnies pharmaceutiques américaines, nous avons « réussi » à faire adopter en 1994 dans le cadre de l'Uruguay Round a eu l'effet inverse à l'étranger.

La vision d'avenir dont nous avions besoin n'était pas seulement celle d'un monde sans frontières économiques, mais aussi celle d'un monde socialement plus juste, un monde où notre sens de la solidarité humaine franchirait aussi les frontières. Quand je soutenais que nous devions faire davantage pour les pays en développement, quand je citais les statistiques prouvant que nous étions les plus avares des pays développés en matière d'aide extérieure (laquelle représentait à l'époque moins de 0,1 % de notre PIB, quand les pays scandinaves, par exemple, donnaient, en proportion, dix fois plus, soit près de 1 % du leur), on me disait que ces comparaisons n'avaient aucun sens. Nous ne ressentions pas d'obligation morale, nous ne comprenions pas que le désespoir de ces pays dépassait leurs frontières et rendait la planète moins sûre pour tous ; les seuls arguments recevables portaient sur notre avantage *économique* immédiat ; c'était une sorte de philosophie mercantiliste qui ne reconnaissait à la croissance dans les pays en développement qu'un seul mérite : ouvrir de nouveaux marchés aux produits américains.

Nous nous sommes concentrés sur la tâche consistant à aider les États-Unis – même si elle conduisait à appauvrir les pauvres, ce qui était souvent le cas. Assurer aux pays occidentaux la capacité de pomper les ressources africaines nous a paru plus important que contribuer au bien-être à long terme de l'Afrique. Quand British Petroleum a déclaré unilatéralement qu'elle allait publier le montant des *royalties* qu'elle versait au gouvernement angolais, les autres compagnies pétrolières n'ont pas suivi[1]. Ce gouvernement, lui, ne souhaitait pas que l'information soit

---

1. La décision de British Petroleum s'inscrivait dans la campagne « Publish What You Pay » (Rendez public ce que vous payez), lancée en juin 2002 par George Soros, Global Witness et Save the Children Royaume-Uni. Tony Blair a annoncé en septembre 2002 que le gouvernement britannique se proposait d'impulser une initiative internationale pour empêcher la mauvaise gestion des sommes payées par les compagnies pétrolières, gazières et minières.

rendue publique – pour des raisons évidentes. Et Washington n'a exercé aucune pression sur les pétroliers américains. Les États-Unis auraient dû eux-mêmes depuis longtemps prendre l'initiative sur cette question, mais ils ne l'ont pas fait. L'exploitation n'était peut-être pas aussi éhontée qu'au temps de la guerre froide, où nous soutenions des personnages comme Mobutu en leur donnant de l'argent et des armes parce que l'Occident redoutait une domination soviétique sur l'Afrique. Quand on prêtait alors de l'argent au Zaïre, chacun savait qu'il irait dans les comptes bancaires de Mobutu en Suisse ; mais c'est le peuple zaïrois qui a hérité du fardeau de la dette, et l'Amérique a été lente à l'en décharger, même lorsqu'il s'agissait de dettes aussi odieuses. Le Congrès a enfin voté l'*African Growth and Opportunity Act* le 18 mai 2000 – après cinq ans de tergiversations. Mais, en échange d'une ouverture limitée du marché américain, les pays africains doivent accepter des conditions très dures – variantes des infâmes conditions d'ajustement structurel du FMI, qui, trop souvent, étouffent la croissance, créent le chômage et aggravent les conditions sociales[1].

Parfois, les conséquences des mauvaises politiques ne se matérialisent pas pendant des années. La déréglementation du secteur financier des années 1980 a mis une décennie à produire pleinement ses effets aux États-Unis. Avec les erreurs de la mondialisation, le temps a été moins clément. Pour la désastreuse libéralisation des marchés financiers, le jour du jugement est vite arrivé – en Corée, quatre ans seulement après sa mise en œuvre, avec la crise de 1997. Pour les fautes générales commises dans la gestion de la mondialisation, ce fut deux ans plus tard, aux États-Unis mêmes, lorsque, en décembre 1999, nous avons voulu lancer un nouveau *round* de négociations commerciales à Seattle : il y eut des manifestations comme on n'en voyait plus depuis un quart de siècle, depuis la guerre du Viêt-nam. Quand il s'avéra que le précédent *round* rendait

---

1. Il y a eu un aspect positif : même si le programme était fort limité, les pays qui ont pu en profiter ont sensiblement accru leurs exportations (à partir d'une base souvent très faible, il est vrai).

inaccessibles les médicaments contre le sida, et bien d'autres, dans de nombreux pays en développement, l'indignation mondiale contraignit les compagnies pharmaceutiques à y baisser leurs prix. Le choc en retour contre la mondialisation était si intense qu'il fallut tenir les discussions internationales sur le nouveau *round* dans un lieu à l'abri des manifestations : Doha, au Qatar.

Le contraste entre la mauvaise gestion de la mondialisation *économique* et le succès d'autres mondialisations a peut-être rendu l'échec américain dans ce domaine encore plus flagrant. La fin de la guerre froide a relancé notre engagement pour la démocratie : nous ne pensions plus, désormais, qu'elle n'était bonne que si ses résultats nous convenaient ; nous ne soutenions plus (du moins sur l'essentiel de la planète) des dictateurs comme Pinochet au Chili ou Mobutu au Zaïre. Nous nous sommes prononcés fermement pour le multilatéralisme, la démocratie mondiale – en admettant qu'avec la démocratie on ne peut pas toujours avoir ce que l'on veut, qu'il faut convaincre les autres de la justesse de ses idées, et non les rudoyer. Nous avons signé des accords pour améliorer l'environnement de la planète, à Rio, Kyoto et ailleurs ; pour renforcer l'état de droit, avec le Tribunal pénal international ; et – c'est peut-être le plus important – nous avons honoré nos engagements financiers envers les Nations unies en payant les arriérés qui auraient dû nous faire honte depuis des années.

Certaines des erreurs commises dans la mondialisation économique sont en passe d'être rectifiées. Un accord s'est dégagé à Doha pour de nouvelles discussions qu'on a baptisées le Development Round, façon de reconnaître que les négociations précédentes ont été déséquilibrées au détriment des pays en développement. Même au FMI, on admet désormais que les flux de capitaux spéculatifs à court terme constituent pour la plupart de ces pays un risque sans aucun avantage. Après l'échec de la dernière grande opération de sauvetage, en Argentine, on a définitivement reconnu les faiblesses de la stratégie qui a été au cœur de la gestion des crises sous l'administration Clinton, et l'on cherche d'autres solutions. On est maintenant plus attentif à la pauvreté, et l'administration Bush a accru le montant de l'aide, bien que les États-Unis restent le plus avare des grands pays industriels avancés.

Ces premiers « succès » de la mondialisation n'en ont pas moins laissé un goût amer aux habitants du monde en développement – et même à ceux du monde développé qui ont le souci de l'environnement ou de la justice sociale.

Le 11 septembre a fait comprendre à l'Amérique qu'elle peut être touchée par ce qui se passe ailleurs – et pas seulement par le biais des marchandises qu'elle exporte. Ce n'est pas la pauvreté qui suscite le terrorisme, mais, par le désespoir qu'elle engendre, elle lui offre un terreau fertile. Plus généralement, dans un monde toujours plus interdépendant, les États-Unis seront souvent amenés à solliciter soutiens et coopérations. Ils les obtiendront si et seulement si les autres pays voient qu'ils n'exercent pas leur leadership à leur seul profit, ou à celui des intérêts industriels et financiers américains.

# Chapitre 10

# Enron

Passée de presque rien au firmament, avec des revenus annuels *rapportés* de 101 milliards de dollars, avant de sombrer dans la faillite – et ce en quelques années seulement –, la compagnie énergétique Enron est devenue le symbole de tous les vices des folles années 1990 : entreprises cupides, fraudes comptables, trafics d'influence, scandales bancaires, déréglementation et enthousiasme pour le libre marché, tout en un[1]. Ses activités outre-mer illustrent aussi à merveille la face sombre de la mondialisation à l'américaine : capitalisme corrompu et sinistre usage de la puissance économique à l'étranger.

À la fin des années 1990, Enron passait aux États-Unis pour le modèle de la nouvelle entreprise américaine : la déréglementation offrait de nouvelles chances, et il les avait saisies. Il avait prouvé qu'il était bon de déréglementer et que, si on les en laissait libres, des firmes américaines novatrices pouvaient redynamiser l'économie. Enron était un exemple à plusieurs titres. Il s'était engagé activement dans le débat public en préconisant des mesures sur l'énergie et la

---

1. Le livre de Loren Fox, *Enron : The Rise and Fall* (New York, John Wiley and Sons, 2003), procède à un examen détaillé et perspicace du cas Enron. Pour l'histoire de Sherron Watkins, l'ex-cadre de la compagnie qui a donné l'alerte, voir le livre de Mimi Swartz (écrit avec elle), *Power Failure : The Inside Story of the Collapse of Enron* (New York, Doubleday, 2003). Voir aussi Brian Cruver, *Anatomy of Greed : The Unshredded Truth from an Enron Insider*, New York, Carroll & Graf, 2002.

déréglementation qui allaient muscler l'Amérique – en musclant aussi ses profits. Ken Lay, son PDG, était également administrateur d'organisations à but non lucratif comme Resources for the Future – la plus importante peut-être des institutions américaines de recherche sur la préservation des ressources naturelles par les mécanismes du marché – et membre d'une commission publique réunie par Arthur Levitt pour réfléchir aux problèmes d'évaluation dans la nouvelle économie. Plus tard, Lay deviendrait l'un des principaux conseillers du président George W. Bush en matière d'énergie.

## LA MORT D'ENRON

Je commence cette histoire par la fin, par la mort d'Enron. Elle a été riche en rebondissements dramatiques, en efforts désespérés pour sauver l'entreprise *in extremis*, efforts qui ont finalement échoué. Enron a entraîné dans sa chute l'un des cabinets comptables les plus respectés, Arthur Andersen, et sali le nom de ses banquiers, JP Morgan Chase, Citibank et Merrill Lynch. Comme dans tout drame qui se respecte, il y a les bons et les méchants. Les premiers sont rares. Parmi eux, celle qui a tiré la sonnette d'alarme, Sherron Watkins : elle a informé Ken Lay de nombreux problèmes cruciaux, et failli y perdre son emploi. Quant aux méchants, citons David Duncan, l'associé chargé d'Enron chez Andersen, coupable non seulement de comptabilité truquée mais de destruction de documents ; le cabinet d'avocats Vinson & Elkins, qui passe pour le plus prestigieux du Texas et montrait à Enron comment éviter de violer la loi ; et Andrew Fastow, premier responsable financier d'Enron, qui a été inculpé pour fraude, blanchiment d'argent, conspiration et enrichissement personnel aux dépens de la compagnie. Même à l'aune des critères de Wall Street, la rémunération qu'il recevait défiait l'imagination : autour de 45 millions de dollars. Autre sujet d'indignation : au moment même où ils exhortaient les salariés à conserver leurs actions, les cadres supérieurs vendaient. Ken Lay a vendu 1,8 million d'actions pour plus de 100 millions de dollars ; un autre haut dirigeant en a vendu pour plus de 350 millions de dollars ; le total des actions vendues par l'ensemble de la direction se monte à 1,1 milliard de dollars. Mais l'avenir des salariés d'Enron a été compromis : plus d'un milliard de dollars de leur fonds de retraite, investi en actions Enron, s'est évaporé dans la faillite de la firme.

Cette fin, certes spectaculaire, n'en a pas moins été d'une belle simplicité. Quand les astuces comptables dont il avait usé pour dissimuler ses dettes et grossir ses revenus ont été soudain percées à jour, chacun a compris qu'Enron n'était pas ce que l'on croyait. Or toute entreprise ou presque a besoin de prêts bancaires pour fonctionner, et les banques ne prêtent qu'à celles qui leur inspirent confiance. Il y a eu conjonction de plusieurs événements, dont chacun aurait pu suffire à causer de sérieux ennuis à Enron. Le dénouement de la crise énergétique en Californie l'a privé d'une partie des profits qu'il faisait en manipulant le marché. La chute de la Bourse a touché toutes les firmes, Enron compris, mais a naturellement rendu bien plus méfiantes les banques et les agences de notation. De compagnie de gazoducs, Enron s'était mué en une société point-com qui négociait en ligne de l'énergie et des matières premières. Cela fit sa fierté pendant les dernières années de la décennie 1990, et contribua à sa chute. Enron avait remis des actions en caution à certains de ses « partenariats » hors bilan et autres sociétés écrans ; lorsque le cours de l'action tomba, il se trouva de plus en plus exposé. Quand son cas commença à attirer l'attention, tant le marché que les autorités de contrôle eurent le sentiment que quelque chose clochait, et les inspecteurs se mirent à regarder de près les comptes (où l'illusionnisme se révéla bien pire que tout ce qu'on avait pu imaginer). En raison de l'abrogation du *Glass-Steagall Act*, les banquiers continuèrent à soutenir Enron plus longtemps qu'ils ne l'auraient fait autrement – dans l'espoir de gagner encore de l'argent avec ses multiples affaires –, mais, l'action plongeant toujours, il leur fallut bien, en définitive, arrêter leurs prêts. Avec l'échec des tentatives désespérées pour sauver la compagnie par une injection d'argent frais – les tromperies qui avaient aidé Enron pendant le boom lui rendaient encore plus difficile de trouver des capitaux pendant la crise –, la faillite devint inévitable.

C'est donc l'illusionnisme qui a tué Enron : celui qui lui a rapporté si gros par la manipulation du marché déréglementé de l'énergie en Californie, enrichissant ses actionnaires aux dépens des consommateurs, producteurs et contribuables californiens ; et celui qui a permis à ses cadres de voler les actionnaires pour s'enrichir personnellement. Il ne s'agit pas d'un événement précis, mais de toute une panoplie de pratiques. Enron et ses comptables ont parfois franchi les limites de la légalité, mais une bonne part de ce qu'ils faisaient restait légale. Si plusieurs personnes moins haut placées dans la hiérarchie des profiteurs ont été inculpées, le PDG, au moment où ce livre est mis sous presse, ne l'est pas : il a nié toute connaissance des infractions et toute participation directe, et il doit l'essentiel de ses gains à des options sur titre aussi généreuses que parfaitement légales.

Enron a utilisé de nombreux trucages comptables qui allaient entrer dans les mœurs. De toute évidence, son directeur financier a fait la même découverte que tant d'autres dirigeants d'entreprise au cours des années 1990 : les astuces comptables utilisées pour trafiquer l'information afin de doper la Bourse pouvaient aussi servir à s'enrichir personnellement aux dépens des autres actionnaires. Dans la mise au point de ces techniques du mensonge, Enron avait une légère avance sur ses concurrents. Innover était sa spécialité : innovations financières, nouvelles méthodes d'achat et de vente d'électricité (ou d'autres matières premières) à l'aide de produits sophistiqués comme les dérivés, qui permettent de scinder différentes composantes d'un flux financier en répartissant les risques entre différents investisseurs par des moyens forts complexes. Comme nous l'avons dit dans les chapitres précédents, les entreprises avaient appris depuis longtemps à utiliser des techniques financières alors toutes nouvelles pour transférer des revenus afin de réduire leurs impôts ; puis elles s'en sont servies avec autant d'énergie pour embellir leurs bilans. Dans les années 1990, elles l'ont fait pour doper le cours de l'action – ce qui, grâce aux options sur titre, enrichissait aussi leurs dirigeants ; le ralentissement de l'économie a rendu encore plus impératif de truquer l'information pour que les comptes ne paraissent pas aussi désastreux qu'ils l'étaient. À l'avant-garde de l'ingénierie financière, Enron était aussi à la pointe de la mise en œuvre de ces procédés. Et, comme les banques américaines coopéraient largement avec les firmes et leurs comptables pour développer ces pratiques, elles l'ont fait également pour les tricheries d'Enron.

Le problème, quand on s'intéresse aux frasques d'Enron, c'est qu'elles ont été délibérément compliquées pour qu'il soit difficile d'y voir clair. Cependant, derrière les montages financiers inextricables accompagnés de force déguisements juridiques, il y avait une poignée d'astuces de base. La première consistait à inscrire immédiatement les ventes à terme de gaz ou d'électricité, celles dont la livraison était différée. Enron avait de nombreux métiers. Il était surtout, au départ, une compagnie de gazoducs, puis avec la déréglementation il avait entrepris de devenir une société commerciale achetant et vendant du gaz et de l'électricité. Il affirmait avoir créé un marché. Mais c'était un marché où on ne se contentait pas d'acheter et de vendre du gaz et de l'électricité livrés immédiatement : on pouvait aussi en vendre pour une livraison la semaine suivante, ou le mois suivant.

L'astuce comptable d'Enron consistait, lorsqu'il y avait, disons une vente de gaz à livrer l'année suivante, à porter la valeur de cette vente à ses *revenus* immédiats, mais sans inscrire la dépense qui allait être nécessaire pour acheter ce gaz au préalable. Des revenus sans aucun coût engendrent d'immenses profits ! Certes, Enron finirait bien par devoir inscrire la dépense. Mais, tant que la firme était en croissance, elle pouvait continuellement grossir ses revenus par ce moyen puisque, chaque année, les ventes dépassaient les achats. C'était un système de Ponzi classique*, comme la chaîne de lettres d'autrefois[1]. On voit encore ces mécanismes de temps à autre : certaines personnes gagnent de l'argent en vendant des franchises à d'autres, qui les revendent à d'autres, etc. Mais tous ces systèmes de Ponzi ont une fin. Lorsque la croissance s'arrête, notamment – ce qu'elle fait quand l'économie ralentit –, de tels dispositifs s'effondrent.

---

* Charles Ponzi, de Boston, est un escroc connu pour ses opérations financières : l'argent de chaque nouvelle vague d'investisseurs servait en fait à payer les dividendes de la précédente. Il s'est aussi illustré, en 1924-1925, dans la grande spéculation immobilière de Floride. (*NdT.*)

1. Pour une analyse du système de Ponzi et d'autres semblables, voir Charles P. Kindleberger, *Manias, Panics, and Crashes*, *op. cit.*

La seconde catégorie de tricheries est à peine plus compliquée. Enron comprend qu'il n'a pas besoin de vendre du gaz à quelqu'un d'autre pour profiter du premier « truc » : il peut créer lui-même une entreprise fictive, une société écran, comme on les appelle parfois – disons Raptor –, et lui vendre du gaz. Celle-ci ne veut pas recevoir de gaz, bien sûr. Mais c'est un problème qu'Enron peut résoudre, tout simplement en le lui rachetant. En s'engageant à le faire, il se crée une dette potentielle, mais il ne l'inscrit pas, de même qu'il n'inscrivait pas les dépenses qui allaient être nécessaires à l'achat et à la livraison du gaz.

Voici donc Enron qui vend aujourd'hui du gaz à une entreprise fictive, Raptor, et, simultanément, accepte de le lui acheter l'année prochaine. On va dire : « Mais que fait Raptor, au juste, à acheter et à vendre du gaz, à recevoir du gaz d'Enron au même moment où il lui en revend ? Ça paraît louche. » Ça l'est. Si Enron inscrit la vente dans ses comptes aujourd'hui, il fait croire que ses revenus actuels sont plus élevés, alors qu'avec des normes de comptabilité s'acquittant de leur mission, qui est d'apporter une information exacte sur la situation de la firme, il devrait aussi indiquer une dette potentielle, correspondant à la livraison promise, avec les coûts qui l'accompagnent. Ou alors, puisque Enron contrôle Raptor, on pourrait soutenir que l'on doit « consolider » les deux, les traiter comme une seule entité ; mais, dans ce cas, l'achat et la vente relèvent seulement d'une tenue de comptes interne. Il n'y a aucune vente *réelle*, donc aucun revenu *réel*.

Avec un petit coup de main des banques, on peut rendre l'affaire encore plus délicieuse. Hypothèse : Enron a besoin d'un emprunt, mais tout le monde – tant ses dirigeants que les banquiers – se rend bien compte qu'un lourd accroissement de sa dette ferait mauvais effet dans ses comptes. La banque peut prêter l'argent à Raptor, et Raptor l'utiliser pour payer immédiatement le gaz qu'il a acheté avec livraison prévue l'an prochain. La banque n'a aucun souci à se faire puisqu'elle sait qu'Enron a signé un contrat par lequel il s'engage à racheter le gaz de Raptor : si ce rachat est prévu à un prix assez élevé, Raptor pourra facilement s'acquitter des intérêts dus. La « vente à terme » n'est rien d'autre qu'un emprunt, mais c'est un emprunt qui n'apparaît pas au bilan financier d'Enron. Celui-ci, en rachetant le gaz à un prix encore plus élevé, peut faire de Raptor une société extrêmement rentable. Si Raptor, qui n'est qu'une société écran, appartient à des cadres supérieurs d'Enron, elle devient un moyen de faire passer de l'argent appartenant à l'entreprise dans leurs poches. Ces dirigeants peuvent même trouver à leur trahison une justification morale. En dissimulant le prêt, ils donnent plus fière allure à l'état financier de la compagnie, donc contribuent à faire monter l'action Enron. Or n'est-ce pas là leur premier devoir ?

La bulle des point-com offrait d'autres moyens d'inscrire sans peine des revenus dans les comptes. Seconde hypothèse : on lance une société point-com – qui va acheter et vendre sur Internet de l'électricité déréglementée. Le cours de l'action monte en flèche : en cette ère d'exubérance irrationnelle, associer l'euphorie d'Internet à celle de la déréglementation est une recette irrésistible. Cependant, Enron ne ressemblait pas aux autres sociétés-bulle, toutes fondées sur l'*espoir* de profits futurs mais qui, pour l'instant, avaient des pertes. Enron, lui, faisait de gros profits. Il savait que plus il parviendrait à gonfler ses revenus et ses profits, plus les marchés, dans leur folie, gonfleraient la valeur de l'action, et, avec la place que tenaient les options sur titre dans leur rémunération, ses dirigeants avaient une incitation spéciale à agir dans ce sens. Donc, si Enron lançait cette point-com, puis en revendait les actions après gonflement avec une grosse plus-value, il pourrait rapporter dans ses comptes un énorme profit. Pour faciliter l'opération, il pouvait créer un partenariat hors bilan et lui prêter une partie de son capital afin qu'il l'utilise comme nantissement d'un prêt bancaire (avec les relations intimes entre banques de dépôts et banques d'affaires qui avaient cours depuis l'abrogation du *Glass-Steagall Act*, les banques d'Enron étaient plus que disposées à participer à ce genre de manipulation). Si la banque voulait davantage de garanties, il pouvait donner sa caution ; s'il fallait encore plus d'argent pour acheter les actions surévaluées de la point-com, il pouvait le prêter lui-même. C'était presque comme si Enron se vendait à lui-même sa propre compagnie pour inscrire un profit dans ses comptes. Mais, pour ses actionnaires, c'était « face tu gagnes, pile je perds ». Si le cours de l'action restait élevé, tous les gains iraient aux directeurs d'Enron et à leurs amis. S'il s'effondrait – et c'est ce qui s'est passé –, ce serait à la compagnie Enron et à ses actionnaires de rembourser les banques.

Si la bulle avait continué, Enron aurait pu continuer aussi, et ses tricheries ne jamais venir au jour. Ses dirigeants se seraient glorifiés de leur virtuosité à enrichir leurs actionnaires. Ils s'enrichissaient personnellement ? Et alors ? Ils ne faisaient que recevoir leur juste part pour avoir si bien servi les actionnaires. Ils pouvaient aller à l'église la tête haute. C'est l'éclatement de la bulle, et les méfaits qu'il a induits et révélés, qui les a exposés aux critiques. Mais, à mon sens, le cas Enron fait apparaître le vice fondamental : les actionnaires n'avaient pas l'information adéquate pour apprécier ce qui se passait, et il existait des incitations pour ne pas la leur donner, pour leur fournir une information truquée. Le système du marché avait instauré des incitations telles que la réussite des directeurs ne profitait pas à ceux pour lesquels ils étaient censés travailler mais s'effectuait à leurs dépens, et les exposait à des risques qu'ils ne pouvaient même pas imaginer.

## LA DÉRÉGLEMENTATION DE L'ÉLECTRICITÉ

Enron est un pur produit de la déréglementation, dans tous les sens du terme. Il a commencé par gagner de l'argent dans le gaz naturel quand ce marché a été déréglementé. Il a tiré profit des incitations perverses instaurées par la déréglementation des banques. Il s'est présenté comme l'entreprise faisant « marcher » la déréglementation. Mais c'est dans celle de l'énergie qu'il s'est fait un nom – et qu'il a le mieux révélé les faiblesses de la déréglementation : Enron avait voulu montrer toute la créativité qu'elle pouvait libérer (notamment dans sa branche, l'énergie) ; il a montré, en fait, combien elle est difficile à réussir, et ce qui se passe quand elle est mal faite.

Du New Deal aux années Reagan, des éléments clefs du secteur de l'énergie avaient été très réglementés : les consommateurs achetaient leur électricité à un monopole soumis à des règles strictes, qui possédait à la fois les centrales et le réseau électrique. Le gaz aussi était très réglementé, en particulier son transport par gazoducs du lieu de production (par exemple le Texas) aux zones de consommation. La logique économique de ces réglementations était claire : le transport du gaz et celui de l'électricité étaient considérés comme des monopoles *naturels*, des secteurs dans lesquels il était difficile d'avoir plusieurs firmes. Si deux sociétés apportaient l'électricité à chaque quartier, ou à chaque maison, le coût de la distribution doublerait presque. Et, même dans ce cas, les deux pourraient s'entendre pour imposer un prix de monopole : les consommateurs n'auraient aucune garantie d'être mieux traités. De même, un seul grand gazoduc allant du Texas à la Californie était plus efficace que quatre petits en concurrence entre eux.

Les économistes débattaient depuis longtemps de la meilleure option pour la gestion de ce type de monopole naturel. Certains pays avaient choisi de la confier à l'État pour qu'il s'en acquitte dans l'intérêt public ; d'autres l'avaient abandonnée à des marchés privés non réglementés ; d'autres encore avaient préféré laisser la production à des firmes privées, mais en les réglementant. L'Europe avait majoritairement retenu la première solution, les États-Unis, la troisième – et pratiquement personne n'avait opté pour la deuxième. Beaucoup affirmaient néanmoins que les États ne pouvaient pas gérer correctement des entreprises ; dans bien des cas ils avaient raison, mais dans certains autres ils avaient tort. Le réseau électrique français, nationalisé, est plus efficace que celui des États-Unis. Le professionnalisme de ses techniciens a été noté de longue date, ainsi que la qualité de ses ingénieurs. En dépit de ces succès du secteur public, l'idéologie du libre marché s'est révélée très influente, et, depuis un quart de siècle, le monde entier s'oriente vers la troisième solution : une production privée faiblement réglementée. On pensait même de plus en plus qu'il fallait réduire le champ d'application de cette réglementation. Nous pouvions, selon certains, bénéficier de la concurrence dans la production d'électricité et dans sa distribution. Le seul monopole naturel, c'était le transport, le réseau. Il fallait donc fractionner en sociétés séparées les firmes intégrées qui produisaient, transportaient et vendaient l'électricité ; stimuler l'entrée de nouveaux acteurs là où la concurrence était possible, dans la production et la distribution ; et réglementer le réseau de façon à garantir que l'ensemble du système fonctionne sans heurt. La Californie inaugura la déréglementation, qui commença début 1998.

On était tellement certain qu'elle allait réussir et que les prix à la consommation baisseraient considérablement que les débats, tant au sein du gouvernement (au Council of Economic Advisers, par exemple) qu'à l'extérieur, portaient sur les conséquences de prix *bas*. Avec ces nouveaux prix, les anciennes compagnies d'électricité qui avaient investi pour se doter de capacités de production ne pourraient pas rentrer dans leurs fonds. Comment et combien fallait-il les indemniser pour le changement des règles du jeu, puisqu'elles avaient décidé ces investissements en postulant un joli retour réglementé ? Le terme technique était « coûts échoués » : c'étaient des investissements « laissés à sec » par le nouveau régime.

La déréglementation de l'énergie en Californie n'a pas fonctionné comme l'avaient annoncé ses partisans. Ils l'avaient « vendue » en usant de l'habituel discours du libre marché : réduire la réglementation permet aux forces du marché d'agir librement, ce qui conduit à plus d'efficacité, et, grâce à la concurrence, les bénéfices qu'apportent ces forces sont transmis au consommateur[1]. En réalité, deux ans seulement après la déréglementation, il y eut une spectaculaire hausse des prix et des problèmes de pénurie. Les prix – en moyenne 30 dollars le mégawattheure d'avril 1998 à avril 2000 – triplèrent, quadruplèrent en juin 2000 ; dans les premiers mois de 2001, ils en étaient à huit fois leur niveau initial. Pour la première fois, il y eut des coupures de courant comme on peut en connaître dans un pays pauvre mais sûrement pas dans le centre mondial de la haute technologie. Les grandes compagnies d'électricité californiennes furent acculées à la faillite. Elles avaient des contrats à long terme qui leur faisaient obligation de vendre l'électricité à prix fixe, mais elles devaient l'acheter beaucoup plus cher. En un

---

1. Comme nous l'avons vu au chapitre 4, certains économistes sont allés plus loin. Selon eux, même s'il n'existe qu'une seule firme dans une branche – un monopole –, il n'y a pas de quoi s'inquiéter. Elle ne peut pas abuser de sa mainmise sur le marché car, si elle vendait plus cher qu'au prix le plus bas auquel elle peut survivre, une autre firme pénétrerait sur le marché ; ainsi, la concurrence potentielle suffit. Cet argument était moins crédible dans la déréglementation de l'électricité que dans celle des transports aériens (et même là il s'est révélé faux).

tournemain, elles perdirent des milliards[1]. L'expérience de la
déréglementation fut une vraie débâcle. La Californie avait
été la première à la tenter. Elle devait payer la facture, et avec
elle les États-Unis tout entiers.

Le gouverneur de Californie, Gray Davis, finit par intervenir
pour sauver son État. Outre les prix astronomiques, la pénurie
d'électricité provoquait un désastre dans les entreprises high-tech
californiennes : un délestage pouvait leur infliger des dommages
sans nom. La Californie risquait de perdre sa réputation de paradis de la libre entreprise. La restabilisation coûta à cet État plus
de 45 milliards de dollars[2]. La Federal Energy Regulatory Commission finit par imposer des prix plafonds en juin 2001, après quoi le
mégawattheure tomba de son niveau moyen de 234 dollars au
premier semestre à 59 dollars seulement en juillet-août.

Pourquoi ces échecs ? Et quelles leçons en tirer ? Les partisans
de la déréglementation disent qu'elle n'a pas été réalisée parfaitement – mais rien n'est jamais parfait en ce monde. Ils voudraient
que l'économie réglementée imparfaite soit comparée au libre
marché idéal, et non à l'économie déréglementée encore plus
imparfaite. Même ceux qui profitaient de la déréglementation
admettaient volontiers ses imperfections : « Un marché imparfait,
disait le PDG d'Enron, vaut mieux qu'un régulateur parfait[3]. »

Au moment où la crise a éclaté, il y avait un nouveau président, encore plus favorable à l'idéologie du libre marché et très
influencé par les bénéficiaires de la déréglementation. George
W. Bush était particulièrement proche du PDG d'Enron, Ken
Lay. Celui-ci avait largement contribué financièrement à la
campagne électorale du président, qui lui demandait conseil en
matière de politique énergétique. Bush se joignit à Enron pour
expliquer qu'il fallait laisser agir le « marché ». Si des firmes

---

1. Pacific Gas & Electric, la plus grande compagnie de distribution
d'électricité de Californie, a fait faillite le 6 avril 2001. Selon ses déclarations, la
crise de l'électricité lui avait valu des dettes de 9 milliards de dollars.

2. La faillite des compagnies d'électricité ne suffit pas à les laver de tout
soupçon : après tout, elles croyaient peut-être au début que la situation allait
gonfler leurs profits, après quoi le processus est devenu incontrôlable et elles ont
fini par perdre. Mais leur déconfiture suggère qu'il y avait d'autres coupables.

3. Loren Fox, *Enron : The Rise and Fall*, *op. cit.*, p. 200.

qu'on avait cru efficaces sous l'ancien système faisaient faillite, tant pis pour elles ! Si les petits revenus rencontraient les pires difficultés parce qu'ils ne pouvaient plus payer les factures d'électricité astronomiques, tant pis pour eux ! C'était une forme nouvelle de darwinisme social : que les plus aptes survivent ! Le péché capital était de s'ingérer dans les mécanismes du marché.

Toutefois, pour ceux qui comprenaient ces mécanismes, ce qui se passait était un mystère. Si la déréglementation et la concurrence devaient faire baisser les prix, pourquoi montaient-ils ? Les précipitations avaient été faibles dans le Nord-Ouest, d'où un moindre apport d'énergie hydroélectrique au réseau, mais ce facteur n'était pas suffisant pour expliquer la hausse spectaculaire. Il y eut quelques allusions au véritable problème. Pourquoi, soudain, quand les pénuries avaient commencé, tant de centrales avaient-elles été déconnectées du réseau pour être réparées ? N'aurait-il pas été plus pertinent d'attendre pour faire ces réparations, sauf les plus urgentes ? Comment se faisait-il que, en cette période de très forte hausse des prix du gaz naturel sur la côte ouest, une partie de la capacité de transport des gazoducs restait inutilisée ? Les économistes étaient naturellement enclins à soupçonner une manipulation, crainte qui fut vite formulée par Paul Krugman, professeur à Princeton et éditorialiste au *New York Times*. Réponse du chœur du libre marché : « C'est absurde[1]. »

À l'époque, il n'y avait aucun document explosif, aucun moyen de prouver la manipulation. L'heure des partisans du libre marché avait sonné, l'heure d'Enron avait sonné, tandis que les prix poursuivaient leur ascension extraordinaire, de même que les profits d'Enron. De juillet à septembre 2000 – trois mois seulement –, le revenu de son activité « ventes et services produits de base » fut supérieur de 232 millions de dollars à celui de l'année précédente à la même période.

Dans cette situation, les partisans de la déréglementation devaient chercher ailleurs un coupable. Il était tout trouvé : le problème n'était pas un manque mais un excès de réglementation. Les lois de défense de l'environnement avaient empêché la cons-

---

1. Voir Paul Krugman, « Frank thoughts on the California crisis », www. wws.princeton.edu/~pkrugman/wolak.html.

truction de nouvelles centrales. De plus, quand elle avait déréglementé l'électricité, la Californie avait conservé certaines règles qui étaient au cœur de ses difficultés. L'une d'elles fixait un plafond pour les tarifs que l'on pouvait facturer aux consommateurs, alors que le prix d'achat de l'électricité par les compagnies de distribution était libre. Ce prix plafond pour les consommateurs avait été un moyen de rassurer les sceptiques, ceux qui se méfiaient de la déréglementation. Ses chauds partisans étaient si convaincus qu'elle allait faire baisser les prix qu'ils ne pouvaient voir aucun risque à accepter cette clause. La refuser eût été montrer qu'ils ne croyaient pas vraiment à leur discours – et, avec un tel aveu, la déréglementation n'aurait peut-être jamais eu lieu.

Une seconde règle interdisait aux compagnies de distribution de signer des contrats d'achat d'électricité à long terme, mais là encore il y avait une raison facile à comprendre. Dans le système antérieur, les mêmes compagnies produisaient, transportaient et vendaient l'électricité. Avec la déréglementation, les compagnies de distribution ne s'occupaient que du commerce de détail. Elles achetaient l'électricité à des producteurs et la vendaient à leurs clients. Étant donné leurs engagements à long terme côté vente (des prix fixes, ou du moins des prix plafonds), elles auraient eu intérêt à signer aussi des contrats à long terme pour leurs achats. Mais si une grande partie du marché se retrouvait alimentée par des contrats de ce genre, le marché *spot* (le marché *du jour* où se négocie l'électricité *du jour*) risquait d'être très maigre. (En raison de l'évolution de la météo et de la place que tient l'air conditionné dans la consommation d'électricité en Californie, il y a en réalité de grosses variations de la demande, pas seulement en fonction des heures de la journée, mais aussi d'un jour à l'autre.) Si l'essentiel de l'électricité s'achetait et se vendait dans le cadre de contrats à long terme, il n'en resterait pas beaucoup pour alimenter le *spot*.

Le danger de telles situations est évident : en retirant du marché un volume relativement limité d'électricité, les fournisseurs peuvent faire monter les prix et les profits. Les marchés trop maigres, où l'offre est très limitée, sont particulièrement vulnérables à la manipulation. On avait interdit les contrats d'achat à long terme pour être sûr d'avoir des marchés *épais* et concurrentiels. Il y avait une autre raison, moins désintéressée : les négociants en électricité souhaitaient qu'il y ait un gros volume d'affaires – c'est ainsi qu'ils gagnaient de l'argent. Mais compter sur les transactions du *spot* n'allait pas sans risque : ce type de marché peut être très instable. L'évolution de la demande et celle de l'offre peuvent provoquer d'importantes variations de prix, même sur des marchés relativement volumineux. Les ménages pauvres et les PME sont particulièrement vulnérables à la variabilité des prix. Ils ont besoin de certitudes pour planifier leur budget. La variabilité est un risque contre lequel ils ne peuvent pas s'assurer, et qu'ils ne couraient pas dans l'ancien système. Les prix plafonds le limitaient, certes, mais en le reportant sur les compagnies de distribution, celles qui vendent l'électricité à l'usager final. Lors de la déréglementation, on avait évacué la question du risque à cause de la certitude enthousiaste d'une baisse des prix. Quand le tarif de l'électricité est de 5 cents le kilowatt, qui pourrait se plaindre d'un futur prix variable si cela veut dire parfois 4, parfois 2 ? De toute façon, particuliers et entreprises s'en trouveraient mieux. Peu de gens – sauf des économistes versés dans les dangers de la manipulation du marché – auraient pu imaginer que la Californie, sous la pression de firmes comme Enron, avait choisi le pire des mondes possibles : plus risqué et manipulable.

Face aux critiques de ceux pour qui la manipulation du marché était un facteur essentiel du problème, voire sa cause, l'administration Bush passa à l'attaque : elle prit la montée des prix comme prétexte pour étendre les forages dans des zones écologiquement sensibles, comme l'Arctique, et démanteler des réglementations environnementales. La pénurie énergétique en Californie, affirmait le gouvernement, n'était pas due à la manipulation mais aux restrictions écologiques qui limitaient l'expansion de la capacité de production. Dès le départ, ce raisonnement ne semblait pas très solide. Au moment où l'on avait déréglementé, il n'y avait manifestement pas de sous-capacité : on craignait plutôt une surcapacité. Les compagnies d'électricité ne réclamaient pas à grands cris le droit de construire de nouvelles centrales. Il y avait d'autres bizarreries dans la pénurie apparente de l'offre. Elle semblait exister aussi pour le gaz naturel, et pourtant un cinquième de la capacité des gazoducs était inutilisé.

Avec le recul, l'argument selon lequel les réglementations environnementales restrictives ont provoqué une pénurie d'électricité paraît encore moins convaincant. Lorsque la réglementation a été rétablie, la pénurie a disparu. Peu de temps après, d'ailleurs, les analystes ont commencé à baisser les notes des compagnies énergétiques parce qu'ils craignaient une *surcapacité* – et non l'inverse. Il y avait eu des pénuries, mais, de toute évidence, elles avaient été artificiellement créées par des manipulateurs, dont certains voulaient l'abrogation des réglementations environnementales. Les coûts environnementaux sont des coûts *réels*. La pollution de l'air nuit à la santé et réduit la longévité. Les gaz à effet de serre réchauffent la planète. Grâce aux réglementations environnementales (dont certaines des plus importantes ont été adoptées sous Bush I), les villes américaines sont plus propres et leurs habitants mènent une vie plus saine. Faire payer aux compagnies d'électricité les coûts réels de leur activité relève de la bonne économie.

Quelles que fussent les causes de la crise – manipulation ou pénurie temporaire –, il y avait de bien meilleures méthodes pour la gérer que celle choisie par l'administration Bush II[1]. (J'hésite à

---

1. L'expérience californienne illustre la difficulté de « bien » déréglementer. D'abord parce que, même dans un grand État comme la Californie, la concurrence peut être limitée. Les partisans de la déréglementation reconnaissaient qu'elle serait probablement absente dans le transport, mais prévoyaient qu'elle serait intense dans la production et la distribution, et beaucoup sous-estimaient la difficulté de faire fonctionner un marché concurrentiel quand l'une de ses composantes cruciales – en l'occurrence le transport – était, fondamentalement, un monopole. Une autre raison relevait de l'« économie politique » : si les censeurs de la réglementation affirmaient qu'il s'agissait d'un processus politisé (et adressaient la même critique à la nationalisation), ils se gardaient bien de dire que le processus de déréglementation (et de privatisation) l'était aussi, avec des effets potentiels encore pires. Selon certains, les affrontements politiques entre les sociétés distributrices et les compagnies productrices d'électricité (ainsi que les craintes de ces dernières à propos des « coûts échoués ») ont joué un très grand rôle dans la genèse des problèmes de la Californie. Certaines déréglementations (Pennsylvanie, New Jersey) sont visiblement beaucoup plus réussies – jusqu'à présent – que celle de la Californie. Il importe de souligner, en tout cas, qu'Enron et les autres firmes qui manipulaient les prix ne constituaient qu'une partie du problème ; les compagnies de production d'électricité auraient probablement pu engendrer presque autant de chaos par leurs seuls efforts, sans l'aide d'Enron.

la qualifier de « méthode du libre marché » en raison du rôle qu'ont joué Enron et peut-être d'autres manipulateurs dans sa formulation ; il ne s'agissait pas précisément d'un marché libre, concurrentiel.) Le Brésil a subi une crise de l'électricité à peu près au même moment, mais il avait, heureusement, un gouvernement moins influencé par les auteurs de la manipulation, moins idéologique et plus soucieux de protéger ses citoyens et ses entreprises des difficultés économiques. Les dirigeants brésiliens ont fait ce que la plupart des économistes auraient recommandé : ils ont instauré les bonnes incitations et réduit au minimum les conséquences sur la répartition. Il y avait une solution simple et bien connue : tant que les usagers achètent un volume inférieur à ce qu'ils ont consommé l'année précédente, ils paient un prix fixe (celui de l'année précédente, ou légèrement plus). Mais il y a un marché libre pour les *augmentations* de consommation. Ce système de tarification à deux (ou plusieurs) niveaux est d'usage courant depuis longtemps. Il autorise le libre jeu des forces du marché à la marge, mais évite les redistributions de grande ampleur qu'une hausse massive des prix de l'électricité peut entraîner – de même que les terribles coûts économiques et sociaux qui les accompagnent, dont les faillites. Le Brésil a traversé sa crise de l'électricité bien mieux que les États-Unis.

Est-ce l'idéologie du libre marché, le lobbyisme d'Enron ou simplement le manque d'économistes perspicaces et créatifs qui a empêché l'administration Bush de prendre le type de mesures adoptées par le Brésil ? On ne le saura jamais. Les problèmes, toutefois, ont pris une telle ampleur qu'une intervention de l'État a fini par devenir incontournable, même pour les admirateurs du marché que Bush avait nommés à la tête de l'autorité de contrôle, la Federal Energy Regulatory Commission. Les preuves du crime n'auraient peut-être jamais été découvertes si la cupidité d'Enron n'avait finalement abouti à sa faillite : au cours des enquêtes judiciaires qui ont suivi, on a trouvé des documents sur les mécanismes de sa manipulation du marché – par exemple, il envoyait de l'électricité hors de Californie pour exacerber la pénurie et faire monter les prix encore plus haut. Il s'est avéré qu'il n'était pas le seul : d'autres courtiers en électricité, dont le rôle était d'améliorer le fonctionnement du marché, ont saisi l'occasion pour le manipuler et renforcer leurs profits aux dépens de l'État de Californie et de ses citoyens. Ils ont appliqué de concert toute une série de stratégies auxquelles ils donnaient des noms ironiques comme « Death Star » ou « Get Shorty »*. Des conversations enregistrées montrent l'immense pouvoir des manipulateurs. (Il semble même qu'ils aient eu parfois un éclair de compassion. À un moment, on entend ainsi l'un d'eux dire : « Je ne veux pas écraser le marché trop fort[1]. »)

La piste de la manipulation du marché conduit de l'électricité au gaz. La compagnie de gazoducs El Paso avait délibérément réduit le débit. Les gazoducs, comme l'électricité, étaient considérés comme un monopole naturel, et, au moment de la déréglementation, on avait réfléchi aux risques d'abus du pouvoir de monopole. L'un d'eux, toutefois, n'avait pas suffisamment retenu l'attention. El Paso possédait les gazoducs mais était aussi un très grand producteur de gaz. Même s'il n'imposait pas des tarifs abusifs à leurs autres usagers, son contrôle sur les gazoducs lui permettait de réduire globalement le débit du gaz afin que le prix de marché monte en flèche. Sous le régime de la réglementation, où le prix de vente du gaz était fixe, la compagnie n'avait aucune incitation à agir ainsi. Désormais, c'était différent. Et elle a fait ce qu'on l'incitait à faire. Les revenus qu'El Paso a perdus dans le transport du gaz ont été compensés, et bien au-delà, par la hausse des prix du gaz qu'il a vendu. Il lui a fallu en fin de compte accepter de verser près de 2 milliards de dollars dans un règlement judiciaire avec la Californie, mais même avec cette amende la manipulation se révélait rentable, puisque les consommateurs lui avaient payé plus de 3 milliards de dollars en sus du prix normal. (La manipulation du marché a aussi touché les États de Washington, du Nevada et de l'Oregon, qui ont tous reçu de l'argent dans le cadre de ce règlement.)

---

* « Death Star » (l'étoile de la mort) est le nom de la nouvelle arme redoutable de l'Empire dans le film de George Lucas *La Guerre des étoiles* (1977). *Get Shorty* (en français : *Stars et truands*) est le titre d'un film de Barry Sonnenfeld (1995) avec John Travolta, adapté d'un roman d'Elmore Leonard (1990) ; dans le contexte de la manipulation du marché, *get shorty* signifie littéralement : « Mets-toi en pénurie. » *(NdT.)*

1. Loren Fox, *Enron : The Rise and Fall, op. cit.*, p. 210.

Il faudrait deux ans à la Federal Energy Regulatory Commission pour éplucher les documents complexes et dissimulés, et prononcer son verdict final sur ce qui s'est passé. Elle a conclu que les manœuvres pour manipuler le marché de l'électricité et celui du gaz naturel avaient été une « épidémie ». Enron était accusé d'avoir manipulé les deux. Jusque-là, on avait cru le marché trop gros pour pouvoir être manipulé par une seule compagnie. Enron avait montré que ce n'était pas le cas. Paradoxalement, à l'heure où ce livre est mis sous presse, certains bénéficiaires de la manipulation du marché, en ce qu'elle a conduit à des prix artificiellement élevés, soutiennent toujours que les contrats à long terme signés à ces prix doivent être honorés.

## AVENTURES À L'ÉTRANGER

Dans les États-Unis des folles années 1990, Enron était l'un des glorieux modèles de la nouvelle économie : une firme innovante qui savait saisir les opportunités nouvelles offertes par la déréglementation pour faire mieux fonctionner les marchés. Des marchés fonctionnant mieux impliqueraient une vie meilleure, pour tous les Américains et pour le reste du monde.

Nous avons vu au chapitre 9 que l'Amérique des années 1990 avait embrassé la mondialisation. Enron aussi était pour la mondialisation, à l'américaine. Il prêchait la déréglementation à l'étranger aussi ardemment qu'aux États-Unis. Il coopérait avec les gouvernements – à l'étranger comme aux États-Unis – pour les aider à créer des conditions propices à l'investissement. Il usait dans ses opérations extérieures de la finesse et de la brutalité modernes qui l'avaient si bien servi aux États-Unis. Et il a investi des milliards de dollars à l'étranger.

Mais, de même que la mondialisation et sa gestion par les États-Unis étaient souvent perçues dans le monde en développement bien autrement qu'en Amérique, de même le regard porté sur Enron y fut entièrement différent. Bien avant que sa réputation ne fût ternie dans son pays, il éveilla la méfiance à l'étranger. Son projet dans l'électricité de l'Inde était l'un des plus grands investissements directs étrangers de l'histoire de ce pays, et Enron, en Inde comme ailleurs, devint le symbole de tout ce qui avait déraillé dans la mondialisation. Rien ne le fera mieux comprendre que son investissement dans Dabhol II, une centrale électrique de l'État du Maharashtra, en Inde. L'ensemble de la transaction était marqué par un indigne trafic d'influence politique, mais c'est son mécanisme économique qui m'intéresse ici. La Banque mondiale, bien qu'elle ne fût nullement inamicale à l'égard d'Enron puisqu'elle lui avait accordé plus de 700 millions de dollars pour divers projets, avait énergiquement critiqué celui-ci : le jugeant trop coûteux, elle avait conclu qu'il n'était pas économiquement viable. Il existait un seul moyen de le rendre tel – pour Enron, mais pas pour l'Inde : garantir à la compagnie des prix élevés pour son électricité. Il était évident qu'une électricité chère serait pour l'Inde un handicap de plus dans la compétition mondiale.

Enron reçut un contrat dit « de prise ferme* » : il prenait les profits, l'Inde payait le prix et supportait le risque. C'était le type de partenariat privé-public que le privé trouve si rentable dans l'ensemble du monde en développement. Avec ce contrat, l'État garantissait en fait à Enron qu'il vendrait le volume d'électricité convenu au prix convenu, quelles que fussent les conditions économiques, quel que fût le prix de l'électricité sur le marché mondial. Il mettait l'entreprise privée à l'abri de tout risque commercial côté demande. L'investisseur n'avait qu'un seul impératif : parvenir à livrer une centrale à un coût lui permettant de fournir de l'électricité en dégageant un profit. Mais le prix de vente était fixé si haut qu'Enron ne courait pratiquement aucun risque. On aurait pu croire que l'essence de l'économie de marché est de faire supporter le risque à l'investisseur et non à l'État ; et se dire aussi que, si Enron était vraiment sûr du bien-fondé de son projet, il serait prêt à assumer ses risques. (Les revenus d'Enron pour l'an 2000 représentaient plus d'un cinquième du PIB total de l'Inde !) Mais, dans l'élan en faveur de

---

* Le terme anglais qui désigne ce type de contrat, *take or pay*, est plus explicite : le client s'engage à « prendre » un volume convenu à un prix convenu, et même s'il décide de ne pas le prendre parce qu'il n'en a pas besoin ou ne peut le faire, il doit le « payer ». *(NdT.)*

la privatisation, ou du moins des profits des entreprises privées américaines, ces principes ont été oubliés.

On aurait également pu penser que, puisque l'Inde supportait une telle part du risque, le retour sur investissement serait assez faible. Mais non : le contrat prévoyait pour Enron un retour avant impôt de 25 %. Les observateurs extérieurs étaient stupéfaits des prix fixés par ce contrat. Avant qu'Enron ne soit forcé d'en rabattre, en 1995, il proposait de vendre l'électricité produite à la centrale Dabhol II à un tarif de 7 à 14 cents le kilowattheure. Même après une réduction d'environ 25 % – qui laissait encore à la firme un retour supérieur au niveau normalement autorisé par la loi indienne –, l'électricité de cette centrale coûtait beaucoup plus cher que celle des producteurs nationaux : plus du double, selon certaines estimations. Avec les clauses « de prise ferme » acceptées par l'Inde – un engagement de plus de 30 milliards de dollars sur la durée de vie du contrat (ce seul contrat représentait donc 7 % du PIB du pays), engagement en grande partie garanti par le gouvernement des États-Unis à travers une institution qui assure contre ce type de risques –, plus d'autres subventions publiques américaines accordées par l'Export-Import Bank, les chiffres ne collaient pas. Pourquoi le gouvernement indien avait-il signé ce contrat puisqu'il pouvait avoir de l'électricité à meilleur compte ailleurs ? L'un des éléments de réponse est la pression politique des États-Unis. Les dirigeants d'Enron se sont joints à un voyage de hauts responsables du gouvernement américain, et l'ambassadeur des États-Unis a fait directement pression sur l'Inde. Enron continue à soutenir qu'il a respecté le *Foreign Corrupt Practices Act*, qui interdit le versement de pots-de-vin aux gouvernants, mais les Indiens n'en sont toujours pas convaincus. Et ces soupçons sur les méthodes, associés à un impact économique visiblement désastreux – pour payer ce que le gouvernement indien avait promis, il faudrait réduire d'autres investissements et les dépenses sociales –, ont suscité une opposition bruyante.

Lorsque des émeutes éclatèrent, la police les réprima très brutalement, selon des rapports ultérieurs de Human Rights Watch. Enron, à tort ou à raison, en fut tenu pour responsable, ce qui tendit encore davantage la situation. Quand l'Inde menaça d'annuler ou de modifier le contrat, l'administration américaine mit toute la pression, à l'époque de Bush comme à celle de Clinton. Sous l'administration Bush, les appels téléphoniques venaient, paraît-il, du vice-président ; sous l'administration Clinton, du niveau immédiatement inférieur. L'administration s'était placée dans une position qui, pensait-elle, légitimait son intervention en faveur d'une firme privée américaine (fort généreuse par ailleurs pour les campagnes électorales des deux partis) : puisque les États-Unis avaient partiellement garanti les prêts, l'argent du contribuable américain était en danger. Mais le vrai problème était antérieur : pourquoi le gouvernement des États-Unis avait-il garanti un projet que même la Banque mondiale avait rejeté pour non-viabilité économique ? Un projet qui aurait affaibli l'Inde dans la concurrence mondiale tout en rapportant à Enron d'énormes profits pour fort peu de risques ? Quel rôle avait joué l'influence politique ?

## ENRON ET LE « CAPITALISME DE COPINAGE » À L'AMÉRICAINE

Le comportement d'Enron et les interventions politiques qui l'ont accompagné ont naturellement soulevé ce type de questions. L'histoire de Dabhol n'est malheureusement pas un cas isolé. Les projets d'Enron en Argentine, au Mozambique et en Indonésie ont aussi posé problème. Cette compagnie, apparemment fondée sur la déréglementation – la mise hors circuit de l'État –, s'enrichissait en amenant ce dernier à faire ses quatre volontés.

Aux États-Unis, Enron avait investi lourdement dans les relations avec des responsables de l'État – avant leur entrée en fonction, pendant qu'ils les exerçaient (par le biais de donations à leur parti) et après leur départ. L'argent était assez équitablement réparti – environ trois cinquièmes aux républicains, deux cinquièmes aux démocrates. Cela aurait dû suffire à éveiller les soupçons. On peut comprendre qu'une firme soutienne des candidats qui partagent ses positions, et, dans l'ensemble, les républicains étaient beaucoup plus favorables à la déréglementation. Mais il s'est avéré qu'Enron envisageait la question de façon bien plus tactique. Pour une contribution assez réduite, certains parlementaires se montraient apparemment plus enclins à soutenir quelques-unes au moins de ses positions. Il y avait aussi un aspect défensif : en donnant suffisamment d'argent aux deux partis, on conserve son influence quel que soit le pouvoir en place ; sans compter que certains auront à cœur de protéger leur bienfaiteur. Avec les liens étroits entre Enron et les républicains, en particulier entre Bush et le PDG de la firme, Ken Lay (si étroits que ce dernier fut un moment le favori du cercle des intimes pour devenir membre du cabinet, probablement secrétaire à l'Énergie), beaucoup s'attendaient, quand le scandale a éclaté, à voir les démocrates organiser un beau tohu-bohu politique. Ils ne l'ont pas fait, ou bien plus discrètement en tout cas qu'ils l'auraient sûrement fait s'ils n'avaient eux-mêmes bénéficié des judicieux « investissements politiques » d'Enron.

Au sein des administrations Bush et Clinton, la liste de ceux ayant travaillé pour Enron ou reçu son argent (pour un prétendu travail ou comme contribution de campagne) était fort longue. On y trouvait, par exemple, Robert Zoelick, le représentant au Commerce de Bush, et Lawrence Lindsey, le président de son National Economic Council, qui avaient bénéficié l'un et l'autre d'environ 50 000 dollars en qualité de consultants. L'attorney général John Ashcroft a reçu en 2000 une contribution de campagne de 574 999 dollars. Certains ont gardé des liens avec la firme après avoir quitté leur poste. L'ambassadeur des États-Unis en Inde est entré au conseil d'administration d'Enron ; Robert Rubin est devenu président du comité exécutif du Citibank Group, l'une des banques impliquées dans bon nombre d'activités douteuses de l'entreprise. Un haut responsable de l'administration Bush, Thomas White, secrétaire à l'Armée de terre, avait été vice-président d'Enron.

Il existait donc tout un nœud de relations. Étant donné les gros retours auxquels l'investisseur Enron était habitué, on se doute que ses investissements dans les relations politiques ont dû payer. Et ils l'ont fait : on en a d'amples témoignages. Dans de nombreux cas, voire dans tous, les limites de la légalité n'ont pas été franchies, bien qu'on ait parfois modifié, parfois simplement contourné la loi. (Il était interdit pendant cinq ans à un ex-fonctionnaire de faire du lobbyisme auprès de l'administration dans laquelle il avait travaillé. Au cours des derniers mois de l'administration Clinton, ce délai a été considérablement réduit. Sans cette décision, certaines interventions d'un ex-responsable du Trésor auraient été illégales.) Mais la question n'est pas de savoir si ces pratiques étaient légales ou non. Les États-Unis étaient censés donner l'exemple d'une économie de marché qui fonctionne bien. Ils tonnaient contre le « capitalisme de copinage ». Que de paradoxes des deux côtés, chez Ken Lay comme chez les gouvernants américains ! Enron, champion affiché du libre marché, et Ken Lay, implacable censeur de l'État, désiraient tant recevoir son aide – des milliards de dollars de prêts, de cautions – que ce dernier utilisait ses amis en haut lieu pour promouvoir la compagnie, après quoi il faisait tout pour ne pas payer d'impôts (avec un succès remarquable). Quant aux gouvernants des États-Unis, en particulier les responsables du Trésor, ils sermonnaient les pays asiatiques sur le « capitalisme de copinage », puis, semble-t-il, le pratiquaient.

Si Enron utilisa l'influence qu'il avait apparemment achetée pour obtenir aide et assistance financière de l'État – il reçut plus de 3,6 milliards de dollars en garantie de risques et en fonds publics –, ses dirigeants comprirent qu'ils pouvaient gagner plus encore en contribuant à rédiger des lois qui leur offriraient un contexte propice (leur permettant, par exemple, de tirer profit, légitimement ou non, de la déréglementation) et en empêchant la mise en œuvre de mesures susceptibles de leur porter tort. La compagnie voulait avoir les moyens de manipuler le marché de l'énergie et être en mesure de continuer à user de tricheries comptables pour exagérer ses profits et accroître sa valeur boursière. Elle n'obtenait pas tout, mais beaucoup, grâce à son influence. Enron et ses dirigeants avaient un immense prestige dans les cercles privés et publics. Ainsi, lorsque Arthur Levitt, le président de la Securities and Exchange Commission, crée en 2000 une commission d'étude sur l'évaluation dans la nouvelle économie, il ne faut pas s'étonner de trouver Ken Lay parmi ses membres (dont je faisais aussi partie).

À la fin des années 1990, on redoutait de plus en plus une bulle, et Levitt (entre autres) avait une inquiétude : les techniques et procédures comptables qu'on avait élaborées pour évaluer, par exemple, une firme sidérurgique ne fonctionnaient pas dans la nouvelle économie. Dans l'ancienne économie, les actifs des firmes étaient des bâtiments, des machines : ils avaient une durée de vie normale, et nous savions comment déprécier leur valeur avec les années. Les règles comptables étaient imparfaites – elles ne traduisaient pas parfaitement la dévalorisation d'un actif qui vieillissait –, mais elles donnaient de bonnes approximations, et, quand elles introduisaient une distorsion – par exemple en postulant pour les bâtiments une durée de vie trop courte, ou en évaluant les terrains à leur prix d'achat sans tenir compte de la valeur qu'ils avaient prise –, les analystes savaient comment réajuster leurs estimations pour juger de la santé de l'entreprise.

Dans la nouvelle économie, de nombreuses firmes avaient peu d'actifs matériels. Leurs bureaux et leurs voitures étaient loués, de même, parfois, que leurs ordinateurs et leurs téléphones. Leurs actifs étaient des logiciels – souvent en cours d'élaboration – ou des listes d'abonnés. Parmi leurs *vrais* actifs figuraient leurs principaux salariés, mais même ces actifs-là étaient difficilement évaluables : ils pouvaient quitter l'entreprise et créer une société rivale. Dans l'ancienne économie aussi, d'ailleurs, la « survaleur » – estimation du potentiel de rentabilité non inhérent à des actifs matériels – représentait souvent un pourcentage important de la valeur d'une firme. Quand une entreprise en acquérait une autre à un prix nettement supérieur à la valeur de ses actifs physiques, elle achetait bien quelque chose, un actif, qu'il fallait nommer (« survaleur ») et évaluer.

L'importance d'une bonne réglementation comptable doit à présent être claire pour le lecteur : l'évaluation d'une firme repose sur l'information donnée, qui joue donc un rôle crucial dans la détermination de la quantité de capitaux qu'on va lui allouer. Mauvaise comptabilité implique mauvaise information, donc mauvaise allocation des ressources. C'est le point de vue de l'économiste, bien sûr. Celui du marché est sensiblement différent : gros chiffre de profits implique forte valeur boursière et gros revenus pour les dirigeants de l'entreprise.

Arthur Levitt, on l'a vu au chapitre 5, était conscient des incitations perverses auxquelles étaient confrontés les cabinets d'experts-comptables *ainsi que* les dirigeants des firmes pour lesquelles ils travaillaient. Et tout aussi conscient de la vaste marge d'arbitraire que les règles comptables en vigueur laissaient aux firmes de la nouvelle économie pour donner une fausse image de leur situation. Toutefois, quand la commission de la

SEC s'est réunie, en 2000, un clivage s'est immédiatement manifesté parmi ses membres. De toute évidence, les économistes étaient plus inquiets que les gens de la Silicon Valley, les entrepreneurs de la nouvelle économie. Ceux-ci faisaient totalement confiance au marché. Pourquoi s'en seraient-ils méfiés ? N'avait-il pas été assez clairvoyant pour reconnaître l'immensité de leurs compétences, de leurs apports, et bien les rétribuer ? La mentalité de la déréglementation frappait d'anathème à leurs yeux toute suggestion de nouvelle norme édictée par l'État – même la modeste proposition de « divulgation équitable » de la SEC (évoquée au chapitre 6). Leur grand souci, c'étaient les plaintes en justice des actionnaires : ils n'y voyaient qu'un effet de la rapacité des avocats, non un élément d'un système de défense et de contrepoids contre la rapacité des directeurs.

La commission était donc très divisée. Dans ces conditions, le rapport final ne put guère faire plus qu'attirer l'attention sur les problèmes d'évaluation dans la nouvelle économie – ce qui était en soi un éminent service –, en prenant acte des divergences sur la façon de les résoudre. J'étais dans la minorité, qui pensait qu'il fallait des règles plus fortes, imposant, par exemple, de révéler les options sur titre. Ken Lay faisait partie de la majorité, favorable au statu quo et s'opposant même aux modestes changements proposés par la SEC. Sa devise était : « Faisons confiance au marché, il réglera le problème. » Ken Lay avait raison, en un sens, mais pas exactement comme ses amis et lui l'avaient prévu. Et quand le marché a « réglé le problème » de la surévaluation d'Enron – en l'acculant à la faillite –, d'autres, plus profonds, sont apparus en plein jour, par exemple la manipulation du marché.

Cependant, les problèmes de la politique énergétique des États-Unis ne se limitaient pas à la déréglementation et à la comptabilité. Quand l'administration Bush a décidé que l'Amérique avait besoin d'une nouvelle politique de l'énergie, elle a réuni un cercle de conseillers qui étaient, pour la plupart, des producteurs de pétrole et de gaz, donc naturellement enclins à voir des possibilités de produire plus. L'administration espérait garder secrète la composition de ce comité, mais, comme souvent, l'information a filtré. En tant que producteurs, ces conseillers pensaient davantage en termes d'expansion de la production, susceptible d'accroître leurs profits – ouvrir plus largement l'Arctique à l'exploitation, par exemple –, que d'économies d'énergie. Cette politique compromettait la sécurité des États-Unis : elle grossissait les flux financiers à destination de pays pétroliers du Moyen-Orient qui financent le terrorisme, sans compter que la hausse des prix du pétrole, si elle profite aux compagnies pétrolières, affaiblit l'économie américaine. Économiser l'énergie était une meilleure idée, qui aurait permis de réduire la demande et le prix du pétrole et de renforcer l'économie. Paradoxalement, Bush a tenté de justifier sa politique en prétendant qu'elle améliorait la sécurité énergétique des États-Unis, car ils dépendraient moins du pétrole étranger. Mais c'est une stratégie à courte vue. L'immense majorité des réserves pétrolières du monde se trouve au Moyen-Orient. Les États-Unis, avec 7 % de la production mondiale, ne peuvent pas être autosuffisants à long terme – sauf s'ils réduisent considérablement leur consommation. Bush et son équipe préconisent en fait d'« épuiser l'Amérique d'abord » – d'utiliser ses réserves immédiatement, ce qui la rendra ensuite encore plus dépendante du Moyen-Orient.

Des motifs plus généraux, d'ordre social, poussaient aussi à opter pour la stratégie des économies d'énergie. Le monde commençait à constater les effets du réchauffement de la planète, provoqué par l'accumulation de gaz à effet de serre dans l'atmosphère : ils se manifestaient encore plus vite qu'on ne l'avait prévu quinze ans plus tôt. J'avais fait partie, à l'époque, de la commission scientifique internationale chargée d'examiner et d'évaluer les preuves, qu'elle avait jugées écrasantes. Ce qui n'avait pas empêché Bush d'affirmer, au début, que la question était encore en discussion. Ce n'est que lorsque la National Academy of Science a confirmé ce que la communauté scientifique avait déjà dit (les concentrations atmosphériques de gaz à effet de serre augmentaient fortement et allaient probablement provoquer d'importants changements climatiques) que le président a révisé sa position – sur la *science*, mais pas sur sa politique. (Ken Lay, notons-le avec intérêt, était favorable à des mesures contre les gaz à effet de serre si elles donnaient lieu à un commerce. Enron avait créé une compagnie commerciale : il savait acheter et vendre de l'électricité, il pouvait aussi gagner de l'argent en négociant des émissions de carbone. C'est une idée que la plupart des économistes auraient approuvée ; mais Bush l'a rejetée.)

La similitude entre les propositions énergétiques de Bush et ce que voulait Enron était évidente. D'où le commentaire, dans une lettre à Dick Cheney, du plus important membre démocrate du comité de la Chambre des représentants sur la réforme de l'État, Henry Waxman : « Les mesures du plan énergétique de la Maison-Blanche ne bénéficient pas exclusivement à Enron. Et certaines ont peut-être leur mérite. Mais il paraît clair qu'aucune firme du pays ne va y gagner davantage qu'Enron[1]. »

L'imbrication des sphères publique et privée qu'Enron avait portée à un tel degré de raffinement peut être interprétée de deux façons : soit Enron servait l'intérêt général en aidant l'État à comprendre les subtilités de l'économie de marché afin d'orienter son action dans le sens de l'efficacité ; soit il était un maître de la cupidité qui s'efforçait d'utiliser l'État de toutes les façons possibles pour s'enrichir. Il y avait dans le premier point de vue un petit fond de vérité – juste assez pour déculpabiliser un peu les responsables publics qui obéissaient à la compagnie : en faisant ce qui était bon pour Enron, se disaient-ils, peut-être œuvraient-ils pour le bien du pays.

La même justification par l'intérêt public a été avancée pour tenter de secourir Enron au bord de la faillite. L'ex-haut responsable du Trésor Robert Rubin – devenu haut dirigeant de Citigroup – téléphona au sous-secrétaire au Trésor, Peter Fischer, à propos du déclassement imminent de la dette d'Enron*. Il eut peut-être l'impression, en le faisant, de ne pas avoir pour seul but d'aider la compagnie à se sortir d'affaire : si Enron s'écroulait, qui savait, après tout, quelles seraient les conséquences sur l'ensemble de l'économie américaine ? (À l'époque, beaucoup ignoraient à quel point la Citibank était elle-même exposée, à quel point elle avait aidé Enron dans ses sombres pratiques et combien elle lui avait prêté – de

---

1. Voir www.house.gov/reform/min/pdfs/pdf_inves/pdf_admin_enron_jan_16_let.pdf.

* C'est-à-dire de l'annonce imminente au public, par les agences de notation, que les obligations d'Enron étaient désormais jugées de mauvaise qualité, voire pourries. (*NdT.*)

l'argent qui risquait fort de ne pas être entièrement remboursé en cas de faillite.) On avait usé dans le passé du même prétexte lorsque la Federal Reserve de New York avait contribué à orchestrer le renflouement du plus grand des fonds spéculatifs, Long Term Capital Management\*. C'était la logique tant de fois mise en œuvre dans les sauvetages du FMI. Si les banques et les investisseurs occidentaux n'étaient pas renfloués, qui savait quelles seraient les conséquences ? Et l'on s'était servi du même type d'argument pour étouffer toute mise en cause publique de la politique monétaire : elle aurait risqué de perturber les marchés. À croire que les champions les plus résolus du libre marché, s'ils étaient tout disposés à recevoir l'aide et l'argent de l'État, faisaient fort peu confiance aux marchés puisqu'ils les pensaient si faciles à troubler.

Enron était alors la plus grande faillite qu'on eût jamais vue. Cela aurait suffi à lui valoir un intérêt considérable. Avec la duplicité qui apparut rapidement – les dirigeants qui incitaient leur personnel à acheter des actions Enron alors qu'eux-mêmes vendaient les leurs ; le contraste entre les salariés privés d'emploi et de retraite et les cadres supérieurs qui semblaient si bien protégés ; les liens étroits d'Enron et de son PDG avec l'administration Bush –, il était certain que les médias feraient d'Enron une affaire à sensation. Mais c'est seulement peu à peu, au fil des mois, qu'on a compris à quel point l'histoire de cette compagnie était celle des années 1990 : les excès de la déréglementation, les sophismes comptables, la cupidité des entreprises, la complicité des banques. De même, au moment où la mondialisation a embrassé la planète, Enron a embrassé la mondialisation et en a montré la face sombre. Sa mort et les problèmes qu'elle a permis de découvrir ont renforcé la critique de la mondialisation. Depuis, les événements ont prouvé que, si les problèmes d'Enron étaient extrêmes, ils n'étaient pas isolés : en un sens, ils étaient partout dans l'air.

---

\* C'est en septembre 1998 que la Federal Reserve a monté cette vaste opération de renflouement. Comme son nom ne l'indique pas, Long Term Capital Management était le plus grand des *hedge funds*, ces fonds spéculatifs responsables des mouvements de capitaux fébriles à court terme. L'opération a été très contestée, et on a parlé de « capitalisme de copinage ». (*NdT.*)

# Chapitre 11

# Déboulonnons les mythes

Certains investissements des années 1990 ont été essentiels pour créer la nouvelle économie. Mais l'euphorie débordante qu'elle a inspirée et la course pour y occuper la première place ont conduit à surinvestir. Des ressources ont été gâchées. Massivement. Cela au moins est clair.

Nous sommes encore si bien lotis que nous pouvons ne pas souffrir dans l'immédiat de cette réduction de notre richesse. Toutefois, certains de ses effets se manifestent déjà : l'opinion fait moins confiance aux marchés, en particulier boursiers, mais aussi à l'État. Si nous ne tirons pas les leçons de nos erreurs, dont le secteur privé et l'État sont l'un et l'autre responsables, nous pourrions avoir moins de chance la prochaine fois.

Pour expliquer – à nous-mêmes et au monde – nos succès des années 1990, nous avons largement puisé dans une série de mythes qu'il faut absolument déboulonner : la réduction du déficit budgétaire est la cause directe de la reprise économique de cette décennie ; c'est le brio de nos dirigeants économiques qui a créé notre nouvelle prospérité ; la déréglementation et les marchés autorégulés sont à la base de cette prospérité, et il faut les exporter dans le monde entier ; la clef du succès, c'est de se soumettre à la discipline des marchés financiers ; la mondialisation à l'américaine conduira nécessairement à la prospérité mondiale, dont bénéficieront les marchés financiers des États-Unis mais aussi les pauvres du monde en développement.

On pourrait objecter que ces mythes ont rendu service. Celui de la réduction du déficit, par exemple, a rallié le pays aux mesures politiquement douloureuses (adoptées par la Chambre des représentants en 1993 à une seule voix de majorité) qui étaient indispensables pour restaurer une conception responsable du budget après douze ans de déficits toujours plus élevés. Celui de la mondialisation nous a aidés à l'emporter sur les sentiments protectionnistes. Mais, quelle qu'ait pu être son utilité à court terme, toute cette mythologie est en fin de compte nuisible.

Les mythes ont si puissamment formé, ou déformé, nos politiques économiques qu'il est utile de les résumer, même au risque de répéter ce qui a déjà été dit.

## LE MYTHE DE LA RÉDUCTION DU DÉFICIT

Le mythe de la réduction du déficit suggère que, si l'Argentine ou le Japon sont en récession et affichent de gros déficits, le fait de les réduire va ramener la prospérité. Or la quasi-totalité des économistes recommandent au contraire, dans ce cas, une politique budgétaire expansionniste, alimentée si nécessaire par de gros déficits.

Si nous ajoutons foi au mythe de la réduction du déficit, et d'autres avec nous, les récessions seront plus graves. L'idéologie du conservatisme budgétaire sera renforcée. Je crois fermement qu'il est important d'investir pour la croissance à long terme, notamment dans les nouvelles technologies, et qu'il est important aussi – surtout dans une économie comme celle des États-Unis, où il est difficile de susciter un haut niveau d'*épargne privée* – que l'État, sur la durée, maintienne un budget en équilibre, voire en excédent. Mais, à court terme, les déficits peuvent être absolument essentiels pour se relever d'une récession – et prolonger une récession a des coûts économiques et sociaux énormes, bien supérieurs à ceux qu'induit l'alourdissement du déficit.

## LE MYTHE DE LA GUERRE « BONNE POUR L'ÉCONOMIE »

Même parmi ceux qui soutiennent que les dépenses financées par des déficits sont mauvaises à court terme, certains s'imaginent que la guerre est bonne pour l'économie. Ils se souviennent de la Seconde Guerre mondiale, qui, nécessitant une mobilisation totale, a aidé l'Amérique à sortir de la Grande Dépression. Mais la guerre moderne, qui n'exige pas ce type de mobilisation, est absolument différente. La guerre du Golfe ne nous a sûrement pas tirés de la récession de 1990-1991, et pourrait bien l'avoir aggravée. L'effet stimulant que peut avoir l'accroissement des dépenses militaires est plus que compensé par deux facteurs contraires : le climat d'incertitude que crée le conflit – notamment quant à son impact sur les prix du pétrole – et l'éviction d'autres dépenses auxquelles on renonce. La guerre peut être nécessaire à la sécurité du pays. Mais elle n'est pas bonne pour l'économie, ni à court ni à long terme.

## LE MYTHE DU HÉROS

La prospérité est l'œuvre de nos héros économiques : voilà un mythe tout aussi dangereux que les deux précédents. Il détourne l'attention de ce qui compte vraiment – les politiques suivies – et fragilise l'économie : inévitablement, les vicissitudes de la conjoncture vont semer le doute sur la capacité de nos héros à faire des miracles, et en perdant confiance en eux on perdra confiance dans l'économie.

De plus, l'évolution économique est souvent si lente que la cause et l'effet ne sont pas toujours clairs. Nous avons investi massivement dans les ordinateurs et la technologie de pointe pendant plusieurs décennies, mais, mystérieusement, cet effort n'avait pas d'impact sur les chiffres de la productivité nationale. Puis, dans les années 1990, il a fini par payer. On s'est aussitôt empressé d'en attribuer le mérite à la politique à court terme menée par Rubin et Greenspan. Trop vite, à mon avis, et j'espère que les analyses des chapitres 2 et 3 ont remis les choses au point.

De notre point de vue privilégié d'aujourd'hui, il est certain que nos héros d'hier paraissent plus mortels qu'on ne le pensait. Mais si les dithyrambes à la gloire de ces supposés héros ont disparu des médias, les questions que l'on commence à poser à leur sujet sont tout aussi discutables. Somnolaient-ils au lieu de monter la garde ?

Puisqu'ils ont été assez forts pour contribuer à créer l'expansion et ont volontiers accepté qu'on leur en attribue le mérite, ne sont-ils pas responsables de ce qui se passe maintenant ?

Hier comme aujourd'hui, deux visions du monde s'opposent. Selon la première, l'histoire est déterminée par des forces profondes, et nos héros sont les acteurs qui les personnifient actuellement sur scène. S'ils n'étaient pas là, d'autres, qui leur ressembleraient beaucoup, joueraient la pièce à leur place : ils feraient à peu près ce qu'ils font, avec des résultats très proches. La seconde vision du monde accorde aux chefs un rôle crucial. La plupart des spécialistes de l'économie, et plus généralement des sciences sociales, se rangent dans la première catégorie, et on ne sera pas surpris d'apprendre que je suis d'accord avec eux. Nous prodiguons à nos dirigeants plus d'éloges et de reproches qu'ils n'en méritent.

Les économies sont comme de gros bateaux. À de rares exceptions près, elles sont incapables de virer de bord rapidement. Il est pratiquement certain que les germes des succès et des échecs du jour ont été semés des années plus tôt.

La façon dont nous interprétons notre histoire est très importante. Si nous devons nos succès d'hier à la qualité de nos dirigeants, notre sort est entre leurs mains : notre seule tâche consiste alors à bien les choisir. Si nos succès d'hier et nos échecs d'aujourd'hui sont dus aux politiques suivies, qu'il s'agisse de la gestion des déficits ou de la déréglementation, on peut rétablir la prospérité en inversant celles-ci.

Je crois que les dirigeants comptent, mais essentiellement par l'impact qu'ils ont sur les politiques adoptées et parce qu'il leur incombe de voir où va l'économie, où va la société. Sans l'autorité de Clinton, il n'est pas sûr que le déficit aurait été réduit – et sans Reagan et Bush père, il n'est pas certain qu'il y aurait eu un déficit aussi colossal à réduire.

## LE MYTHE DE LA MAIN INVISIBLE

Nulle idée n'a plus de force que la « main invisible » d'Adam Smith : les marchés libres et sans entraves aboutissent à des résultats efficients comme s'ils étaient conduits par une main invisible ; en recherchant son intérêt personnel, chacun fait avancer l'intérêt général. Les années 1990, et les suivantes, ont montré qu'en œuvrant pour leur intérêt personnel les PDG n'ont nullement renforcé l'économie américaine : ils ont profité, et d'autres ont payé l'addition.

Les décennies précédentes avaient prouvé que les PDG n'œuvraient pas nécessairement à accroître la valeur actionnariale. Elles avaient aussi illustré le rôle d'auxiliaires et de complices que jouaient les banques d'affaires : elles gagnaient de l'argent en montant les fusions, puis en dépeçant les conglomérats. Mais il y avait plus grave encore. Quand les PDG parvenaient à augmenter la valeur pour les actionnaires, c'était parfois aux dépens d'autres personnes. Une firme émet souvent des obligations pour acquérir d'autres firmes. Si elle le fait massivement, elle risque davantage la faillite. Les nouveaux titres peuvent être si risqués qu'ils en deviennent des *junk bonds*, des « obligations pourries » : le marché reconnaît que, dans leur cas, le défaut de paiements est fort probable. L'une des astuces de Michael Milken* et consorts pendant les années 1980 consistait à masquer le problème au début. En empruntant plus que ce dont ils avaient besoin, ils pouvaient utiliser une partie de la différence pour s'acquitter du service de la dette pendant environ deux ans – délai, se disaient-ils, largement suffisant pour qu'interviennent des événements auxquels imputer l'effondrement. Mais, dans la quasi-totalité des cas, quand une société émet de nouvelles obligations, elle a déjà des créanciers et des ayants droit – ceux qui lui ont prêté de l'argent, les retraités dont la pension dépend de la poursuite de l'activité de l'entreprise. Les obligations pourries ont érodé la valeur attendue par ces acteurs. Dans le cas des autres détenteurs d'obligations, cet effet a été immédiat et visible, puisque leur cours s'est effondré. Dans

---

* Michael Milken est considéré comme l'inventeur des « obligations pourries ». Il était officiellement *senior vice-president*, mais en réalité force motrice, de la société financière Drexel Burnham Lambert, spécialisée dans le financement des *raiders* (qui lançaient des OPA hostiles contre des firmes, souvent pour en revendre les meilleures composantes). Sa carrière a culminé avec l'attaque contre Beatrice Foods, en 1986. Deux ans plus tard, il était inculpé sous 98 chefs d'accusation. *(NdT.)*

celui des salariés, il n'est devenu manifeste que si la firme a fait faillite, et seulement à ce moment-là. Mais les gains des actionnaires ont été réalisés en partie aux dépens de ces autres ayants droit. Il est clair que le vol dissimulé est une composante du capitalisme depuis longtemps. Les innovations des folles années 1990 ont perfectionné ces méthodes – en rémunérant les PDG bien au-delà des rêves des manipulateurs des années 1970 et du début des années 1980, sauf des plus habiles[1].

Tandis que les capitaines d'industrie claironnaient les vertus de la maximisation de la valeur pour l'actionnaire tout en instaurant des mécanismes de rémunération grâce auxquels ils seraient eux-mêmes gagnants dans tous les cas, les économistes expliquaient pourquoi la maximisation actionnariale, notamment si elle se concentrait sur le court terme, risquait de ne pas aboutir à l'efficacité globale, et, de plus, pourquoi les interprétations courantes d'Adam Smith, qui mettaient l'accent sur la recherche sans scrupules de l'intérêt personnel, étaient fausses. La logique smithienne semblait suggérer que la morale n'avait aucun rôle à jouer, que des vertus comme la loyauté et la bonne foi n'avaient aucun poids. Adam Smith, conscient des limites des marchés, savait qu'il n'en allait pas ainsi. Et l'économie moderne a montré pourquoi les systèmes économiques où ces vertus prédominent fonctionnent mieux, dans le monde réel, que ceux où elles sont absentes.

Les théories anciennes postulaient simplement que rédiger et faire respecter les contrats n'avait aucun coût ; ainsi, chaque fois que quelqu'un s'acquittait d'une tâche pour un autre, il y avait un contrat, rigoureusement appliqué. Tout cela est au plus loin du monde réel : les contrats sont souvent ambigus, ils donnent lieu à d'innombrables litiges, les procédures judiciaires sont extrêmement coûteuses, et la plupart des transactions économiques ne font l'objet d'aucun contrat. Dans ces conditions, ce sont souvent des contrats implicites, des accords tacites, des normes, qui

---

1. Il existe désormais une importante littérature sur ces questions. Voir par exemple Alan J. Auerbach (éd.), *Corporate Takeovers : Causes and Consequences* (Chicago, University of Chicago Press, 1988), qui comprend l'article d'Andrei Shleifer et Lawrence H. Summers, « Breach of trust in hostile takeovers ».

permettent à la société de fonctionner correctement. Ce qui fait tourner les systèmes économiques, en gros, c'est la confiance. Les gens font ce qu'ils ont dit qu'ils feraient. Ces dernières années, nous avons vu dans des sociétés à la dérive les conséquences désastreuses *pour l'économie* de l'écroulement de la confiance. Puisqu'il est impossible de demander à un tribunal de les faire respecter, les contrats implicites peuvent être déchirés à volonté. Les bafouer est peut-être rentable à court terme, mais les coûts potentiels à long terme sont énormes. Dans les années 1990, on a haché menu des composantes essentielles du contrat social. Et lorsqu'une firme a déchiré son contrat, la logique du résultat financier immédiat impose aux autres d'en faire autant, exactement comme les sociétés qui auraient pu opter pour l'honnêteté comptable ont subi la pression de celles qui voulaient maximiser leur résultat du jour. La concurrence ne mène pas toujours à des résultats efficients. Ici, elle a déclenché une course vers l'abîme.

La science économique moderne a montré les limites de la main invisible et des marchés entièrement libres. Dans les folles années 1990, nous avons oublié les enseignements de la science comme nous avons ignoré ceux des décennies précédentes, par exemple les leçons que nous aurions dû tirer de la débâcle des caisses d'épargne. À l'inverse, nous avons donné aux chefs d'entreprise de nouvelles incitations à s'enrichir personnellement aux dépens des autres, et de meilleurs instruments pour le faire.


## LE MYTHE DE LA FINANCE

Parmi nos héros des folles années 1990 figuraient les financiers, devenus les missionnaires les plus ardents de l'économie de marché et de la main invisible. La finance a été portée au pinacle comme elle ne l'avait jamais été. Nous nous sommes juré à nous-mêmes, et avons enjoint aux autres, de respecter la discipline des marchés financiers. La finance savait ce qui était bon pour l'économie. Donc, en nous pliant à ses desiderata, nous allions stimuler la croissance et la prospérité. Les généreuses rétributions que s'octroyaient les marchés financiers semblaient tout à fait méritées : ils ne prenaient qu'une petite part de ce qu'ils apportaient à tous.

Mais tout cela n'était qu'excitation rhétorique à courte vue – activement entretenue par les marchés financiers eux-mêmes. Ceux-ci s'intéressent plus au court terme qu'au long. Les politiques qu'ils ont inspirées amélioraient peut-être les comptes dans l'immédiat, mais souvent en affaiblissant l'économie sur la durée ; elles servaient leurs intérêts davantage que l'intérêt général ; dans certains cas, ces politiques ont aggravé l'instabilité et réduit, en réalité, la croissance à long terme.

Dans une célèbre formule, Charles Wilson, le président de General Motors à la grande époque de l'automobile, les années 1950, s'était écrié que ce qui était bon pour les États-Unis était bon pour General Motors et vice versa. Le nouveau refrain disait : « Ce qui est bon pour Goldman Sachs ou pour Wall Street est bon pour l'Amérique et pour le monde. » Et les folles années 1990 ont été très bonnes pour Wall Street. Il a gagné de l'argent avec les fusions, et encore de l'argent quand elles se défaisaient. Il a gagné de l'argent avec l'afflux des capitaux sur les marchés émergents, et encore de l'argent avec leur reflux, en organisant les restructurations consécutives au chaos économique que celui-ci avait provoqué. Et il a gagné de l'argent en donnant des conseils, bons ou mauvais, suivis ou non.

De nombreuses mesures des années 1990 ont aidé les financiers à gagner encore plus d'argent. La déréglementation a offert à Wall Street de nouvelles opportunités qu'il s'est empressé de saisir. La comptabilité truquée et la réduction de l'impôt sur les plus-values ont alimenté la bulle, et la bulle a nourri Wall Street. À l'étranger, avec les grandes opérations de sauvetage, ce sont les contribuables qui ont payé les pots cassés quand les choses ne se sont pas passées comme prévu, exactement comme pour le grand renflouement des caisses d'épargne aux États-Unis après la déréglementation Reagan.

Aujourd'hui, la finance a perdu son lustre, mais il reste à assimiler la leçon : les marchés financiers ne sont pas la source de toute sagesse ; ce qui est bon pour Wall Street peut être bon ou mauvais pour le reste de la société ; et les marchés financiers ont la vue courte. Un pays qui se soumet sans réserve à leur discipline le fait à ses risques et périls.

## LE MYTHE DU GRAND MÉCHANT ÉTAT

Nos nouveaux héros financiers ont fait chorus avec d'autres pour propager un mythe supplémentaire : les problèmes de l'économie viennent du *big government*, ce Grand Méchant État qui nous force à payer des impôts écrasants et nous accable de réglementations. La conclusion coule de source : il faut réduire l'État à la portion congrue, diminuer les impôts, déréglementer. Mais la déréglementation n'a pas toujours libéré des énergies puissantes pour une croissance vigoureuse et durable. Elle a souvent donné libre cours, au contraire, à de nouvelles sources de conflits d'intérêts et à des méthodes inédites pour manipuler les marchés. Comme nous l'avons vu, les marchés ont réussi à gaspiller des centaines de milliards de dollars. Parmi les PDG ayant présidé à la fête, beaucoup sont partis avec des milliards en laissant actionnaires et salariés dans les pires difficultés. Les contribuables ordinaires ont dû régler en partie la facture (ç'a été le cas en Californie avec la déréglementation de l'électricité, et ce le sera presque certainement avec les défauts de paiements imminents de régimes de retraite d'entreprise), mais heureusement infiniment moins jusqu'à présent que dans le dernier épisode de déréglementation, celui des années Reagan.

Parmi ceux qui propageaient le mythe du « trop d'État », certains profitaient en même temps du laxisme des réglementations comptables, de la déréglementation (celle de l'électricité et du gaz naturel, par exemple), des subventions et de l'aide de l'État à la promotion des entreprises à l'étranger, enfin des investissements publics dans la recherche-développement. Une bonne partie de la nouvelle économie qui a impulsé l'expansion reposait sur Internet, créé par la recherche publique, sur les milliers d'autres innovations issues de la recherche pure et sur la biotechnologie, fondée sur des découvertes médicales et biologiques financées par l'État.

Le mythe selon lequel la baisse des impôts allait provoquer une hausse prononcée de l'épargne et de l'ardeur au travail s'est révélé remarquablement résistant à l'épreuve des faits : Reagan a diminué très sensiblement les prélèvements fiscaux, mais ni l'épargne ni le zèle n'ont augmenté – en fait, c'est tout juste si la croissance de la productivité a bronché ; Clinton a relevé les impôts sur les riches, et les atroces conséquences annoncées ne se sont pas concrétisées.

## LE MYTHE DU CAPITALISME MONDIAL

L'Amérique n'a jamais entièrement cru au mythe du Grand Méchant État. La plupart des Américains pensent toujours que l'État a un rôle à jouer, pas seulement dans la réglementation mais aussi dans la fourniture de services essentiels – l'éducation, la retraite, la santé avec Medicare*. À l'étranger, en revanche, les États-Unis ont prêché un modèle de capitalisme dans lequel l'État joue un rôle minimaliste – modèle dont ils ne voulaient pas pour eux. Au lieu d'encourager les autres pays à adopter des institutions comme celles qui les avaient si bien servis eux-mêmes – la Federal Reserve américaine a aussi pour mandat de promouvoir l'emploi et la croissance, pas seulement la stabilité des prix –, ils les ont orientés vers un type de capitalisme inspiré par le fanatisme du marché. Ainsi, alors que nous, Américains, sommes très attentifs chez nous aux dangers de la concentration des médias, nous avons incité ces pays à privatiser sans se poser la question.

Puisque le Trésor était la cheville ouvrière de la politique économique internationale des États-Unis, comment s'étonner que la libre circulation des capitaux en soit devenue la pierre angulaire ? Elle offrait à Wall Street de nouvelles possibilités de profit, mais exposait les pays en développement à d'énormes risques sans contrepartie. La croissance était légèrement stimulée quand les capitaux entraient, mais quand ils sortaient, ou quand les taux d'intérêt à payer pour les retenir devenaient écrasants, les ravages dépassaient de très loin les éphémères bienfaits. Les pays

---

* Medicare est la caisse d'assurance-maladie qui prend en charge les dépenses de santé des plus de soixante-cinq ans. *(NdT.)*

qui se sont développés le plus vite à long terme – et même ceux qui ont attiré le plus d'investissements directs étrangers – ont été ceux qui sont intervenus pour stabiliser ces flux.

## LE MYTHE DU TRIOMPHE DU CAPITALISME À L'AMÉRICAINE

Si les Américains ont toujours cru au capitalisme et à l'économie de marché, notre succès et l'écroulement du communisme ont donné un nouvel élan à cette foi et l'ont portée à des sommets jamais atteints. Il y a toujours eu plusieurs types de capitalisme. L'américain est différent du japonais et de l'européen ; le succès relatif du premier modèle par rapport aux autres a renforcé la conviction qu'il était bon pour le monde entier, et pas seulement pour les États-Unis. Sûre d'avoir trouvé la réponse aux maux économiques de la planète, l'Amérique a donc entrepris de convertir les pays étrangers à sa version de l'économie de marché.

Le système économique américain a d'immenses mérites, mais il n'est pas le seul possible. Des modèles différents peuvent mieux convenir à d'autres pays. Les Suédois, par exemple, ont peut-être modifié leur système traditionnel de prestations sociales, mais ils ne l'ont pas abandonné. La sécurité qu'il instaure a le double effet de limiter les formes extrêmes de pauvreté – si présentes encore aux États-Unis – et de faciliter le type de prise de risque qui est crucial dans la nouvelle économie. Le niveau de vie a connu une hausse tout aussi remarquable et les nouvelles technologies se sont répandues aussi vite en Suède qu'aux États-Unis. Les Suédois ont même, en fait, mieux résisté que les Américains au ralentissement de l'économie mondiale[1].

D'autres pays pensent aussi que leur système économique est meilleur, au moins pour eux. Il apporte peut-être des revenus inférieurs, mais davantage de sécurité pour l'emploi et la santé. Les congés sont plus longs, et avec moins de stress on vit peut-être plus longtemps. Ces pays connaissent moins d'inégalité, de

---

1. La croissance dans la période 2000-2002 en Suède a été de 4,4, 0,8 et 1,5 % ; aux États-Unis, de 3,8, 0,3 et 2,4 % – d'après les statistiques par pays de l'Economist Intelligence Unit.

pauvreté, de criminalité. Le pourcentage de leurs habitants qui passent une grande partie de leur vie derrière les barreaux est plus faible. Il y a des choix à faire, des arbitrages.

L'effondrement de l'économie-bulle et l'éclatement des scandales, comptables et autres, ont suscité dans le reste du monde la réaction à laquelle il fallait s'attendre : de violentes attaques – contre le soudain retournement de fortune des États-Unis, contre leur arrogance avant la chute. Mais, ce qui est plus important, ils ont aussi ranimé un vrai débat sur les différentes versions de l'économie de marché.

Puisque l'Amérique est le pays le plus puissant du monde, on guette ses faux pas. Son *hubris*, sa promotion à outrance du capitalisme à l'américaine ont nourri l'hostilité. Les craquements de son système, désormais connus de tous, ont donné à ses censeurs d'amples motifs de s'écrier : « Je vous l'avais bien dit. » Bref, si « vendre » le capitalisme et la démocratie à l'américaine était l'un des objectifs cruciaux de notre politique étrangère, nous avons marqué contre notre camp.

## Pour une stratégie à long terme

Les États-Unis se sont tant concentrés sur leur mythologie économique, et sur la gestion de la mondialisation à leur profit immédiat, qu'ils n'ont pas vu ce qu'ils étaient en train d'infliger au monde et à eux-mêmes.

Qu'est-ce qui motivait la plupart de ceux qui se sont dépensés pour faire élire Bill Clinton ? Que voulaient-ils ? Libéraliser le commerce ? Déréglementer le système bancaire ? Éliminer le déficit ? Réduire les impôts des riches, comme nous l'avons fait en 1997 pour la taxation des plus-values ? Sûrement pas. Pourtant, ce sont bien ces mesures qui ont dominé notre action – certaines, comme la réduction du déficit, parce qu'il s'agissait de problèmes à régler en priorité avant de pouvoir s'occuper du reste ; d'autres parce qu'elles offraient un terrain d'entente possible entre les « nouveaux démocrates » et les conservateurs, majoritaires au Congrès après les législatives de 1994 mais déjà très présents avant cette date.

Au début de l'administration Clinton, nous nous réunissions en petit comité une fois par semaine pour débattre de notre vision des économies américaine et mondiale et de leur évolution probable dans les décennies à venir. Nous envisagions plusieurs scénarios possibles et nous nous demandions comment favoriser les plus conformes à nos intérêts et à nos valeurs. Mais, très vite, l'urgence l'a emporté : la lutte à mener pour telle loi, telle mesure. Même avec une vision plus claire de l'avenir, nous n'aurions probablement pas évité tous les écueils. La politique a son importance, et des intérêts personnels étaient en jeu. Cependant, je crois que, sans vue d'ensemble, le risque de faire des erreurs, de grosses erreurs, est bien plus fort. Les conservateurs ont une vision du monde, ultrasimpliste, certes – l'individualisme pur et dur, l'État qui ne pense qu'à voler aux individus l'argent qu'ils ont durement gagné, et, à l'intention de l'Américain pauvre, un message optimiste à la Horatio Alger* : qu'il travaille dur et lui aussi, si l'État ne lui prend pas son argent, parviendra à jouir de cette vie prospère à laquelle tout Américain a droit en naissant. Peut-être cet idéal repose-t-il sur les mythes et pas sur les faits, mais il est puissant. À nous d'en formuler un autre, qui ne soit pas fondé sur une mythologie mais sur les réalités de l'économie d'aujourd'hui, et prenne en compte les leçons des années 1990.

---

* Horatio Alger est un romancier populaire américain du XIXᵉ siècle. Son premier roman, *Ragged Dick*, décrivait l'ascension par le travail d'un pauvre cireur de chaussures jusqu'aux sommets de la richesse. Il a été suivi de plus de cent autres sur le même thème. *(NdT.)*

# Chapitre 12

# Vers un nouvel idéalisme démocratique : une perspective, des valeurs

George H.W. Bush a déclaré très franchement qu'il ne donnait pas dans la « vision ». Clinton, en revanche, était impressionnant lorsqu'il énonçait vers quoi, selon lui, devait aller l'Amérique. Il voulait refaire l'Amérique, et le changement de millénaire lui a donné d'amples occasions de développer sa rhétorique. Le message économique qui sous-tendait sa vision de l'avenir était simple. Nous tâtonnions à la recherche d'une troisième voie. Une voie entre le socialisme, avec son État par trop envahissant, et l'État minimaliste style Reagan-Thatcher de la droite. Il n'y a pas une seule, mais de multiples troisièmes voies, bien sûr. Nous en cherchions une adaptée aux États-Unis[1].

Notre quête, on l'a vu, a été distordue. Nous n'avons pas réalisé l'équilibre que nous souhaitions. Nous avons poussé trop loin la déréglementation et la réduction du déficit sans souligner aussi fermement que nous l'aurions dû les rôles importants que l'État peut et doit jouer.

Si nous avions mieux défini nos buts – et la meilleure façon de les atteindre dans l'économie d'aujourd'hui –, je crois que nous

---

1. L'expression « troisième voie » a pris des connotations différentes, et dans certains cas tout à fait précises, selon les pays. En l'utilisant, je n'entends faire allusion à aucun de ces vieux débats, ni aux passions qu'ils ont provoquées. Je ne veux rien dire d'autre que ce que je dis : une troisième voie entre le socialisme, où le rôle de l'État dans l'économie est envahissant, et le laisser-faire, où il est nul.

aurions pu éviter certains excès des années 1990 et nous mettre en meilleure posture pour gérer les problèmes qui ont suivi. Nous avons aussi besoin d'une vision claire pour avancer : comment, par exemple, devons-nous traiter les problèmes qu'ont posés les récents scandales financiers ?

Dans l'analyse qui va suivre, j'essaie de présenter une perspective globale pour l'Amérique. Je l'appelle l'« idéalisme démocratique » pour qu'il soit bien clair que c'est une « vision », un idéal vers lequel nous devons tendre. Mais ce n'est pas une utopie. Cette perspective intègre l'égoïsme des individus et les imperfections de nos mécanismes sociaux, dont celles de nos institutions publiques. J'ai été tenté de la baptiser « vision des "nouveaux démocrates" », mais le terme est déjà pris – et, comme je l'ai suggéré dans ce livre, les « nouveaux démocrates » se sont peut-être trop éloignés de l'idéalisme qui devrait fonder une vision de l'avenir. La leur a été parfois bien confuse, pour ne pas dire plus. J'espère que cette analyse les aidera à voir plus clairement pour quoi ils pourraient lutter.

Avec la perspective que je vais développer, je me situe quelque part entre les partisans d'une économie dominée par l'État et ceux qui préconisent de le cantonner à un rôle minimal ; mais aussi entre les censeurs qui tiennent le capitalisme pour un système pourri jusqu'à la moelle et les adorateurs qui ne voient aucun défaut à l'économie de marché, cette miraculeuse invention humaine qui apporte à tous une prospérité inouïe. À mes yeux, le marché est un instrument puissant qui peut faire beaucoup de bien mais qui, dans la pratique, n'a pas tenu ses promesses, a produit de nombreux laissés-pour-compte et a même aggravé la situation de certains.

Cette vision entend définir pour l'État un rôle équilibré, tenter de réaliser *à tous les niveaux* la justice sociale – qui doit être mondiale autant que locale – et promouvoir un esprit de responsabilité individuelle et nationale. Elle se propose à la fois d'offrir plus d'opportunités à chacun et de développer l'action démocratique collective. Cette perspective, ce programme prennent en compte les liens entre l'économie et les processus politiques, et entre ces deux facteurs et le type de société – et d'individus – que nous créons.

## CE DONT NOUS NE VOULIONS PAS

Dire ce que l'on refuse a toujours été plus simple que dire ce que l'on veut, et les années Reagan et Bush I nous avaient donné d'amples occasions de voir contre quoi nous étions.

Le discours conservateur est bien connu : moins il y a d'État et d'impôts, mieux cela vaut ; l'État gaspille presque toujours, le secteur privé dépense à bon escient. Les événements des années 1990 auraient dû faire définitivement justice de cette théorie, puisqu'on a vu le secteur privé gaspiller à un rythme et avec un faste dont la plupart des gouvernements n'auraient pas même pu rêver, et les PDG gérer leurs empires en maîtres absolus comme dans les régimes les moins démocratiques.

L'idéalisme démocratique, à l'inverse, soutient qu'il existe des champs légitimes d'activité de l'État – de l'éducation à la promotion de la technologie en passant par la protection sociale des personnes âgées et des milieux défavorisés. Tant les dépenses que les réglementations publiques ont un rôle à jouer. Sans l'État, les marchés surproduisent dans certains domaines – trop de pollution – et sous-produisent dans d'autres – trop peu de recherche. Le marché est au cœur de toute économie qui réussit, mais pour qu'une économie de marché réussisse il faut un équilibre entre l'État et le marché. Cet équilibre peut être différent selon les pays et les époques ; il varie d'un secteur d'activité à l'autre, d'un problème à l'autre. Pour le définir justement, il faut se demander ce que chacun des deux doit faire, et comment il doit le faire.

Je ne prendrai qu'un seul exemple. Depuis trente ans, l'inquiétude à propos de l'environnement grandit. Si les marchés sont laissés à eux-mêmes, la pollution de l'air et de l'eau sera excessive, trop de déchets toxiques seront produits, et on ne prendra pas suffisamment de précautions pour les mettre au rebut. L'intervention de l'État est nécessaire afin que ces préoccupations publiques ne soient pas négligées. Aujourd'hui, grâce à ses initiatives, notre air est plus propre et nos lacs plus purs qu'ils ne l'auraient été sans elles ; et, dans certains cas, l'environnement est vraiment meilleur qu'il ne l'a été depuis longtemps. Tous les citoyens en ont bénéficié.

Le discours en faveur de l'État minimal reposait sur une idéologie simpliste, celle que j'ai appelée plus haut le « fanatisme du marché » : elle affirmait que, globalement, les marchés laissés à eux-mêmes sont stables et efficaces. Je dis « idéologie » parce qu'il s'agit d'un article de foi : cette assertion n'est fondée sur aucune théorie économique acceptable, et elle est contredite par d'innombrables expériences (pour qu'elle soit vraie, il faudrait, par exemple, une information parfaite, une concurrence parfaite, des marchés complets, etc. – et tout cela n'existe pas, même dans les pays les plus avancés). Les faits sont là : les marchés, souvent, ne fonctionnent pas bien ; souvent, ils produisent le chômage ; ils ne proposent pas d'assurance contre de nombreux risques importants courus par les particuliers, notamment le licenciement[1] ; et la croissance de ces dernières années a reposé en grande partie sur des recherches financées par l'État. L'expansion du rôle de l'État a été essentiellement une réaction aux échecs du marché. Les conservateurs prétendent que l'État est plus souvent un problème qu'une solution, mais c'est tout simplement faux. Avant que l'État n'intervienne pour opérer une régulation macroéconomique globale – il a commencé à le faire systématiquement, sous l'influence des idées de Keynes, après la Seconde Guerre mondiale –, les fluctuations cycliques étaient bien pires qu'aujourd'hui. Les récessions étaient plus longues, et les expansions, plus courtes[2].

Même l'argument selon lequel l'État est nécessairement inefficace repose davantage sur l'idéologie que sur la science.

---

1. Mes propres recherches contribuent à expliquer pourquoi les marchés offrent des possibilités d'assurance insuffisantes, et elles précisent les coûts élevés de l'absence d'assurance. Mais elles montrent aussi que, lorsque assurance il y a, l'assureur s'efforce de « réglementer le comportement » de l'assuré afin de réduire le risque d'un sinistre. Vue sous cet angle, la garantie des dépôts accroît le bien-être ; mais elle doit s'accompagner d'une surveillance visant à réduire les probabilités de concrétisation des risques qu'elle couvre.

2. De même, certains conservateurs estiment que la cause des crises financières est la garantie des dépôts par l'État. Mais des pays où les dépôts n'étaient pas garantis – et qui n'avaient pas de réglementation adéquate – ont connu des crises financières (la Suède en a donné l'exemple le plus récent, au début des années 1990). Et il y a eu d'innombrables crises bien avant qu'il soit question de garantie des dépôts.

Herbert Simon, de l'université Carnegie-Mellon, qui a reçu le prix Nobel pour ses importantes contributions à l'analyse du comportement des organisations, résumait ainsi la question :

> La plupart des producteurs sont des salariés, et non des propriétaires d'entreprise. [...] Si l'on s'en tient au point de vue de la théorie [économique classique], ils n'ont aucune raison de maximiser les profits des firmes, sauf dans la mesure où les propriétaires peuvent les contrôler. [...] Et il n'y a aucune différence à cet égard entre les entreprises à but lucratif, les organisations à but non lucratif et les administrations. Toutes ont le même problème : amener leurs salariés à travailler pour que les objectifs de l'organisation soient atteints. Rien n'indique, *a priori*, pourquoi il serait plus facile (ou plus difficile) de les motiver dans les organisations qui visent à maximiser les profits que dans celles qui ont de tout autres buts. *La conclusion selon laquelle les organisations tournées vers le profit sont plus efficaces que d'autres ne découle pas, en économie des organisations, des postulats néoclassiques. Si elle est empiriquement vraie, il faut introduire d'autres axiomes pour l'expliquer* [c'est moi qui souligne][1].

Mais le programme économique conservateur Reagan-Bush ne consistait pas uniquement à réduire le rôle de l'État. Même ces deux présidents comprenaient que sur certains plans il était nécessaire. Ils ont augmenté les dépenses militaires, par exemple, et les conservateurs avaient une idée précise de la meilleure façon de lever les impôts requis. L'« économie de l'offre » de Reagan soutenait que tout impôt sur les riches affaiblissait tellement leurs incitations qu'ils travaillaient moins sérieusement et épargnaient moins, ce qui aggravait la situation des pauvres. C'est sur ce type de raisonnement que la réduction d'impôt de 1981 était fondée. Arthur Laffer, le président Reagan et tous ceux qui affirmaient que les rentrées fiscales allaient augmenter ont été démentis par les faits – et ce fut une catastrophe pour la santé budgétaire du pays[2]. La montée du taux d'épargne et de l'offre de main-d'œuvre qu'ils avaient prévue n'a pas eu lieu. (Et ceux qui avaient prédit de terribles conséquences lorsque Clinton a

---

1. Herbert Simon, « Organizations and markets », *Journal of Economic Perspectives*, vol. 5, n° 2, 1991, p. 28.
2. Voir chapitre 2.

relevé le taux d'imposition des riches en 1993 ont aussi été démentis par les faits[1].)

On soupçonne que Reagan lui-même n'était pas assez fou pour croire que la baisse des impôts allait augmenter les recettes. Il avait un programme à long terme : réduire l'intervention de l'État, et en particulier ses dépenses sociales. La menace des déficits allait imposer ces restrictions. Si c'était bien ce que Reagan voulait, il a gagné. Mieux : si l'on envisage les choses ainsi, c'est Clinton qui a été forcé de faire le sale travail, de s'échiner à trouver le moyen de diminuer les dépenses. Seuls la croissance économique massive et le « dividende de la paix » lié à la fin de la guerre froide ont pu rendre tolérables les réductions des dépenses non militaires.

Le programme Reagan de réductions d'impôt pour les riches était en partie fondé sur un modèle erroné de l'économie, qui prévoyait non seulement qu'elles allaient s'autofinancer en créant de la croissance – ce qu'elles n'ont pas fait –, mais que même les pauvres allaient en bénéficier. L'idée n'était pas nouvelle en analyse économique, et elle avait déjà été largement discréditée. On l'appelait l'« économie du ruissellement ». Elle soutenait que la meilleure façon d'aider les pauvres était de donner de l'argent aux riches, car les bienfaits finiraient par « ruisseler » jusqu'en bas de l'échelle sociale. En fait, ceux qui se trouvaient tout en bas ont vu leurs revenus chuter pendant vingt ans, de 1973 à 1993[2]. Le point de vue de Reagan n'avait aucun fondement, ni dans la théorie ni dans l'histoire économiques. Même ceux qui croient à l'efficacité des marchés devraient

---

1. Il y avait une troisième doctrine, qui jouissait d'un certain crédit chez les économistes mais n'a jamais eu beaucoup d'influence sur le grand public. Elle soutenait qu'on pouvait séparer les problèmes de l'efficacité et ceux de l'équité, et concluait que les économistes devaient se concentrer uniquement sur l'efficacité, laissant au processus politique le débat sur la répartition.

2. Ce n'était pas le premier épisode de ce genre. Karl Polanyi, dans *La Grande Transformation* (trad. fr. de Catherine Malamoud et Maurice Angeno, Paris, Gallimard, 1983 ; éd. originale, Beacon Hills, Beacon Hill Press, 1944), a décrit la chute de la classe ouvrière dans la misère au cours du XIXe siècle. L'aggravation des conditions d'existence a raccourci la durée de vie – et, selon certains documents, la taille physique. Ces derniers temps, en Amérique latine, le nombre de pauvres (au seuil de 2 dollars par jour) a augmenté alors même qu'il y avait croissance du PIB.

savoir qu'ils ne résolvent pas tous les problèmes. La demande de main-d'œuvre non qualifiée peut être si faible, par exemple, que les salaires des intéressés tombent au-dessous du seuil de subsistance. L'État a un rôle à jouer dans la réduction des inégalités – par exemple en assurant l'éducation et en versant un complément de revenu aux travailleurs à bas salaires[1].

Mais le plan fiscal de Reagan avait aussi un autre fondement : un système de valeurs qui s'est souvent avéré différent de celui qui animerait plus tard l'administration Clinton. Peut-être les reaganiens ne croyaient-ils pas vraiment que les réductions d'impôt feraient augmenter les rentrées fiscales ; peut-être ne croyaient-ils pas vraiment à l'économie du ruissellement ; la vérité était, peut-être, qu'ils ne se souciaient guère des effets que leur politique aurait sur les pauvres.

Si contestables que nous aient paru les *principes* qui fondaient la plupart des mesures préconisées par Reagan, c'étaient surtout des *pratiques* qui nous avaient mis en rage. Les mots, ça ne coûte pas cher. Aujourd'hui, tout le monde exprime sa « compassion ». Ce sont les actes qui comptent. Et certains deviennent des symboles. Sous Reagan, à un moment, l'obligation d'un repas comportant deux légumes dans les cantines scolaires a été satisfaite en proposant de la moutarde et du ketchup. Au début de l'administration de George W. Bush, le niveau autorisé d'arsenic dans l'eau a augmenté considérablement. Ces actes sont représentatifs de quantité de mesures qui, prises isolément, pourraient sembler mineures – les décisions sur l'*Affirmative Action**, le budget du projet Head Start (pour l'éducation préscolaire des enfants défavorisés), les critères de refus des allocations de handicapé, les règles d'indemnisation du chômage –, mais qui, réunies, dessinent un modèle clair, reflet des différences de valeurs et de jugements. Ce modèle, c'est l'austérité pour les pauvres et la géné-

---

1. Au moyen du crédit d'impôt sur les revenus du travail.

* L'*Affirmative Action* est la politique qui, par un système de quotas en faveur des minorités ethniques, par exemple pour l'accès aux emplois publics et aux universités, compense partiellement les pesanteurs historiques qui les défavorisent. On l'appelle parfois en français « discrimination positive ». (*NdT.*)

rosité pour les nantis, et il est souvent évident que ce n'est pas un attachement sincère aux principes du libre marché qui l'inspire.

Comment concilier les subventions massives aux compagnies aériennes et à l'agriculture ou les renflouements colossaux des banques avec les principes du libre marché que les tenants de ce modèle *faisaient semblant* de défendre ? Avec la grande expansion de l'aide sociale aux entreprises, les privilèges fiscaux, le protectionnisme (selon une estimation, vers le milieu de la présidence Reagan, un quart des importations étaient soumises à une forme d'entrave au commerce), la rhétorique du libre marché n'était manifestement qu'une façade, dissimulant un programme politique qui consistait à aider les compagnies pétrolières ainsi qu'à réduire les impôts des riches et les prestations sociales des pauvres. Ce double langage n'a pas échappé à beaucoup de « vrais » conservateurs.

## LES DÉFIS AUXQUELS DOIVENT FAIRE FACE LES DÉMOCRATIES LIBÉRALES

Lorsque Clinton a accédé au pouvoir, il s'est trouvé confronté à de nombreux défis. Les conservateurs avaient parfaitement réussi à répandre leur idéologie, et ils présentaient les démocrates comme des « *liberals** » – des partisans du tout État et des impôts écrasants. C'était injuste. Même avant la chute du mur de Berlin et la fin du communisme, les démocrates avaient compris que le système de réglementation du New Deal ne fonctionnait pas et que, face aux continuelles mutations de l'économie, il était de plus en plus dépassé. Notre premier défi était donc d'expliquer ce qui n'allait pas dans l'idéologie conservatrice et d'offrir une autre perspective. Mais, au lieu de nous attaquer aux prémisses, à l'idéologie, nous avons accepté de débattre dans le cadre que les conservateurs avaient fixé. Donc, pour prouver qu'ils avaient tort, nous

---

*Aux États-Unis, *liberals* signifie le contraire de « libéraux » en français : le terme désigne un positionnement politique de gauche, souvent dans l'esprit du New Deal. (*NdT.*)

avons déréglementé aussi ardemment qu'eux et sabré plus implacablement dans les dépenses qu'ils ne l'avaient jamais fait.

Les conservateurs avaient remporté un autre succès politique éclatant. Par un habile tour de passe-passe, ils avaient réussi à convaincre un grand nombre d'Américains de la classe moyenne qu'ils faisaient tous partie ou allaient vite faire partie de la classe supérieure, si bien que tout impôt, même sur les richissimes, éveillait leur méfiance. L'abrogation de l'impôt sur les successions a joui d'un large soutien, alors que les contribuables qui le paient vraiment sont très peu nombreux, et qu'ils seraient encore plus rares avec un léger relèvement du seuil (le niveau au-dessous duquel le legs n'est pas imposable). En démocratie, c'est la volonté de l'« électeur médian » – la classe moyenne – qui prédomine ; la politique reflète donc ses valeurs et ses idées. La politique traditionnelle des démocrates était centrée sur l'*underdog*, le « petit » ; son objectif était d'aider les pauvres. Avec les nouvelles mentalités, il leur était de plus en plus difficile de poursuivre ce programme de « redistribution ». Mais, même si les conservateurs n'étaient pas parvenus à convaincre la majorité de la classe moyenne qu'elle faisait ou pourrait faire partie des 2 % les plus riches, les bouleversements de l'économie auraient imposé une réforme de la politique de redistribution. Puisque la classe moyenne recevait une part toujours plus importante des revenus, elle allait devoir, d'une façon ou d'une autre, contribuer à régler les problèmes des pauvres : dans de nombreux pays, même si l'on prenait aux très riches l'ensemble de leurs revenus pour les donner aux très pauvres, le problème de la pauvreté ne serait pas résolu.

Formuler une politique de redistribution était un exercice d'autant plus délicat que les conservateurs – dont certains siégeaient au sein même de l'administration Clinton, notamment au Trésor – étaient prompts à l'analyser en termes de « classes ». La bataille contre l'aide sociale aux entreprises était à leurs yeux un combat contre les riches, et, si Clinton le livrait, l'administration y perdrait son image d'amie du marché. Paradoxalement, ceux qui prenaient cette position usaient eux-mêmes d'une analyse semblable pour tenter de suggérer que les « redistributeurs » fomentaient la guerre des classes. Or dire que les politiques ont des effets différents sur des catégories sociales différentes relève du simple constat, et déterminer quels sont ces effets est depuis longtemps un principe de bon gouvernement et de transparence ; c'est l'un des rares moyens d'arrêter ceux qui tentent de détourner l'action publique à leur profit privé.

Nous avons moins fait que nous ne l'aurions pu sur le problème des inégalités qui accablent notre société, et certaines de nos décisions évoquées dans ce livre – la réduction de l'impôt sur les plus-values, par exemple – l'ont aggravé (sauf si l'on croit à la théorie du ruissellement). Nous avons compris que l'une des causes de la pauvreté était le manque d'éducation, et nous avons vu aussi que, dans de nombreuses régions du pays, les écoles n'étaient pas à la hauteur. Dans celles des ghettos urbains, avec leurs classes nombreuses et indisciplinées, même les enfants motivés avaient du mal à apprendre. Quand le Council of Economic Advisers a proposé un programme de prêts reconductibles qui aurait permis de multiplier de petites dépenses fédérales produisant finalement de grosses améliorations, le Trésor, je l'ai dit au chapitre 2, s'y est opposé : il craignait l'impact de cette initiative sur le déficit et se demandait si l'argent serait bien dépensé. Mais on pouvait présenter ces objections-là à presque tous les programmes de l'État. De même, nous savions que, dans les années suivantes, les Américains auraient besoin de plus de douze ans d'études. Nous avons donc instauré des réductions et crédits d'impôt pour l'éducation, mais ce programme a bénéficié à la classe moyenne – alors que la plupart de ses enfants qui en avaient la capacité et la volonté allaient déjà à l'université. Ceux qui avaient vraiment besoin d'aide étaient les enfants des familles pauvres – dont les parents étaient dans une situation financière si difficile que leur impôt sur le revenu était faible ou nul.

Un second défi, auquel nous n'avons répondu que partiellement, consistait à formuler un « programme de justice sociale » (de traitement des défavorisés dans notre société) qui serait bien reçu par l'électeur moyen. Nous avons choisi, en gros, de dédramatiser le problème et de chercher des mesures bénéficiant à l'ensemble des Américains : en les aidant tous, nous aiderions aussi les pauvres. La Social Security n'était pas faite pour les pauvres, mais pour tous les Américains. Tous bénéficiaient du soutien public à la technologie – comme celui qui a mis au point Internet – ou encore de l'aide à la recherche médicale, qui élabore des traitements contre le cancer et les maladies cardiaques, ou de Fannie Mae*, qui facilite aux particuliers l'achat de leur maison. De nombreux démocrates estimaient, en effet, que tout programme fondé sur des conditions de ressources – c'est-à-dire ne s'adressant qu'aux pauvres – serait sous-financé, donc inadapté aux besoins.

Les mesures que je viens d'évoquer répondent *simultanément* à des échecs du marché et à des problèmes de redistribution. Les compagnies d'assurances privées ne proposent pas de retraites offrant le même niveau de sécurité aux personnes âgées, par exemple, puisqu'elles n'assurent pas contre l'inflation.

Mais, en passant un compromis sur l'élément « redistribution » de notre programme, nous nous sommes créé un troisième défi. Si les membres des deux partis sont tous pour la classe moyenne, s'ils sont tous pour l'économie de marché affranchie de l'entrave des réglementations, qu'est-ce qui différencie la gauche de la droite, les démocrates des républicains ? Que veulent les démocrates ? Est-ce la fin de la politique, du moins telle que nous l'avons connue, du moins sur le plan économique ?

## L'EFFICACITÉ ET LA CROISSANCE

On pourrait considérer les deux partis comme deux équipes de managers dont chacune dit savoir mieux que l'autre comment il faut gérer l'économie. Les démocrates aimeraient convaincre l'électorat qu'ils sont les meilleurs pour promouvoir la croissance, réduire le déficit, dégraisser l'État, déréglementer. Ils pourraient essayer de se présenter comme l'équipe managériale « honnête », non inféodée aux intérêts particuliers qui ont tant de poids chez les républicains. Le contraste des résultats

---

* Fannie Mae est l'appellation familière de la Federal National Mortgage Association (voir p. 145). *[NdT.]*

économiques a donné quelque crédibilité à ces prétentions, et cela aurait pu être un positionnement d'ensemble, une « vision ». Mais elle posait deux problèmes. Le premier, c'est que nous avions trop peu combattu l'aide sociale aux entreprises, trop laissé des intérêts particuliers prévaloir ici ou là, et que la vision s'est brouillée. Désormais, nous pouvions seulement tenter de persuader les électeurs que nous étions *moins* inféodés que les autres (ce qui était vrai, je pense). Mais, trop souvent, avoir à faire ce genre de subtiles distinctions les désespère.

Le second problème, plus fondamental, est que cette vision n'a rien d'exaltant. Celle que nous avions, pour la plupart, à notre arrivée dans l'administration Clinton était autrement ambitieuse. En tant qu'économiste, mon centre d'intérêt était la redéfinition du rôle de l'État et de l'action collective dans l'économie. La théorie économique moderne avait repéré des milliers de situations où les marchés échouaient et où l'intervention de l'État aurait peut-être du bon, et, puisque nous étions américains, beaucoup de ces cas nous paraissaient presque aller de soi. Les Américains jugeaient nécessaire que l'État intervienne pour protéger l'environnement et assurer l'éducation. Ils étaient très majoritairement favorables à la Social Security et à Medicare, et approuvaient la recherche fondamentale publique. J'étais heureux que se présente à moi cette occasion de voir comment on pourrait mettre en œuvre ces idées. Il me paraissait très probable que des stratégies ne reposant pas sur l'idéologie du libre marché mais sur la compréhension des limites du marché et de l'État impulseraient une prospérité économique durable. La croissance serait plus élevée, le chômage, plus bas. J'étais persuadé que la voie de l'équilibre, celle qui reconnaissait les forces et les faiblesses des marchés et de l'État, était non seulement compatible avec les enseignements de la théorie économique moderne mais aussi avec les leçons de l'histoire économique, non seulement aux États-Unis mais partout ailleurs. Et, après avoir observé les événements des années 1990 et leurs suites, j'en suis encore plus fermement convaincu : c'est l'une des premières leçons qui ressortent de cet épisode.

Les marchés sont des *moyens* pour réaliser certaines fins – notamment la hausse des niveaux de vie. Ils ne sont pas des fins en soi[1]. *A fortiori*, les stratégies spécifiques qu'ont préconisées les conservateurs dans les dernières décennies, comme la privatisation et la libéralisation, ne sont pas des fins en soi mais des moyens. Les objectifs des marchés sont étroits – ils ne visent que le bien-être matériel, et non des valeurs plus larges comme la justice sociale –, et souvent, lorsqu'ils sont totalement libres, ils ne parviennent même pas à atteindre ces buts limités. Les années 1990 ont montré qu'ils n'assuraient pas la stabilité ; les années 1970 et 1980, qu'ils ne produisaient pas toujours la croissance forte, et que la pauvreté pouvait s'étendre même en temps de croissance économique. Quant aux années qui ont suivi le début du nouveau millénaire, elles ont prouvé que le nombre d'emplois créés par les marchés peut être insuffisant, non seulement pour accueillir les nouveaux arrivants dans la population active, mais même pour compenser les emplois détruits par la hausse du taux de productivité.

Je voudrais souligner combien il est important de maintenir l'économie aussi près que possible du plein emploi. Le chômage est l'échec le plus dramatique du marché, le gaspillage de notre ressource la plus précieuse. Maintenir l'économie au plein emploi est l'un des premiers devoirs de l'État. Le problème n'est pas que nous ne savons pas le faire, mais que nous ne nous y sommes pas totalement engagés. Aux élections de 1896, je l'ai dit au chapitre 3, William Jennings Bryan a préconisé d'abandonner l'étalon-or et de passer à un étalon bimétallique (or et argent) pour inverser la déflation qui accablait l'économie, en particulier les fermiers. Les partisans de l'étalon-or craignaient un déchaînement de l'inflation si on l'abandonnait. Rien de tel n'arriva. Mais aujourd'hui, dans trop de pays, le plein emploi a

---

1. Les marchés sont aussi liés à des fins politiques ; les conservateurs ont justement souligné l'importance de la liberté de choix qui leur est associée (voir Milton Friedman et Rose Friedman, *Free to Choose : A Personal Statement*, New York, Harcourt Brace Jovanovich, 1980 ; trad. fr. de Guy Casaril, *La Liberté du choix*, Paris, Belfond, 1980). Mais, souvent, comme je le soulignerai plus loin, les actes d'une personne compromettent le bien-être d'une autre, voire sa liberté de choix ; et, souvent aussi, les marchés conduisent à une telle pauvreté que la liberté de choix de nombreuses personnes s'en trouve considérablement réduite. Je m'en tiens ici aux aspects économiques.

été cloué sur la croix de la peur de l'inflation. Aux yeux des dirigeants des banques centrales qui luttent contre elle, les chiffres
du chômage ne sont que des statistiques, le décompte des
cadavres, les dommages collatéraux non voulus mais inévitables.
Traiter ces chiffres de la sorte leur permet d'estomper l'impact
humain de leur combat : ils n'ont pas à penser aux chômeurs
comme à des personnes, des êtres réels avec une famille, des
enfants ; ils peuvent ignorer leur souffrance – qui va bien au-delà
de la perte du revenu : les sans-emploi se sentent dévalorisés ; ils
risquent davantage le divorce ; leurs enfants interrompent plus
souvent leurs études.

Nous devons tirer les leçons des succès des années 1990 comme
de leurs échecs ; et l'un de leurs succès, c'est la chute du chômage
associée à la hausse de la productivité et de la croissance. Les deux
phénomènes ont été étroitement liés. En faisant baisser le taux de
chômage, nous avons permis à chacun de prendre des risques ; or
le risque est l'élément clef de cet esprit d'entreprise qui est au cœur
de la vraie réussite de la décennie. Les jeunes n'avaient pas à
s'inquiéter d'une éventuelle faillite de l'entreprise pour laquelle ils
travaillaient, car ils savaient qu'ils pourraient retrouver un emploi.
Quand le taux de chômage s'est mis à monter, leur esprit d'aventure s'est évanoui, et, à long terme, l'économie en souffrira. Au
contraire, dans les années 1990, lorsque de plus en plus de gens
sont entrés dans la population active, leur niveau de qualification
s'est amélioré : un cercle vertueux avait été enclenché.

Ainsi, à mon sens, réaliser le juste équilibre entre l'État et le
marché est la meilleure façon d'obtenir la croissance durable et
l'efficacité à long terme. Bien équilibrer, c'est renforcer le rôle
de l'État dans certains domaines et l'alléger dans d'autres. D'un
côté, supprimer ou du moins restructurer les subventions agricoles,
se montrer bien plus circonspect en matière de renflouement de
grandes entreprises par l'État (les compagnies aériennes, par
exemple) ou d'interventions pour restreindre la concurrence sur
un marché (comme nous l'avons fait pour l'aluminium). De
l'autre, protéger plus activement les consommateurs (contre les
produits malsains et les pratiques de monopole) et les investisseurs (contre le type de méfaits que nous avons si longuement
évoqué dans ce livre), soutenir la recherche et l'éducation,

travailler à mieux protéger l'environnement. Bien équilibrer, c'est comprendre que les échecs du marché sont nombreux – les particuliers, par exemple, sont confrontés à d'énormes risques contre lesquels ils ne peuvent pas s'assurer – et que l'État doit mener une réflexion rigoureuse sur la façon d'en traiter les conséquences. Il y aurait beaucoup à faire pour renforcer le sentiment de sécurité des Américains, qu'il s'agisse de la santé, du revenu pendant la vieillesse ou du chômage. Les États-Unis ont besoin, par exemple, d'un meilleur système d'assurance-chômage, comme nous pouvons le constater chaque fois que nous entrons en récession et que le nombre de chômeurs de longue durée monte brusquement.

Toutefois, dans l'administration Clinton, nous avions, la plupart de mes collègues et moi, d'autres ambitions qu'augmenter le taux de croissance et améliorer l'efficacité, même si nous pensions que nos politiques le feraient. L'intensité des conflits entre conservateurs et *liberals*, démocrates et républicains, ne saurait être expliquée en termes d'efficacité économique. C'est l'inégalité et la pauvreté, la politique et le pouvoir, les valeurs et la nature même de la société, et son devenir, qui donnent au débat sa force passionnelle. C'est pour cela que les réformes fiscales, par exemple, suscitent souvent une émotion si intense : la réduction de l'impôt sur les plus-values a offert à un petit nombre quantité d'argent supplémentaire à dépenser, celle de l'impôt sur le dividende va en donner encore plus aux richissimes. La politique fiscale, je l'ai dit, peut être vue comme la concrétisation de nos valeurs. Les réformes fiscales de Clinton en 1993 faisaient payer ceux qui étaient le plus capables de le faire, ceux dont les revenus avaient le plus augmenté depuis vingt-cinq ans : les 2 % les mieux lotis. En outre, nous avions proposé un impôt pour décourager les émissions de gaz à effet de serre, pour améliorer l'environnement.

## LES VALEURS DE L'IDÉALISME DÉMOCRATIQUE

Des politiques qui ne reposent pas sur l'idéologie mais sur une vision équilibrée du rôle des marchés et de l'État seront probablement plus efficaces pour promouvoir la croissance et l'efficacité. Mais je voudrais essayer d'ouvrir une perspective plus large, qui ne se fonde pas seulement sur l'analyse de notre économie, mais aussi sur celle de notre société, et qui dépasse les valeurs matérialistes à l'œuvre dans le programme « croissance et efficacité ». Cette perspective, je la construis sur trois pierres d'angle : la justice sociale, c'est-à-dire les idées sur l'égalité et la pauvreté ; les valeurs politiques, en particulier la démocratie et la liberté ; et une réflexion sur les relations entre les individus et les collectivités où ils vivent. Toutes trois, nous le verrons, sont intimement liées.

## LA JUSTICE SOCIALE

Ce n'est pas ici le lieu de défendre les valeurs qui fondent la justice sociale[1]. Je me contenterai de les poser en principe. Nous devons nous préoccuper de la dure situation des pauvres ; c'est une obligation morale, reconnue par toutes les religions. C'est aussi une valeur américaine bien ancrée, comme l'indique le début de la Déclaration d'indépendance : « Nous tenons ces vérités pour évidentes : tous les hommes sont créés égaux ; ils sont dotés par leur créateur de droits inaliénables ; parmi ces droits, il y a la vie, la liberté et la poursuite du bonheur [...]. » La première vérité exprime l'engagement pour l'égalité (indépendamment de l'ethnie, de la nationalité, du sexe, etc.), et, sans un niveau élémentaire de revenu, la « poursuite du bonheur » n'a pas de sens.

Je pense aussi que, lorsqu'une société est moins divisée, tout le monde en bénéficie. L'Amérique a l'un des plus gros pourcentages de population carcérale, ce qui tient sûrement en partie au caractère extrêmement inégalitaire de sa société. Il est indigne que, dans le pays le plus riche du monde, beaucoup de pauvres n'aient toujours pas accès à des soins médicaux suffisants et que les taux de mortalité infantile soient plus élevés dans certaines régions que dans des

---

1. Voir par exemple John Rawls, *A Theory of Justice*, Cambridge (Mass.), Belknap Press, 1971 (trad. fr. de Catherine Audard, *Théorie de la justice*, Paris, Seuil, 1987 et 1997), et l'énorme littérature à laquelle son livre a donné lieu.

pays très peu développés. Comme l'a montré l'expérience asiatique, les pays en développement qui ont réussi à limiter les inégalités ont eu une croissance plus rapide – parce qu'ils ont fait
meilleur usage de leurs ressources humaines, et parce que plus
d'égalité veut dire plus de stabilité sociale et politique.

Si les principes de la justice sociale sont très anciens, les
terrains où elle se joue et les moyens de la réaliser ont changé.
Dans l'analyse qui va suivre, je n'aborderai que quelques
problèmes clefs. Il en existe d'autres, tels que l'*Affirmative
Action*, qui ne sont pas moins importants.

### L'égalité des chances

L'attention se concentre de plus en plus – à juste titre, je crois
– sur l'égalité des chances, notamment pour les enfants. Politiquement, c'est un thème très fort, notamment en Amérique, qui
se veut *the land of opportunity*, le pays qui donne à chacun sa
chance. L'avenir d'un enfant ne doit pas dépendre du niveau de
revenu de ses parents : sur ce point, tout le monde devrait tomber
d'accord. Se situer au niveau des chances permet aussi de
contourner certains problèmes d'arbitrage sur lesquels se fixent
si souvent les économistes. Dans la politique de redistribution à
l'ancienne, tout gain pour les pauvres – du moins s'il était substantiel – correspondait nécessairement, en partie, à une perte pour
la classe moyenne. La gauche pensait qu'elle pouvait continuer à
en appeler aux valeurs morales de cette dernière, mais la droite a
gagné. Elle a fait appel au vil égoïsme, et elle a aussi avancé un
argument supplémentaire : même si vous voulez aider les
pauvres, donner de l'argent à l'État n'est pas la meilleure façon
de le faire puisque l'État va inévitablement le gaspiller. La droite
a exalté la charité privée (« un millier de points de lumière »),
idée qui a fait un bel effet dans un ou deux discours de Bush I,
puis s'est embourbée.

En renforçant l'égalité des chances, le pays utiliserait mieux
ses ressources humaines de base, puisqu'il permettrait à chacun
de vivre au niveau de ses potentialités. Il y aurait plus d'efficacité
et plus d'équité. Qui pourrait s'y opposer ? Nous n'avons pas

encore exploré toutes les ramifications de l'égalité des chances. Nous savons qu'il faut donner aux enfants des milieux défavorisés une éducation préscolaire afin qu'ils aient leur chance à l'école, mais le projet Head Start, dont c'est la mission, est sous-financé. Nous savons qu'il faut aux enfants pauvres une alimentation suffisante pour qu'ils puissent apprendre, et que la malnutrition pendant l'enfance peut entraîner des séquelles permanentes, mais les programmes consacrés à ces questions restent aussi sous-financés.

Notons bien la différence entre cette position (qui affirme que nous pouvons avoir à la fois davantage d'égalité et une croissance plus rapide) et l'économie du ruissellement (qui affirme que tout le monde est gagnant quand on donne de l'argent aux riches). Toutes deux semblent être des tentatives de ne pas arbitrer. Mais la théorie du ruissellement, même si elle fonctionnait, ne se poserait pas des questions comme : « Les pauvres sont-ils aussi gagnants que les riches ? » ou : « Existe-t-il d'autres stratégies qui aideraient plus directement les pauvres et pourraient être plus avantageuses pour la croissance économique ? »

## L'emploi

Aucune « chance » n'est plus importante que l'emploi. Malheureusement, je l'ai dit, dans de nombreux pays du monde, beaucoup en sont aujourd'hui privés ; et presque tous les pays connaissent des situations de ce genre pendant des périodes prolongées.

Aujourd'hui, nous avons les outils économiques et, dans les pays développés, les moyens qui permettent de stimuler les possibilités d'emploi, en particulier pendant les récessions qui affligent périodiquement toutes les économies de marché. Après la Seconde Guerre mondiale, les États-Unis ont joui d'expansions plus longues et de récessions plus courtes, et le chômage massif qui avait marqué la Grande Dépression leur a, heureusement, été épargné. Mais ils ont connu malgré tout de longues périodes au cours desquelles le chômage était plus élevé que nécessaire. Pendant les années 1990, nous avons montré que l'économie pouvait fonctionner avec un chômage inférieur à 4 % sans poussée d'inflation. Dans certaines régions et certaines catégories, le taux de chômage a été de moins de 2 %. L'Amérique pourrait probablement faire encore mieux – si elle se fixait ce but.

Dans une grande partie de l'Europe, les statistiques de l'emploi sont bien plus désespérantes qu'aux États-Unis, et depuis longtemps. Mais la solution exige davantage qu'une nouvelle dose de « flexibilité du marché du travail » – expression codée, devenue pratiquement synonyme de « réduction des salaires et de la sécurité de l'emploi ». Dans certains pays, une baisse du salaire minimal pourrait améliorer de façon marginale les possibilités d'emploi des moins qualifiés. Et un peu moins de sécurité de l'emploi pourrait se traduire par une légère hausse des salaires des travailleurs qualifiés, car les employeurs seraient prêts à payer pour avoir le droit de les « redéployer » plus facilement. Néanmoins, le fait est là : au cours des décennies précédentes, avec des protections de l'emploi plus fortes, le chômage était pourtant inférieur, et de très loin ; par ailleurs, dans les pays qui protègent le mieux l'emploi, comme la Suède, les marchés du travail sont beaucoup plus performants. Plus encore que les États-Unis, l'Europe a besoin de réaffirmer une volonté forte de rétablir le plein emploi et de donner du travail à ceux qui veulent travailler. Elle doit prendre des mesures comme le développement de l'éducation et des programmes de formation qui facilitent la mobilité de l'emploi, mais aussi – c'est le plus important – mettre en œuvre des politiques macroéconomiques orientées vers le plein emploi. Malheureusement, le cadre qu'on a donné à l'économie sur le Vieux Continent est en train de livrer les guerres de la génération précédente ; il se soucie davantage de l'inflation que de la création d'emplois et de la croissance – la Banque centrale européenne a pour mandat de se concentrer exclusivement sur l'inflation, et avec le pacte de stabilité la possibilité même de mener une politique budgétaire de stimulation est fort compromise. (Ce pacte a aussi pour conséquence, bien sûr, d'épargner à l'Europe les énormes déficits budgétaires à effet de stimulation minimal, comme Bush les a imposés aux États-Unis, même s'il semble que beaucoup, dans la droite européenne, aimeraient bien suivre son exemple.) Alors que Clinton a réussi à repousser l'« amendement pour un budget en équilibre » – cette tentative républicaine de mettre un point final à l'ère de l'économie keynésienne –, les Européens ont accepté presque avec enthousiasme d'avoir les mains liées. Les conséquences de ce choix ont commencé à se faire sentir dans les premières années du nouveau millénaire.

## Les moyens de l'autonomie

Puisqu'on ne se concentre plus sur l'égalité des résultats mais sur l'égalité des chances, l'attention se déplace, parallèlement, des « revenus » aux « avoirs » : il s'agit de donner aux gens les moyens de l'autonomie afin qu'ils puissent orienter leur vie et tirer le maximum de leurs potentialités.

Certains ont suggéré d'attribuer à chacun une dotation à la naissance, qui serait investie pour son avenir[1]. Elle ne lui assurerait pas seulement un minimum de sécurité économique, mais aussi plus de liberté pour faire des choix cruciaux. Aujourd'hui, trop de jeunes Américains sortent de l'université criblés de dettes, ce qui les dissuade, par exemple, d'entrer dans la fonction publique.

L'aide à l'autonomie est un problème politique autant qu'économique, et j'en commenterai brièvement les aspects politiques plus loin.

## L'équité intergénérationnelle et la durabilité

Nous devons nous préoccuper de l'égalité et de la justice parmi les vivants d'aujourd'hui, mais aussi entre les générations. Notre croissance ne doit pas s'accomplir aux dépens du bien-être des générations futures. C'est l'une des raisons pour lesquelles nous nous inquiétons de la dégradation de l'environnement. Si nous polluons l'atmosphère, si nous modifions le climat en augmentant les concentrations de gaz à effet de serre, comme nous l'avons fait

---

1. Tony Blair a proposé le Child Trust Fund, ou « Baby Bond », en 2001.

au cours des deux cents dernières années, nous risquons de compromettre l'avenir de nos enfants et petits-enfants.

C'est pourquoi il ne nous faut pas seulement penser à la justice sociale d'aujourd'hui, mais aussi à la *durabilité*, au bien-être des générations futures, ce qui suppose, notamment, la protection de l'environnement, la conservation de nos ressources naturelles, l'entretien de nos infrastructures et le renforcement de notre culture.

## LA POLITIQUE ET LE POUVOIR

On s'inquiète depuis longtemps, aux États-Unis et ailleurs, des liens entre l'argent et la politique. Nos démocraties sont imparfaites. En apparence, nous avons un système fondé sur le principe « une personne, une voix ». Seule une poignée d'ultraconservateurs estiment que chacun devrait pouvoir vendre sa voix. (Après tout, cette vente, quand elle est librement consentie, profite à la fois au vendeur et à l'acheteur, sinon elle n'aurait pas lieu.) Mais en réalité, indirectement, par le biais des médias, les voix s'achètent et se vendent. Les électeurs doivent être informés, convaincus qu'il faut prendre la peine d'aller voter, emmenés même jusqu'à l'isoloir, et tout cela coûte de l'argent. C'est la raison pour laquelle les contributions financières aux campagnes électorales sont si importantes. Mais les personnes et, plus encore, les entreprises qui les donnent attendent un retour. Elles achètent le soutien de l'État – et si ce n'est pas par la méthode grossière du pot-de-vin en vigueur dans certains pays, le lien entre l'argent et la politique est tout de même bien là. Voilà pourquoi la réforme des finances de campagne revêt tant d'importance aux yeux de ceux qui veulent rompre ce lien ; et tant qu'il ne sera pas rompu, nous continuerons à avoir des politiques qui font passer les intérêts particuliers avant l'intérêt général et l'avantage des entreprises avant celui du simple citoyen.

Aujourd'hui, l'information est plus importante que jamais. Si Internet a été à certains égards une force de démocratisation puissante, l'aggravation de la concentration des médias dans tous les pays a affaibli la démocratie réelle – le cas extrême étant la

Russie, où une télévision contrôlée par l'État a été remplacée par une télévision contrôlée par les oligarques, elle-même remplacée ensuite par une télévision contrôlée par l'État. Pourtant, pendant les années 1990, on a réduit les restrictions qui permettaient de contenir la concentration des médias. Aux États-Unis, nous avions la possibilité d'exiger des chaînes de télévision et stations de radio, en échange de l'utilisation des ondes publiques, qu'elles assurent une large couverture des campagnes électorales, réalisée équitablement. Une telle initiative aurait pu réduire considérablement le rôle des contributions financières aux campagnes électorales. Mais cette réforme n'était ni dans l'intérêt des médias, qui tiraient profit des publicités politiques, ni dans celui des entreprises, qui tiraient profit du pouvoir que leur assuraient les contributions de campagne. Même si nos voix ne s'achètent pas et ne se vendent pas ouvertement, ceux qui voulaient qu'il y ait un *marché politique*, où se négocieraient l'achat et la vente des personnalités politiques, l'ont emporté.

Depuis trente ans, des progrès majeurs ont été accomplis pour améliorer la démocratie électorale[1]. C'est en partie grâce à ces succès que nous mesurons à quel point nous sommes encore loin du compte. Les Afro-Américains, qui étaient exclus du vote dans de vastes régions des États-Unis, peuvent maintenant voter. Mais, même aujourd'hui, il reste des endroits où ils se heurtent à des obstacles pour mettre leur bulletin dans l'urne. Nous devons faciliter l'inscription sur les listes électorales – Clinton a essayé de le faire –, mais d'autres aimeraient la compliquer. Cela dit, la démocratie ne se limite pas à la tenue périodique d'élections. Elle implique une participation réelle à la prise de décision, un processus de délibération où les idées et les voix des uns et des autres sont entendues et prises en compte. Rendre notre démocratie plus solide est une tâche permanente. Les organisations non gouvernementales

---

1. La démocratie électorale pose d'autres problèmes, que nous a bien fait comprendre la présidentielle américaine de 2000, où le candidat qui a eu moins de suffrages populaires est devenu président. Avec le découpage arbitraire des circonscriptions, la minorité peut dominer le processus politique même lorsqu'il y a des élections libres. Des règles électorales différentes (par exemple, la représentation proportionnelle) pourraient à la fois permettre une meilleure expression des minorités et rendre plus probable le respect de la volonté de la majorité.

(ONG) jouent un rôle plus important qu'il y a un demi-siècle, et Internet a renforcé la société civile, non seulement aux États-Unis mais dans le monde entier. Cette dernière a remporté quelques succès éclatants – par exemple le traité interdisant les mines anti-personnel terrestres, adopté en 1997 en dépit de l'opposition des États-Unis et de leur département de la Défense ; et le mouvement du Jubilé 2000 a réussi à imposer un allégement de la dette de plus de vingt pays*, alors que le FMI mettait d'importantes entraves à cette initiative depuis trois ans. Pour que la participation à la prise de décision soit réelle, il faut que les citoyens soient instruits et informés. Le *Freedom of Information Act* (1966), en dépit de ses imperfections, donne aux simples citoyens américains une infor-mation sur les actes de leur gouvernement – que, sans lui, ils n'auraient pas. Néanmoins, il reste encore des zones importantes de secret, et, comme le soulignait en son temps le sénateur Daniel Patrick Moynihan, leur étendue dépasse de très loin ce qu'exige le souci de la sécurité nationale. La liberté d'expression et la liberté de la presse sont des droits fondamentaux reconnus, mais qui ne peuvent jouer leur rôle que si l'on sait ce que fait le gouvernement. Il y a un *droit fondamental de savoir*. Malheureusement, dans les deux dernières années, le secret gouvernemental s'est accru.

La bulle a éclaté, mais elle a laissé un héritage : une inégalité sans précédent, une cohorte nouvelle et plus fournie de multi-milliardaires. Les sociétés très inégalitaires ne fonctionnent pas comme celles qui sont plutôt égalitaires – ne serait-ce que pour une raison : les écarts de pouvoir économique se traduisent inévitablement par des écarts de pouvoir politique. Nous avons déjà vu quelques manifestations du phénomène avec la réduc-tion d'impôt de 2001, et en particulier, dans le cadre de cette

---

* Dans les dernières années du XXᵉ siècle, des ONG de 89 pays, parmi lesquelles les Églises jouaient un rôle essentiel, se sont coalisées pour organiser une vaste mobilisation internationale en faveur de l'allégement de la dette du Tiers Monde, inspirée de l'idée biblique du jubilé (affranchissement des esclaves, redistribution égalitaire des terres et abolition des dettes tous les cinquante ans). Elles se proposaient de rassembler 22 millions de signatures jusqu'à l'an 2000, objectif qu'elles ont largement dépassé. L'immense succès de cette initiative a beaucoup impressionné, et, dès juin 1999, le G8 a entériné le principe d'un effacement partiel de la dette des pays les plus pauvres. *(NdT.)*

réduction, l'abolition de l'impôt sur les successions. On l'a justifiée par des raisons d'intérêt général qui, lorsqu'on les examine de près, n'ont pas de sens. Il est clair que la réduction d'impôt n'était qu'une tentative des riches pour garder une plus grande partie de leur fortune. On a soutenu, par exemple, que l'impôt sur les successions était particulièrement dur pour les propriétaires de petites entreprises, qui étaient forcés de les vendre. Mais on aurait pu aisément régler le problème en portant la déduction pour un couple marié de son niveau actuel de 1,2 million de dollars à 10 millions de dollars, ce qui aurait exempté tous les Américains sauf les très riches – et pratiquement toutes les petites entreprises. L'argument selon lequel l'impôt sur les successions détruisait les incitations était manifestement *pro domo*. Combien de milliardaires des point-com se seraient écriés : « Si l'État prend 40 % de ma fortune au-delà de 10 millions de dollars, je ne fonde pas mon entreprise » ? Les gains – et les pertes – dépassaient leurs rêves les plus fous ; et ce qui les poussait, c'était l'excitation de créer. Dans leur cupidité, les milieux conservateurs fortunés ont exigé – et réussi à obtenir – l'abrogation complète. Mais l'enjeu réel était bien plus important, et, même parmi les plus fortunés des Américains, beaucoup l'ont compris. Notre société allait changer de nature s'il naissait une nouvelle classe de super-riches qui héritaient leur fortune de leurs parents et grands-parents. Déjà, les statistiques montraient que le rêve américain de l'enrichissement du pauvre, le roman d'Horatio Alger, relevait largement du mythe. L'ascension économique était extrêmement limitée. L'abolition de l'impôt sur les successions était capable de solidifier ces changements, de créer une nouvelle société de « classes », qui ne serait pas fondée sur l'ancienne noblesse, comme en Europe, mais sur l'aubaine des folles années 1990. Cet impôt avait exercé, en réalité, une influence positive sur la société américaine, en encourageant la création de ces fondations et universités privées qui ont joué un si grand rôle dans la vie publique et la réussite du pays.

Sa suppression est intervenue au moment précis où il est apparu clairement qu'une grande partie de la richesse apparemment créée pendant les folles années 1990 n'était qu'un fantasme, qu'elle avait été « volée », acquise à coups de tricheries comptables et d'évasions fiscales dans une économie où la gouvernance d'entreprise avait failli, lamentablement failli. Mais les *happy few* qui avaient eu la chance d'encaisser leurs gains allaient fonder sur cette base un nouvel ensemble de dynasties. Les barons du chemin de fer du XIXᵉ siècle, qui s'étaient enrichis en usant de leur influence politique, ont au moins laissé derrière eux un patrimoine : des voies ferrées, des équipements, qui ont unifié le pays et dynamisé sa croissance. Quel patrimoine ont laissé tant de millionnaires et de milliardaires des point-com, les dirigeants d'Enron, de Global Crossing, de WorldCom et d'Adelphi, à part des histoires d'épouvante à raconter aux générations futures ?

## L'INDIVIDU ET LA SOCIÉTÉ

Les affrontements concernant les impôts, les programmes de l'État, parfois même la redistribution, sont, en un sens, des escarmouches. La vraie bataille se situe à un niveau plus profond : elle porte sur la nature de la société, et sur la relation entre l'individu et la société.

La philosophie occidentale privilégie l'individu : la société a été créée pour aider les individus à s'accomplir pleinement. D'autres sociétés, non occidentales, ont donné nettement la priorité à la communauté. Mais même dans l'individualisme occidental, aujourd'hui, nous reconnaissons notre interdépendance. Nous avons du mal à nous imaginer mener une vie d'ermite, sans les produits que nous recevons des autres. Nous vivons dans des collectivités, et la façon dont elles fonctionnent a une influence majeure sur notre bien-être personnel. Aujourd'hui, l'« idéal » conservateur est fondé sur un individualisme pur et dur, où chacun doit son succès à ses propres efforts et à eux seuls. La réalité, bien sûr, est radicalement différente. L'État, par ce qu'il fait et par ce qu'il ne fait pas, a joué un rôle crucial dans de nombreux succès. Où seraient les fortunes amassées dernièrement dans le secteur technologique, par exemple dans la nouvelle économie d'Internet, si l'État n'avait pas financé la recherche qui a créé la Toile ? Beaucoup le comprennent intuitivement : les compagnies pharmaceutiques encouragent le soutien de l'État à la recherche pure, sur laquelle reposent tant de leurs brevets et de leurs profits.

Le moins que l'on puisse dire, c'est que, sans une certaine *action collective*, nous courrions le risque que d'autres nous prennent nos biens[1]. Maintenir la loi et l'ordre est la première mission de tout gouvernement. Mais la société moderne exige bien plus. Nous nous achetons et vendons les uns aux autres des biens et des services, et l'État remplit une fonction centrale pour réglementer ces échanges : il ne se contente pas, loin de là, d'assurer le respect des contrats[2]. La science économique moderne a contribué à définir les domaines où l'action collective peut être souhaitable, notamment dans les milliers de situations où les marchés ne fonctionnent pas correctement – quand ils ne créent pas assez d'emplois, par exemple. Et, nous l'avons déjà noté, même lorsque les marchés sont efficaces, certaines personnes risquent d'avoir un revenu insuffisant pour vivre.

L'État, certes, ne résout pas toujours les problèmes qu'il décide de régler. Il existe des échecs de l'État comme il existe des échecs du marché. Avec le temps, les entreprises ont appris à devenir plus efficaces ; il y a eu aussi, dans certains domaines au moins, d'importants gains d'efficacité de l'État, bien qu'il reste manifestement une marge énorme de nouveaux progrès possibles. Continuer à améliorer l'efficacité et le rendement de l'État doit être l'un de nos objectifs : si nous ne nous y employons pas, les citoyens feront moins confiance à l'État, ce qui réduira la marge de manœuvre pour satisfaire les besoins ne pouvant être réglés que par l'action collective.

---

1. Ces idées remontent au moins au *Traité de la nature humaine* (1739-1740) de David Hume.

2. Une vaste littérature philosophique s'efforce de lier le degré de redistribution acceptable à ce que les individus pourraient parvenir à réaliser eux-mêmes, sans action collective, par exemple en matière de respect du droit de propriété (voir notamment Robert Nozick, *Anarchy, State and Utopia*, New York, Basic Books, 1974 ; trad. fr. de Pierre-Emmanuel Dauzat et Évelyne d'Auzac de Lamartine, *Anarchie, État et utopie*, Paris, PUF, 1988). Dans la pratique, ce qu'un individu pourrait réussir tout seul est probablement assez limité pour que cela n'impose pas de lourdes contraintes.

## Les droits comme contraintes et comme objectifs

L'un des domaines les plus importants où l'action collective est nécessaire est la préservation de notre liberté et de nos droits fondamentaux. Les mots de Franklin Roosevelt ont encore un puissant écho : nous devons œuvrer non seulement pour nos libertés fondamentales – liberté de culte, liberté d'expression, liberté de la presse –, mais aussi pour nous libérer de la peur et du besoin*. L'extension des droits civiques traditionnels aux droits économiques a été entérinée dans la Déclaration universelle des droits de l'homme, adoptée par les Nations unies le 10 décembre 1948. Hors des États-Unis, ces droits sont de plus en plus reconnus : que vaut la liberté d'expression pour un homme qui a si faim qu'il peut à peine parler, la liberté de la presse pour une femme qui n'a pas reçu d'éducation et ne sait pas lire[1] ?

Aux États-Unis, nous avons très généralement pensé les droits comme des limites imposées à l'État. L'État ne peut remettre en cause aucun des droits fondamentaux d'un individu. Mais, au fur et à mesure que leur liste s'allonge – droit au respect de la vie privée, droit de savoir ce que fait l'État, droit de choisir, droit à un travail décent, droit aux soins médicaux de base –, l'État devient nécessaire pour permettre aux individus de les exercer.

## Au-delà du marché et de l'État

Au cours des dernières décennies, le débat sur le rôle de l'État s'est élargi et enrichi. Le besoin d'action collective est manifeste, mais l'État n'est pas notre seul moyen d'agir collectivement. Ce qui caractérise l'État par rapport aux autres supports de l'action collective, c'est son pouvoir de contrainte. Avec lui, tous les membres de la collectivité sont obligés d'« en être », de payer

---

* Allusion au célèbre discours dit « des quatre libertés », prononcé par le président Franklin Roosevelt devant le Congrès le 6 janvier 1941. Ces quatre libertés étaient les libertés d'expression et de culte, et les libertés de vivre à l'abri du besoin et de la peur. *(NdT.)*

1. Voir par exemple la Constitution de 1993 de la République sud-africaine.

des impôts, on leur interdit de faire ceci ou cela, par exemple de se droguer ou de tuer. Les autres formes d'action collective sont *volontaires*. Si nous pouvions compter en tout sur l'action volontaire, ce serait très bien, mais la théorie économique a contribué à expliquer pourquoi nous ne le pouvons pas. Nous avons besoin de biens publics, ces biens dont tout le monde bénéficie, mais chacun est incité à en profiter gratuitement, en laissant la facture aux autres. Il faut donc obliger les particuliers à payer leur juste part. Un individu ou une entité peut nuire aux autres, par exemple en polluant l'atmosphère, et on doit l'en empêcher. Parfois, la pression sociale suffit ; mais dans des sociétés massives, anonymes, ce n'est généralement pas le cas, du moins quand il y a beaucoup d'argent en jeu.

Si l'on a besoin de l'État, l'État et les mécanismes politiques qui le gouvernent ont leurs limites. Les ONG jouent un rôle crucial, en servant de porte-parole (en donnant à certains groupes la possibilité de mener une sorte d'action collective au sein du processus politique), mais aussi en assurant des services. Il existe une longue tradition de services de santé et d'éducation gérés par des ONG, et fort efficacement. La concurrence entre universités privées aux États-Unis a amélioré la qualité de l'enseignement supérieur ; mais les universités sont des institutions à but non lucratif. S'il existe des écoles à but lucratif, elles n'ont guère brillé dans la concurrence sur le marché de l'éducation, ce qui prouve qu'il est des domaines où l'échec de la motivation par le profit est flagrant.

L'étendue de ces domaines peut différer selon les pays et les époques. En Suède, les épiceries coopératives sont tout aussi efficientes que leurs homologues à but lucratif. Dans le monde entier, les coopératives agricoles ont joué, et jouent toujours, un rôle important, tant pour procurer du crédit que pour commercialiser les produits. Aux États-Unis, pays capitaliste s'il en est, la commercialisation des raisins secs, des amandes et des airelles est dominée par des coopératives. Souvent, les coopératives naissent d'un échec du marché : il était inexistant, ou dominé par des firmes âpres au gain qui, disposant d'un pouvoir de monopole, exploitaient les agriculteurs.

Bref, la dichotomie marché/État est une simplification abusive. Il faut aller au-delà des marchés. On a besoin d'actions collectives. Cependant, il y a tout un éventail de moyens pour les mettre en œuvre. Les partisans de la libre entreprise ont surestimé le rôle des marchés, mais aussi sous-estimé les potentialités des formes non étatiques d'activité coopérative, et pas seulement le besoin d'État.

## Au-delà de l'égoïsme

Adam Smith soutenait qu'en œuvrant dans leur intérêt personnel les individus contribuent au bien public. Mais nous avons vu tout au long de ce livre que souvent ce n'est pas le cas. Nous avons sous-estimé l'importance de vertus traditionnelles comme la confiance et la loyauté dans le fonctionnement de notre système économique. Autrefois, il existait des rapports de confiance, de loyauté entre l'entreprise et son personnel, si bien qu'en temps de récession les firmes conservaient souvent leurs salariés – et c'est toujours vrai dans certains pays. Mais, aux États-Unis, la doctrine économique du profit immédiat a changé tout cela ; aujourd'hui, les salariés dont on n'a pas besoin sont aussitôt jetés à la rue – sans souci du coût pour la société et pour leur famille. Les entreprises qui se montrent aussi implacables envers leur personnel auront peut-être du mal à recruter dans l'avenir mais, comme elles ne pensent qu'à leurs profits du jour, elles ne prêtent guère attention à ces effets à long terme.

Ce n'est là qu'un exemple de toute une catégorie de phéno-mènes où les actes d'un individu ont des effets sur d'autres. Ces effets ne sont pas convenablement pris en compte par les marchés. Les gains des directeurs évoqués dans les chapitres précédents ont été en partie réalisés aux dépens des actionnaires et des détenteurs d'obligations. Quand les actes de certains indi-vidus en affectent d'autres sans qu'il y ait compensation, on appelle leurs effets des « externalités ». Le droit de chacun à agir pour ses intérêts personnels est ou devrait être limité par les conséquences néfastes potentielles de ses actes sur les autres. La « liberté » donne aux individus le droit de vivre comme ils l'entendent – pourvu que cela n'ait pas d'effets négatifs sur autrui. Le problème est que, dans notre société complexe et intégrée, l'acte individuel est de plus en plus susceptible d'avoir ce type d'impact. Un individu fume, un autre a un cancer : tabagisme passif. Donc, dans certains États, il est interdit de fumer sur les lieux de travail. Mais fumer chez soi, dans l'intimité ? Cela engendrera des dépenses de santé supplémentaires, et puisque, avec Medicare, les soins médicaux des personnes âgées sont financés par l'État, ce sont les contribuables qui vont payer.

Si les réglementations et autres mesures de l'État visent à limiter l'ampleur des externalités négatives, la « bonne conduite » est assurée, pour l'essentiel, par les normes de comportement et par l'éthique – les idées sur ce qui est « bien » et ce qui est « mal ». Tacitement, la droite et la gauche s'accordent à penser qu'il faut s'efforcer d'« orienter » la collectivité et les individus qui la composent, et être attentif aux effets généraux d'une politique sur les mentalités. Mais elles ne veulent pas orienter dans le même sens. Les conservateurs sont fascinés par la thèse d'Adam Smith selon laquelle les individus, en poursuivant leur intérêt personnel, aboutissent à l'amélioration générale du sort de la communauté – idée remarquable, qui permet d'avoir le beurre et l'argent du beurre. Si c'était une vérité absolue, la morale n'aurait plus aucun contenu. Nous n'aurions jamais à nous demander : qu'est-il *juste* de faire ? Il nous suffirait de poser la question : que *voulons*-nous faire, qu'est-ce qui nous ferait plaisir ?

On pourrait dire que les entreprises ont été nourries de double langage. Si l'on pose que gagner de l'argent et agir égoïstement est la même chose que servir la collectivité, il s'ensuit que faire du lobbyisme pour la déréglementation, ou accroître ses possibilités de profit, est un acte inspiré par le sens le plus haut de l'intérêt public – même si, dans le cadre de ce lobbyisme, on explique au législateur que les marchés sont naturellement concurrentiels (donc que les profits vont vite disparaître), tandis qu'on déclare simultanément aux actionnaires que les profits (espérés) seront durables puisque ces marchés sont naturellement non concurrentiels. Et la même *morale* qui affectait (ou infectait) les chefs d'entreprise a affecté (ou infecté) les dirigeants politiques. Eux aussi faisaient le bien en travaillant pour leur bien. Ils pouvaient plaider en faveur de la déréglementation, persuadés qu'ils aidaient ainsi l'économie et plus généralement la société, tout en recevant les fastueuses contributions de campagne qui leur permettraient de se faire réélire. « Morale », dans le privé comme dans le public, avait pris un sens nouveau : « hausse des profits ».

Malheureusement, si confortables qu'elles puissent être, ces convictions smithiennes sont sans fondement[1]. J'espère que le présent ouvrage a contribué à montrer combien ces idées sont fausses et dangereuses. Les capitaines d'industrie que l'on a donnés en exemple à tous les Américains, qu'ils aspiraient à imiter, se sont, en définitive, enrichis personnellement aux dépens des autres. Avec le recul, du moins, ce qu'ils ont fait paraît profondément immoral.

Le problème, de toute évidence, ne reposait pas sur une ou deux brebis galeuses. Au fil des mois, de plus en plus de brebis se sont révélées telles. Bien sûr, il y avait toujours eu quelques chefs d'entreprise pas très regardants. Ce qui a stupéfié l'Amérique, c'est le nombre de brebis galeuses, et le nombre de firmes de première grandeur à avoir mal agi. En avait-il toujours été ainsi, mais en secret ? Ou le capitalisme lui-même avait-il changé – de même que ceux qui le dirigeaient ? Un thème central de ce livre est l'impact des incitations sur les comportements. Il y a toujours, en affaires, des jugements fort délicats à porter. Les choses, en général, ne sont pas claires et nettes. Les comptables ont des décisions difficiles à prendre, et ils s'efforcent de trancher en professionnels. Mais, lorsque des sommes énormes sont en jeu – au début les gros montants à soustraire au fisc, par la suite les grosses primes à attendre de la valorisation des actions –, le jugement se fausse, d'abord un peu, puis, avec le temps, de plus en plus. Dans les années 1990, les incitations ont été mal orientées, donc les comportements aussi, ce qui a créé un cercle vicieux.

C'est alors que les normes et l'éthique ont changé. Ce que l'on considère comme acceptable est influencé par ce que font les autres, par ce qu'ils jugent, eux, acceptable. Si les PDG sont normalement payés trois fois plus qu'un salarié ordinaire, on peut

---

1. Adam Smith lui-même n'aurait pas souscrit à ces idées. Il était bien plus conscient des limites du marché que ses partisans actuels.

accepter qu'un PDG exceptionnel se fasse payer quatre fois plus, mais pas quarante fois plus. Si les PDG sont habituellement payés dix fois plus qu'un simple salarié, on peut accepter qu'un PDG exceptionnel se fasse payer quinze fois plus, mais pas cent fois plus. Aux États-Unis, dans les années 1990, il n'y avait plus de limites ; tout était devenu acceptable. D'autres incitations fortes poussaient à rompre tous les liens antérieurs, et elles ont fonctionné. On valait ce qu'on parvenait à se faire payer. Point final. Des incitations poussaient à changer d'idée sur le bien et le mal, l'acceptable et l'inacceptable. Et elles ont fonctionné.

## Le remodelage des individus

La vision du rôle de l'État que j'ai avancée commence là où commencent la plupart des économistes : *étant donné les préférences, les valeurs des individus*, quel est le meilleur mécanisme économique pour satisfaire leurs désirs ? Au cœur du débat sur ce qui est arrivé à l'Amérique pendant les folles années 1990, il y a l'inquiétude de voir nos valeurs, notre société, s'altérer sous nos yeux. Ma génération a peut-être été particulièrement sensible à ces changements. Nous avions grandi à une époque où Kennedy pouvait s'écrier : « Ne vous demandez pas ce que votre pays peut faire pour vous, demandez-vous ce que vous pouvez faire pour votre pays ! » Lyndon B. Johnson avait lancé la « guerre contre la pauvreté ». Et nous avions commencé le combat pour les droits civiques.

Les folles années 1990 ont contribué à remodeler les Américains. À la fin de mes études à Amherst College, j'ai vu un grand nombre de mes camarades se spécialiser en lettres et sciences humaines. Parmi ceux ayant choisi le droit, beaucoup avaient l'intention de le pratiquer ensuite dans les cabinets qui défendent les intérêts du public. Et ceux qui étaient allés en médecine ont souvent fait carrière dans la recherche. Dans les années 1990, les meilleurs étudiants ont été infiniment plus nombreux à s'orienter vers les écoles de commerce et de droit des affaires. Le service public n'intéressait pas les esprits brillants. Ils étaient attirés par le grand frisson des fusions et acquisitions, et par les fastueuses rétributions matérielles à en attendre. Si ce travail était devenu intéressant, c'est en partie parce qu'il rapportait gros.

La bulle a eu aussi une autre facette, plus positive, qui s'inscrivait peut-être dans la meilleure des traditions américaines : elle a déchaîné un incomparable élan d'innovation dans l'économie, d'excitation chez les jeunes – c'étaient eux qui détenaient les clefs de la nouvelle économie. Comme pour les *traders* de Wall Street, leur taux d'usure était élevé : le fin connaisseur d'une technologie devenait dépassé dès que celle-ci était détrônée par une autre. À trente-cinq ans, on était bon pour la poubelle – ou pour un poste de direction prestigieux, où on allait brasser du papier, ramasser de l'argent, monter des transactions afin que d'autres jeunes donnent libre cours à leur génie.

Mais il y avait une curieuse contradiction. Le succès des années 1990 reposait sur la science et la technologie. Pourtant, les États-Unis empruntaient massivement les idées et les chercheurs à l'étranger, exactement comme l'argent qui finançait leur boom. La Silicon Valley faisait preuve d'une ouverture sans précédent aux talents étrangers. Les immigrants indiens, des ingénieurs qui excellaient dans nos universités, devinrent le groupe ethnique le plus prospère des États-Unis, rapidement rejoints par les Chinois et beaucoup d'autres. Mais les Américains, eux, ne se passionnaient pas pour la science et pour la technologie – la base même de la nouvelle économie. Dans nos meilleures universités, les étudiants américains représentaient moins de 50 % des diplômés dans ces matières.

Les changements de morale et de comportement n'ont pas uniquement touché les États-Unis. En Europe, au début, le sentiment dominant a été que les scandales des entreprises américaines confirmaient les préjugés sur l'égoïsme et l'immoralité des Américains : l'épreuve que subissait leur économie n'était donc que justice. Mais la suite des événements a révélé que plusieurs chefs d'entreprise européens s'étaient livrés à des pratiques du même ordre. On a d'abord eu l'impression qu'il y avait un rapport direct avec l'américanisation des milieux d'affaires européens : les premiers à tomber, comme Jean-Marie Messier, de Vivendi Universal, avaient été les tenants les plus affichés du capitalisme à l'américaine, privilégiant la valeur actionnariale (c'est-à-dire le profit immédiat) au lieu de se conformer à l'approche européenne traditionnelle, où les intérêts d'autres parties prenantes sont explicitement pris en compte. Mais, par la suite, on s'est aperçu qu'en Europe aussi le problème était beaucoup plus général, et, s'il touchait souvent les mêmes secteurs – les banques suisses, les firmes françaises et allemandes des télécommunications –, d'autres avaient été atteints également – Swissair, Sabena, et même une société néerlandaise de produits d'épicerie.

Je reste optimiste : les réactions que j'ai déjà observées me font penser que nous vivons un nouvel épisode de ce qu'Albert Hirschman, de l'Institut des hautes études de Princeton, a appelé le « basculement de l'engagement[1] ». Selon lui, toute phase de passion pour l'intérêt collectif est suivie par une autre où l'on se concentre sur la vie privée, elle-même suivie par une nouvelle phase d'engagement public. Chacune apporte ses déceptions, et ce n'est qu'en la vivant qu'on finit par en comprendre les limites. Les événements de ces dernières années ont touché les jeunes que je vois dans mes classes. Les voici de nouveau plus nombreux à envisager de participer à la « guerre contre la pauvreté », à la « guerre contre le terrorisme ». Les demandes d'adhésion à l'Americorps et au Peace Corps* sont en hausse, une augmentation qui ne saurait être uniquement expliquée par le ralentissement économique.

## LA MONDIALISATION

Avec la mondialisation, les problèmes que nous venons d'évoquer – le juste rôle de l'État, les limites des marchés, la manière dont l'économie façonne les comportements individuels et la société – sont débattus au niveau planétaire. Nous sommes

---

1. Albert O. Hirschman, *Shifting Involvements : Private Interest and Public Action*, Princeton, Princeton University Press, 1982 ; trad. fr. de Martine Leyris et Jean-Baptiste Grasset, *Bonheur privé, action publique*, Paris, Fayard, 1983.

* Il s'agit de deux organisations de bénévoles. Les volontaires du Peace Corps, créé en 1961 à l'initiative du président John F. Kennedy, se rendent dans les pays en développement. Ceux de l'Americorps travaillent pour l'environnement, l'éducation, la santé, etc., sur le territoire des États-Unis. *(NdT.)*

en train de fixer les règles du jeu, mais elles sont écrites par des institutions économiques internationales dans lesquelles certains pays et certains intérêts particuliers – et certaines idéologies – ont un grand poids. Si les États-Unis parlent souvent d'« état de droit », leur politique unilatéraliste en constitue un rejet au niveau international. Ils sont pour des règles du jeu mondiales, mais craignent que l'Organisation mondiale du commerce ou le Tribunal pénal international n'empiètent sur leur propre souveraineté. Bref, ils sont pour l'état de droit tant que ses effets sont conformes à leur volonté. Si les États-Unis ont de telles craintes, il n'est pas besoin d'une longue réflexion pour comprendre ce que doivent ressentir les autres pays, en particulier les pays en développement pauvres qui voient ces institutions mondiales dominées par l'Amérique et les autres puissances industrielles avancées.

Le problème, c'est que la mondialisation économique est allée plus vite que la mondialisation politique. Les États-Unis ont réussi à « vendre » l'idée de démocratie dans le monde entier. En démocratie, aucun individu ne peut dicter tout seul le cours des choses : il n'y a que dans les dictatures que quelqu'un a toujours raison. Et, en démocratie, chaque parti essaie de persuader les autres des mérites de ses propositions. Le leadership passe en général par l'élaboration d'un consensus : il consiste à trouver des approches qui représentent un compromis acceptable entre les points de vue et intérêts rivaux. Mais, sur le plan mondial, les États-Unis ont plusieurs fois dit clairement qu'il fallait qu'on leur donne raison. S'ils peuvent obtenir cet aval en usant de leur puissance, y compris économique, c'est tant mieux, mais s'ils ne le peuvent pas, ils suivront leur propre chemin. C'est ainsi que, sous George W. Bush, le plus grand pays pollueur du monde en 2001 s'est retiré unilatéralement de l'accord international de réduction des émissions de gaz à effet de serre, émissions qui, à travers le réchauffement de la planète, ont des effets palpables sur le climat.

La mondialisation a intégré plus étroitement tous les pays, et cette intégration intensifie inévitablement le besoin d'action collective pour résoudre les problèmes communs. Le monde entier partageant la même atmosphère, les émissions dans un pays – les États-Unis – peuvent avoir de lourdes conséquences pour d'autres ; elles peuvent provoquer des inondations massives au Bangladesh, voire la submersion de certains États insulaires du Pacifique. Néanmoins, les États-Unis sont réticents à accepter que les décisions qui affectent le monde entier soient prises d'une manière conforme aux principes démocratiques.

Nous ne sommes pas non plus parvenus à distinguer clairement entre les décisions qu'il faudrait prendre au niveau mondial et celles qui relèvent du niveau national. L'action collective est possible, et a lieu, à des milliers de niveaux. La science économique a dégagé un ensemble de principes qui aide à déterminer le plus adapté à chaque problème. Les biens publics mondiaux et les externalités mondiales – les actes qui ont un effet sur les autres, sur l'ensemble de la planète – doivent être traités au niveau mondial ; les biens publics locaux et les externalités locales – les actes qui n'ont un impact que sur les membres d'une collectivité locale – doivent être traités au niveau local.

Le débat sur la décentralisation, la régionalisation et la mondialisation ne se limite nullement aux principes économiques. Des forces politiques œuvrent pour davantage de décentralisation – dont l'objectif est de rapprocher le gouvernement du peuple – et pour davantage de mondialisation – où il s'agit de fixer des normes planétaires pour faciliter le commerce international, en pensant à tous les gains *économiques* que pourrait apporter (du moins à certains) la création d'un marché mondial. Ces deux forces sont totalement contradictoires ; mais elles progressent simultanément, et minent le siège traditionnel du pouvoir politique, l'État-nation. D'après ce que j'ai pu voir, ces batailles s'expliquent aussi souvent par les intérêts que par les principes. La question que l'on se pose est la suivante : à quel niveau de pouvoir les points de vue particuliers que je défends ont-ils le plus de chances de s'imposer ? Si, aux États-Unis, les conservateurs ont fait campagne pour que la responsabilité de l'aide publique soit déléguée aux États fédérés, c'est essentiellement, je crois, parce qu'ils pensaient que les organisations qui se font les porte-parole des pauvres n'étaient pas aussi puissantes au niveau des États qu'à Washington, et que, dans de nombreux États au moins, cette décentralisation allait aboutir à une baisse des prestations sociales. De même, certaines protections de l'investissement et des droits de propriété intellectuelle qui ont été intégrées à des traités internationaux sont plus fortes que celles que les milieux d'affaires auraient pu obtenir au niveau national, même dans le contexte politique favorable des États-Unis. Toutefois, pour certains codes et certaines normes, il n'y a aucune raison économique légitime de décider au niveau international. On devrait laisser à chaque pays le soin de trancher comme il l'entend. Il peut y avoir des arbitrages à faire, et chaque pays peut souhaiter les effectuer différemment. Les accords commerciaux récents sont allés bien au-delà du commerce.

Les États-Unis n'ont pas non plus vraiment accepté le principe de réciprocité (la règle d'or). Nous avons exigé par exemple (à bon droit, je pense) que la Thaïlande, pour pêcher les crevettes, utilise des filets qui ne mettent pas en danger les tortues. Motif : la conservation d'une espèce menacée est une préoccupation planétaire. Mais, en vertu de la même logique, le reste du monde pourrait exiger que nous cessions de polluer l'atmosphère par nos gaz à effet de serre.

La mondialisation nous impose également de nous soucier des problèmes de justice sociale au niveau mondial. Dans notre comportement envers les membres de notre famille, les habitants de notre ville, ceux de notre pays, nous sommes guidés par des principes d'équité et de justice. À chacun de ces niveaux, certes, nous pensons à nos intérêts, mais dans la *prise de décision collective* tout le monde paraît s'efforcer d'aller au-delà, au moins dans son discours. Les positions défendues le sont toujours en termes d'intérêt général. Avec la mondialisation, il sera de plus en plus nécessaire de recourir aux principes d'équité et de justice pour guider nos comportements envers les membres de notre communauté mondiale. Beaucoup d'Américains continuent à justifier leurs positions sur les problèmes mondiaux par les intérêts étroits des États-Unis ; mais, ces dernières années, on a fait plus d'efforts pour présenter des politiques qui servent les États-Unis *comme si* elles étaient dans l'intérêt des autres, dont les pays en développement. « Qu'ils adoptent les principes de la mondialisation que nous préconisons, le fanatisme du marché, avons-nous dit, et eux aussi partageront la prospérité que ces principes ont apportée à l'Amérique ! » Le problème, c'est qu'en imposant à l'étranger des politiques que nous n'aurions pas tolérées chez nous, en faisant preuve d'hypocrisie, nous avons usé d'arguments creux, et ils ont eu des résultats désespérants.

Si je pense que c'est pour nous un devoir moral que de commencer à penser l'« équité » d'un point de vue mondial – et pas seulement dans notre intérêt personnel –, je pense aussi qu'à long terme cette position est dans l'intérêt des États-Unis. Avec la mondialisation, nous ne pouvons pas nous isoler de ce qui se passe dans le reste du monde, ainsi que les événements du 11 septembre nous l'ont fait si vigoureusement comprendre. Les frontières sont tout à fait perméables au terrorisme, comme à l'argent qui le finance.

Nous avons peut-être les moyens, à court terme, de remporter des succès dans la guerre physique contre le terrorisme. Mais à long terme le combat a un autre enjeu. Il s'agit de gagner les cœurs et les esprits dans la jeunesse du monde entier. S'ils se trouvent confrontés à un monde de désespoir, de chômage, de pauvreté, d'hypocrisie et d'injustice planétaires, de règles mondiales manifestement conçues pour avantager les pays industriels avancés – ou plutôt, soyons précis, des intérêts particuliers en leur sein – et désavantager ceux qui le sont déjà, les jeunes vont investir leur énergie non dans des activités constructives, dans l'édification d'un monde meilleur pour eux et pour leurs enfants, mais dans des activités destructrices. Et nous en subirons tous les conséquences.


CONCLUSION

Certains pensaient que la fin de la guerre froide serait la fin de l'idéologie. Le système de la libre entreprise avait gagné la partie. Nous pouvions tous nous mettre au travail pour le perfectionner. La défaite du communisme était celle d'une pathologie, d'une perversion, d'un régime autoritaire, et le combat contre cette perversion avait détourné l'attention des problèmes de grande portée, de fond, sur le type de société que nous souhaitions créer.

Or voici qu'aujourd'hui, dans une grande partie du monde, on se demande s'il y a crise du capitalisme. La série de scandales inaugurée par Enron a révélé l'extrême gravité des problèmes : si Enron n'avait pas fait faillite, personne n'aurait pu enquêter sur ce qui s'était passé, et la manipulation du marché de l'énergie par cette compagnie, soupçonnée depuis longtemps, n'aurait peut-être jamais été prouvée. Chaque enquête a apporté des preuves de nouveaux méfaits. Les PDG qui s'étaient montrés si habiles pour manipuler les comptes l'avaient été tout autant pour dissimuler leurs activités. Dans une économie-bulle, il est facile de cacher les pyramides. Avec la récession économique, les pyramides et les fraudes se sont retrouvées exposées aux regards. L'éclatement de la bulle a révélé toutes les faiblesses – non seulement la vraie nature de la bulle elle-même, mais tous les trucages qui avaient eu lieu sous son couvert et avaient, en même temps, servi à la gonfler.

Les scandales qui ont secoué l'Amérique – ainsi que l'Europe, dans une moindre mesure –, et dont certains ont été analysés dans ce livre, ont renforcé les doutes des adversaires de l'économie de marché sur la mondialisation : si c'est le monde des affaires qui mène la mondialisation et s'il est aussi corrompu qu'il paraît l'être, se sont-ils dit, il faut prendre une autre voie. Quant aux partisans de l'économie de marché, ils soulignent qu'elle a apporté une prospérité sans précédent, et pas seulement à un petit cercle dans les pays industriels avancés. Ils aimeraient minimiser la crise du capitalisme, la présenter comme une aberration, un petit couac dans le fonctionnement d'une machine par ailleurs bien huilée.

L'économie de marché a été un immense succès. Elle a créé une prospérité inimaginable. Elle a mis la classe moyenne au centre de nos sociétés. Mais elle n'a pas mis fin, comme certains le prétendent, aux politiques de redistribution. Notre prospérité nous ouvre des possibilités nouvelles et sans égales. Nous pourrions, si nous voulions, en finir avec la pauvreté et la malnutrition dans nos pays. Nous pourrions, si nous voulions, assurer à tous les soins médicaux de base. L'Amérique est le pays le plus riche du monde, mais son système de santé publique de base est inférieur à celui de pays beaucoup plus pauvres. Elle choisit de ne pas assurer ces services fondamentaux parce qu'elle choisit de ne pas se taxer. D'autres pays ont trouvé moyen de rendre ces services efficacement et à bon prix par les dispositifs institutionnels les plus divers. Si les États-Unis le décidaient, on a toutes les raisons de croire qu'ils y parviendraient aussi.

Certaines des politiques qui ont été préconisées et suivies aux États-Unis reposent sur une mauvaise lecture de la théorie économique : tel a été le point de départ de ce livre. Les économies de marché ont d'immenses pouvoirs, mais aussi des limites. Mes propres recherches se sont concentrées sur les problèmes associés aux asymétries de l'information, dont le rôle est devenu de plus en plus important dans notre économie « informationnelle ». Nous nous efforçons de comprendre ces limites pour pouvoir mieux faire fonctionner l'économie. Si les économies peuvent souffrir d'un État trop envahissant, elles peuvent souffrir aussi d'un État qui ne fait pas le nécessaire – qui ne réglemente pas assez le secteur financier, ne veille pas à la concurrence, ne protège pas l'environnement, n'assure pas un filet de sécurité de base.

J'ai critiqué avec la dernière énergie la « pensée unique », celle du « sens unique », qui veut qu'une politique et une seule soit bonne pour tous. Selon elle, nous devrions tous être pour la réduction des impôts des riches, pour la suppression de l'impôt sur les successions, pour la déréglementation, pour le renforcement des droits de propriété intellectuelle, etc.

Il existe un champ commun auquel les personnalités politiques de toutes tendances font appel : la « démocratie », les « valeurs familiales », la « solidarité », les « chances », l'« égalité », le « libre marché », la « liberté », la « justice » – mais le sens donné à ces slogans peut varier très nettement. Je me suis efforcé de distinguer les valeurs que je privilégie – ce que j'ai appelé, faute de mieux, l'« idéalisme démocratique » – de celles qu'ont avancées des conservateurs comme Reagan. Et sous ces slogans et leurs sens cachés sont tapies des politiques très différentes. Il y a des choix, il y a des alternatives. Puisque nous ne pouvons pas être certains de ce que l'avenir nous réserve, et qu'il y a encore plus d'incertitudes sur l'économie d'aujourd'hui, toute action – et même l'inaction – a ses risques. Les bénéficiaires de politiques différentes peuvent être entièrement différents, et ceux qui supportent leurs risques ne sont pas du tout les mêmes. La droite a répandu son idée de « sens unique » avec un succès éclatant ;

mais elle est fausse. Nous devons comprendre pourquoi, et pourquoi la droite a pu s'en servir si efficacement.

L'économie a été mon point de départ, mais j'ai été forcé d'aller au-delà. Les problèmes économiques sont importants – les gens se sont battus et ont tué pour bien moins que les enjeux des conflits évoqués dans ce livre. Mais ce qui a vraiment donné leur force passionnelle à ces combats, c'est la nature de notre société – moins aujourd'hui qu'il y a une génération. L'idée d'ingénierie sociale nous horrifie tous, nous fait penser à *1984*. Cependant, que cela nous plaise ou non, les politiques que nous adoptons aujourd'hui façonnent bel et bien notre société. Elles traduisent nos valeurs, et elles envoient d'importants messages aux jeunes de nos pays sur ce que nous valorisons. Économie et société sont inextricablement liées. Une société aux inégalités massives sera inévitablement très différente d'une autre où les écarts sont faibles. Une société à chômage élevé sera inévitablement très différente d'une autre où tous ceux qui veulent travailler peuvent le faire.

La mondialisation affecte le type de *société* qui se crée actuellement sur la planète. Et c'est justement parce que, dans le reste du monde, on est bien conscient de cela qu'elle suscite une telle émotion : nous avons promu à l'étranger des politiques qui aggravent les inégalités et parfois minent les institutions traditionnelles.

Il existe une autre perspective, fondée sur la justice sociale mondiale et sur l'équilibre entre l'État et le marché. C'est pour elle que nous devons lutter.

# Épilogue

# Nouvelles leçons en économie-catastrophe

La bulle a éclaté. L'économie est entrée en récession. Cela devait arriver – il fallait bien que les folles années 1990, bâties sur tant de fausses prémisses, prennent fin un jour –, et le choc en retour contre la mondialisation était inévitable aussi. Mais il n'était pas inévitable que la récession fût si longue, dure et douloureuse. Pendant plus de deux ans, l'économie américaine a fonctionné nettement au-dessous de son potentiel : une perte de plus de 500 milliards de dollars, qui est venue s'ajouter à tous les investissements gâchés pendant le boom. À l'heure où ce livre est mis sous presse, l'économie est toujours loin du plein régime. Si les erreurs de politique économique des années 1990 sont très instructives, celles du nouveau millénaire ne le sont pas moins.

Comme nous l'avons vu au chapitre 1, Clinton avait hérité de Bush I toute une série de problèmes : économie en récession, croissance anémique de la productivité, hausse des inégalités, ainsi que deux déficits énormes, le budgétaire et le commercial, qui continuaient à se creuser. Il en a résolu certains : l'économie est sortie de la récession et – c'est le plus important – le colossal déficit budgétaire a été éliminé. Dans des domaines comme la croissance de la productivité, le succès a dépassé toute attente. Dans d'autres, comme la montée des inégalités, l'amélioration a été plus limitée : la pauvreté a reculé et les plus mal lotis ont enfin vu leurs revenus augmenter, mais les bonds de géant qu'avaient faits les inégalités dans les deux décennies précédentes, notamment sous Reagan et Bush I, n'ont pas été effacés. Enfin, sur des points comme le déficit commercial massif, on a fort peu progressé, voire pas du tout.

L'administration Clinton aurait bien voulu faire plus pour régler les problèmes à long terme des États-Unis, mais elle a été paralysée par le manque de moyens – sacrifiés, comme tant d'autres choses, sur l'autel de la réduction du déficit – et par la non-coopération du Congrès. Nous savions bien, en voyant monter le taux de productivité, que nous vivions sur les investissements passés dans la recherche-développement scientifique et technologique, et nous voulions poursuivre l'effort, mais les budgets nous limitaient, de même que l'idéologie conservatrice, puisque, selon elle, l'État ne devait pas soutenir la technologie. Nous connaissions les graves faiblesses de nos infrastructures, la nécessité d'investir davantage dans l'éducation et pour l'environnement. Nous avons avancé des idées qui auraient pu améliorer considérablement les bases financières de la caisse publique de retraites, la Social Security.

Mais, même si nous n'avons pas fait tout ce que nous aurions voulu, l'économie que nous avons léguée à George W. Bush était d'une force impressionnante. Le déficit budgétaire s'était mué en un énorme excédent et le chômage n'avait jamais été aussi bas depuis des décennies.

Si son importance a été exagérée, la nouvelle économie est bien réelle : l'économie d'aujourd'hui se différencie nettement de celle d'il y a dix ans. Les technologies nouvelles, comme Internet et les téléphones portables, ont changé nos façons de travailler et de communiquer. Elles ont induit des progrès de productivité qui ont fait, et continueront à faire, une différence énorme dans notre niveau de vie. Ces mutations de l'économie nous ont permis de faire baisser le chômage sans déclencher l'inflation. Les conditions qui ont perpétué les faibles taux de chômage ont nourri la croissance économique, et grâce à elles on a pu régler d'importants problèmes sociaux – en particulier ceux liés à l'exclusion des moins qualifiés du marché du travail. L'Amérique a une population active très instruite, et ces dernières années elle l'est devenue plus encore, ce qui permet aux actifs de changer plus souvent d'employeur. La stratégie qui consistait à faciliter ce mouvement, en développant la transférabilité des retraites, par exemple, et en pensant en termes d'employabilité à vie plutôt que de sécurité de l'emploi au sens traditionnel, a été payante.

Si certaines faiblesses de nos institutions financières ont été mises au jour, leur puissance fondamentale – leur aptitude à trouver des capitaux pour les nouvelles entreprises, à soutenir l'innovation – nous est enviée par le reste du monde.

Mais ces forces, bien qu'elles nous soient fort utiles, ne suffisent pas à assurer un succès économique durable dont les fruits seraient largement partagés. Nous aurions dû apprendre des succès et des échecs des années 1990 et des premières années du nouveau millénaire qu'il fallait davantage. Et nous aurions dû en apprendre plus sur *ce qu'il fallait*.

George W. Bush a hérité d'un pays qui avait d'énormes atouts, mais aussi des problèmes : l'économie entrait en récession ; la déréglementation, les réformes fiscales malvenues, la comptabilité douteuse, la cupidité des entreprises et une politique monétaire pas suffisamment habile avaient convergé pour gonfler une bulle insoutenable. Dans certains domaines, les États-Unis avaient saisi l'occasion offerte par la fin de la guerre froide pour exercer un vrai leadership – en se faisant les promoteurs des droits de l'homme et de la démocratie –, mais dans d'autres ils s'étaient moins bien comportés, donnant à des intérêts économiques et financiers particuliers priorité sur les principes, ce qui avait beaucoup affaibli la confiance dans la mondialisation.

Bush se trouvait face à un choix difficile. Il pouvait essayer d'assimiler les leçons des folles années 1990 et de régler les problèmes restants ; il pouvait aussi ignorer ces leçons et reprendre le programme de Reagan et de Bush I là où ils l'avaient laissé. Malheureusement, il a choisi la seconde voie, et les résultats ont été mauvais pour l'économie, le pays et le monde. Pas seulement parce que la récession économique a été bien plus longue et marquée que nécessaire. Les problèmes des inégalités et de la pauvreté, sur lesquels nous avions fait des progrès, certes limités, se sont aggravés, car le chômage a augmenté sans que son indemnisation tienne le rythme ; et si les réductions d'impôt sont allées à ceux qui avaient tant profité (et, dans certains cas, tant « volé ») pendant les années 1990, les restrictions dans les dépenses ont frappé les oubliés du boom. Les investissements dans certains champs de la recherche ont été réduits, et le déficit commercial s'est accru. Le mécontentement contre la mondialisation, déjà évident à la fin des années 1990, a atteint de nouveaux sommets.

Rien de tout cela n'était inéluctable. Et je ne le dis pas seulement avec un confortable recul : l'orientation qu'on aurait dû prendre était claire dès l'instant où l'économie est entrée en phase descendante. J'ai préconisé début 2001, avec d'autres, des mesures qui lui auraient en grande partie épargné les épreuves des années suivantes, même compte tenu des incertitudes inévitables. Mais le problème n'était pas tant que l'administration Bush n'avait pas assimilé les leçons des années 1990, qu'elle ne savait pas gérer les risques de la nouvelle économie : elle avait, je crois, un autre programme.

## LA MAUVAISE GESTION MACROÉCONOMIQUE

Lorsque Bush est arrivé au pouvoir, il a fait voter une réduction d'impôt. Elle n'avait pas été conçue pour stimuler l'activité, et ne l'a pas fait. L'économie est restée languissante. Cette réduction offrait de très gros cadeaux aux milieux aisés mais n'apportait pas grand-chose à ceux qui auraient dépensé l'argent, donc soutenu l'économie. Si Bush l'a justifiée à l'aide d'arguments keynésiens, ses conseillers et lui-même auraient dû savoir que son impact serait minimal et ne suffirait pas. Peut-être espérait-il que la politique monétaire ferait le nécessaire, mais l'expérience des années 1990 aurait dû lui apprendre qu'il était risqué de s'y fier. En fin de compte, la politique monétaire n'a pas tiré le pays du marasme. La baisse des taux d'intérêt n'a pas relancé l'investissement : les entreprises accablées par la surcapacité ne se sont pas mises à fabriquer encore plus de fibres optiques simplement parce que l'argent était moins cher. Cette baisse a tout de même eu l'effet d'inciter de nombreux particuliers à refinancer le crédit hypothécaire de leur maison, et cet argent a soutenu la consommation – mais en laissant, pour l'avenir, l'économie dans une position encore plus précaire, avec des ménages lourdement endettés.

Il existait des politiques qui, au lieu d'offrir de grosses réductions d'impôt aux riches, auraient stimulé l'économie – plus vite, plus sûrement et en engendrant plus d'effet par dollar *(more bang for the buck)*. Nous savons créer un stimulant fiscal puissant et efficace : donner l'argent à ceux qui vont le dépenser, et le dépenser rapidement – les chômeurs, les villes et les États au bord de l'asphyxie financière, les travailleurs à bas salaire. Un crédit d'impôt pour les accroissements d'investissement, par exemple, n'ira qu'à ceux – entreprises et particuliers – qui investissent davantage[1]. Un stimulant puissant est aussi un stimulant juste : l'argent, dans l'ensemble, va aux Américains les plus pauvres, ceux qui ont le moins profité de la croissance du quart de siècle précédent. En aidant les villes et les États, on évitera des réductions de leurs dépenses d'éducation et de santé, dont les pauvres peuvent souffrir plus que les autres.

Dès le début de 2001, j'étais persuadé, comme la plupart des autres observateurs attentifs, qu'étant donné l'importance de la surcapacité dans les secteurs qui avaient joué les premiers rôles pendant le boom l'économie entrait dans une crise grave. Mais il y a toujours des facteurs d'incertitude. Pour en tenir compte, j'ai conseillé, avec d'autres, de mettre en place des stabilisateurs automatiques : prolongation de l'indemnisation du chômage, compensation de la baisse des rentrées fiscales locales due à la récession, car les États fédérés et les villes, si les difficultés économiques continuaient, allaient se voir contraints de réduire les dépenses et d'augmenter les impôts, ce qui rendrait la crise plus longue et plus grave. Si la récession se révélait aussi dure que nous le craignions, de telles mesures contribueraient à redynamiser l'économie. Dans le cas contraire, les dépenses supplémentaires n'auraient pas lieu.

Nous avons donné un autre conseil : ne pas vendre la peau de l'ours avant de l'avoir tué. On ne peut pas se fier aux prévisions

---

1. Quand j'étais au Council of Economic Advisers, nous avons mis au point toute une gamme d'autres stimulants peu coûteux – consistant par exemple à autoriser les firmes qui investissent davantage à opter pour le report en arrière des pertes et profits pendant davantage d'années, ce qui augmente même l'efficacité économique globale. En revanche, la proposition de Bush restreint les possibilités de ce report rétrospectif pour les firmes qui veulent bénéficier de l'exemption d'impôt sur les dividendes.

budgétaires. Les excédents peuvent par la suite se transformer en déficits comme par magie. J'avais assez travaillé sur des projections au Council of Economic Advisers pour savoir combien elles sont aléatoires, et avec quelle facilité de légères modifications dans les postulats ou les conditions économiques peuvent muer un gros excédent en gros déficit. Depuis les trop riantes projections des administrations Reagan et Bush I, nul ne se fiait plus aux chiffres annoncés par l'État : sa crédibilité était compromise. Nous avions voulu la lui rendre : nous étions donc volontairement prudents dans nos prévisions. Nous avons été plus exacts que d'autres – en particulier que le Congressional Budget Office républicain –, mais, quand nous nous sommes trompés, cela a toujours été par défaut et non par excès d'optimisme. Bush avait à ses côtés quelques bons économistes, et ils savaient sûrement ce que nous savions : les recettes de l'État devaient beaucoup à celles de l'impôt sur les plus-values, elles-mêmes dues à la bulle, qui avait déjà éclaté avant le vote des réductions d'impôt : il était donc clair que cette source de revenus allait rapidement se tarir. De toute évidence, on allait devoir réviser les prévisions budgétaires à la baisse, et peut-être de façon considérable.

Le père de Bush avait mis en garde contre l'économie vaudoue*, l'idée selon laquelle, en réduisant les impôts, on pouvait augmenter les recettes de l'État en raison de la force de la réaction « côté offre ». Et le pays venait de faire l'expérience la plus douloureuse des risques de la comptabilité truquée dans le secteur privé. Mais George W. vanta les mérites du « scorage dynamique** » : il affirma que les déficits réels seraient plus réduits que prévu en raison du dynamisme qu'allaient impulser les réductions d'impôt.

---

\* George H.W. Bush avait qualifié la « reaganomie » d'« économie vaudoue » au cours des primaires de l'élection présidentielle de 1980 : il était alors le rival de Reagan pour l'investiture républicaine. Quelques semaines plus tard, Reagan ayant remporté ces primaires, il s'entendit avec lui pour figurer sur son « ticket » comme vice-président, se ralliant donc à l'« économie vaudoue », formule qui lui fut souvent rappelée. (*NdT.*)

\*\* Le « scorage », ou « évaluation par score », est une technique bancaire qui sert à réaliser une évaluation qualitative de la solvabilité d'un client emprunteur au fil des ans. (*NdT.*)

Bush choisit d'ignorer les leçons du passé. Il n'avait qu'un seul objectif : une réduction d'impôt. Or non seulement elle allait profiter à ceux qui avaient déjà tant gagné pendant les folles années 1990, mais le pays n'avait pas les moyens de la faire. Bush avait manifestement appris de ses amis PDG, dans les années 1990, à se servir des projections – si fragile que fût leur base – pour vendre sa marchandise. La sienne n'était pas une action surgonflée mais une réduction d'impôt que même le pays le plus riche du monde ne pouvait s'offrir.

Comme il fallait s'y attendre, elle n'apporta pas le stimulant dont les États-Unis avaient besoin, et, en dépit de baisses record des taux d'intérêt, la politique monétaire n'y parvint pas non plus. L'économie continua à tourner bien au-dessous de son potentiel. La récession se prolongeant, les autres problèmes contre lesquels Bush avait été mis en garde se manifestèrent. Villes et États furent obligés d'augmenter les impôts locaux et de réduire les dépenses, puisqu'ils étaient eux aussi confrontés à des déficits de plus en plus lourds. La récession économique fit monter le chômage. Le nombre d'assistés augmenta. La violence s'accrut.

Les prévisions budgétaires de Bush se révélèrent encore plus roses que celles de Reagan deux décennies plus tôt. En dix-huit mois, les excédents massifs hérités de Clinton furent transformés en immenses déficits. La position budgétaire des États-Unis dans un horizon de dix ans changea radicalement, et l'écart fut ahurissant : 5 000 milliards de dollars – chiffre énorme, même pour une très grande économie. Trois facteurs expliquaient ce retournement : les excédents sur lesquels on comptait avaient disparu ; les réductions d'impôt, comme on l'avait prédit, n'étaient pas parvenues à stimuler l'économie ; et elles avaient eu un effet direct sur les rentrées fiscales. Sur les trois plans, le coupable était Bush : on lui avait bien dit qu'il dépensait de l'argent qu'il n'avait pas ; on lui avait bien dit que son plan fiscal n'était pas un bon stimulant ; et on lui avait bien dit que ses réductions d'impôt coûtaient cher.

Toutefois, il ne s'agissait pas d'une réduction temporaire seulement conçue pour stimuler l'économie. C'est une réduction permanente, qui a des effets à long terme. Pour la seule année 2008 (on peut espérer qu'à cette date, même avec une politique économique lamentable, l'économie se sera redressée), le déficit prévu est de 190 milliards de dollars ; et, quand on s'approchera de 2008, le chiffre sera sûrement supérieur, de loin[1].

Cependant, même ces chiffres sous-estiment la désastreuse réalité. Bush a porté la duplicité budgétaire à de nouveaux sommets quand il a persuadé le Congrès de supprimer l'impôt sur les successions (l'*estate and gift tax*) pour un an seulement. À première vue, l'idée paraît absurde. Pourquoi les héritiers des nantis décédés cette année-là, plutôt que la précédente ou la suivante, recevraient-ils tellement plus que les autres ? L'intention de Bush ne pouvait évidemment pas être d'inciter perversement les familles à liquider le parent riche sur le départ pour économiser des millions de dollars. En vérité, il était prêt à parier que personne n'allait croire à cette durée d'un an. Ce n'était qu'illusionnisme budgétaire. Le président voulait cacher à tout le monde le coût total de sa réduction d'impôt, qui se ferait sentir pendant des décennies. En ne supprimant l'impôt sur les successions que pour une année, il la faisait paraître bien moins onéreuse qu'elle ne l'était vraiment puisque – il en était certain – le Congrès allait forcément proroger cette suppression.

Devant l'échec du traitement par la réduction d'impôt et la faiblesse persistante de l'économie, Bush proposa… la même solution, celle qui venait d'échouer : réduire encore les impôts pour les riches. Sauf que, cette fois, il se surpassait, avançant l'audacieux projet de supprimer l'impôt sur les dividendes – audacieux par son coût, son injustice et son inefficacité, puisqu'il serait très probablement incapable de stimuler l'économie. « Jamais si peu de gens n'ont autant reçu de tant d'autres[2] », ai-je écrit à ce sujet dans la *New York Review of Books*. La somme globale qui irait aux 226 000 contribuables américains dont les revenus dépassent le million de dollars serait à peu près celle que se partageraient les 120 millions aux revenus inférieurs à 100 000 dollars. Tandis que la moitié des contribuables recevraient moins de 100 dollars et les deux tiers,

---

1. Voir William G. Gale et Peter R. Orszag, « A reckless budget », *Financial Times*, 3 février 2003.

2. Joseph E. Stiglitz, « Bush's tax plan – the dangers », *New York Review of Books*, vol. 50, n° 4, 13 mars 2003.

moins de 500 dollars, au moins un membre très important de l'administration allait recevoir, disait-on, 600 000 dollars. Selon les calculs du Tax Policy Center fondé par l'Urban Institute et par la Brookings Institution, plus de la moitié des sommes libérées en exemptant les dividendes de l'impôt sur le revenu des particuliers iraient aux 5 % les plus riches de la population, catégorie dont tous les membres gagnent plus de 140 000 dollars et dont le revenu moyen est de 350 000 dollars. Si les Américains sont aujourd'hui de plus en plus nombreux à posséder des actions, la plupart d'entre elles sont dans des IRA et autres comptes de retraite exemptés d'impôt ; seuls les très riches allaient profiter du projet. Selon la théorie de Bush, ces quelques personnes achèteraient davantage d'actions, leurs achats feraient monter les cours, et la hausse des cours provoquerait une reprise de l'investissement. Mais chaque étape de ce raisonnement est discutable. Pourquoi, par exemple, fallait-il s'attendre à voir la hausse des cours entraîner celle de l'investissement, notamment à court terme, quand la baisse des taux d'intérêt avait si lamentablement échoué à la provoquer ? Les entreprises qui ont une surcapacité ne vont pas l'aggraver davantage pour la simple raison que leur action se vend plus cher. Et l'on peut craindre en réalité une chute des cours et de l'investissement, car le projet fait planer la menace d'une aggravation du déficit budgétaire, qui va faire monter les taux d'intérêt à moyen et long terme. (En vertu de la loi fondamentale de l'offre et de la demande, il est probable que, si l'État s'endette davantage, ces taux monteront ; et une telle hausse devrait entraîner une baisse des cours de la Bourse.)

Bush a tenté de présenter sa nouvelle réduction d'impôt comme un plan de stimulation et de croissance. Mais, s'il voulait vraiment la croissance et la stimulation, il y avait des stratégies plus sûres – et infiniment plus justes. Avec l'effondrement de l'univers des point-com et du high-tech, beaucoup de nos savants se retrouvaient sans travail, et il eût été pertinent d'accroître les dépenses publiques de recherche. À l'inverse, les bénéfices de la réduction d'impôt sur les dividendes allaient aux firmes de l'« ancienne économie » – les secteurs de l'aluminium et des chemins de fer, par exemple, dans lesquels Bush avait choisi ses secrétaires au Trésor –, pas aux entreprises dynamiques de la nouvelle économie, qui, en général, ne payaient pratiquement pas de dividendes et comptaient bien davantage sur les plus-values. Son projet déplaçait le centre de gravité de l'économie vers les secteurs industriels à croissance faible.

Si l'on voulait un stimulant rapide, l'aide aux chômeurs, aux États et aux localités aurait été extrêmement efficace. Lorsque la récession s'est prolongée, on l'a vu, le nombre de chômeurs de longue durée, comme cela avait été prédit deux ans plus tôt, est monté en flèche (il a plus que doublé) ; de plus en plus d'Américains, arrivés en fin de droits, se sont trouvés dans une situation très difficile ; les États et les villes ont été confrontés à d'énormes déficits et, lorsqu'ils ont réduit les dépenses et augmenté les impôts locaux, ils ont lourdement contribué à déprimer l'économie.

Si j'avais dû dresser une courte liste des mesures fiscales susceptibles de stimuler l'économie, la réduction d'impôt sur les dividendes et les autres mesures préconisées par Bush non seulement n'auraient pas été citées en tête, mais n'y auraient même pas figuré. Et pas davantage si j'avais dû dresser une courte liste des réformes de notre code des impôts susceptibles de stimuler la croissance. Même si l'on jugeait important de mettre fin à la double taxation des dividendes (en fait, nous l'avons vu au fil des chapitres précédents, les firmes et leurs dirigeants avaient trop souvent trouvé des moyens d'esquiver l'impôt : le vrai problème n'était pas la double taxation, mais la taxation zéro), il existait des méthodes plus simples et plus équitables pour le faire : par exemple, autoriser les entreprises à déduire les dividendes de l'impôt sur les sociétés (tout comme les intérêts payés sont déductibles), ou imputer les bénéfices d'une firme à ses actionnaires[1]. De toute évidence, le projet de suppression de l'impôt sur les dividendes ne visait ni à promouvoir la croissance ni à stimuler l'économie. Sa motivation réelle était d'aider ceux qui avaient aidé Bush à se faire élire, de réduire les impôts des très riches.

---

1. C'est ce qui se pratique dans certains pays européens, et pour certaines PME. Les profits de l'entreprise seraient traités *comme si* ils avaient été entièrement distribués aux actionnaires, et ceux qu'elle conserve *comme si* ils avaient été ensuite réinvestis par les actionnaires. Résultat : la taxe serait calculée en fonction du taux d'imposition de chacun d'eux, de près de 40 % pour les plus hauts revenus à des prélèvements faibles ou nuls pour les plus bas. Mais, dans le projet de Bush, tout le monde, sans distinction de revenus, est imposé au même taux de 35 %.

Si les bienfaits à attendre du projet étaient au mieux douteux, ses coûts étaient énormes. Les États-Unis allaient devoir emprunter massivement ; l'essentiel de cet argent viendrait probablement de l'étranger ; l'Amérique allait s'endetter encore plus ; son déficit commercial continuerait à grossir : au moment même où ce plan était proposé, il battait de nouveaux records. Ce n'était pas une simple question de malchance. C'était le résultat d'une mauvaise politique. Depuis que Reagan les avait lancés sur la voie des gros déficits, un quart de siècle plus tôt, les États-Unis étaient passés du statut de plus grand créancier du monde à celui de plus grand pays débiteur. Ces nouvelles propositions ne feraient qu'aggraver les choses.

Mais l'État allait aussi emprunter une partie des sommes devenues nécessaires à des Américains. Ainsi, comme les États-Unis finiraient par revenir au plein emploi – toute récession a une fin –, une partie du financement du déficit budgétaire, toujours plus lourd, allait venir de capitaux qui, sans cela, auraient été investis. Par conséquent, le projet induirait très probablement, à long terme, une baisse des revenus et non la croissance forte. Quel que soit le mode de financement du déficit (emprunt à des Américains ou emprunt à l'étranger), les revenus des Américains allaient baisser – suivant une estimation, de 1,8 % en 2012, soit 1 000 dollars par habitant[1]. Les largesses fiscales vont à une poignée de riches, mais cette baisse des revenus sera ressentie par tous[2].

Dans les années 1990, j'ai parfois pensé que nous poussions trop loin la réduction du déficit, mais la pression des marchés financiers et des conservateurs était énorme. Soudain, en 2002 et 2003, tandis que les déficits menaçaient, beaucoup de conservateurs ont changé de refrain. Comme Reagan en son temps, Bush II et certains de ses conseillers ont tenté d'abroger les lois économiques. Normalement, la loi de l'offre et de la demande stipule que, lorsque la demande

---

1. Voir William G. Gale et Peter R. Orszag « The economic effects of long-term fiscal discipline », document d'analyse de l'Urban-Brookings Tax Policy Center, 17 décembre 2002, et, des mêmes auteurs, « A reckless budget », art. cité.

2. Même l'administration Bush était consciente de ces points faibles, bien qu'elle n'en ait rien dit. Puisqu'elle affirmait que la croissance de 2003 à 2008 augmenterait en moyenne de 0,1 % par an seulement, la perspective à long terme était une baisse effective de la croissance par rapport à ce qu'elle aurait été autrement.

s'accroît, les prix montent ; si la demande de crédit s'accroît, les taux d'intérêt montent. Dans la Nouvelle Théorie économique de Bush, manifestement, ce n'est pas le cas. L'économie de l'offre a encore frappé : cette fois, on n'a pas prétendu que la baisse des impôts provoquerait la hausse des rentrées fiscales – cette thèse était vraiment trop discréditée. Le raisonnement qui fondait la Nouvelle Théorie économique, dans la mesure où on peut l'entrevoir, était différent : la réduction d'impôt allait tellement stimuler l'épargne que l'offre de capitaux augmenterait plus que la demande de crédit de l'État, qui allait s'accroître de plusieurs milliers de milliards de dollars ; donc les taux d'intérêt ne monteraient pas. Idée aussi sûrement promise au discrédit que le mysticisme de l'offre des années Reagan.

Même des républicains plus modérés n'ont pas pu admettre la proposition de réduction d'impôt – ils n'ont pas mis en avant son injustice mais ont vu le risque grave que la montée des déficits faisait peser sur l'avenir économique du pays et ont compris que, telle qu'elle était structurée, elle n'allait guère stimuler l'économie. Le compromis adopté par le Congrès en mai 2003 s'est monté, selon les chiffres officiels, à 318 milliards de dollars sur dix ans, soit moins de la moitié des 726 milliards sollicités par Bush. La loi prévoyait aussi 20 milliards de dollars d'aide aux États et 12 milliards d'aide aux familles à bas revenus avec enfants, que Bush n'avait pas demandés – et qui, très probablement, allaient apporter à l'économie un peu de la stimulation requise. Mais, pour réduire le coût de l'opération à 318 milliards de dollars, le Congrès a poussé la sophistique budgétaire encore plus loin que deux ans auparavant : la réduction de l'impôt sur les dividendes devenait progressivement de plus en plus forte, puis était soudain supprimée[1]. Quand les réductions d'impôt sur les dividendes et les

---

1. En raison de ce sophisme budgétaire, beaucoup ont conclu que le vrai coût des réductions d'impôt risquait fort de dépasser le montant initial de 726 milliards de dollars fixé par Bush, car, une fois des prélèvements fiscaux abolis, le Congrès serait probablement réticent à les rétablir. Cela faisait partie intégrante de la stratégie présidentielle, bien sûr, exactement comme les déficits résultant des réductions d'impôt s'inscrivaient dans une stratégie pour imposer une baisse des dépenses de l'État. Certains ont même soupçonné un objectif encore plus pervers : les excédents auraient pu servir à remettre la Social Security sur des bases saines ; sans eux, la position financière de la caisse publique de retraite allait paraître plus précaire, ce qui pourrait permettre à Bush de proposer un plan de privatisation.

plus-values sont entrées en vigueur, on n'a guère vu de signes de l'enchaînement annoncé par la « théorie » de Bush, selon laquelle la baisse de l'impôt sur le dividende allait provoquer une hausse des cours de la Bourse qui relancerait l'investissement. Les cours réagirent au vote de la loi comme ils l'avaient fait à l'annonce du projet : à peine un frémissement. Tout est dit dans les titres du *New York Times* : « Pas de ruée sur les actions après les réductions des deux impôts », et : « Les espoirs de nouvel élan contrés par le *wait and see* »[1]. Rien n'indiquait non plus que les entreprises avaient réagi directement par une hausse de l'investissement.

L'économie, n'en doutons pas, finira par se relever de sa récession actuelle, et lorsqu'elle le fera, n'en doutons pas non plus, Bush dira que c'est sa politique fiscale qui a provoqué la reprise. La leçon qui sera tirée de cet épisode – tout accroissement du déficit stimule l'économie – sera aussi radicalement fausse que celle qui a été tirée de l'épisode précédent – toute réduction du déficit aboutit à la reprise. Qui se fie aux dirigeants politiques pour lui expliquer l'économie le fait à ses risques et périls.

## LA MAUVAISE GESTION DES SCANDALES

L'une des raisons pour lesquelles l'économic continuait à tourner à si bas régime depuis le changement de millénaire était le manque évident de volonté politique pour régler la nuée de problèmes qu'avaient révélés les scandales des cabinets d'audit, des grandes firmes et des banques. Les actionnaires

---

1. Alex Berenson, *New York Times*, 24 mai 2003, p. B1, et Daniel Altman, *New York Times*, 24 mai 2003, p. B1. Puisque les réductions d'impôt étaient présentées comme temporaires, beaucoup d'économistes ont estimé que l'effet de stimulation serait plus limité que prévu. Selon la théorie économique standard, les ménages fondent leur consommation sur leurs *revenus permanents* – la somme qu'ils peuvent dépenser régulièrement à long terme. Une réduction d'impôt temporaire n'a pas d'impact sur ce pouvoir d'achat durable, donc une bonne partie du gain réalisé grâce à la réduction d'impôt sera épargnée. Les théories plus récentes soulignent que tout dépend de la nature des bénéficiaires. S'il s'agit de contribuables à faibles revenus dont les dépenses sont restreintes par le manque d'argent, ils dépenseront ce montant ; mais si la réduction d'impôt est destinée à des particuliers aux revenus élevés, il n'y aura qu'un faible accroissement des dépenses.

savaient que les chiffres qu'on leur avait donnés jusque-là n'étaient pas fiables. Sauf réformes substantielles, pourquoi auraient-ils ajouté foi aux nouveaux ? L'impératif du moment était le retour à une réglementation plus équilibrée ; ce que voulait l'administration Bush, c'était encore plus de déréglementation. Au plus fort de la crise de l'électricité en Californie, on l'a vu au chapitre 10, elle avait tenu fermement le cap de la non-ingérence, et soutenu tout aussi fermement que le problème n'avait rien à voir avec la déréglementation ni avec une manipulation du marché. Il était dû, selon elle, à un excès de réglementation, notamment environnementale. Résultat : un désastre, tant pour les usagers que pour les contribuables de Californie. Et, avec la faillite d'Enron, la vérité a éclaté. Le Brésil avait montré que grâce à une intervention bien menée l'État pouvait empêcher qu'on étrangle les consommateurs par les prix, tout en maintenant l'efficacité globale du marché ; mais c'était la voie que l'administration Bush avait choisi de ne pas emprunter.

Cette réticence à prendre des mesures fortes avait peut-être d'autres causes : puisque tant de membres et d'amis de l'administration Bush étaient eux-mêmes impliqués en tant que bénéficiaires de ces scandales, on n'avait aucune envie d'accélérer leur condamnation. La pression populaire finit par persuader Bush de donner, à contrecœur, son aval à certaines réformes, mais même alors sa grande crainte était qu'elles n'aillent « trop loin ». Il n'avait pas peur qu'elles n'aillent « pas assez loin ». Or rien n'était fait, par exemple, sur un problème dont j'ai démontré le rôle : le traitement des options sur titre. Beaucoup de chefs d'entreprise décidèrent finalement de prendre eux-mêmes l'initiative, par exemple en donnant plus d'informations qu'ils n'en avaient obligation et en inscrivant les options aux charges d'exploitation. Quand l'administration Bush a commencé à chercher fiévreusement une personnalité respectable à qui elle pourrait faire confiance pour ne pas aller trop loin, il s'est avéré que son premier choix était non seulement directeur, mais membre du comité d'audit de l'une des firmes engagées dans les pratiques aberrantes.

## LA MAUVAISE GESTION DE LA MONDIALISATION

Si l'administration Bush a fort mal géré l'économie, sa gestion de la mondialisation a été bien pire. Les États-Unis sont la seule superpuissance, économique et militaire. Le sens de la mondialisation, c'est que les pays du monde ont besoin de travailler ensemble, de coopérer pour régler leurs problèmes communs. L'administration Clinton a parfois eu sur la question une attitude ambiguë. Elle a fermement soutenu l'ONU, en réglant enfin le très vieux problème des arriérés dus par les États-Unis, mais en même temps, dans le domaine économique, elle a transformé la devise de Teddy Roosevelt : « Parler gentiment, et porter un gros bâton » en un : « Parler fort, et porter une lourde massue ». Quand, pendant la crise en Asie, le Japon a proposé un Fonds monétaire asiatique, les États-Unis ont rapidement étouffé l'idée, inquiets des effets qu'une telle institution pourrait avoir sur l'hégémonie économique américaine dans la région – mais en se souciant fort peu des souffrances qu'ils imposaient à celle-ci par leur réaction. Le Trésor s'est beaucoup dépensé pour réprimer les idées dissidentes, et, avec le droit de veto dont disposent les États-Unis (et eux seuls) au FMI, il a réussi à imposer sa volonté dans de nombreux domaines. Il n'y avait aucun esprit de multi-latéralisme ; les autres étaient amenés, en douceur ou par la pression, à faire ce que voulait l'Amérique.

Mais, quelles que soient les critiques que l'on puisse adresser à la gestion de la mondialisation par l'administration Clinton, celle de Bush a été mille fois pire. Il s'est retiré de plusieurs accords internationaux, du traité sur le réchauffement de la planète à celui sur les armes stratégiques. Tout en parlant d'état de droit, son administration a manifesté un mépris total pour la légalité internationale et esquivé le Tribunal pénal international. Après quoi – comment s'en étonner ? –, lorsqu'elle a sollicité l'aide des autres dans des affaires qui l'intéressaient, elle s'est heurtée à un manque d'enthousiasme caractérisé.

Même dans les domaines de la mondialisation économique que, pendant les folles années 1990, nous avions mal gérés, l'administration Bush a encore accru le mécontentement et aggravé les choses. Aux anciennes accusations d'hypocrisie, d'autres sont venues s'ajouter. Les subventions agricoles et les droits de douane sur l'acier ont atteint de nouveaux sommets. Nous, citadins, pourrions nous mettre d'accord sur la nécessité de réduire les subventions agricoles. Aujourd'hui (contrairement à l'époque où ces subventions ont été introduites), le revenu agricole moyen est supérieur au revenu non agricole ; le gros des aides à l'agriculture va aux exploitants à hauts revenus et, de plus en plus, à des compagnies. Ces subventions incitent à une surutilisation des engrais – plus l'agriculteur produit, plus gros est le chèque qu'il reçoit de l'État – et contribuent à dégrader l'environnement. Elles nuisent aussi aux paysans pauvres du monde en développement, qui seraient compétitifs dans un monde de juste concurrence mais ne peuvent l'être face à des subventions de plus de 100 %. Lorsque j'étais au Council of Economic Advisers, sachant qu'une nouvelle loi sur l'agriculture devait être adoptée en 1995, nous avons soigneusement préparé le travail en présentant systématiquement les chiffres au président. En dépit des difficultés politiques, nous avons rédigé une loi conçue pour désintoxiquer les exploitants des subventions dont ils étaient devenus dépendants depuis soixante-dix ans. Le contraste est net avec la nouvelle loi agricole de Bush, qui a plus que doublé les subventions, les portant à 190 milliards de dollars sur dix ans.

Il est illogique que des républicains partisans du libre marché défendent les subventions à l'agriculture, et ce n'est pas le seul domaine où l'incohérence entre la rhétorique de Bush et ses actes a été frappante. Dans un cas au moins, l'administration a vite regretté la position qu'elle avait adoptée.

Avant le 11 septembre, nous l'avons vu au chapitre 9, le secrétaire au Trésor de George W. Bush, Paul O'Neill, a opposé son veto à une tentative de l'OCDE pour accroître la transparence des centres bancaires offshore. Ces centres auraient pourtant dû éveiller ses soupçons. Pourquoi y a-t-il 500 milliards de dollars de transactions bancaires sur les îles Caïmans ? Leurs banquiers ou ceux des Bahamas sont-ils meilleurs que ceux de Wall Street ? Évidemment non. Le climat offre-t-il un cadre naturel plus propice à l'activité bancaire ? Pas davantage. Ces centres n'ont qu'un seul produit : le secret, et l'esquive des réglementations. Ils permettent à beaucoup d'Américains aisés d'éviter l'impôt, voire de s'engager dans des activités plus malfaisantes. Et, bien évidemment, les transferts d'argent vers ces paradis fiscaux et le montage des transactions qui passent par eux rapportent de grosses commissions à la communauté financière. Ces banques offshore secrètes existent parce que nous les tolérons. Si nous n'avions pas autorisé nos banques à faire des affaires avec elles, il est très probable qu'elles se seraient vite évanouies. Nous avons voté des lois, promulgué des réglementations fiscales, puis, selon toute apparence, laissé béante une énorme faille à travers laquelle il est possible – au moins aux grandes firmes et aux particuliers très riches – de leur échapper.

Mais, comme tant d'autres choses, tout cela a changé avec le 11 septembre. On a vite découvert que les terroristes étaient financés, du moins en partie, à travers ces comptes en banque secrets offshore. Si rien n'était fait, on n'aurait aucun moyen de contrôler leur accès à une source de fonds toute prête. Soudain, ce qui avait paru jusque-là si difficile, si impossible et si peu souhaitable est devenu une priorité absolue. Les États-Unis se sont mis à prêcher la transparence. Mais seulement en ce qui concerne le financement du terrorisme. Si le secret dissimule l'évasion fiscale, la corruption et d'autres méfaits, il paraît toujours parfaitement acceptable.

L'administration Clinton a peut-être mal géré la mondialisation au lendemain immédiat de la guerre froide, mais il s'agissait de tâtonnements honnêtes pour trouver le bon chemin dans un monde nouveau et complexe. Elle a tenté d'équilibrer négociation musclée et diplomatie, d'édifier des rapports de bonne volonté à long terme. Peut-être avons-nous mal réalisé l'exercice – c'est mon avis –, mais je crois que nous étions prêts à apprendre de nos erreurs. Le régime des droits de propriété intellectuelle que nous avons établi condamnait à une mort prématurée des milliers, peut-être des millions d'habitants des pays en développement ; quand on nous l'a fait remarquer, après de brèves hésitations, nous avons fait le nécessaire pour changer cette politique, pour amener les compagnies pharmaceutiques à mettre volontairement leurs médicaments à disposition. Mais l'administration Bush, après avoir accepté à contrecœur que la question soit posée dans le cadre du Development Round, est restée inflexible :

contre l'ensemble de la planète, elle a maintenu son soutien à cette réforme. Elle a continué à faire passer les intérêts des compagnies pharmaceutiques avant la souffrance humaine dans le monde en développement.

Les folles années 1990 – première décennie de l'après-guerre froide – n'ont peut-être pas été l'époque fabuleuse que nous pensions à l'époque. Nous avons semé certains germes qui ont fini par détruire l'expansion dont nous étions fiers. Mais il y a eu davantage de croissance et moins de pauvreté.

En cette ère nouvelle de mondialisation, ce ne sont pas seulement les marchandises qui circulent plus librement sur la planète, mais aussi les idées. L'apparent triomphe du capitalisme américain a eu une énorme influence en Europe, en Amérique latine, en Asie, dans le monde entier. Les autres pays ont voulu savoir à quoi les États-Unis devaient leur succès afin de mieux les imiter. Et certains, chez nous, n'ont pas été avares de confidences sur leurs points de vue. Le département du Trésor, par exemple, a spontanément expliqué aux pays d'Asie pourquoi ils devaient adopter les usages américains en matière de comptabilité et de gouvernance d'entreprise. L'Amérique latine a dû (bon gré, mal gré) appliquer les politiques du « consensus de Washington », qui étaient *censées* rapprocher ses économies de celle de son voisin du Nord.

En Europe, certains se sont fait un plaisir de donner leur interprétation personnelle : c'étaient la gestion des entreprises en fonction de la rentabilité immédiate et les PDG dynamiques stimulés par leur gros salaire qui faisaient la différence. Interprétation agréable aux PDG européens, qui regardaient avec envie leurs homologues américains, payés dix ou cent fois plus tout en ne faisant pas mieux qu'eux. Quelques-uns ont saisi au vol, pour s'enrichir, les nouvelles astuces découvertes par l'ingéniosité américaine : les options sur titre, les discrètes pensions de retraite de plusieurs millions de dollars. D'autres étaient plus sceptiques ; il y a eu en Europe un débat sur la nature de la gouvernance d'entreprise, on s'est au moins demandé dans quelle mesure il convenait de prendre en compte les intérêts des salariés. Soyons clair : la question n'est pas, je l'ai dit, que les PDG américains, à ce moment particulier de l'histoire, aient été particulièrement odieux, ou les PDG européens, en moyenne, plus vertueux, mais que les premiers ont été soumis à des tentations auxquelles ils ne pouvaient pas résister : les innovations financières leur apportaient de nouveaux moyens de voler leurs actionnaires et des incitations plus grandes à le faire ; et, en s'étendant aux cabinets d'audit et aux banques, ces problèmes communs à toutes les entreprises se renforçaient mutuellement. L'incitation à changer les normes de comportement était forte, et elles ont changé. Il est devenu *acceptable*, voire *nécessaire*, de verser des rémunérations qui à une autre époque ou en d'autres lieux auraient paru scandaleuses. Les mêmes pressions étaient à l'œuvre en Europe et ailleurs. Sur le Vieux Continent, elles ont été tenues en respect par des normes éthiques peut-être plus fortes et par un système comptable qui ne demandait pas seulement de respecter les règles dans les détails, mais aussi de donner globalement une image fidèle de la santé financière de l'entreprise. Cela dit, je suis pratiquement sûr que, si le boom s'était prolongé aux États-Unis, la pression serait devenue irrésistible. Aujourd'hui, le marché des PDG est planétaire, donc les normes américaines de « juste salaire » et de « rang à tenir face aux concurrents » (une compagnie de premier ordre doit avoir un PDG de premier ordre, donc le rémunérer royalement !) auraient fini, je crois, par s'imposer. Mais les problèmes sont apparus aux États-Unis avant que ces pratiques aient fait des dégâts permanents en Europe, heureusement pour elle. Aujourd'hui, beaucoup d'efforts y sont menés pour raffermir la gouvernance d'entreprise et durcir les normes comptables, et, tout comme en Amérique, la résistance est vive. L'argument qui avait été avancé aux États-Unis pour refuser de mieux informer sur les stock-options – la crainte de voir cette information éroder la valeur boursière (ce qui ne serait que justice) – l'est à présent en Europe. Et si, sur bien des plans, l'Europe part d'une meilleure base que l'Amérique, sur d'autres, c'est l'inverse : on peut soutenir que le cadre juridique des États-Unis – avec les principes de la *common law*, qui protègent les actionnaires minoritaires, et le chevauchement des juridictions, qui autorise à la fois des procès intentés par la SEC au niveau fédéral et d'autres intentés par les attorney généraux au niveau des États – assure un meilleur respect des réglementations existantes, quelles qu'elles soient. Ce n'est pas la SEC, capturée par George Bush et ses amis, dont beaucoup ont fait fortune par le biais de méthodes qui ne sont pas très éloignées des comportements en cause et n'y voient donc guère à redire (tant qu'on n'est pas pris), mais l'attorney général de l'État de New York, Eliot Spitzer, qui a révélé et poursuivi les méfaits les plus notoires.

Il y a là une leçon à tirer pour l'Europe. Dans ce domaine comme dans d'autres liés au comportement des entreprises, mieux vaut avoir une double surveillance ; c'est un vrai risque de concentrer le contrôle à Bruxelles, c'en est un aussi d'en laisser l'exclusivité aux pays membres. L'Italie fournit un exemple clair du second danger : à l'heure où le reste du monde concentre toute son attention sur la nécessité de normes comptables fortes, le gouvernement italien de centre droit a décriminalisé la fraude comptable, en faisant un simple délit. Message adressé aux firmes italiennes : ce n'est pas bien grave si vous volez un peu vos actionnaires – disons de 5 % de la valeur de l'entreprise (ce qui peut représenter une somme énorme) –, ce n'est en tout cas pas pire que de rouler à 60 quand la vitesse est limitée à 50.

Ailleurs, les stratagèmes des entreprises, banques et comptables américains ont peut-être été plus attentivement étudiés – par ceux qui pouvaient en tirer profit – que les dispositifs judiciaires destinés à les sanctionner. Le phénomène a été particulièrement perturbant dans le monde en développement et dans les anciens pays communistes en transition vers le capitalisme, où chacun aspire à trouver la clef du succès. Dans quelques cas, comme en République tchèque, les liens sont clairs, certains des malfaiteurs américains ayant pratiquement joué le rôle d'instructeurs pour ce pays quand il s'est engagé sur la route de l'économie de marché. En Russie, de prétendus « experts » de Harvard financés par l'agence d'aide au développement des États-Unis ont apporté une « assistance » sur l'état de droit tout en utilisant leurs contacts pour s'enrichir personnellement.

Beaucoup, dans le monde en développement et les économies en transition, ont trouvé tout cela fort déroutant. D'un côté, on leur disait de déréglementer, de mettre l'État hors jeu. Et les États-Unis, apparemment, avaient réussi *malgré une mauvaise gouvernance d'entreprise.* Certains, dans le Wild East (comme on appelle souvent l'ersatz de capitalisme qui a cours en Russie et chez plusieurs de ses voisins), affirmaient même qu'ils avaient peut-être réussi *à cause* de leur « liberté » (lisez : de l'absence de normes et de réglementations prévenant les abus) ; ils avaient vu l'administration Bush tergiverser sur la conduite à tenir face aux scandales. Pourtant, de l'autre côté, on leur prêchait *ad nauseam* la transparence, la nécessité d'une comptabilité bien faite et d'une gouvernance d'entreprise impeccable.

L'aspect positif de cette histoire est que les problèmes de gouvernance d'entreprise commencent enfin à recevoir l'attention qu'ils méritent dans le monde entier, même si certains, dans les milieux d'affaires, craignent que cela n'aboutisse à un excès de réglementation. Le fait est que le capitalisme exige la confiance. Les épargnants doivent remettre à d'autres l'argent qu'ils ont durement gagné, et, pour le faire, il faut au moins qu'ils puissent s'attendre à ne pas être détroussés. Des réglementations fortes font un capitalisme fort. Tant qu'elles sont bien conçues, les directeurs honnêtes, qui n'abusent pas de leur position de pouvoir et de confiance pour voler leurs actionnaires et les détenteurs de leurs obligations, devraient leur faire bon accueil.

Les pays qui réussissent le mieux, tels la Corée, Hong Kong et la Chine, ont heureusement, là encore, su tirer les bonnes leçons. Ils ont compris que certains intérêts puissants feront toujours pression pour que les règles soient laxistes et la gouvernance d'entreprise, faible, mais aussi qu'il est dans l'intérêt général du pays de trouver le juste équilibre sur ces questions. En Corée, démocratie forte, les adversaires ont usé de toute leur puissance politique, et la réforme n'a pas été facile, pas plus qu'elle ne l'a été aux États-Unis.

Dans d'autres domaines, les nouvelles sont moins bonnes. Les mêmes chefs d'entreprise qui se sont octroyé des primes de centaines de millions de dollars tiennent des discours enflammés sur la nécessité de flexibiliser le marché du travail, c'est-à-dire de réduire la sécurité de l'emploi et des revenus du travail et de baisser les salaires. S'il est clair que certaines réformes sont nécessaires dans de nombreux pays européens, il est clair aussi que les entreprises, ou la société en général, sont en meilleure position que les salariés pour supporter les risques d'un marché en pleine mutation. Dans certains cas, les législations assurant la sécurité de l'emploi sont si déséquilibrées que les salariés sont mieux payés quand ils prennent leur retraite que quand ils travaillaient, ou quand ils sont malades que quand ils vont bien, et l'emploi est si protégé qu'on peut tirer au flanc impunément. Le problème consiste à donner la sécurité et l'équité avec des incitations. Le conflit parfois intense entre patronat et salariés, exacerbé par le fastueux traitement que se réserve le premier et les mots cinglants dont il use à l'endroit des syndicats, n'a pas créé un climat propice à la recherche de solutions bénéfiques pour tous.

En macroéconomie, l'administration Bush a donné le pire exemple possible aux gouvernements de centre droit du monde entier. Par un cruel paradoxe, c'est le centre gauche qui est devenu le garant de la discipline budgétaire, tant aux États-Unis qu'en Europe. En préconisant des réductions d'impôt pour stimuler l'économie, le centre droit a repris le discours keynésien – seulement le discours. Ses réductions d'impôt ne sont pas conçues pour stimuler l'économie mais pour enrichir davantage ceux qui gagnent déjà gros. Aucun pays européen n'a eu autant d'audace que Bush – que ce soit pour l'ampleur des déficits futurs à perte de vue ou pour leur injustice. Le pacte de stabilité a joué ici un rôle ambigu : il a interdit les excès, mais il a aussi empêché l'Europe d'agir comme elle aurait dû le faire pour maintenir son dynamisme économique. (Au moins admet-on, désormais, que le manque de flexibilité du marché du travail n'est pas le *seul* problème auquel l'Europe est confrontée.)

Un curieux débat s'est ouvert dans certains pays d'Europe, comme aux États-Unis : quelle mesure est la plus efficace pour relancer l'économie, les réductions d'impôt ou l'augmentation des dépenses ? Le centre droit, sans aucun argument théorique ni preuve à l'appui, prétend que ce sont les réductions d'impôt. La bonne réponse est : cela dépend du type de réduction. L'augmentation des dépenses est de loin plus efficace que les réductions d'impôt pour les riches (en particulier celle de l'impôt sur les dividendes aux États-Unis). S'il s'agit de dépenses de santé et d'éducation, elles peuvent poser les bases d'une société plus égalitaire et d'une croissance future plus forte. En revanche, un crédit d'impôt sur l'investissement bien ciblé ou une réduction d'impôt pour les pauvres peuvent avoir des effets tout aussi bénéfiques qu'une augmentation des dépenses. Dans certains cas, pour limiter les déficits liés aux réductions d'impôt, on a diminué les dépenses : ces stratégies-là peuvent en fait déprimer l'économie.

Au moment où ce livre est mis sous presse, l'Europe connaît une récession qui fait monter les taux de chômage. Ceux-ci sont tellement hauts depuis si longtemps que, dans certains cercles, on ne prête pas grande attention à ces fluctuations. Mais elles ont tout de même des coûts énormes, car elles réduisent encore plus les perspectives de retour à l'emploi des licenciés et contribuent au malaise social, au mécontentement. En Europe comme aux États-Unis, ce sont les non-qualifiés et les non-instruits qui portent l'essentiel du fardeau. Dans de nombreux pays européens, comme en Amérique, les problèmes sont concentrés sur certains groupes ethniques. On peut même, dans certains cas, les transférer en partie à l'étranger : la baisse de la demande de main-d'œuvre en Espagne a fait monter le chômage en Équateur. Mais, d'un point de vue mondial, on ne saurait ignorer ces coûts.

Un autre aspect de la politique économique des folles années 1990, s'il a moins retenu l'attention que le boom de la Bourse, est peut-être plus pertinent pour l'Europe, qui cherche une solution à son problème de chômage persistant. Il ne consiste pas à éliminer les mécanismes de protection de l'emploi mais à les restructurer. Nous avons fait une plus large place, par exemple, à des crédits d'impôt sur le revenu du travail, en vertu desquels l'État encourageait l'embauche des travailleurs non qualifiés en leur assurant un complément de rémunération pouvant représenter jusqu'à 40 % du salaire versé par l'entreprise ; des mesures fortes de dynamisation du marché du travail ont contribué à former les salariés aux nouveaux emplois qui se créaient et à faciliter le passage de l'assistance à l'emploi ; des réformes du système de prestations ont assuré que personne n'*aggraverait* sa situation en se mettant à travailler.

La réaction de la Banque centrale européenne à l'entrée en récession illustre une réalité politique apparue clairement dans le débat sur la mondialisation : parfois, lorsqu'on transfère « à plus haut niveau » la prise de décision, ce qu'on décide est moins conforme aux préoccupations locales et un « déficit démocratique » se fait jour. Si l'on avait demandé aux citoyens d'Europe et d'Amérique : « Êtes-vous favorables à un niveau de protection de la propriété intellectuelle en vertu duquel les malades du sida au Botswana n'auront plus accès à prix abordable aux médicaments génériques pouvant les sauver ? », je doute fort qu'ils auraient approuvé l'idée à la quasi-unanimité. Mais on ne leur a pas posé la question. On l'a posée aux ministres du Commerce, qui, sous la pression des compagnies pharmaceutiques, ont répondu dans le sens diamétralement opposé. De même, si l'on avait demandé aux citoyens européens : « L'emploi et la croissance sont-ils des préoccupations pour vous, et pensez-vous que votre banque centrale devrait s'y intéresser au moins un peu ? », je suis sûr qu'ils auraient répondu oui. Mais ce n'est pas ce qu'ont fait les fondateurs de la Banque centrale européenne en lui donnant pour mission de se concentrer exclusivement sur l'inflation.

Tout cela pose à l'Europe, à l'Asie et à l'Amérique latine la question fondamentale : *quel type d'économie de marché veulent-elles créer ?* Est-ce un capitalisme à l'américaine ou un capitalisme à visage humain, plus doux, à la suédoise ? Sur une planète mondialisée, faut-il que nous marchions tous du même pas ? Quelle place existe-t-il pour la diversité ?

L'Amérique latine prend peu à peu conscience du fait que le type de capitalisme qu'on lui a vendu, le « consensus de Washington », était peut-être celui que prêchait le département du Trésor des États-Unis mais pas celui que pratiquaient les États-Unis. Il y avait, dans certains domaines, consensus à Washington pour estimer le consensus de Washington *mauvais* pour les États-Unis, quelles que fussent ses vertus pour le reste du monde, ou quel que fût l'avantage, pour servir les intérêts américains, d'amener les autres à agir autrement que les Américains. Aux États-Unis, il y avait par exemple consensus pour que la Federal Reserve continue à prendre en compte la croissance et l'emploi ; il y avait consensus pour maintenir la caisse de retraite publique, même si beaucoup, dans le privé, bavaient d'envie à la perspective des profits qu'ils pourraient réaliser si on la privatisait ; il n'y avait pas de consensus pour privatiser les compagnies publiques d'électricité – les propositions en ce sens ne faisaient aucun progrès au Congrès ; il y avait consensus, malgré le faible taux de chômage, pour penser qu'il fallait protéger les travailleurs américains contre les vagues d'importations, même si certains souhaitaient le faire en les aidant à trouver un autre emploi et non par des mesures protectionnistes.

En Europe, on parle beaucoup de la *convergence*, de l'adoption de normes, réglementations et pratiques similaires, voire identiques, par tous les pays. Les Latino-Américains ont *cru* que les réformes allaient les faire « converger » avec le type d'économie de marché qui existe aux États-Unis. Progressivement, ils comprennent qu'elles ne l'ont pas fait. Ils ont été contraints d'adopter une forme d'économie de marché qui est peut-être le rêve d'un conservateur mais ne correspond à la réalité d'aucun pays démocratique prospère. L'échec est évident, et les contrecoups, déjà visibles. Les économies de marché ne sont pas capables de s'autoréguler. Elles sont soumises à des chocs qui échappent à leur contrôle. Il leur arrive de perdre la tête et de paniquer, de passer de l'exubérance au pessimisme irrationnels, de virer à l'escroquerie, de prendre des risques tels qu'ils relèvent presque du pari, et les coûts des erreurs et des méfaits sont très souvent supportés par l'ensemble de la société. Ces dernières années, en Amérique latine et en Asie, ces problèmes se sont manifestés par le biais des flux de capitaux à court terme, des *hedge funds* et de la spéculation, avec des effets flagrants à la Bourse et dans l'immobilier. Auparavant, ils le faisaient par d'autres mécanismes (que Kindleberger a brillamment décrits). Demain, n'en doutons pas, ils le feront encore sous de nouvelles formes.

Dans cet ouvrage, j'ai critiqué la façon dont les États-Unis ont géré la mondialisation – tant leur unilatéralisme que leur indifférence à la justice sociale mondiale. Sur le premier point, l'Europe, au cours des deux dernières années, a pu voir les conséquences de cette nouvelle forme de domination, dont les pays en développement font depuis longtemps l'expérience, avec le rejet des traités sur le réchauffement de la planète, sur le Tribunal pénal international, sur les armes stratégiques et, tout

410 QUAND LE CAPITALISME PERD LA TÊTE

dernièrement, au sujet de la guerre en Irak. Sur le second, l'Europe a été de loin meilleure dans son discours, mais parce que l'abîme entre sa rhétorique et sa réalité n'a jamais été plus grand. Il est clair que sa décision de laisser entrer sans aucun droit de douane tous les produits des pays les plus pauvres du monde (« Tout sauf les armes ») est un pas dans la bonne direction, mais, tant qu'elle maintiendra ses subventions au niveau actuel, les pays en développement ne pourront pas la concurrencer. Sur d'autres questions, on aurait bien du mal à dire qui, de l'Europe ou des États-Unis, est le plus moral : les États-Unis ont usé de leur puissance économique pour imposer des flux de capitaux à court terme déstabilisants et paralyser les efforts en vue d'une limitation du secret bancaire ; l'Europe, dans le dernier *round* des négociations commerciales, a fait pression en faveur de mesures de protection de l'investissement qui ont inspiré aux pays en développement un profond scepticisme. Quant à juger les pratiques commerciales à l'aune des mêmes critères, qu'il s'agisse de produits nationaux ou étrangers, Américains et Européens ne veulent même pas en entendre parler. Les uns comme les autres tiennent à conserver le droit de recourir à des mesures protectionnistes.

Quelle que soit la répartition des culpabilités, les pays en développement sont les victimes. Tant de l'action (ce qui a été fait) que de l'inaction (ce qui aurait dû être fait et ne l'a pas été). Tant des réformes largement idéologiques qui leur ont été imposées que de la non-mise en œuvre, par crainte de trop troubler l'ordre établi, d'autres réformes bien nécessaires. Si nous démocratisons la mondialisation de sorte que les pays en développement puissent faire entendre leur voix plus clairement, son programme changera.

L'un des plus grands défis auxquels fait face l'Europe elle-même, mais qui est crucial aussi pour les relations entre pays en développement et développés, est le rôle des normes et de la normalisation (ou – terme plus lourd de sens – l'homogénéisation). Soyons clair : il n'y a aucune raison de nous obliger tous à consommer les mêmes aliments, à dépenser notre argent de la même façon, etc. Le grand mérite de l'économie de marché, c'est qu'elle donne la liberté de choisir, du moins à ceux qui disposent de revenus suffisants. Or, dans les folles années 1990, on a parfois eu l'impression que les pays allaient perdre cette liberté, qu'ils ne pourraient plus choisir vers quelle société ils voulaient aller : tout le monde devait adopter le capitalisme à l'américaine. Nous savons maintenant que c'était une mauvaise voie. Il est des domaines où les normes sont absolument essentielles : les consommateurs doivent être sûrs, par exemple, que les aliments qu'ils mangent sont sains, d'où qu'ils viennent ; s'il y a un doute, ils sont au moins en droit de savoir comment on les a produits afin de pouvoir juger par eux-mêmes. Les banques et les marchés des titres constituent, à mon sens, un autre cas où des normes sont indispensables : les déposants doivent être sûrs qu'ils récupéreront leur argent, les investisseurs, qu'ils ne seront pas détroussés. Dans d'autres domaines, en particulier quand il y a une incertitude concernant le comportement requis, la concurrence entre les normes et les législations peut être précieuse : l'expérience prouve que les investisseurs se dirigeront vers les marchés où ils sont le mieux protégés. Mais parfois, notamment quand l'une des parties présentes sur le marché est très mal informée, cette concurrence entre les pouvoirs publics peut tourner à la course vers le pire. Il est également justifié de conclure des accords internationaux quand ce qui touche un pays particulier a des effets sur le monde entier. La surconsommation d'énergie des États-Unis, avec les émissions de gaz à effet de serre qui en résultent, est le plus important facteur d'origine humaine à contribuer au réchauffement de la planète. Il devrait exister des normes internationales en ce domaine, et des sanctions commerciales pour les faire respecter. En revanche, il n'y a aucune raison d'imposer à tous les pays de s'ouvrir pleinement aux flux de capitaux spéculatifs à court terme. Certains pourraient décider de mieux protéger leurs salariés, de privilégier davantage la santé et la sécurité, ou encore de pratiquer un zonage plus strict. Ces décisions comportent des avantages et des coûts, assumés par les habitants du pays : ce devrait donc être à eux de les prendre.

Dans ce livre, j'ai contesté l'idée selon laquelle il n'existerait qu'une seule forme d'économie de marché. Au-delà du bilan des folles années 1990, de ce qu'elles ont eu de mauvais (et de bon), j'ai tenté d'ouvrir une autre perspective.

Le tour regrettable qu'ont pris les événements dans les premières années du nouveau millénaire montre assez que nous n'avons toujours pas assimilé les leçons, celles des succès comme celles des échecs. Mon modeste espoir est que le présent ouvrage contribuera à faire comprendre cette décennie tumultueuse. Peut-être la prochaine administration américaine évitera-t-elle les pièges dans lesquels les États-Unis sont tombés. Peut-être saura-t-elle mieux répondre aux besoins à long terme de l'Amérique et du monde. Peut-être, au moins, le reste du monde se méfiera-t-il davantage des mythes qui ont guidé tant de réflexions sur la politique économique ces dernières années. Peut-être enfin l'Amérique et l'Europe, le monde développé et le monde en développement parviendront-ils à forger ensemble une forme nouvelle de démocratie mondiale, et un ensemble nouveau de stratégies économiques qui fondera la prospérité sur d'autres bases et la fera partager par tous les citoyens du monde.

# Table des matières

*Impression réalisée sur CAMERON par*
*BRODARD ET TAUPIN*
*La Flèche*

*pour le compte des Éditions Fayard*
*en septembre 2003*

*Imprimé en France*
Dépôt légal : septembre 2003
N° d'édition : 36862 – N° d'impression : 20428
ISBN : 2-213-61659-0
35-57-1859-01/4